POLITIQUE ET HISTOIRE

de MACHIAVEL à MARX
Cours à l'École Normale Supérieure 1955-1972

POLITIQUE ET HISTOIRE, de MACHIAVEL à MARX

Cours à l'Ecole Normale Supérieure de 1955 à 1972

Texte établi, annoté et présenté par François

Matheron

Copyright ⓒ HUMANITAS Publishing Co., 2019

All rights reserved.

This Korean edition was published by arrangement
with Edition du Seuil(Paris) through Bestun Korea
Agency Co., Seoul

알튀세르의 정치철학 강의
마키아벨리에서 마르크스까지

1판 1쇄. 2019년 6월 17일

지은이. 루이 알튀세르
옮긴이. 진태원

펴낸이. 정민용
편집장. 안중철
편집. 최미정, 윤상훈, 이진실, 강소영

펴낸 곳. 후마니타스(주)
등록. 2002년 2월 19일 제2002-00481
주소. 서울 마포구 신촌로14안길 17, 2층(04057)
편집. 02-739-9929, 9930
제작·영업. 02-722-9960
팩스. 02-733-9910
블로그. blog.naver.com/humabook
페이스북, 인스타그램/Humanitasbook
인쇄. 천일 031-955-8083
제본. 일진제책 031-908-1407

값 27,000원

ISBN 978-89-6437-328-6 93300

이 도서의 국립중앙도서관 출판시도서목록(CIP)은
e-CIP 홈페이지(http://www.nl.go. kr/ecip)에서
이용하실 수 있습니다(CIP제어번호:
CIP2019019610).

ALTHUSSER

알튀세르의 정치철학 강의

마키아벨리에서 마르크스까지

루이 알튀세르 지음 | 진태원 옮김

후마니타스

차 례

일러두기

_이 책은 루이 알튀세르의 *Politique et histoire, de Machiavel à Marx. Cours à L'École normale supèrieure*(Presses Universitaires de France, 2006)를 완역한 것이다.

_주된 번역어와 함께 사용할 수 있는 대안적인 번역어의 경우 대괄호([　])를 사용해 표기했다(예컨대, 이해[관념]conception).

_본문에서 사용하고 있는 대괄호([　]) 가운데 옮긴이의 첨언은 [　-옮긴이]라고 표기했고, 알튀세르의 첨언은 [　-알튀세르]라고 표기했다.

_각주 가운데 편집자 프랑수아 마트롱의 주는 로마자 번호(1, 2, 3…)로, 옮긴이 진태원이 추가한 주는 '◆'로, 알튀세르가 추가한 메모는 '◆[알튀세르]'로 표기했다. 로마자 번호로 된 편집자 주는 일부 순서 매기기에 오류가 있었지만 원서의 번호를 그대로 따랐다.

_책에서 인용되거나 거론된 문헌들 가운데 국역본이 존재할 경우, 국역본의 서지 사항과 쪽수를 대괄호나 세미콜론 뒤에 밝혀 두었다(때로는 국역본만 표기한 경우도 있다). 단, 번역은 그대로 따르지 않고 알튀세르의 해석을 따라 일부 수정했다.

_출간년도나 책 제목, 쪽수 표기 등 원문의 명백한 오류들은 특별한 언급 없이 수정했다. 단 몇 가지 지적해 둘 필요가 있는 오류들은 옮긴이 주로 기존의 오류를 지적해 두었다.

_외국어 고유명사의 우리말 표기는 국립국어원의 외래어 표기법을 따랐다. 그러나 관행적으로 굳어진 표기는 그대로 사용했다. 다만, 기존 국역본 가운데, 외래어 표기법이나 관행적 표기법과 맞지 않는 문헌들을 출처 표기를 위해 인용한 경우(예컨대, 칼 맑스, 아미엥 등)에는 기존 문헌의 표기를 그대로 유지했다.

_책이나 신문 등은 겹낫표(『 』), 논문은 홑낫표(「 」), 연극이나 영화 등의 작품명은 홑가랑이표(〈 〉)를 사용했다.

편집자 서론

프랑수아 마트롱

제가 쓴 글 중 어떤 것도, 예컨대 『몽테스키외. 역사와 정치』라는 소책자
도 『마르크스를 위하여』에 수록된 논문들도, 그리고 『『자본』을 읽자』에
수록된 두 개의 장도 학위논문을 목표로 쓴 것은 아니라고 고백한다고 해
서 누구도 놀라거나 충격을 받지는 않을 것으로 생각합니다. 지금으로부
터 26년 전인, 1949~50년에 저는 장 이폴리트 선생과 블라디미르 장켈
레비치 선생에게 「18세기 프랑스의 정치와 철학」이라는 제목의 국가박사
학위 주主논문(당시의 용어법대로 하면)과 장-자크 루소의 『인간 불평등
기원론』에 관한 부副논문 계획서를 제출한 바 있습니다. 몽테스키외에 관
한 책이 입증하듯이 기본적으로 저는 결코 이 계획을 포기한 적이 없습니
다. 왜 이 점을 환기시켰을까요? 그것은 이런 사실이 여러분 앞에 제출된
텍스트와 관련이 있기 때문입니다. 저는 당시에 이미 공산주의자였으며,
그랬기 때문에 저는 또한 마르크스주의자가 되려고 시도했습니다. 곧 저
는 제가 할 수 있는 한에서 마르크스주의가 **의미하는 바**가 무엇인지 이해

하려고 노력했습니다. 그리하여 18세기의 철학과 정치에 관한 이 작업을 저는 마르크스의 사상을 이해하기 위해 필요한 예비 교육으로 이해했습니다. 사실 저는 제가 결코 포기한 적이 없는 특정한 방식으로 이미 철학을 실천하기 시작했었습니다.[1]

여기 「아미엥 박사학위 업적 소개문」에 나오는 이 "기본적으로"라는 말, 얼마간 수사학적인 이 표현을 어떻게 이해해야 할까? 1975년에 그가 "업적" 박사학위 심사를 받을 때, 증거물로 언급된 몽테스키외에 관한 알튀세르의 책은 이미 나온 지 꽤 오래된 것이었다. 게다가 그는 1967년에 출간된 루소에 관한 논문(이 논문은 『인간 불평등 기원론』에 관한 것이 아니라 『사회계약론』에 관한 것이었다)[2] 이외에는 "18세기의 철학과 정치"에 관해 아무것도 출간하지 않았다. 하지만 그의 작업은 그 나름의 방식대로 잘 진척이 되었는데, 단 학위논문이나 출판물 형

1   Louis Althusser, "Soutenance d'Amiens", in *Positions*, Éditions Sociales, 1976, p. 127(*Solitudes de Machiavel*, PUF, 1998, p. 201에 재수록); 「아미엥에서의 주장」, 『아미엥에서의 주장』, 김동수 옮김, 솔, 1991, 131-32쪽[이 인용문이 실려 있는 글의 원래 제목은 "Soutenance d'Amiens"인데, 이것은 알튀세르가 1975년, 당시까지 발표한 연구 업적에 입각한 박사학위를 받기 위해 아미엥 시에 있는 피카르디 대학에 제출한 '박사학위 업적 소개문'을 뜻한다. 이 점을 고려해 본문에서는 이 글의 제목을 「아미엥 박사학위 업적 소개문」이라고 고쳤다. 프랑스에서는 박사학위를 받기 위해 논문 심사를 받는 것을 "수트낭스"soutenance라고 한다-옮긴이].

2   "Sur le Contrat social", *Cahiers pour l'analyse*, no. 8, 1967; 「루소: 사회계약에 관하여」, 『마키아벨리의 고독』, 김석민 옮김, 새길, 1992.

태가 아니라, 알튀세르 사상의 본질적 장치들 중 하나인 강의 형태로 진척이 되었다. 그의 강의는 거의 모두 교수 자격시험◆ 준비 강의였는데, 이런 유형의 시험에 특유한 제약 때문에 매우 외재적인[곧 알튀세르 자신의 고유한 사상을 드러내기 어려운-옮긴이] 방식으로 진행될 수밖에 없었다.

그의 여자 친구였던 클레르에게 보낸 1957년 5월 24일자 편지는 알튀세르가 교수 자격시험 준비 강사로서의 자신의 작업과 맺는 관계가 어떤 것이었는지 이해할 수 있게 해준다.

> (필기) 교수 자격시험이 이제 끝났어. 애들이 마지막 시험을 다 끝내고 지쳐서 나오는 걸 봤는데, 시험문제는 진짜 가관이더라. 애들이 시험을 어떻게 봤는지 이야기해 줬는데, 나는 겁먹지 않고 안심하도록 애들이 쓴 글의 장점을 말해 줬지. … 시험 준비에서는 사람의 심리가 아주 중요하지. 스포츠 경기의 코치들처럼, 나 역시 한 명의 코치야. 시합 전날 아이들이 갖고 있는 의혹과 무지를 넘어서 그들을 이끌어 가야 해. 아무것도 모른다고 생각하는 애한테는 너야말로 이상적인 합격 조건을 갖추고 있다는 점을 일깨워 주고, 모든 걸 다 안다고 생각하는 애한테는 때로는 자기가 아는 것을 잊

◆ 프랑스에는 "교수 자격시험"agrégation이라는 독특한 유형의 교사 선발 시험 제도가 존재한다. 대학 졸업자를 대상으로 한 이 시험은 고등학교 교사(프랑스에서는 대학교수나 고등학교 교사를 모두 "교수"professeur라고 부른다) 선발을 위한 일종의 국가고시 제도인데, 각 대학에서는 이 시험에 많은 합격자를 내기 위해 이를 준비하는 특별 강의를 많이 마련한다.

어야 할 때도 있다고 말해 주고, 떨고 있는 아이에게는 너의 두려움은, 내가 또 무엇을 알고 있지? 라는 예민한 자각의 가장 훌륭한 형태라고 이야기해 주되, 아이들의 반응의 동기에 대해서도 나의 개입(공공연히 이루어지든 침묵 속에서 이루어지든)이 낳을 효과에 대해서도 잘못이 있어서는 안 되지. 이건 아주 특수한 형태의 구체적인 학문이야. 조급해 해서는 안 되고, 현재의 어려움에서 생겨나는 기대와 숙성, 식별할 수 없는 미래의 효과에 대한 정확한 평가를 상정하고 있지. 나는 전에는 아주 열정적으로 이 일에 관여했고, 학생들과 거의 같은 강도로 그 아이들의 삶의 사건들을 겪어 내곤 했어. 나는 이제는 그만한 열정을 갖고 있지 않고, 마치 진짜인 듯 연기에 참여하는 대신 내가 연출하는 연극처럼 거리를 둔 가운데 똑같은 태도, 똑같은 말, 똑같은 침묵을 보여 주곤 하지. 어떻게 이렇게 확신하는지!

만약 이 편지가 교수 자격시험 준비라는 "아주 특수한 형태의 구체적 학문"이 지닌 비개념적 측면들만을 환기시키고 있다면, 강렬하면서도 낙담스러운 이 애매한 감정은 알튀세르가 자기의 강의 대상, 곧 철학사에 대해 느끼는 감정이기도 했다. 그가 "위대한 교수"였다 해도, 그는 스스로 어떤 철학자에 대한 "전문가"라고 여기지는 않았다. 그는 편지에서 자신의 강의에 대해 말할 때면 자주, 경우에 따라 만족스럽거나 만족스럽지 않은 "논술 주제"에 대해 말하듯 했으며, 학교에서 흔히 사용되는 이런 관용어에 함축돼 있는 역할과 멀찍이 거리를 두었다. 철학 교육, 철학사와의 이런 관계는 여러 측면을 지니고 있다. 우선 일상적 측면이 존재한다. 이는 철학 강의에 불과한 것으로, 진정한 사유는 다른 곳에, 곧 철학에 "그 이름에 걸맞은 죽음, 철학적 죽음"[3]을 부여하게 될 곳에 있지, 아무리 뛰어난 강의라 하더라도 교수 자격시험 준비 강의 같은 곳에서는 제시될 수 없는 것이다. 또한 여기에는 음울한 측면이 있었다. 즉 그것은 알튀세르에게 즐거운 놀이와는 아주 거리가 먼 것이었다. "더 진행할수록, 극히 유감스럽게도 더 확신하게 되는 것은 내가 철학자는 못 된다는 점이야. … 아주 어렸을 때부터 철학에 관심이 있었는데, 이렇게 늦은 나이에야, 아무것도 쌓아 놓은 것도 없이 이를 깨닫게 되었으니 참담하지."[4] 하지만 여기에는 또 다른 차원이 존재하는데, 이는 알튀세르가 1956년 클레르에게 보낸 또 다른 편지에서 탁월하게 쓰고 있는 것처럼, "가장 커다란 명료함의 노력을 기울인 사람들"의 노력을, 그들의 사상적인 높이에서 다시 파악하려고 할 때 겪게 되는 사유의 경험이라는 차원이다.

나는 규칙적으로 공부를 하고 있어. 흥미로운 공부인데, 왜냐하면 이건 내가 이미 쓴 것을 재발견하고 내가 이미 배운 것을 다시 배우는 공부이기 때문이야! 극히 다양한 텍스트들의 더미. 플라톤에 대한 긴 강의, 홉스에 대한 또 다른 강의, 말브랑슈, 견유학파, 아리스토텔레스, 토마스 아퀴나스,

---

3 cf. 『마르크스를 위하여』 「서문」에 나오는 "정신의 이 상태"에 대한 언급. *Pour Marx*, Maspero, 1965, p. 19; 『마르크스를 위하여』, 서관모 옮김, 후마니타스, 2017, 57쪽.
4 1967년 7-8월의 편지들, in *Lettres à Franca*, Stock/IMEC, 1998, pp. 750-51.

헤겔, 칸트에 대한 강의. 루소, 엘베시우스와 18세기 역사 이론에 관한 많은 강의록과 심지어 하이데거에 관한 강의록. 나는 내가 이렇게 많은 지식을 갖고 있는지 진짜 몰랐어. 내가 보완하고 수정하고 형식을 갖춰(강의의 교수법적 어조를 빼고 교양 있는 사람들이 읽기 좋게 다듬어) 출판하려고만 들면 뽑아낼 수 있는 것이 무궁무진해. 너무 풍부한 재료들인 셈이야. 분명히 여기서 몇 가지는 끌어낼 생각인데 … 어디서부터 시작해야 할지를 모르겠어! 지금은 홉스에 대한 강의록, 정치 이론과 관련된 부분만이라도 타자를 쳐두고 있는 중이야. 나는 17, 18세기 냉소적이고 비관주의적인 사상 조류에 (파스칼, 라 로슈푸코, 엘베시우스 및 부분적으로는 몽테스키외 그리고 좀 더 뒤인 19세기의 스탕달과 함께) 속해 있는 이 친구에 대해서는 잘 모르는 편이야. (통상적인 견해와는 반대로) 나는 이 사조가 사상사에서 절대적인 중요성을 갖고 있다고 생각해. 이 사람들은 가장 커다란 명료함의 노력을 기울인 사람들이야. 이들은 다른 사람들이 살았던 역사를 자기들 관점에서 이야기하는 것을 용인하지 않았고, 자기 시대의 신화를 비판했지. 그리고 인간 행동의 실상만이 아니라 인간들이 자신들의 조건에 대해 품고 있는 미망의 "뿌리까지" 파헤치려고 진정으로 노력했어. 루소 역시 그 나름의 방식으로 이 전통의 정신적 자손이고, 당대의 모든 사람을 지배하고 있던 사상의 엄격함을 갖추고 있어. 19세기에는 마르크스가 그렇지. 너는 포이어바흐에 관한 나의 작업(그와 마르크스의 관계, 인간 행동에 대한 그의 관점)과 18세기에 관한 나의 연구를 연결하는 게 무엇인지 알 수 있을 거야. 그건 곧 몇몇 사람들이 어떤 대가를 치르고 어떤 길을 거쳐서 인간 행동 및 사회의 동력에 관해 약간의 진리를 이끌어 내는 데 성공했는지 알아보려는 거야. 이건 아직 끝나지 않은 계획이야. … 하지만 과거 조건에 대한 인식은 미래와 무관하지 않아. 나는 이 미래에서 약소하나마 내 역할을 수행하고 싶고, 오늘날 정치, 역사, 심리학, 철학 등에서 제기되는 숱한 문제들을, 거의 밝혀지지 않은 어떤 과거의 도움을 받아서 약간이나마 해명하고 싶어.[5]

19년 후에 알튀세르는 이 강의들을 결정적으로 포기하게 되는데, 「아미엥 박사학위 업적 소개문」에 나오는 서설적인 언급은 거의 클레르에게 보낸 이 편지에 대한 주석이라고 볼 수도 있다. 제 편지에서 서술된 이런 철학의 실천을 저는 결코 포기한 적이 없습니다. 하지만 정확히 어떤 실천인가? 1975년에 언급된 "마르크스의 사상을 이해하기 위해 필요한 예비 교육" 이상으로 여기에서 우선 문제가 되는 것은 아마도, 프랑스 공산당이 문제든 고등사범학교의 교수 자격시험 준비 강의가 문제든 간에, 선택된 것이자 강제된 것이기도 한, 극히 제약적인 장치 속에서, 랑시에르의 표현을 다시 사용한다면,[6] 섬광의 경험, "현실을 뒤덮고 있는 거대한 덮개, 이 묘석을 걷어 내려는"[7] 노력이다. 모든 것은 마치 그가 자주 옹호했듯이 "극한적으로 사유하기" 위해 알튀세르가 이런 강의록의 작성을 필요로 했던 것처럼, 마치 자유의 바람

---

5 클레르에게 보내는 1956년 12월 27일자 편지.

6 *cf.* Jacques Rancière, "La scène du texte", in *Politique et Philosophie dans l'œuvre de Louis Althusser*, sous la direction de Sylvain Lazarus, PUF, 1993, p. 47

7 *Lettres à Franca*, op. cit., p. 524.

은 기존에 설치된 거대한 기계 속에서 그리고 그것에 맞서 부는 수밖에 없는 것처럼, 심지어 이 자유의 바람에 의해 그 기계가 설치될 수밖에 없는 것처럼 보인다. "마르크스주의적" 교조에 맞서 "마르크스로 돌아가기", "구조"의 알튀세르에 맞서 지하에서 마키아벨리에 대해 작업하기. 철학과 정치에, 한 몸을 이룬 그것들의 관계에 대해 전적으로 바쳐진 삶, 그리고 철학만이 아니라 정치의 본성에 대해 무지하다는 쓸쓸한 "확인."[8] 때로는 자기 자신이 사기꾼이라고 생각하고, 새로운 철학을 구성하기 위해서가 아니라 지칠 줄 모르고 "사태를 변화시키려는" 목적으로 "철학의 새로운 실천"을 시도하기 위해 그가 구상한 대로 비전문적인 교수 자격시험 준비 강의를 활용하는 교육자의 빛나는 경력. 이런 철학의 새로운 실천은 알튀세르가 자서전에서 서술한 애매한 "원형추 방법"의 온전한 일부를 이루고 있으며, 여러 강의록을 작성하는 데서 어김없이 사용되었다.

내가 어떤 저자(그 저자의 텍스트 자체)를 통해 기억하고 있거나 학생이나 친구의 입을 통해 들은 의미심장한 구절은 내게 있어서 철학적 사상 속으로

---

8 1967년 12월 6일자 편지, Ibid., p. 754. "여름은 이론적으로 아주 혹독했어. 내 말은 "이론"의 관점에서 볼 때 그랬다는 거야. … 무언가가 "돌변하기" 시작했고, 내게 신비스럽게 남아 있던 일련의 현상들 전체를 깨닫게 되었어. … 아주 범박하게 말하자면 나는 두 가지 점에 대해 심사숙고했어. ① 철학은 정치와 유기적 관계를 맺고 있다는 점. 그리고 ② 나는 정치가 무엇인지 모르고 있었다는 점. 너도 알다시피 아주 흔한 일이지. 하지만 이를 확인하는 것, 그리고 이를 살아 내는 것은 정말 쓸쓸한 일이야."

파내려가는 **깊은 시추 작업**처럼 사용됐다. 바다 깊은 곳을 뒤지는 석유탐사가 바로 이런 **시추 작업**을 통해서 진행된다는 것은 잘 알려진 사실이다. 좁다란 착암기가 지하 깊숙이 파고들어 가서는 지하 물질이 담긴 '원형추'라 불리는 것을 지상으로 가져오면, 그것들을 통해 깊숙한 지하의 여러 지층을 구성하는 요소에 대한 구체적인 정보를 알 수 있게 되며, 그리고 지하수층 아래위로 포개진 다양한 수평층 중에서 어느 곳에 석유나 석유를 함유한 토양이 존재하는지 감정하게 된다. 나는 철학에서도 똑같은 방식으로 해나갔다는 것을 지금 분명하게 깨닫는다. 주워들은 구절들이 내게는 '철학적 원형추'로 쓰였으며, 그것들의 구성 요소를 보고(그리고 분석을 통해) 나는 문제가 된 그 철학의 여러 깊은 지층들의 성격을 쉽게 재구성했다. 그때부터, 바로 그때부터 나는 이 원형추가 추출된 철학 텍스트를 읽기 시작할 수 있었다. 내가 몇몇 한정된 텍스트를 무척 주의 깊게 읽은 것은 바로 그렇게 한 다음인데, 나는 당연히 그 글들을 아주 면밀하게, 의미론적으로나 통사론적으로 어느 하나도 소홀히 하지 않고 읽으려 했다.[9]

그가 다루는 분야가 어떤 것이든 간에, 알튀세르 사유 패턴의 극단적인 이질성에 놀랄 수밖에 없는데, 그는 같은 해에 루소의 "탈구들"에 관해 빼어난 강의를 하면서 또한 "이론과 실천의 융합"에 관한 묵직한 교과서를 작성할 수 있었다. 실로, 「아미엥 박사학위 업적 소개문」의

---

9 Louis Althusser, *L'avenir dure longtemps*, nouvelle édition, Le Livre de Poche, 1994, p. 190; 『미래는 오래 지속된다』, 권은미 옮김, 이매진, 2008, 18쪽.

표현을 다시 사용하자면, "기본적으로" 사유 방식은 동일한 것으로 남아 있었다. 단, 이제 알튀세르가 "작성한" 텍스트의 거의 전부가 알려지게 된 것처럼 보이는 반면, 그가 육필로 쓰거나 타자로 만든 강의록 대부분은 오늘날 찾을 수 없다는 점을 제외한다면 말이다.

알튀세르의 강의는 주의 깊게 준비되었다. 몇몇 강의, 가령 1972년의 마키아벨리에 관한 강의록은 완성된 형태로 작성되어, 말하자면 수강생들에게 읽혔다. 다른 강의의 경우는 육필로 쓰거나 타자로 친 빽빽한 노트들의 묶음에 입각해 이루어졌다. 모든 증언이 이 점에서 일치한다. 몇몇 시간을 제외한다면, 즉흥적인 강의의 여지는 거의 없었다. 그의 유고 문고가 국립현대문서기록원IMEC에 기탁될 때, 몇몇 강의록, 특히 스피노자에 관한 강의록은 전설적인 아우라에 쌓여 있었고, 알튀세르가 죽은 이후 1992년에 출판된 자서전 『미래는 오래 지속된다』나 다른 유고들에서의 언급이 이를 더욱 부채질했다.[10] 하

---

10 가령 다음과 같은 언급 참조. "그리하여 나는 스피노자의 잘 알려진 문장인 "habemus enim ideam veram"[왜냐하면 우리는 참된 관념을 갖고 있기 때문이다]의 단어들에 관해 고등사범학교에서 짧은 강의를 했다. […] habemus[우리는 갖고 있다]라는 단어에 대한 강의. 그래, 우리는 참된 관념을 갖고 있다. enim[왜냐하면]에 대한 강의. [스피노자가 사용한-옮긴이] '왜냐하면'이라는 것, [이는] (우리에게) 이런 [참된 관념의] 보유가 항상

지만 매우 놀랍게도 그의 문고에는 단 두 개의 완전한 타자 원고 강의록만이 있었다. 1962년과 1972년에 했던 마키아벨리에 관한 강의록이 그것이다.[11] 얼마간 실망스러운 이런 부재는 부분적으로는 그가 자신의 강의록을 제자나 친구들에게 빌려주는 습관을 갖고 있었는데, 빌려 간 이들이 늘 그것을 되돌려 주지는 않았다는 사실로 설명될 수 있을 것이다. 알튀세르의 강의가 확정적으로 중단된 시기와 거의 같은 무렵에 복사기가 대량으로 보급되었기 때문에, 자주 유일한 [강의록] 원본이 유통되곤 했던 것이다. 이 책이 출간됨으로써 사람들의 기억을 일깨워 몇몇 문헌들이 되돌아오거나 수강 노트를 기탁하는 계기가 되기를 희망해 볼 수도 있겠는데, 현재까지는 알튀세르 문고에서 강의록 전체를 살펴보는 것이 허락되지 않고 있다. 간단히 다음과 같은 점을 지적해 두기로 하자. 우연하게도 현재 출판 가능한 강의록 전체는 한편으로는 반복적으로 강의가 이루어졌던, 알튀세르의 "대학 연구" 계획 중에서 가장 두드러진 측면(17, 18세기 역사철학 및 정치철학)과 다른 한편으로는 마키아벨리에 관한 그의 비밀스러운, 훨씬 더 "내밀한" 작업이 있는데, 후자의 경우 10년 간격으로 두 차례 강의가

이미 이루어져 있었다는 사실에 대한 회고적 인정이다."

11 1972년 강의록은 알튀세르 자신에 의해 『마키아벨리와 우리』라는 제목 아래 수정된 형태로 다음 저작의 일부로 출판되었다. *Écrits philosophiques et politiques*, tome 2, Stock/IMEC, 1995[그 뒤에 이 책은 독립된 저작으로 다시 출간되었다. Machiavel et nous, Editions Tallandier, 2009. 이 책에는 또한 에티엔 발리바르의 소개문과 프랑수아 마트롱의 관련 논문들이 수록되어 있다-옮긴이].

이루어졌으며 둘 사이에는 큰 차이가 있다.

음성 기록 일체가 부재하기 때문에 "강의되었던 그대로" 강의록을 재구성하는 것은(완전히 미망적인 일로) 명백히 불가능했으며, 문서화된 강의록 자체가 불완전한데다 심지어 부재하는 경우도 있기 때문에 더욱더 그랬다. 따라서 이 책의 구성은 상대적으로 복잡한 일이었고, 대부분 사용 가능한 자료, 즉 알튀세르의 타이핑 원고나 육필 원고, 그리고 수강생 노트에 의존한 작업이었다.

역사철학 강의는, 그 이전 몇 년간 이루어졌던 동일한 주제에 관한 몇 차례의 강연 이후 1955~56년에 있었다. 알튀세르의 서신 교환에 따르면, 이 강의는 1956년 말부터 부분적으로 타이핑되기 이전에는 수고 형태로 존재했지만, 현재는 당시의 수고 강의록이 남아 있지 않다. 문고에는 다음과 같은 문헌이 담겨 있다. ① 18세기 역사철학에 관한 몇 페이지의 타이핑 원고가 있는데, 이것이 이 강의록의 일부인지 아니면 이전 강연의 일부인지 확실히 알기가 어렵다. ② 루소에 관한 몇 페이지의 타이핑 원고가 있는데, 이는 강의록의 일부인 것으로 보인다. ③ 엘베시우스와 콩도르세에 관한 장이 각각 하나씩 존재하는데, 후자의 원고는 에티엔 발리바르가 국립현대문서기록원에 기탁한 것이다. ④ 헤겔에 관한 수고. ⑤ 육필로 "50~58? 강의"라는 날짜가 적혀 있고 "마르크스주의 역사 이론에 관한 노트"라는 제목이 붙어 있는 독자적인 타이핑 원고가 있는데, 이 원고의 핵심은 역사철학에 관한 이 강의록에 통합되어 있다. 적어도 두 차례에 걸쳐[12] 알튀세르는 앞의 네 개의 요소를 좀 더 광범위한 전체(아마도 책을 계획하고 있었을 것이다)로 통합하려는 시도를 하고 있는데, 이 전체 원고의 상태가 어떤 것이었는지는 발견되지 않았다.

역사철학에 관한 이 강의록의 온전한 출간은 알렉상드르 마트롱 Alexandre Matheron의 수강 노트가 현대문서기록원에 기탁됨으로써 가능해졌다. 알튀세르의 타이핑 원고나 수고가 문고에서 전혀 발견되지 않았을 때 필요한 조정을 가능하게 해준 이 노트는 이 책에 원본 그대로 수록되었다. 알튀세르의 원고가 존재할 경우에는 주로 이 원고에 입각해 강의록이 구성되었다. 수강 노트와 알튀세르의 원고 사이에 차이가 존재할 경우에는 빠짐없이 이를 편집자 주에서 지적해 두었으며, 일반적으로 알튀세르 자신에서 유래한 판본을 중시했다(항상 그런 것은 아닌데, 때로는 수강생 노트보다 더 빠진 데가 많은 경우도 있었다). 불가피한 불확실성에 직면할 때도 있었다. 곧 타이핑 원고에는 나와 있는 몇몇 대목이 수강생 노트에는 나와 있지 않은 경우, 실제 강의된 내용이 정확히 무엇이었는지 증명할 길이 없다.

1962년 2월 10일 방송된 국영 라디오-텔레비전 방송RTF의 〈서

---

12 콩도르세에 관한 부분은 타이핑 원고상에 "4장 계속"이라고 되어 있고 엘베시우스에 관한 부분은 "5장"이라고 되어 있는데, 앞의 장들이 정확히 어떤 것이었는지는 알 수가 없다. 헤겔에 관한 수고는 98페이지에서 116페이지까지 숫자가 붙어 있는데, 앞의 97페이지까지의 내용은 보존되어 있지 않다. 루소에 관한 처음 두 페이지의 타이핑 원고는 손으로 "93 계속", "93 끝"이라고 숫자가 붙어 있지만, 이것이 헤겔에 관한 수고와 연속적일 가능성은 거의 없어 보인다.

양 사상의 파노라마〉Analyse spectrale de l'Occident 방송 청취자는 알튀세르가 세르주 주에Serge Jouhet와 엘베시우스에 관해 나눈 대담을 들을 수 있었다. 우리는 역사철학에 관한 이 강의록에 현대문서기록원이 〈20세기 철학자들이 들려주는 프랑스 사상사 음성 강의록〉Anthologie sonore de la pensée française par les philosophes du xxe siècle이라는 제목으로 발행한 두 개의 CD에 담겨 있는 녹음 내용의 녹취록을 수록했다. 몇몇 대목은 1955년 강의록 내용에 아주 가깝고 다른 대목은 새로운 내용을 담고 있는데, 논조 자체는 매우 상이하며, 1962년 1월 26일에 프란카 마도니아Franca Madonia에게 보낸 편지가 보여 주듯 이 녹음 당시에 수행하던 마키아벨리에 관한 작업에 매우 큰 영향을 받고 있다.

이 삶의 역설의 질서 속에서 나는 어제 내가 아주 잘 지내고 있다는 것(그게 무엇이든 간에)을 입증하는 두 가지 일을 했어. 오후에 라디오 방송국에 가서 엘베시우스에 관한 방송을 녹음했어. … 그래 엘베시우스, 꽤 오래전부터 사귄 내 옛 친구지. 나는 약간 추상적이고, 좀 까다롭고, 다소 "과한" 것들을 말했는데, 어쨌든 그럭저럭 잘됐고, 정말 흥미롭고 아무튼 꽤 성공적이었어(라디오 기술자가 내게 "정말 잘 낚았어요accrochait"라고 말하더군. "낚았다"는 게 무슨 뜻인가요? 하고 내가 물었지. 그가 말하길, 사람들이 방송을 들을 수밖에 없었다는 말이에요. 그래서 이렇게 말했지. 내가 그런 사람입니다. 사람들은 내 말을 듣게 돼 있어요. 그게 내 천성이죠. 그러니 지금 이 순간에도, 천성이 내게서 떨어져 나간 것처럼 보여도, 천성은 존재하는 셈입니다!). 그다음 집에 돌아와서 1시간 반쯤 뒤에, 같은 오후에 마키아벨리에 관해 두 시간 동안 강의를 했어(당연히 포를리와 체세나◆에 대해 말할 준비를 했지. … 이 마법적인 단어들, 이 마법적인 동작들 …). 나는 특별히 흥미롭게 말할 만한 것이 없었고, 이건 나 자신도 잘 알고 있었어. 나는 스스로 말하는 것에 속아 넘어가는 사람은 아니야. 하지만 나는 여기에서 역시 "잘 낚이게" 말을 했고, 어쨌든 이게 내가 할 수 있던 것 전부였어. 적어도 나는 그렇게 했어. 나는 심지어 마키아벨리의 의식에 관해, 그의 "비현실적인" 상황과 모순을 빚는 그의 현실주의적인 의지에 관해 소묘하기까지 했는데("비현실적인"déréalisante이라는 이 단어를 찾아낸 게 해결책이었지. 내가 딱 들어맞는, 명쾌하고 개념적인 표현을 찾아내지는 못했지만, 동시에 여기에는 느끼고 이해해야 할 어떤 것이 존재한다고 말하면서 또는 느끼게끔 하면서, 말하자면 내가 포착해 내지는 못한 어떤 현존을 느끼게끔 하면서, 마치 이해해야 할 어떤 것이 존재하는 것 같은 인상을 준 셈이지. …), 그 뒤에 이 정식에 관해 다시 생각하면서, 나는 다음과 같은 사실, 곧 마키아벨리의 의식에 관해 말한다는 구실 아래 바로 나 자신에 대해 말하고 있었다는 사실을 특별히 아이러니컬하게 깨닫고 충격을 받았어. 현실주의의 의지(현실적인 누군가가 되려는, 실제의 삶과 관계하려는 의지)와 "비현실적인" 상황"(정확히 현재의 나의 섬망 상태…). 아마도 바로 이 때문에, 내가 마키아벨리의 의식의 신비에 관해 몇 마디로 예찬했을 때, 무언가 종교적 계시의 침묵 같은 것이 수강생들을 사로잡고 있었던 거 같아.[13]

◆ 포를리는 이탈리아 북부 포를리 주의 주도이며, 알튀세르의 연인이었던 프란카가 살던 곳이기도 하다. 그녀는 포를리의 한 대학에서 교수로 있었다. 체세나 역시 포를리 주의 한 도시 이름이다.

13　*Lettres à Franca*, op. cit., p. 162.

역사철학에 관한 강의가 알튀세르가 나중에 "그런 것이 존재한다면, 순수 이론"[14]이라고 부르게 될 것에 속한다면, 1962년의 마키아벨리에 관한 강의는 우선 거대한 주체적 단절, 곧 프란카 마도니아와의 만남이 낳은 단절(이는 또한 이탈리아의 발견이 낳은 단절이기도 했다) 속에 기입된 것이었으며, 더 넓게는 "무로부터의 시작"에 관한 알튀세르의 성찰의 출생증명서라고 할 수 있다. 1월 11일 그는 프란카에게 마키아벨리에 관한 강의를 준비할 수 있도록 이탈리아어본 마키아벨리 저작을 한 권 보내 달라고 요청하면서 다음과 같이 편지를 끝맺고 있다. "나는 마법에 가까운 감정으로 마키아벨리에 대해 생각하고 있어. 마치 그에게서, 읽고 말하는 데 적합한 탁월한 조수를 발견하게 되었다고나 할까."[15] 첫 강의는 1월 18일에 시작된 것으로 보이는데, 알튀세르가 1962년 2월 19일에서 5월 13일까지 병원에 입원해 있었기 때문에 강의는 2월 중순까지만 진행되었던 것 같다. 진정한 환각 상태로 체험된 강의 전체는 특히 1월 23일자 편지가 보여 주듯이 극단적인 긴장 상태 속에서 진행되었다.

프란카, 프란카, 화요일 오후 6시에 내가 처해 있는 이 기이한 상태에서 내가 할 수 있는 한 가장 객관적으로 고려하면서 어제 저녁부터 성찰하고 있는 한 단어, 한 가지 생각을 말해 볼게. 이런 생각. 나는 완전히 미쳐 가고(!)

---

14 *Machiavel et nous*, op. cit., p. 62.
15 *Lettres à Franca*, op. cit., p. 151.

있는 중이거나 아니면 듣도 보도 못한 어떤 것(행위 스타일, 존재 방식 등)이 될 완전히 새로운 무언가가 (내 속에서) 일어나고 있거나. 하지만 나는 이것이 어떻게 될지 진짜 모르겠어!! 진짜 모르겠어. 지금으로서는 계속 **강제된** 작업을 하고 있어. 무감각하게, 계속 무감각하게. (그러니 이 신성한 감각이 어디쯤에서 억압될까?) 나는 마키아벨리에 관해 쓰고 있어. 강제된 글쓰기, 강제된 것들에 관한, 완전히 자유의 외양을 지니게 될 담론 속에서 그것들을 말하기 위해! 마키아벨리의 이성, 왜 내가 이것에 대해 말하고 있지? 그건 내가 이것에 대해 말하기로 결심했을 때 나는 그것이 내가 이해할 수 있을 만한 어떤 것이라고, 나에게 "말하는" 어떤 것이라고 느꼈기 때문이야. 나는 여기서 여름의 추억, 자주 언급된 포를리 … 그다음에는 내가 그람시에게서 발견한 편안함을 재발견했어. … 요컨대 나는 시작해 버렸어. 여기에서도 나는 얼마간 행복한 심정으로 (역사나 정치와는 다른) 이론적 관심을 발견하기 위해 사실들을 **강제하고** 있지.[16]

현대문서기록원에 기탁된 문고에는 또한 신원 미상의 수강생이 작성한 마키아벨리 강의 노트가 있다. 강의 노트대로 모두 강의를 했든 그렇지 않든 간에 알튀세르의 타이핑 원고는 대단히 흥미로운 것이어서, 수강생 노트에 기반을 둔 몇 가지 정정 사항을 제외하고는, 그 원고 전체를 여기에 실었다.

16 Ibid., p. 161.

17, 18세기 정치철학에 대한 1965~66년의 강의는 반복해서 강의되고 주기적으로 수정된 강의록 판본 가운데 하나로, 계약론에 관해 다루고 있으며, 주로 홉스, 로크, 루소에 관해 논의하고 있다. 루소와 홉스에 관한 알튀세르의 관심은 오래된 것인 반면,[17] 로크에 대한 그의 지식은 더 이후에 얻은 것으로 보인다.[18] 이 강의록에서 역사철학에 대한 강의의 몇몇 요소를 재발견할 수 있는데, 특히 루소의 『인간 불평등 기원론』이 그러하며, 『사회계약론』의 경우는 1956년에 비하면 훨씬 덜 부정적으로 해석되고 있다. 알튀세르 문고에는 이 강의의 완결된 수고나 타이핑 원고가 포함되어 있지 않으며, 강의록은 앙드레 토젤의 수강 노트에 입각해 편집될 수 있었다. 단 루소에 관한 부분은 타이핑 원고가 발견되었다. 루소의 『사회계약론』을 다루는 마지막 부분은 수강생 노트와 더불어, 1967년 『분석 노트』에 발표된 논문과 아주 근접한 타이핑 원고에 입각해 편집되었다.

홉스에 관한 1971년 강의는 1965년 강의에 담겨 있는 분석의 새로운 판본으로, 마르크-뱅상 울레Marc-Vincent Howlett의 수강 노트에 입각해 편집되었다. 앞선 강의와 명백히 유사한 내용들 외에도 이 강

---

17 *cf.* 1949년 무렵의 루소에 관한 박사논문 계획. 현대문서기록원의 알튀세르 문고에는 현재 알렉상드르 마트롱이 기탁한 1954년이나 55년 무렵에 했던 것으로 보이는 루소에 관한 강의 수강 노트가 포함되어 있다. 앞서 인용한 클레르에게 보낸 편지에서는 홉스에 관한 강의에 대해 언급하고 있다.

18 "로크의 『통치론』 독서." 클레르에게 보내는 1월 3일자 편지.

의에는 상당히 수정된 논의가 발견되는데, 이는 『리바이어던』에 대한 좀 더 심화된 독서에서 비롯한 것으로 보인다(다른 강의는 주로 『시민론』에 관한 것이다).

독자들에게 문고에 있는 문헌이 아니라 "가독성 있는" 텍스트를 제시하기 위해 우리는 여러 번 사용된 약어를 그대로 보존하지 않았다. 대부분의 경우 우리는 약어를 보충해서 온전한 단어로 만들었고, 의심의 여지가 있는 경우에만 우리가 사용한 방식을 표시해 두었다. 역으로 연속적인 텍스트나 "진짜 문장들"을 만들기 위한 일체의 인위적인 작업을 피하기 위해 우리는 가능한 한 원래의 문헌과 가시적으로 가장 근접한 텍스트를 만들어 내려고 노력했고, 적어도 알튀세르 자신의 수고나 타이핑 원고에 기반을 둔 경우에는, 거의 모든 구두점까지 체계적으로 보존했다(수강생 노트의 경우에는 정정이 좀 더 많았다).

텍스트 안에 편집자가 삽입한 내용은 대괄호([ ])로 표시했으며, 알튀세르 자신이 사용한 괄호는 겹가랑이표(≪ ≫)로 바꾸었다.

페이지 하단에 있는, 숫자가 붙은 주들은 편집자 주다.

'◆ [알튀세르]'로 시작하는 주들은 알튀세르가 수고나 타이핑 원고의 여백에 적어 놓은 주석 내용이다.

❖❖❖

    루이 알튀세르의 상속인인 프랑수아 보대르 씨와 국립현대문서 기록원의 책임자인 올리비레 코르페 씨의 지원에 감사드린다. 마찬가지로 알렉상드르 마트롱, 앙드레 토젤, 마르크-뱅상 울레, 에티엔 발리바르 선생들께도 이 책을 만들 수 있게 해주신 데 대해 감사드린다. 각자 자신의 지식과 조언을 통해 이 책을 더 풍부하게 해준 많은 분들께도 깊은 감사의 뜻을 전하고 싶다.

1부

역사철학의 문제들

1955~56

역사는 상이한 형태로 우리에게 나타난다.

(1) 반성되지 않은 형태: 사람들의 현실적인 행위가 그것인데, 사람들이 이런 행위를 겪든 아니면 이런 행위 과정을 지휘한다고 주장하든 그것은 무방하다. 이것은 맹목적인 실천으로, 우리는 이것을 기술할 수 있으며, 일련의 처방들이 여기에 덧붙여질 수 있다(*cf.* 마키아벨리의 『군주론』).

(2) 이것에 대한 이론적 반성. 이것은 그 자체로 여러 측면을 갖고 있다.

　　ⓐ 이런 반성은 무의식적일 수 있다: 신화들.

　　ⓑ 역사철학. 여기에서 역사는 철학적 반성의 대상으로서 의식적으로 포착된다.

(3) 과학적 형태: 여기에서 개념들은 현실 역사의 기초인 맹목적 실천과 모종의 일치를 발견한다. 이것이 [역사의] 근대적 형태다.

이로부터 역사-철학의 관계가 변화한다. 오늘날 역사는 철학의 반성의 대상이기에 앞서 과학이라는 점 참조. 역사는 자신의 종별적인 문제들과 개념들을 갖고 있다. 따라서 철학은 지금 과학의 대상으로서의 역사를 대상으로 지니는 셈이다.

　　- *cf.* 딜타이는 칸트가 이론적 인식의 비판을 수행했듯이 역사
적 인식에 대한 비판을 수행했다는 점을 참조.◆

　　- *cf.* 또한 역사에 대한 실존주의적 반성도 참조. 이런 반성은
역사성 개념을 밝혀 주지만, 과학으로서의 역사는 손대지 않
은 상태로 남겨 둔다.

　하지만 역사철학이 무엇**이었는지** 이해하기 위해서는 우리의 시각
을 뒤집어야 한다. 왜냐하면 역사철학에서 철학은 이미 구성된 대상
을 자신의 반성의 대상으로 삼는 것이 아니라 자신이 구성하는 대상
을 반성 대상으로 삼기 때문이다. 이런 회귀를 통해 우리는 역사 개
념, 이 대상의 내용 자체의 생성을 목도하게 된다. 역사의 대상은 그
자체가 역사적 대상이다. 곧 그것은 대상에 대한 역사적 의식 속에 포
함되어 있다.

　이 점에 대한 근거로서, 역사histoire라는 단어의 역사 참조.◆◆

→ 플라톤: 『파이돈』 96a. "사람들이 자연에 대한 탐구$\pi\varepsilon\rho\grave{\iota}\ \phi\acute{\upsilon}\sigma\varepsilon\omega\varsigma\ \iota\sigma\tau o$
$\rho\acute{\iota}a$라 부르는 바로 그 지혜."◆◆◆ 곧 자연에 대한 탐구. 여기서 애매한

◆　빌헬름 딜타이, 『정신과학에서 역사적 세계의 건립』, 김창래 옮김, 아카넷, 2009 참조.
◆◆　이하에서는 우리가 오늘날 생각하는 "역사"와 상이한 의미로 쓰인 histoire의 역사
적 용례들을 검토하고 있으므로, 필요한 경우에는 원어 그대로 histoire라고 쓰겠다.

점은 이것이 발생적인 방식으로 제시된 사실들에 대한 탐구를 의미할 수도 있고, 아니면 원인들에 대한 탐구를 의미할 수도 있다는 점이다. 양자가 동일시되고 있는 셈이다.

→ 아리스토텔레스: 『동물지誌』. 여기에서 histoire는 사실들과 문헌들의 모음이라는 뜻에서 지誌를 의미한다. histoire는 18세기까지 주로 이런 의미로 쓰였다.

→ 베이컨: 그의 저작들은 온갖 것들에 대한 "histoires"다. 그리고 베이컨은 histoire를 기억과 결부시켰으며, 그리하여 histoire를 철학 및 과학, 곧 이성과 대립시켰다. histoire는 철학과 과학들의 토대로, 과학들은 기억에 의해 전승된 이런 모음에 대한 이론적 반성과 다르지 않다. 경험론적이고 순수하게 수동적인 관점. 이런 관점에서 볼 때 연구는 발견과 하나를 이룬다. 이런 관점은 달랑베르에까지 이르는 전통 전체를 길러 냈다.

→ 달랑베르: 우리의 모든 인식은 기억에 의거해 있다. 기억이란 "이 모든 인식의 순수하게 수동적인 기계적 수집"[1]이다. 기억은 인식의

◆◆◆ 플라톤, 『파이돈』, 전헌상 옮김, 이제이북스, 2013, 127쪽.

1   "직접적 인식의 체계는 이런 인식들 자체에 대한 순수하게 수동적이고 기계적인 수집에서 성립할 뿐이다. 이것이 바로 기억이라고 불리는 것이다." *Discours préliminaire de l'Encyclopédie*, Vrin, 1984, p. 63.

직능들facultés 중 첫 번째 것이며, 두 번째가 상상이고(→예술), 세 번째가 이성이다(→철학). 하지만 histoire의 확장이 이루어진다.

- 신성한 histoire (계시된 사실들의 모음)
- 인간의 histoire
- 자연의 histoire

- 이런 histoire는 본질들이 아니라 사실들에 대한 것이다.
- 이것은 순수한 수동적인 집적이다. 연구 자체는 아닌 셈이다.

하지만 18세기에 전도가 일어난다.

이미 [박물학자] 뷔퐁Georges-Louis Leclerc, Comte de Buffon에서 다음과 같은 생각이 엿보인다. "인간에게서 기억은 반성 능력에서 흘러나온다."[2] 따라서 바로 기억의 중심 자체에서 전도가 일어나는 셈이다. 그리고 뷔퐁은 기억의 수동성에 대한 비판을 전개하면서 이 점에서 인간과 동물을 구별한다. 곧 인간만이 시간적 구분을 도입한다는 것이다. 동물들은 과거나 미래에 대한 어떤 통념도 갖지 못하며, 자신들의

---

2 "우리에게서 기억은 반성 능력으로부터 흘러나온다. 왜냐하면 우리가 과거의 것들에 대해 지니고 있는 기억은 단지 우리의 물질적인 내감의 진동이 지속되는 것, 곧 우리의 이전 감각 작용의 쇄신을 가정할 뿐만 아니라 우리의 정신이 이런 감각 작용에 대해 수행하는 비교, 곧 그런 작용에 대해 형성하는 관념들을 가정하기 때문이다." Buffon, *Discours sur la nature des animaux*, édition originale de l'Imprimerie royale, t. IV, p. 56.

감각 작용 속에 갇혀 있다.

이로부터 반성의 계기는 역사에 구성적인 것으로 나타나게 되는데, 이때 역사는 두 측면 사이의 대결이 된다.

"histoire라는 단어는 우리의 언어에서 객체적인 측면과 아울러 주체적인 측면을 통합하고 있으며, 일어난 일들 자체res gestae임과 동시에 일어난 일에 대한 기록historiam rerum gestarum을 의미한다. 그것은 발생하는 것das Geschehen(일어남의 사실)일 뿐만 아니라 역사 서술Geschichte-erzählung이기도 하다."(헤겔[3])

이로부터 새로운 문제가 제기된다.

    – 인식론적 문제: 기록된 역사와 현실 역사의 대질

    – 철학적 문제: 역사의 대상의 본성에 관한

    – 역사 자체의 고유성을 이루는 것은 무엇인가?

    – 그리고 기억을 구성하는 이런 반성의 본성은 무엇인가? 역사에 구성적인 이런 반성은 어디에서 찾아야 하는가?

이 질문에 대한 답변은 몇 가지 방향에서 찾을 수 있다.

    (1) 헤겔: 대상으로서의 역사. 이것은 에어이너룽Erinnerung♦에 의해 고유하게 정의된다. 이것 이외에 다른 정의가 존재한다.

---

3 Hegel, *La Raison dans l'histoire*, 10/18, p. 193; 『역사 속의 이성』, 임석진 옮김, 지식산업사, 1997, 225쪽.

♦ 대개 "기억"이나 "회상"을 뜻하지만, 단어 그대로 하면 "내면화"라는 의미도 있다.

자연과 동물들은 역사를 갖지 못하며, 힌두인과 같은 몇몇 민족들 역시 그렇다. 왜냐하면 그들은 **국가**를 갖고 있지 않기 때문이다.

(2) 마르크스: 사회 발전의 물질적 과정 → 따라서 계급투쟁의 역사만이 존재할 뿐이다.

(3) 레몽 아롱: 이런 반성은 현재의 기획들을 과거로 투사하는 데서 성립한다.

(4) 하이데거: 현재의 역사성 자체

이 네 가지 시도는 하나의 양자택일을 보여 준다. 인간의 본질은
  - 역사에 고유한 구조로서의 역사 자체 속에서 찾아야 하는가 아니면
  - 역사 아래에 놓인 역사성 속에서 찾아야 하는가?

(1) 역사Geschichte

(2) 역사 서술Geschichte-erzählung

(3) 역사성Geschichtlichkeit

1장

17세기의 네 가지 기본 사조[1]

카시러.[2] 18세기는 역사적 감각을 결여하기는커녕 인간 의식에게 역사를 가져다주었다. 어떻게 이런 일이 가능했을까?

(1) 데카르트의 합리주의

(2) 종교적 논쟁

(3) 실천적 회의주의

(4) 정치적·법적·경제적 논쟁

---

1 수강생들의 노트는 장들의 숫자를 기록하지 않고 있다. 반면 알튀세르의 타자본은 콩도르세, 엘베시우스, 헤겔에 대한 장에 각각 숫자를 붙여 구별하고 있으며, 타자본 중에 남아 있는 것은 이 장들뿐이다.

2 "18세기는 전형적으로 "비역사적인" 세기라는 널리 통용되는 관념은 그 자체가 아무런 역사적 토대도 갖지 못하는 관념이다." Ernst Cassirer, *La philosophie des lumières*, traduction par Pierre Quillet, Fayard, 1966, p. 263; 에른스트 카시러, 『계몽주의 철학』, 박완규 옮김, 민음사, 1995, 263쪽.

A. 데카르트의 합리주의

역설인가? 말브랑슈의 견해 참조. histoire=인간의 광기들의 모음

→ 데카르트: 왜 이런 경멸이 생겨나는가? 모든 사실(여기에는 나의 과거 사실도 포함된다)을 고발하는 데카르트의 회의는 이런 사실 대신에 본 질들의 세계로 진입하는 것을 목표로 삼는다. 이성은 모든 인간 속에 현존한다. "어떤 한 가지 것에는 단 하나의 진리만이 존재하므로, 그 진리를 발견한 사람은 이에 대해 알 수 있는 것을 모두 알고 있다."[3]

따라서 진리는 과거를 갖고 있지 않다. 진리의 본유성. 그렇지만 진리의 진보라는 관념이 존재하지 않는가? (cf. 다른 인간들의 협력의 필요성) 하지만 이것은 새로운 것은 아무것도 창조하지 않는다. 오직 원리들의 발전만이 존재할 뿐이다. 그러므로 여기서 문제가 되는 시간은 연역의 심리적 시간일 뿐이다.

진리의 역사가 아니라면, 우리의 오류의 역사는? 과거 또한 역사의 대상이 아니라 심리학의 대상이다. 과거는 우리 유년기의 선입견들에 준거한다. 마찬가지로 이 과거에 대한 비판 역시 심리학에 속한다. 주의의 심리학.

---

3 René Descartes, "Discours de la méthode", deuxième partie, in *Œuvres philosophiques de Descartes*, Garnier, tome I, 1973, p. 590; 『방법서설·정신 지도를 위한 규칙들』, 이현복 옮김, 문예출판사, 1996, 171쪽.

따라서

- 역사의 소재는 의심 속에서 고발된다.
- 반성은 심리학에, 심지어 신학에 준거한다.

데카르트주의에서 역사의 피신처는 신학이다.

→ 말브랑슈: 우리는 말브랑슈에서 모종의 역사의 산출 가능성을 지닌 개념들을 발견할 수 있다. 인간의 역사는 아담의 원죄의 역사다. 하지만 여기에는 목적론이 개입되어 있는데, 이런 역사를 관통해 예비되는 것은 그리스도다. 인간들의 역사는 그리하여 신의 역사다. 그의 계획과 행위의 역사. 그리고 말브랑슈는 신적인 "공리주의"를 발전시킨다.

이런 목적론적 구조는 신의 작용의 목적론에 대한 이상적 서술을 출현시킨다. 행위의 논리.

하지만 역사는 데카르트의 합리주의의 또 다른 수준에서 재발견되는데, 이런 목적론과 인간의 대결이 바로 그 장소다. 예정설들 참조.

→ 라이프니츠: 모나드 이론. 모나드의 전개의 개별성. 분명히 규정들을 해명하는 것은 통일성이다. 하지만 또한 무한하게 많은 모나드들이 존재한다. 그렇다고 해도 내생적인 필연성에 따른 모나드의 전개가 분명 존재한다.

- 신이 카이사르의 개념notio으로부터 카이사르를 연역하듯이, 개념 자체를 고찰해 볼 수도 있다.
- 인간 자신은 모나드의 생산성 법칙을 고찰하는 것으로 환원된다.

자유와 예정 이론 속에서 발견되는 양의적équivoque 측면.
- 모나드라는 개념은 무한하게 많은 자신의 변양들을 포함하고 있다. → 자유의 몰락?
- 하지만 개체라는 개념은 원의 개념과 같은 유형의 필연성을 지니고 있지 않다. 필연적 진리와 우연적 진리에 관한 라이프니츠의 구별 참조. 필연적 진리가 필연적인 것은 가설들에 입각해서 그런 것이지, 그와 다른 것이 모순적이기 때문이 아니다(≠원).

인간사에서 볼 수 있는 좁은 의미의 간략한 필연성은 오직 인간에게 그런 것이며, 신에게는 우연적이다. 하지만 이는 모든 인간에게는 그가 하는 일의 필연성을 뜻한다. 결국 신의 자유로 귀결된다.

신에 대한 모나드의 이런 우연성으로부터 라이프니츠는 역사의 "요소"(헤겔적인 의미의)를 만들어 낸다. 곧 신의 자유의 전개로서 역사(헤겔을 예고하는 것).

역사의 현실과 철학의 개념들 사이의 대질 → 이는 역설적이게도 역사에 대해 상대적으로 비옥한 개념들을 제공한다.

(1) 개인의 발전 법칙

(2) 행위 논리라는 개념

(3) 인간의 자유와 역사의 필연성 사이의 이율배반에 대한 이론적 해결책 소묘

B. 실천적 비관주의

데카르트의 낙관주의와 맞서기.

파스칼. 이런 사조의 기원. 중세 세계의 해체. 16세기에 위기가 일어나고 모든 측면에서 심각한 동요. 몽테뉴("세계 전체의 요동")와 파스칼("우리는 도덕의 보루를 어디에서 찾아야 하는가?"[4])에서 나타나는 위기의 반향.

  - 종교관의 개혁. 자연으로부터 정화되고 절단된 종교.

  - 그리고 자연[본성]에 대해서는 근본적인 단죄가 이루어진다. "우리가 자연으로부터 갖고 있는 모든 것이 육신이다."(칼뱅)[5]

여기에는 이성도 포함된다.

---

4 파스칼의 원문은 사실 다음과 같다. "하지만 우리는 이 지점을 도덕의 어디에서 찾아야 하는가?"

5 장 칼뱅, 『기독교강요, 중(中)권』, 원광연 옮김, 크리스찬 다이제스트, 2004, 3장 1절.

사실 자연과 종교적 진리 사이의 이런 근본적인 분열은, 신학적 개념들에서 자유롭게 된 이 세계에 대한 세속적 탐구에 기여했다.

인간에 관한 파스칼 『팡세』 단편 426.[6] "[인간의] 진정한 본성이 상실되었기 때문에, 모든 것이 그의 본성이 된다." 이는 선에 대해서도 마찬가지다.

이로부터 인간 역사에 대한 비판적이고 비관주의적인 기술記述이 나온다(부분적으로는, 아니 특히 자연에 대한 과학도 그럴 것이다). 아리스토텔레스에 입각한 자연의 섭리주의는 몰락했다.

사상의 흐름. 마키아벨리, 라 로슈푸코, 파스칼 등. 이 사상의 주제는?

(1) 인간의 사악함

(2) 왜냐하면 이익과 정념이 인간 행동의 원천이기 때문이다.

(3) 이런 조건에서 선(좋음)에 대한 미망을 해명해야 한다. → 그릇된 가치들에 대한 비판의 필요성. 선 안에서 이익을 보여주는 라 로슈푸코 참조.

→ 파스칼. 자연법을 넘어 관습이 모든 공정함을 만들어 낸다. 정의의 기초=상상력의 도움을 받는 힘. 그리하여 신비화가 문제가 되는데, 만약 사람들이 이를 비난한다면, 인민은 반역하게 된다. 정치권력의 기초는 찬탈이다. 하지만 "이런 찬탈이 진정하고 영원한 것으로 보이

6 이는 브륀슈빅판에 따른 것이다.

도록 만들어야 하며, 만약 찬탈이 곧바로 종말을 맞게 하지 않고 싶다면, 그 시초를 감추어야 한다."[7]

그리하여 여기에 정치권력의 기원에 관한 이론 및 이데올로기와 그 역할(보수적인)에 관한 이론이 존재하게 된다.

하지만 파스칼에게 이는 기성 질서를 정당화하는 데 기여할 뿐이다. 왜냐하면 가장 사악한 것은 내전이기 때문이다. 따라서 역사 비평은 한 가지 목적을 지니는데, 이는 혁명적인 목적이 아니라 보수적인 목적이다. 배후에 관한 사상이 필요하다. 인민의 미망을 필연적인 것으로 존중하기. 이데올로기와 관습의 메커니즘을 이해하기. 단 이는 그 메커니즘을 훼손시키기 위한 것이 아니라 확실하게 보존하기 위한 것이다.

파스칼에서 이 심오한 비판적 관점은 다른 영역에서 긍정적인 출구를 발견한다. 그것은 곧 과학사 영역이다. 파스칼은 두 가지 유형의 진리를 구별한다.

(1) 기억에 의존하는 진리. 여기에는 아무것도 덧붙일 것이 없다. 이 진리들은 기억에 온전히 주어져 있다. 여기에서는 권위가 원리를 이룬다.

(2) "이성의 진리." 시간과 노고를 통해 여기에 항상 다른 진리를 추가할 수 있다. 우리의 시각은 고대인들보다 더 확장되어 있다. 계속되는 인간들의 계열을 단 한 사람으로 간주하는 것

7 『팡세』 단편 294.

에 관한 문장 참조.[8]

진보는 인간의 종별적인spécifique 본질에 의해 가능해진다. 동물은 본능만 갖고 있으며, 늘 자기 자신과 동일하다. 하지만 이성을 갖고 있는 인간은 무한하게 생산될 뿐이다. 동물은 개인적 지식을 획득할 수도 보존할 수도 없다. 하지만 인간은 이런 인식을 손쉽게 보존하고 증대시킬 수 있다. 따라서 여기서는 보존이라는 것이 본질적이며, 이는 인간에게 종별적인 것이다. 각각의 지식은 후속하는 지식을 얻기 위한 한 계단과 같은 것이다.

이런 이론의 예시. 오류 이론. 고대인의 이론은 현재 우리의 지식에 따라 판단되어서는 안 되며, 당시에 사람들이 지니고 있던 수단들에 입각해 판단되어야 한다. 그리하여 고대인들은 은하銀河를 그들의 육안으로 볼 수밖에 없었지만, 우리는 망원경을 갖고 있다. 오류에 대한 역사적 이론. 따라서 역사 속에서 판단한다는 것은 한 시대의 진리를 그 시대의 조건들에 입각해 비교한다는 것을 뜻한다. 이 새로운 척도는 두 개의 암초를 피할 수 있게 해준다.

 - 하나는 역사에 대한 회고주의적 미망이며
 - 다른 하나는 순수한 역사적 상대주의다. 곧 아무런 판단의 척도 없이 역사를 이해하는 것.

---

8 "그리하여 수많은 세기에 걸쳐 전개되는 모든 인간들의 계열을, 늘 존립하고 계속 배워 나가는 동일한 한 사람의 연속으로 간주해야 한다." "Préface pour le Traité du vide", in Blaise Pascal, *Œuvres complètes*, tome 1, Gallimard, 1998, p. 534.

이런 역사적 판단 이론은 오류에 대한 변증법적 관점을 낳는다. 오류가 오류인 것은 오직 그것이 진리로 간주되었을 때뿐이다. 왜냐하면 오류란 회고적 관점에서만 오류이며, 극복된 진리에 불과하기 때문이다. 이는 오류를 진리이자 오류로 이해할 수 있게 해준다. 파스칼은 고대인들에 대해 다음과 같이 말한다. "우리는 고대인들을 논박하지 않고서도 그들이 말했던 것과 반대되는 것을 옹호할 수 있다."[9]

파스칼의 이 심오한 통찰은 계승되지 못했다. 하지만 그에게는 과학사에 대한 관점과 정치사에 대한 관점 사이에 차이가 존재한다는 점을 환기해 두자. 왜냐하면 첫 번째 관점만이 시대의 조건들과 관련되기 때문이다. 오직 헤겔만이 이런 관점을 일반화하면서 다시 계승하게 될 것이다.

C. 종교 논쟁

17세기에 매우 치열하게 전개됨. 종교 영역 자체에서 역사적 논거들에 의지해야 할 필요성이 생겨나는데, 이 영역은 당시까지 역사에 대해 폐쇄적인 것처럼 보였다. 사람들은 과거에 위치한 순수 종교의 이름으로 비판을 가했다. → 가톨릭의 타락에 관한 이론. 프로테스

---

9 Ibid., p. 535.

탄티즘과 장세니즘 쪽에 존재하는 역설. 이들은 영원히 접근할 수 있는 신의 말씀을 포함하고 있는 텍스트로 각각 성경과 성 아우구스티누스의 저작에 의지했다. 따라서 이들은 자신들의 적수에 대해 말할 경우에만 역사를 원용했다. 그러므로 역사의 최초의 발현은, 주체 자신의 역사에 대한 부정과 결부되어 있던 셈이다.

두 번째 역설은, 이 시기에 역사를 **실제로** 고려하는 것은 이 유토피아주의자들(성 아우구스티누스로 거슬러 올라가려고 한 장세니스트들)이 아니라 "보수주의자들"에 의해 수행되었다. 가령 보쉬에Jacques Benigne Bossuet 같은(나중에는 몽테스키외).

실로 가톨릭 쪽 사람들은 스스로 적수의 지반 위에 위치를 잡아야 했지만, 이는 부정적인 방식이 아니라 긍정적인 방식으로 이루어졌다. →곧 "전통"을 모든 종교적 진리에 구성적인 것으로서 정당화했던 것이다.

특히 리샤르 시몽Richard Simon의 『구약 비평사』*Histoire critique du Vieux Testament* (1678).◆ 구약성경을 읽기 위해서는 그것을 읽는 것만으로는 불충분하다. 거기에 더해 유대 민족의 실제 역사 및 텍스트의 역사 등을 알아야 한다. 따라서 리샤르 시몽의 목적은 "정당화"에 있었다. 이런 탐구 없이는 "종교에서 어떤 것도 확실한 것으로 보증할 수 없다"는 것이었다. 성경은 교회 역사 바깥에서는 이해 불가능한 것이다.

◆ 리샤르 시몽은 프랑스 오라토리오회 수도사였으며, 고대 근동어 전문가였다. 그는 히브리어에 대한 지식을 바탕으로 구약성경에 대한 문헌학적 비평을 수행했으며, 그 대표작이 『구약비평사』다.

하지만 종교적 진리에 대해서는 위험한 일 아닌가? 세속적 역사에 종속되기 때문에.

→ 모순 → 리샤르 시몽은 유죄로 단죄되었다.[10]

→ 두 개의 방향
　　- 종교적 진리를 세속적 역사와 관련시키기
　　- 세속적 역사를 종교적 진리의 현상으로 파악하기. 두 번째 길이 보쉬에의 길이었다.

→ **보쉬에**. 단 이 경우 보쉬에는 승리를 거둔 종교적 절대주의자가 아니라, 위협받고 있는 가톨릭 신학자로 간주된다. 폴 아자르 참조.[11]
　　- 『태자 저하 교육을 위한 서한』
　　- 『보편사론』*Discours sur l'histoire universelle*

실제로 『보편사론』은 3부로 구성되어 있다.
　　① **연대기**
　　② "종교의 후속"
　　③ "제국들의 변천"

10　그의 저작은 금서 목록에 올랐고 그는 오라토리오회에서 쫓겨났다.
11　폴 아자르, 『유럽 의식의 위기』, 조한경 옮김, 민음사, 1990.

동일한 역사가 세 차례 재연된다.

(1) 연대기. 이것은 시간들의 연속이며, 시간적 틀이다. 이렇게

하여 적어도 몰시간성은 피할 수 있게 된다. 두 번째 장점은

"시대들"을 구별할 수 있다는 점이다.

(2) 이 "후속"의 역설. 이는 영속적인 것, 비시간적인 것의 역

사다. 종교는 시초부터 유지되고 있다. 이런 영속성은 그 영원

성의 징표다. 이는 또한 무시간적 진리로서 종교적인 대문자

진리Vérité의 징표이기도 하다.

(3) 종교의 역사의 대위법이면서 동시에 그 현상으로서 **인간의**

역사

— 제국들은 어떻게 계승되는지=제국들은 어떻게 사멸하는지

— 하지만 이런 [세속적인 역사의] "부정성"은 현실적인 연속성이

며, 종교의 "영속적인" 역사에 기여한다. 이런 부정성은 종교

적인 역사의 현상이며, 그 역사의 승리를 촉진한다.

이렇게 해서 인간의 역사는 긍정적인 성격을 지니게 된다. 종교적

인 역사의 현상인 인간의 역사는 동시에 종교적인 역사의 수단이기도

하다. 신은 인간의 역사를 도구로 사용한다. 따라서 인간의 역사는 필

연성과 더불어 내재적 복적성을 지닌다.

이로부터 보쉬에는 역사에 대한 이해를 정당화하는데, 그는 역사

란 헛된 것임을 보여 준 바 있다. "이전 세기 속에 자신의 원인을 지니

고 있지 않은 거대한 변화는 결코 일어나지 않는다. 그리고 모든 일에서 그 일을 예비하고 그 일에 착수하도록 규정하고 그 일이 성공하도록 한 것이 존재하기 때문에, 역사에 대한 진정한 인식은 각각의 시기 속에서 거대한 변화를 예비했던 은밀한 배치들과 이 변화들이 일어나도록 만든 중요한 국면들에 주목해야 한다."[12]

- **사례**. 로마의 몰락. 몰락의 원인은 로마의 사회적 불균형에 있음. 한쪽에 야심적인 귀족들과 잃을 게 아무것도 없는 비참한 사람들이 있고, 다른 한쪽에 국가의 안정 요소인 중간 신분(중간계급들)이 존재.

하지만 그렇다면, 어떻게 다음 양자를 조화시킬 것인가?

- 내재적 필연성
- 종교적 목적성

왜냐하면 보쉬에한테 역사의 유일한 주체는 바로 신이기 때문이다. 따라서 필연성은 부차적인 것이다. 원인들은 신의 도구들이다.

이렇게 해서 보쉬에의 저작에서 역사철학의 두 가지 새로운 개념이 나타난다.

ⓐ 이성의 간지

ⓑ 변장Verstellung(행위의 변장)

(ⓑ는 ⓐ의 인간적 귀결이다)

필연성은 맹목적이며 인간 지성을 넘어선다. "자신들의 목적과 다른 목적을 위해 의도에 반해 사용되지 않는 인간의 힘은 존재하지

---

12 Bossuet, *Discours sur l'histoire universelle*, III, 2.

않는다." 행위는 행위하는 인간의 의식을 초월하는 것이다. 행위하는 인간들은 "그들이 생각하는 것보다 더 많이 행위하거나 덜 행위하며, 그들에 대한 조언은 늘 예견하지 못한 효과를 낳았다."[13]

볼테르는 뒤에 이 개념을 다시 받아들인다. "모든 사건은 사람들이 전혀 기대하지 않았던 다른 사건을 초래한다." 헤겔 및 마르크스주의자들이 다시 받아들이게 될 주제.

하지만 보쉬에한테 이 두 개념은 신과 신의 비밀에 준거하는 것이다. 여기에서 다음과 같은 문제가 생겨난다. 어떻게 사람은 역사의 필연성을 이해할 수 있는가? 곧 어떻게 신의 비밀 속으로 들어갈 수 있는가? 보쉬에의 답변은 이렇다. 실로 그것은 비밀이지만, 신은 그것을 계시했으며, 특히 요한계시록에서 계시했다. 모든 것이 거기에, 심지어 가톨릭 군주들과 루이 14세의 태평성대까지도 담겨 있다.

따라서 보쉬에는 프로테스탄트들에 맞서기 위해 처음에 자신을 역사의 지반 위에 올려놓아야 했다. 하지만 종교적인 역사와 세속적인 역사의 이중 구조는 성경 자체에 준거하며, 이런 역사가 성경에 담겨 있다. 따라서 보쉬에는 그의 적수들과 동일한 원천에 의거한다. 그와 그의 적수들 모두 성경을 비역사적 진리의 집성으로 간주했으며, 이런 진리의 이름으로 역사를 판단한다. 보쉬에의 이런 순환성을 깨달은 사람이 존재했는데, 그는 바로

13 Ibid., III, 7.

→ 피에르 벨Pierre Bayle.◆ 왜냐하면 성경 그 자체는 교회의 권위에 의해서만 보증되기 때문이다. 따라서 교회의 역사는 성경의 진리의 현상이 아니라 그 토대다. 코페르니쿠스적 혁명. 역사를 판단하는 진리 자체가 역사에 속하는 것이다.

  → 역사철학이 역사에 대해 규준으로서 부과하는 진리의 역사적 기원을 해명하지 못하는 모든 역사철학은 이런 원환 속으로 떨어진다. ─ 이런 관념은 벨과 함께 시작된다.

  보쉬에의 다음과 같은 관념을 기억해 두기
    - 역사의 필연성이 긍정된다.
    - 역사의 초월성이 정립된다.
    - 역사를 두 개로 분할하기
        - 역사적 역사
        - 비역사적 역사
    - 역사의 초월성을 설명해 주는 개념들
        - 이성의 간지
        - 변장

◆ 위그노 태생의 프랑스 철학자로, 종교적 관용을 주장하고 형이상학 체계에 대한 회의주의적 비판을 제기함으로써 이후 계몽주의 운동에 큰 영향을 미쳤다. 『역사적·비판적 사전』*Dictionnaire historique et critique*(1697)은 그의 주저로, 여러 철학자들에 대한 비판적인 지적 평전이다.

D. 정치적·법적·경제적 논쟁

17세기의 거대한 사건 : 절대주의의 도래
→ 귀족의 퇴락과 제3신분의 흥기. 모든 이론적 논쟁은 절대주의에
대한 정당화냐 단죄냐를 둘러싸고 전개된다.

- **절대주의의 적수들**. 특히 중세 질서를 옹호하는 이들. 라 브뤼에르
Jean de La Bruyère, 페넬롱François de Salignac de La Mothe Fénelon, 생시몽, 불랭
빌리에Henri de Boulainvilliers, 보방Sébastien Le Prestre de Vauban,◆ 나중에는
몽테스키외. 이들은 중세적인 한 "당파"를 나타내지만, 중세 전체의
당파인 것은 아니다(왜냐하면 절대주의 자체가 중세적인 정치 형태 중 하나이기
때문이다).

◆ 라 브뤼에르는 17세기 프랑스의 비평가·철학자로, 귀족의 가정교사로 일하면서 익
명으로 출판한『성격론』Les Caractères(1688)으로 큰 명성을 얻었다.
페넬롱은 프랑스의 신학자·철학자로, 가톨릭 사제이면서도 프로테스탄트에 대해 관용
적 태도를 보였으며, 후기에는 정적주의quiètisme를 수용했다. 왕자의 교육을 위해 쓴
저작『텔레마크의 모험』Les Aventures de Télémaque(1699)이 대표작이다.
생시몽은 프랑스 피카르디 지방의 유서 깊은 귀족 가문 출신의 군인이자 외교관, 회고
록 작가이다. 1691년 베르사유에서 루이 14세를 처음 알현한 뒤 1723년까지 그곳에 거
주했다. 이때의 관찰과 경험을 토대로 50여년에 걸쳐 방대한『회고록』Mémoires을 집필
했다. 그는 사회주의의 시조 중 한 사람인 앙리 드 생시몽(1760~1825)과는 먼 친척뻘 관
계에 있다.
불랭빌리에는 프랑스의 작가이자 역사가였다.
보방은 17세기 프랑스의 군인으로, 혁신적인 공성술과 축성술로 명성을 얻었다.

– 따라서 이들이 옹호하는 자유는 낡은 중세적 자유다. 향수. 따라서 이 자유론자들은 절대주의 및 그것이 산출하는 비참함을 고발한다. 하지만 이들은 이런 비참이 중세 체제 자체의 귀결이라는 점은 보지 못한다. 첫 번째 미망.

– 이로부터 두 번째 미망이 나온다. 이들이 제기하는 비판의 대중적 표현은, 인민 대중의 이익을 배반하는 절대주의라는 것이다.

– 절대주의의 옹호자들. 마키아벨리, 홉스, 파스칼, 그로티우스, 푸펜도르프Samuel Pufendorf 같은 법학자들 및 이론가들. 이들의 논거는 역사에 의거하기이다. 하지만 여기서 역사는 두 개의 형태를 띤다.

– "가설적" 역사

– 현실적 역사

1. 가설적 역사

비난하거나 입증하고 싶어 하는 제도들을 연역하거나 그 제도들에 대한 개념적·논리적 발생을 제시한다. 사회를 "연역하기", 이는 자명한 것이 아니다.

$\rightarrow$
$\left\{ \begin{array}{l} \text{자연 상태} \\ \text{그 모순들} \\ \text{이를 해결하기 위한 계약} \end{array} \right\}$ 이것이 공통의 도식

적수들은 그들이 계약에 대해 제시하는 내용에 의해 서로 구별될 뿐이다.

세 가지 형태

① 복종 계약: 이는 인민과 군주 사이에 체결되는데, 군주는 "기본법"을 존중하겠다는 서약에 참여한다. 이는 중세의 자유주의적 계약이다.

② 인민과 군주 사이의 계약이긴 하되, 군주에 대해 절대 권력을 부여하는 계약. 홉스, 그로티우스, 푸펜도르프, 로크.[14] 절대주의자들. 하지만 봉기의 권리를 인정하느냐 그렇지 않느냐의 차이가 존재한다.

　　－ 홉스와 그로티우스 : 부재

　　－ 뷔를라마키Jean Jacques Burlamaqui◆와 로크 : 존재

③ 《군주 없는 계약 : 루소. 이는 전적으로 새로운 것이다.》[15]

따라서 역사의 이상적 발생인 셈이다.

흥미로운 점:

14　나중 강의에서 알튀세르가 이 해석의 일부를 포기하게 된다는 점을 지적해 둔다.

◆　스위스의 법학자·정치학자로, 푸펜도르프의 자연권 이론의 영향을 받았으며 미국 헌정의 아버지들에게 많은 영향을 끼쳤다. 『자연권 원리』*Principes du droit naturel* (1747), 『공법 원리』*Principes du droit politique*(1751) 같은 저술을 남겼다.

15　원고에는 이 세 번째 항목이 가랑이표 안에 들어 있다.

ⓐ 정치권력의 역사적 기원의 문제를 부각시키기. 홉스에게
계약으로의 이행 동력과 역사의 동력은, 해소해야 할 자연 상
태의 모순들이다. 결국 역사의 동력으로서의 모순인 셈이다.
ⓑ 자연 상태의 문제, 역사 이전의 상태의 문제, 기원의 문제.
이 시대의 주요 문제.

이런 자연 상태는 역설적이다.

- 이 개념이 기술하는 것(*cf.* 만인에 대한 만인의 전쟁)에 의거할
경우, 자연 상태는 지나간 과거가 아니라 아주 현재적인 것이
다. 이상적인 긍정적 기술이든가, 이상적인 옹호이든가. 따라
서 자연 상태의 내용은, 사회의 **현존하는** 구조이든가 아니면
현존하는 열망들이다.

- 역으로 그 형식에 의거할 경우, 자연 상태는 기원적이다.

현재는 그 자신의 과거로 주어진다. 왜? 여기에서 역사는 현재와
관련된다는 생각이 출현한다. 따라서 역사는 현재의 갈등 속에서 기
능적 역할을 수행한다. 이 관념은 정확히 자신을 과거로 제시하는 어
떤 현재의 역설 속에서 표현된다. 하지만 여기서 역사적 과거는 논리
적인 과거다. 곧 현재의 논리의 징표이자 현상인 것이다. 따라서 과거
그 자체에 대한 부정인 셈이다. 이런 모순은 이런 역사의 논리를 이
논리의 역사로 대체할 경우에만 해결될 수 있다. 역사철학에서는 중
대한 문제.

2. 현실적 역사

여기에서는 인종들이 문제다. 두 이론 사이의 대립.

```
┌ 독일 학자들          ┌ 불랭빌리에
└ 로마법 이론가들      └ 뒤보 신부
```

불랭빌리에는 다음과 같이 묻는다. 중세 법의 기원은 무엇이었는가? 불랭빌리에는 반절대주의자였다. 그에 따르면 프랑크족(독일인들)의 골족 정복이야말로 중세의 기원이다. 정복자들은 피정복자들을 노예로 만들었다.

사회가 두 계급, 두 인종으로 분할된 것이다. 프랑크족 후손들이 바로 귀족이었다. 그들이 모든 권리를 보유했으며, 왕은 그들과 대등한 존재일 뿐이었다.

하지만 이는 두 가지 방식으로 전복되었다.

  - 농노 해방에 의해. 이들의 사회적 신분 상승의 정점은 왕에 의해 귀족이 된 것이었다.

  - 평민 계급에 대한 왕의 지원에 의해.

스캔들. 불랭빌리에는 중세의 고대적 질서로의 회귀를 요구한다 → 삼부회 소집에 대한 요구

뒤보 신부[16]는 로마법 이론가였다. 그에 따르면 프랑크족은 골 지방

에 정복자로서 온 것이 아니라 초청받은 손님으로서 왔다. 그들은 로마 황제들의 후예들이다.

하지만 10세기에 해로운 일이 일어난다. 왕국의 공직들이 중세의 세습적인 직위로 전환된 것이다. 귀족의 출현. 따라서 현재의 절대왕정이 그 역사적 기원으로, 군주정의 건전한 전통으로 되돌아가는 것은 당연한 것이다.

이 이론들은 18세기에 번성했지만, 제3신분에 유리하게 개작되었다. 마블리Gabriel Bonnot de Mably 또는 디드로 참조. 좀 더 나중 시기의 오귀스탱 티에리Augustin Thierry의 경우에는 계급투쟁=인종 투쟁.

이는 다음과 같은 이유 때문에 흥미로운 논쟁이다.

(1) 상이한 두 민족들이라는 형태로 서로 구별되는 계급들 간의 투쟁을 묘사한다는 점. 정복과의 관계. 따라서 역사의 [토대 -알튀세르]로서 사회집단들 간의 투쟁이라는 관념.

(2) 하지만 정당화하거나 고발하기 위해 과거에, 기원에 의지한다는 점. 결과적으로, 마치 "가설적" 역사인 것처럼. 그리하여 기원에 의지하는 것은 기원의 필연성을 부정하는 것으로

---

16 뒤보 신부는 특히 『골족에서 프랑스 군주정의 확립에 관한 고증사』*Histoire critique de l'établissement de la monarchie française dans les Gaules*의 저자다. 이 책은 다음 주소에서 내려받을 수 있다. https://bit.ly/2VB7hvQ(검색일 2019/03/05)
[뒤보 신부의 본명은 장 밥티스트 뒤보Jean-Baptiste Dubos(1670~1742)로 프랑스의 역사가이자 철학자였다. 그는 특히 『골족에서 프랑스 군주정의 확립에 관한 고증사』(1734)라는 저작에서 프랑크족과 골족 사이의 평화로운 관계를 강조한 바 있는데, 이는 양자 사이의 갈등을 강조한 불랭빌리에의 관점과 대립하는 것이었다-옮긴이]

귀착된다. 이로부터 이런 권리들은 역사적이라기보다는 도덕적이라는 결론이 나온다. 과거는 현실적 과거가 아니라 이상적 과거다. *cf.* 몽테스키외에게서 독일인은 "이상적" 민족이라는 점. 따라서 이 경우 자연 상태는 신화적 민족 속에서 실현된다.

이리하여 "가설적" 역사의 경우와 동일한 양상을 재발견하게 된다.

2장

18세기

사회집단들.

    - 현행의 중세적 자유의 존속. 몽테스키외.[1]

    - 발흥하는 제3신분. 백과전서파.

하지만 백과전서파는 동질적이지 않았다. 특히 공리주의적 유

물론자들.

    - 반대자들. 마블리, 루소.

---

1   Louis Althusser, *Montesquieu. La politique et l'histoire*, PUF, 1959 참조; 「몽테스키외: 정 치와 역사」, 『마키아벨리의 고독』, 김석민 옮김, 새길, 1992.

A. 몽테스키외

그의 주장의 매우 실증적인 성격.

- 변신론辯神論으로서의 모든 역사 이론에 대한 포기
- 모든 가설적 역사, 자연 상태 이론에 대한 포기. 있는 그대로의 인간(루소는 몽테스키외가 권리가 아닌 사실을 확립했다고 비난하게 될 것이다).

1.

인간 행동은 인식 가능한 필연에 종속되어 있다는 관념. 여기에서 맹목적 숙명성은 무지의 가면에 불과하다. 그리고 인간의 공상이 역사를 구성하는 것도 아니다. 몽테스키외는 회의주의자들의 상투적인 어구인 무한한 다양성을 진지하게 받아들인다.

이는 우선 이런 관습, 법, 사실의 다양성에 대한 존중을 전제한다. 하지만 다른 한편으로 이런 다양성을 해명해야 한다.

이를 위해서는 원리들을 발견해야 하는데, 몽테스키외는 자신이 이 일에 성공을 거두었노라고 으스댄다.

"진지하게 받아들인다"는 말은 또한, 결코 판단하지 않는다는 것을 뜻한다. 곧 우리의 선입견으로부터 결코 원리들을 도출하지 않는다는 말이다. 따라서 과학적인 입장의 선택.

또한 몽테스키외는 법이라는 단어에 새로운 의미를 부여한다. "사물들의 본성에서 도출되는 필연적인 관계."[2] 규범적인 것을 실증적인 것으로 대체하기.

몽테스키외의 저작은 이런 실증성의 의도에 대한 응답이 아닌가?

2. 몽테스키외의 원리

- 세 종류의 정체가 존재한다.
- 모든 정체에서, 그 본성과 원리를 구별해야 한다. **핵심적인** 차이. "정체의 본성과 원리의 차이점은, 그 본성은 정체를 바로 정체이게끔 하는 것이며, 원리는 정체로 하여금 행위하도록 만드는 것이라는 데 있다."[3]
- 정체의 **본성**=그 구조, 그 골격. 누가 권력을 갖는가? 권력은 어떻게 행사되는가? 귀결들은 권력의 적용의 양상들이다. 가령 군주정에서 매개적인 몸체들은 기본법의 보관소다. 가령 의회가 그렇다. 하지만 이런 골격은 형식적인 것에 불과하다.
- 정체의 **원리**는 정체로 하여금 행위하도록 만드는 것이며, 정체에 생명을 부여하는 것이다. *cf.* 3개의 원리(덕목, 명예, 두려움)는 본성에 대한 고찰로부터 따라 나온다.

---

2 *De l'esprit des lois*, I, 1; 『법의 정신』, 하재홍 옮김, 동서문화사, 2007, 25쪽.

3 Ibid., III, I; 『법의 정신』, 43쪽.

3. 이 원리들은 어떤 것인가?

ⓐ 삶의 원리, 행위의 원리처럼 나타남.

ⓑ 하지만 특히 내적인 통일성 원리로서(cf. 헤겔의 경우, 정치적 형식 안에 존재하는 이념. 몽테스키외에 대한 헤겔의 찬양[4]). 사실 사회는 집합체가 아니라 유기적 총체다. 공화 정체의 원리는 공화 정체의 모든 세부 사항을 설명한다. 교육에 대한 법, 세금 징수 방식, 여성의 지위 등. 이처럼 모든 사회는 하나의 유기적 총체다.

ⓒ 게다가 원리는 정체의 구조 자체를 지배한다. 정체들의 타락은 그 원리의 타락에 의해 설명되며, 또 원리의 타락과 함께 시작된다. 그리하여 명예 대신에 권세를 선호하기.

"정체의 원리가 한번 부패하면 가장 좋은 법도 악법이 되어서 국가에 위배되는 것이 된다." 그리고 역으로 "원리의 위력이 모든 것을 이끈다."[5]

ⓓ 원리의 마지막 성격: 그 이상성. 원리들이 존재하는데, "이는 어떤 특정한 공화국에서는 사람들이 유덕하다는 것을 의미하는 것이 아니라 사람들이 유덕해야 한다는 것을 의미한다. 그리고 이것은 어

---

4   가령 헤겔, 『역사 속의 이성』, p. 36 참조. "성찰이 참되고 흥미로운 것이 되려면 견고하게 뒷받침되는 상황들에 대한 직관, 자유롭고 광범위한 직관이 있어야 하며, 역사 속에서 스스로 현시되는 바대로의 이념에 대한 심오한 감각이 있어야 한다. 견고하면서도 심오한 저작인 몽테스키외의 『법의 정신』이 이런 성찰의 모범적인 사례다." 마찬가지로 *Leçons sur la philosophie de l'histoire*, Vrin, p. 21 참조.

5   Montesquieu, op. cit., VIII, 11; 『법의 정신』, 141쪽.

떤 특정한 군주국에서는 사람들이 명예심을 지닌다는 것, 어떤 전제국가에서는 두려움을 가지고 있다는 것을 증명하는 것이 아니라, 명예심이나 두려움을 가져야 한다는 것을 증명하는 것이다. 그런 것들이 없으면 정체는 불완전할 것이다."[6]

실증적이고 과학적인 유형론은 여기에서 일종의 이상적 유형론으로 전환된다. 따라서 운동의 원리에서 이상적 원리로의 원리의 변모라고 할 수 있는데, 사회는 이상적 원리의 근사치에 불과하게 된다.

그리하여 카시러에 따르면[7] 몽테스키외는 막스 베버의 선구자가 된다. 사회의 이념형들.

4.

하지만 이것이 몽테스키외의 유일한 측면은 아니다. 물질적 규정들이 개입되어야 한다. 특히 풍토climat의 규정성. "풍토의 지배력은 모든 지배력 중에서도 제일"이라고 몽테스키외는 말한다.[8]

몽테스키외에게 풍토란 무엇인가?

6   Ibid. III, 11; 52쪽.

7   "몽테스키외는 간명한 방식으로 역사적 "이념형"이라는 통념을 개념화하고 표현한 첫 번째 사상가라고 할 수 있다. 정치학의 측면에서 보면 『법의 정신』은 "유형들"의 이론서다." Ernst Cassirer, *La philosophie des lumières*, p. 278; 『계몽주의의 철학』, 박완규 옮김, 민음사, 1995, 280쪽.

8   *De l'esprit des lois*, XIX, 14; 330쪽.

풍토의 생리학.[9] 찬 공기는 우리 몸의 외부 섬유의 말단을 죄며, 섬유들을 축소함으로써 그 힘을 증가시킨다. 더운 공기는 섬유의 말단을 이완시키고 늘어나게 한다(모스크바인이 무언가 감각을 느끼게 하기 위해서는 피부 가죽을 벗겨야 한다. 하지만 이탈리아인의 경우에는 정반대다).

- 추운 지방 사람들: 강한 체력, 자기 신뢰, 용기, 적은 복수심, 간계가 거의 없고, 감수성이 매우 적음.

- 더운 지방의 사람들: 위와는 정반대.

- 하지만 역설적인 점들. [인도인들과 같이―옮긴이] 겁이 많은 남방인들이 잔인성을 지닌 이유는 무엇인가? 그것은 그들의 상상력 때문이다.

이런 풍토 이론은 무엇에 사용되는가? 정체의 순수 유형들을 역사의 현실태와 관련시키는 일에 사용된다. 이상적 유형론에 구체적 규정에 관한 이론이 덧붙여진다. 가능태에서 현실태로 이행하기, 지금 여기에 있는 것을 설명하기. 여기에 있는 것은 바로 풍토.

풍토는 정체들을 식별할 수 있게 해준다. 그리하여 전제정은 더운 나라들에 필요한 정체다(약하고 겁이 많은 사람들). "예속은 잠과 함께 시작된다." 본성에 반하는 노예제는 때때로 자연적 이유에 기초를 두고 있다. 따라서 자연적 노예제는 "지구상의 몇몇 나라들에"[10] 한정시켜야 한다. 그러므로 유럽의 국가들은 제외시켜야 한다. 따라서 우리에게 필연성을 제시해 주는 풍토라는 척도는 동시에 판단의 척도이기도

---

9   Ibid., XIV, 2; 251쪽 이하.

10   Ibid., XV, 8; 270쪽.

하다. 매개적인 몸체들을 통해 운영되는 온건 군주정은 우리 유럽의 풍토에 알맞은 정체다.

그리하여 풍토는 역사의 판단이 된다. 몽테스키외에게 역사의 판단은 역사 그 자체 내에 존재한다. 하지만 이것은 가장 덜 역사적인 것, 곧 지리적 풍토에 호소한다.

따라서 몽테스키외는 정확히 바로 이 점으로 인해 흥미로우면서도 기만적이다. 볼테르 참조. 볼테르의 경우 유럽을 독특하게 만드는 것은 풍토가 아니다. 그것은 그리스인들이다. 더욱이 몽테스키외는 사실에 관한 오류를 범한다. 곧 산악 지방에 자유가 존재한다고 말하지만, 이것이 사실인가? 그렇다면 아시아의 전제정은?

따라서 몽테스키외는

- "무한한 다양성"에 대한 성찰하지만, 이로부터 회의주의 이론을 도출하지는 않는다. 중심적인 혁명. 그의 화두는, 이런 다양성을 이해하기이다.
- 하지만 그는 이런 다양성을 두 가지 사항과 관련시킨다.
  - 이념형들과
  - 풍토의 직접적인 물질적 규정과
따라서 파스칼과 관련해 퇴보이면서 동시에 진보.
- 보편적 의미라는 관념, 사회의 유기적 총체성이라는 관념.

B. 볼테르

- 『풍속론』◆(1756)
- 『철학사전』의 3개 항목
    - 「사건들의 연쇄」[11]
    - 「평등」
    - 「운명」
- "ABC"라는 제목의 대화.

역사 방법론의 정초자.

역사적 사건들을 구별하는 척도. 일차적으로 역사를 우화와 분리하기.

— **실정적 척도**: 공적인 지표 및 당대의 저자들의 동의에 의해 입증된 사건들.

— 하지만 **또 다른 척도**: 자연 속에 존재하지 않는 것은 결코 참되지 않다.

◆ 『풍속론』의 원제는 『세계 각국의 풍속 및 정신론』*Essai sur les mœurs et l'esprit des nations*이다. 이 책은 196장으로 이루어진 방대한 내작으로, 2009년부터 총 9권으로 기획된 고증본이 출간되고 있다. Bernard Bruno, John Renwick, Nicholas Cronk, Janet Godden eds., *Essai sur les mœurs et l'esprit des nations*, Oxford, Voltaire Foundation, 2009-.

11 좀 더 정확히 말하면 「사건들의 연쇄 또는 산출」Chaîne ou génération des événements.

따라서 첫 번째 척도와 두 번째 척도 사이에는 모순의 가능성이 존재한다. *cf.* 헤로도토스 저작에 있는 사례들. "인류의 대다수가 어리석고 몰상식했고 또 앞으로도 오랫동안 그럴 것이며, 아마도 개중에서 가장 몰상식한 부류는 이 터무니없는 우화들 속에서 의미를 발견하고 광기 속에서 이성을 발견하고자 했던 이들일 것이다."[12] 18세기의 전형적 태도.

하지만 모든 진정한 사실이 역사적 사실인 것은 아니다. 우연은 존재하지 않는다. 이전에 운명이라고 불렸던 내재적 필연성[만이 존재한다-옮긴이]. 하지만 이런 필연의 내용은 무엇인가?

라이프니츠의 이론은 다음과 같은 것이다. "이 거대한 기계에서 모든 것은 톱니바퀴이고 도르래고 줄이고 태엽이다."[13] 곧 모든 것이 중요하다는 것이다. 왜냐하면 만약 모든 것이 원인이라면 역사는 가능하지 않은데, 무한한 분석이 이루어지기 때문이다. 더욱이 라이프니츠는 신에 준거했다. 볼테르가 보기에 이 이론은 필연의 관념을 와해시키는 과장된 것이다.

이로부터 새로운 유형의 필연이 나온다. "모든 사실은 [자신의] 원인을 갖고 있다. 하지만 모든 원인이 자신의 결과를 갖지는 않는다. 수 세기에 걸친 [결과는 더욱더 그렇다-옮긴이]." 요컨대 결과들은 소멸될 수 있으며, 여기에는 물리적 세계의 결과도 포함된다. "모든 아버지

---

12 *Essai sur les mœurs*, éditions Pomeau, t. I, chap. 5, Introduction, p. 18.

13 "Chaîne ou génération des événements", in *Dictionnaire philosophique*.

는 자식을 갖지 않는다[원문 그대로].”[14] 다음과 같은 결과가 나온다.

(1) 역사에서 결과를 갖지 않는 모든 사건을 제거하기.

(2) 직계의 혈통 및 방계가 아닌 혈통을 파악하기.

요컨대, 자연에 대한 새로운 이념이자 역사의 대상에 대한 새로운 이념이다.

(1) 사실들의 실재성에 대한 비판

(2) 사실들의 역사적 본성에 대한 개념화

(3) 역사적 대상 및 그 필연성에 대한 이론

라이프니츠에 반대하기. 자연 안에 있는 모든 것이 다 충만한 것은 아니다.[15]

다음과 같은 관념이 소묘된다. 역사에서 규정하는 역할을 수행하는 것은 어떤 것인가?

14   Ibid. 볼테르는 사실 다음과 같이 쓰고 있다. “모든 것이 아버지를 갖고 있지만, 모든 것이 항상 자손을 갖는 것은 아니다.” 그리고 조금 뒤에서는 다음과 같이 쓴다. “다시 한 번 말하자면, 모든 존재자는 자신의 아버지를 갖고 있지만, 모든 존재자가 자손을 갖는 것은 아니다.” 이것은 엄격한 의미에서의 알튀세르의 말실수는 아니다. 알튀세르는 1962년에 「모순과 과잉결정」에서 이 놀랄 만한 정식을 다시 사용하는데, 이때에는 “아버지”라는 말에 따옴표를 치고 있다. “모든 아이들에게 아버지가 있지만 모든 “아버지들”에게 아이가 있는 것은 아니라는 볼테르의 말을 참조하라.”『마르크스를 위하여』, 서관모 옮김, 후마니타스, 2017, 211쪽.

15   Ibid[진공도 존재한다는 뜻이다-옮긴이].

볼테르의 답변: 그것은 **수 세기에 걸친 정신**, 여러 민족들의 정신이다. 이는 몽테스키외의 경우처럼 법의 정신, 곧 정치가 아니다. 왜냐하면 볼테르는 모든 문화사를 재통합하기 때문이다(과학, 예술, 관습 등).

본질적인 네 가지 시대. 페리클레스 시대, 아우구스투스의 시대, 콘스탄티노플 함락 이후의 시대, 루이 14세 시대. 왜냐하면 이 시대 동안 예술들이 완성되었기 때문이다.

→ 인간 정신(=철학)의 진보는 고려해야 할 주요 사항이다. 하지만

 - 볼테르는 또한 **인간 본성의 영속성**에 대한 이론가이기도 했다.

 - **진보**에 관한 이론가 볼테르와 모순되는 것인가?

왜냐하면 볼테르는 다양성 원리를 관여시키기 때문이다. 관습이 그것이다.

"관습의 영역은 본성[자연]의 영역보다 더 방대하다."

본성과 관습의 변증법.

→ 이성의 발전이란 역사적인 거짓인데, 왜냐하면 어떤 것도 변화하지 않기 때문이다.

모순에 대한 해법은 18세기가 제시하는 해법 바로 그것이다. 곧 진보는 인간 본성의 **발현**에 불과하다는 것이다. 인간 본성은 전체적으로 원리로서만 주어져 있을 뿐이다. 역사는 인간 본성의 상실이자 승리의 현상인데, 인간 본성은 [역사를 통해-옮긴이] (헤겔의 용어법을 사용한다면) 즉자적인 것에서 대자적인 것이 된다.

극한적으로 말한다면, 이성이 가시적인 것으로 생성되는 것이야말로 역사의 동력일 것이다. 이런 관념은 다음과 같이 전개될 것이다.

C. 콩도르세[16]

콩도르세를 **사례로** 들어 보자. 『인간 정신의 진보에 관한 역사적 개요』(1793)

1743년에 태어난 마르키 드 콩도르세는 옥세르 주교를 삼촌으로 두고 있었으며, 예수회에서 교육을 받았고 그의 가문 내력상 무관武官의 경력을 쌓을 예정이었다. 하지만 그는 과학자의 길을 택했다. 22세의 나이에 『적분 계산론』(1765)이라는 학위논문을 제출했다. 그는 달랑베르, 튀르고와 연을 맺었다. 과학학술원에서 연구를 했으며, 1776년[17]에는 종신 서기가 되었다. 1774년에는 튀르고에 의해 조폐국장으로 임명되었다. 정치 및 사회문제에 관심이 많았다.

1789년 [바스티유 감옥 함락 이후 구성된-옮긴이] 파리 자치 정부의 성원이 되었다. 언론인이자 논객. 시에예스와 함께 자유주의 정신을 지닌 귀족들의 "1789 협회" 창설. 1791년 입법의회 의원으로 선출되었

---

16 콩도르세와 엘베시우스에 관한 장은 알튀세르의 타이핑 원고에 입각해 편집되었는데, 이 중 첫 번째 판본은 에티엔 발리바르가 국립현대문서기록원에 기탁한 것이다. 이보다 훨씬 덜 상세한 수강생의 노트들은 타이핑 원고와 중요한 차이점이 발견되었을 경우에만 사용했다. 이 타이핑 원고에서 콩도르세에 대한 장은 "IV bis"라고 숫자가 적혀 있고, "합리주의: 계몽주의의 역사철학관(콩도르세)"라는 제목이 붙어 있다. 다른 문건이 전혀 존재하지 않을 경우 우리는 알튀세르가 처음에 제시한 장별 분류를 재구성할 수 없었다. 알튀세르의 타이핑 원고에 있는 장별 분류가 너무 간략할 경우 우리는 수강생의 노트에 실려 있는 분류를 살렸다.

17 타이핑 원고에는 "1785년"이라고 잘못 적혀 있다.

으며, **지롱드파**이자 **당통주의자**가 된다. 입법의회 의장으로 선출되어, 국가종교의 철폐를 주장했으며 공공 교육에 관한 보고서를 작성했다. 1792년에는 국민의회의 앤Aisne 주 대의원으로 선출되어, 왕의 처형에 반대하는 투표를 했으며, 자코뱅파와 격렬한 투쟁을 전개했고 민중에게 의회에 맞서 일어설 것을 호소했다.

1793년 7월 8일 체포령이 떨어져 친구인 베르네 부인의 집으로 피신해 그곳에서 [그가?] 『인간 정신의 진보에 관한 역사적 개요』를 썼다. 부인의 집에서 빠져나와 몽루즈 거리로 피신했다가 한 카페에서 체포되었다. 지하 독방에서 밤을 지낸 후, 다음날인 3월 28일 아침 **죽은 채 발견되었다.**

의미심장하고 흥미로운 운명: 계몽주의 역사철학 이론들과 역사의 현실의 대결. 왕의 죽음과 국가 종교에 맞서는 지롱드파이자 당통주의자인 콩도르세. **자코뱅파에 맞서기.**

계몽주의 이데올로기가 지닌 외관상의 통일성은 혁명의 역사의 시련에 의해 깨진다(그럼에도 혁명은 계몽주의 이데올로기에서 영감을 얻었다).

1. 콩도르세는 어떻게 그가 쓴 역사를 재현하는가?

네 개의 시대

ⓐ 문자 이전(역사적 기록 이전)

"우리는 어느 정도로 고립된 인간이 … 이 최초의 완전화를 이룩할 수 있었는지 추측해 봐야 할 상황에 놓이게 된다. …"

"우리는 여기서 우리의 지적·도덕적 직능의 발전에 관한 이론적 관찰 이외에 다른 안내를 받을 수 없다."(p. 8)[18]

인간의 직능에 입각한 **이론적 역사.**

ⓑ 문자 이후

여기에서부터 우리는 사실들을 갖게 되지만, 이 사실들은 서로 상이하고 분산되어 있는 다수의 사회들 속에 존재한다.

"여기서 도표[개요]tableau는 대부분 역사가 우리에게 전승해 준 사실들의 연속에 의존하고 있다. 하지만 상이한 민족들의 역사에서 선택을 하고 그것들을 연결시키고 결합해 유일한 인간의 가설적인 역사를 이끌어 내고 그 진보의 도표[개요]를 구성해야 한다."(p. 9)

---

18 알튀세르는 다음 판본에 따라 콩도르세의 저작을 인용했다. *Esquisse d'un tableau historique des progrès de l'esprit humain*, Éditeur O. H. Prior, Boivin, collection "Bibliothèque de philosophie", 1933. 브랭 출판사에서 1970년에 재간행.

© 그리스 이후

"역사는 … 중단되지 않은 일련의 사실들과 관찰들을 통해 우리 시대에 연결돼 있다. 그리고 인간 정신의 전진과 진보의 도표는 **진정으로 역사적인** 것이 되었다. 철학은 점치는 것과는 아무 관계가 없다. … 사실들을 모으고 질서 짓는 것으로 충분하다. …"(p. 9)

ⓓ 미래

"우리의 희망과 관련된, 우리가 마지막으로 그려 봐야 하는 도표는 미래 세대에게 유보되어 있고 자연 법칙의 항구성[19]이 그들에게 보증하는 것으로 보이는 진보들이다. … 왜 유일한 진리가 지속 가능한 승리를 거두어야 하는지, 자연은 어떤 연결을 통해 계몽의 진보와 자유의 진보를 분리할 수 없게 통일시켰는지 보여 주는 것이다."(p. 9)

우리는 곧바로 [하나의] **기묘한 역사**를 보게 된다.

한편으로, **역사의 시작**에 관한 이론이 있다. 이 이론은 문자, 실증적 문헌, **다수의 충분한 사실**에서 시작한다.

다른 한편으로, 그리고 **이런 테제에도 불구하고**, "진정으로 역사적인" 이런 역사의 앞과 뒤에는 **두 개의 다른 역사**가 존재한다.

이런 역사에는 **"미래의 역사"**가 뒤따르는데, 이것은 **"우리의 희망**

---

19 이 인용문 및 몇 줄 뒤에 나오는 재인용에서 알튀세르는 두 차례에 걸쳐 "항구성" constance 대신 "상황"circonstance이라고 쓴다.

의 역사"다(그리고 이런 예견은 "자연의 법칙의 항구성", 곧 "진정으로 역사적인" 역사 속에서 관찰되는 법칙에 의거해 있다).

하지만 특히 이 역사에는 이론적이고 가설적인 또는 이론적인[원문 그대로] 역사가 **선행하는데**, 이것은 동일한 사료와 사실들을 그것들의 현존 속에서든(첫 번째 시기), 충분히 많은 숫자에서든 보유하고 있지 못하지만, 그럼에도 **타당하며**, 다른 역사와 같은 평면 위에 놓여 있고, 더 나아가 다른 역사의 기원에 놓여 있다.

그런데 **이런 역사**는 "**고립된 인간**"의 "**최초의 완전화**"에 대한 역사이며, "우리의 지적·도덕적 직능의 발전에 대한 이론적 관찰"로 구성되어 있다.

이 역사는 인간 능력의 "(발생) 이론"[20]이며, 형이상학이다.

2. 역사와 형이상학의 동일성

『개요』는 **인간 본성**에 관한 이론에서 출발한다.

"인간은" 세 개의 기본적인 **직능**과 함께 "태어난다." (학문의 기원)

      ⓐ 감각sensations을 수용하는 직능

      ⓑ 쾌와 고통을 느끼는 직능

      ⓒ 완전화 가능성◆

---

20 "(발생) 이론"은 타이핑 원고에 손으로 쓰여 있다.

◆ 루소가 만들어 낸 개념으로, 루소는 이 개념이야말로 인간과 동물의 차이를 설명해

ⓐ "인간은 감각 수용 직능과 더불어 태어난다."

감각들을 분석하는

합성하는

비교하는

                                         `이 직능들은

                                         지적[이고 학문적인] 영역

                                         전체를 포괄한다

감각들로부터 공통 요소를 추상하는

기호들을 설립하는

ⓑ "감각은 쾌와 고통을 수반한다"

인간이 지속 가능한 감각으로 전환시킬 수 있는 "직능"을 소유하고 있다는 점으로부터 인간들 사이에서 "이해관계와 ≪도덕적≫ 의무 관계"가 생겨난다(p. 2).

ⓒ 완전화 가능성

"자연은 인간 특성의 완전화에 대해 어떠한 종국점도 표시해 두지 않았다. … 인간의 완전화 가능성은 실제로 무한정하다. … 분명 '이 완전화 가능성'의 진보는 다소간의 속도 차이가 있을 수 있지만,

---

주는 것이라고 간주한다. 곧 동물들은 특정한 본능에 따라 행동하는 데 반해, 인간은 특정한 본능에 구속되지 않은 가운데 자신의 능력을 개선할 수 있는 성질을 갖고 있다는 것이다.

결코 퇴보하지는 않을 것이다. …"(p. 3)

 cf. 파스칼. "인간은 무한을 위해 태어났다."

 cf. p. 166. "마침내 우리는 새로운 학설이 전개되는 것을 보게 되는데, 이 학설은 흔들거리는 편견의 성채, 곧 인간 종의 무한정한 완전화 가능성에 대한 편견의 성채에 최후의 일격을 가하게 될 것이다. 튀르고, 프라이스, 프리스틀리 등은 이 학설의 가장 저명한 최초의 사도들이다."

 완전화 가능성은 세 번째 기본 직능이다. 이 직능은 **직능들의 발전**을 사고할 수 있게 해주지만, 이런 발전을 직능들 자체로 한정시킨다.

인간에게서 발전하는 것은 **그의 직능들**이다. **학문, 도덕.**

 – 사례: 인식 직능(감각)

 이 능력은 인간에게서　"외부 사물들의 작용에 의해"　발전한다

　　　　　　　　　　다른 인간들과의 소통에 의해

감각 …… **학문**　　　"은 이 최초의 발전으로 인해 인간이

　　　　　　　　　발명하게 된 인공적인 수단을 통해" [발전한다]

 – 사례: 감정sentiment 직능(p. 156)

 도덕적 … 감성affectivité

 "이리하여 우리의 감정에 대한 분석은 우리로 하여금 쾌와 고통을 느끼는 우리의 직능의 발전에서 **우리의 도덕적 관념들,**

곧 **이런 관념들에서 생겨나며, 정의와 불의에 관한 불변적이고 필연적인 법칙들을 규정하는 일반적 진리들의 토대를 이루는 도덕적 관념들의 기원**을 발견하게끔 만든다. 그리고 마지막으로 우리의 감수성sensibilité 자체, 말하자면 우리의 도덕적 기질이라고 부를 수 있는 것 속에서 이끌어 낸, 우리의 행위를 이런 관념들에 일치시키려는 모티프를 발견하게끔 만든다."

따라서 우리는 인식과 도덕의 두 경우에서 인간 **직능들**의 발전이 산출되는 것을 보게 된다. 외부 대상, 인간 경험은 ⋯ 이를 위한 기회일 뿐이며, 충격, 자극은, **완전화 가능성에서 변용된 이 직능들의 순수하게 내재적인 발전**을 촉발한다.

이 때문에 **역사는 이론적이고 도덕적인 직능 발전의 역사다.**

이 때문에 역사는 인간 본성의 [⋯][21] 속에 포함되어 있으며, **역사는 이것의 전개에 불과하다.**

콩도르세는 이를 명시적으로 지적한다. 역사와 형이상학은 동일한 대상을 갖는다.(p. 2)

"만약 우리가 인간 종의 다양한 개인들에게서 공통적으로 나타나는 이런 직능들의 발전이 제시하는 일반적 사실 및 항구적인 법칙에 대한 관찰 및 인식에 한정한다면, 이런 학문은 형이상학이라는 이름을 갖게 될 것이다."

---

21 한 단어가 빠져 있다.

"하지만 만약 우리가 이 동일한 발전을, 주어진 공간 속에서 같은 시간 안에 실존하는 개인들과 관련해 그 세부에 따라 고려한다면, 만약 우리가 이런 세부적인 발전들이 산출과 산출을 거듭할 때까지 추적한다면, 이런 발전은 인간 정신의 진보에 대한 도표를 제시하게 된다. 이런 진보는 개인들의 직능의 발전 속에서 관찰되는 동일한 일반 법칙들에 종속되는데, 왜냐하면 이런 진보는 그 발전의 귀결이기 때문이다. …"(p. 2)

따라서 우리는 콩도르세가 그의 역사적 시기 구분에서 사실들에 앞서 역사를 출현시키는 것을 허용한 것이 가벼운 이유로 인해 이루어진 것이 아님을 알게 된다. 이런 역사는 "이론적" 역사, 인간 직능의 최초의 발전의 역사인데, 왜냐하면 이런 역사는 그것이 **형이상학**인 한에서 진리 자체이기 때문이다.

(²²기계론? 진보의 연속성?)

하지만 **형이상학**과 **역사**의 이런 동일성은 양의적이다.

만약 이것들이 동일한 대상을 지닌다면, 이는 **형이상학** 그 자체가 **역사**이든가 아니면 **역사가 그 자체로 형이상학**이라는 점을 의미한다. 하지만 그렇다면 형이상학적 진리가 취하는 **역사**라는 형식은 무엇을 의미할 수 있는가? 이런 형식은 순수 외양인가? 순수한 시간적 미망인가? 역사적 발생은 **거짓 발생**에 불과한가?

달리 말하면, **역사**가 **형이상학**에 추가하는 것은 무엇인가? **역사가**

---

22 타이핑 원고에는 괄호와 "기계론"이라는 단어 사이에 큰 여백을 두고 있다.

형이상학과 동일한 내용을 갖고 있는데, 역사는 형이상학에 무엇을 추가할 수 있는가?

3. 역사의 종말(종말성 …)

최초 시기의 역사(이론적 역사)에서부터 마지막 시기의 역사(미래의 역사)까지 살펴본다면, 인간 직능의 발전의 산물, 그 결과가 무엇인지 알 수 있다. 그 산물은 역사의 종말[목적]이다. 이는 인식과 도덕 속에서 **이성**의 지배다.

곧 **계몽**의 지배다.

역사의 종말 이후에 **미덕**, 자유 및 인간의 권리에 대한 존중의 "**해체 불가능하게 통일**"이 이루어진다.

달리 말하면, 우리는 **계몽**, 곧 인식의 효과 자체로 인해 자유(평등, 미덕)[23]의 지배가 이루어지는 것을 보게 된다.

cf. p. 149. "오래된 오류들 이후에, 불완전하거나 모호한 이론들 속에서 방황한 이후에 공법학자들은 마침내 진정한 인간의 권리를 인식하게 되었으며, 인간이 감각 가능한 존재자이며, 추론을 형성하고 도덕적 관념을 획득할 수 있는 존재자라는 유일한 진리로부터 이런 권리들을 연역할 수 있게 되었다."

따라서 역사의 한 종말이 존재한다. 발전의 종국점은 발전의 원리

---

23 타이핑 원고에는 닫는 괄호가 빠져 있다.

자체에 대한 인식, 곧 최초 단계의 원리에 대한 인식이다.[24] 그리하여 인간 역사는 **인간 역사의 기원을 이루는 인간 본성**이 자기 자신을 의식하게 되는 역사에 불과하다.

역사는 적극적이고 무의식적인 원리들로부터 원리들에 대한 의식으로 이행한다. 역사는 **진리, 이성의 발현**이다.

따라서 우리는 역사가 **형이상학**에 덧붙이는 것이 무엇인지 알게 된다. 형이상학의 자기 발현, **형이상학의 자기**[자신에 대한-옮긴이]**의식, 그것이** [자기 자신을-옮긴이] **"의식하게 됨"**(헤겔에 아주 근접한 발상).

이성의 자기의식.

4. 이성은 역사의 동력이다

따라서 만약 우리가 역사 속에서 **다음과 같은 역설**, 곧 역사는 이성이 의식하게 됨[의식화], 이성이 자기 자신의 원리들을 의식하게 됨이라는 역설과 관계하는 것이라면, 우리는 역사 속에서 일어나는 것은 **이성이 자기 자신을 의식하게 된 이성으로, 곧 계몽으로** 이행하는 일이라는 점일 뿐이라는 것을 알게 된다. *cf.* 계몽=확장이 아니라 (우선) 순수성. 따라서 우리는 역사의 토대는 이성이며, 역사의 생성은

---

24 우리는 이 문장의 경우 알튀세르의 타이핑 원고보다 더 분명한 수강생의 노트를 사용했다. "곧 역사의, 발전의 종국점, **발전의 원리들 자체(곧 최초 단계)에 대한 인식**, 인간 직능의 발전에 의해 산출된 역사는 이런 직능 자체에 대한 인식 및 의식을 종국점으로 삼는다."

정확히 **이성이 자기 자신을 의식하게 됨**과, 곧 자기 계시, 시초의 종말적인 발현과 혼용된다는 것을 보게 된다.

이 때문에 이성은 단순히 **역사의 산물**이 아니며, **역사의 내적 원리, 그 동력**이다. 왜냐하면 그 산물은 자기 자신에게 자신을 드러내는 이성에 불과하기 때문이다. 역사 속에서 우리는 결코 이성에서 벗어나지 않으며, 우리는 **무의식적인 이성에서 자기 자신을 의식하는 이성으로** 이행하는 것에 불과하다.

여기에서 계몽의 **합리주의의 기본 원리**가 나온다.

이성은 역사의 동력이다.

주의) **진리의 이런 의식화**는, 이런 의식화가 역사적 생성의 **결과라는** 사실만으로 역사적 생성의 동력이 되는 것이 아니다. **결과**는 종말이 될 수 없지만(변장에 관한 모든 이론은 이런 동일화에 반대할 것이다), 콩도르세 및 계몽주의 이데올로기 전체에서 우리는 역사의 **결과와 종말**이 동일시되고, 역사의 전개 과정 자체 속에서 이성의 발전, 이성의 현현을 **역사의 동력 자체로** 제시되는 것을 보게 된다.

하지만 그렇다면 한 가지 점이 해명되어야 한다. 만약 이성의 운명이 자기 자신을 의식하는 것이라면, 만약 역사의 운명이 이런 이성의 현현을 실현하는 것이라면, 이는 이성이 무의식에서 의식으로 이행하기 때문이다. 곧 처음에는 **비의식적**이고 비이성적인 형식을 취하고 있기 때문이다.

달리 말하면, 역사는 이성이 자기의식을 획득하는 것에 의해 정의될 수 있으며, 또한 이성이 자신의 대립물, 곧 **오류**에 대해 승리를 거둠으로써, **이성이 자기를 의식하지 못함에서, 이성의 비이성성에서 해방되는 것**으로 정의될 수도 있다.

오류 이론

cf. **역사가 형이상학에** 추가하는 것이라는 주제에 관하여. 만약 역사가 형이상학의 진리에 대해 **자기의식**을 추가한다면, 역사는 또한 그 진리의 대립물, 곧 **오류의** 자기의식도 추가한다. *cf.* p. 11.

"다행스러운 결합이 이루어진다면 성찰만으로도 우리는 인간에 대한 인식의 일반 진리에 도달할 수 있을 것이다. 하지만 인간 종의 개인들에 대한 관찰이 형이상학자와 도덕학자에게 유용하다면, 왜 사회에 대한 관찰이 이들 및 정치철학자에게 덜 유용하겠는가? … 시간의 연속적인 흐름 속에서 인간관계를 고찰하는 것이 유용하지 않겠는가? 사변적 진리에 대한 탐구에서 이런 관찰이 무시될 수 있다고 가정한다고 해도, 이런 진리를 실제에 적용하는 것이 문제가 되는 경우에도 그렇게 해야 하는 것인가? … 우리의 편견, 그리고 여기에서 비롯되는 우리의 악덕은 우리 선조들의 편견에 뿌리를 두고 있지 않은가? 우리를 편견으로부터 일깨우고 악덕에서 벗어나게 해줄 가장 확실한 수단들 중 하나는 사변적 진리의 기원과 효과를 발전시키는 데 있지 않은가?"(pp. 11-12)

cf. 후속하는 대목. 우리는 미래의 오류에 대해 절대적으로 예방되어 있지 못하다. … "따라서 어떻게 여러 민족들이 기만당하고 퇴락하고 비참에 빠져들게 되었는지 알아보는 것이 유익하지 않겠는가?"(p. 12)

"우리는 일반적인 오류의 기원을 서술할 것이고, 정치적 사건들이 인간을, 심지어 자주, 무지로 퇴행시켰던 만큼, 이성의 전진을 다소간 후퇴시키거나 정지시켰던 일반적인 오류의 역사를 추적할 것이다."(p. 10)

오류들은 "인간 정신의 역사적 도표의 일부를 이루고 있다. 진리들이 인간 정신을 완전화하고 일깨우듯이 오류들은 정신의 활동의 필연적 결과다. …"

오류는 필연성을 지니고 있지만, 이는 직능들 자체에 토대를 두고 있다.

"미묘한 오류 추리에서 … 광인의 몽상에 이르기까지 우리는 **오류로 이끌고 거기에 묶어 두는** 지성의 작용 역시 정당한 추론 방법이나 진리의 발견 방법 못지않게 **우리의 개별적인 직능들의 발전 이론**에 속한다. …"

따라서 역사는 이성의 승리의 역사이면서 동시에 **오류의 패배의** 역사이기도 하다.

이 때문에 역사의 동력은 **이성 혼자나 오류 혼자인 것이 아니라**, **이성**과 그 **대립물** 사이의 투쟁이다.

- "철학과 미신의 전쟁"(p. 51)
- "이 투쟁의 역사"(p. 11)
- (이런 적수들을) "이성은 계속해서 무너뜨리도록 강제되며, 이 성은 자주 오랜 힘겨운 투쟁 이후에야 비로소 이 적수들에 승리를 거두게 된다."(p. 11)

- 인간 역사는 이런 투쟁과 다르지 않다.

5. 콩도르세의 『개요』

: 『개요』는 어떻게 이 원리들을 작동시키는가?[25]

이 원리들이 어떻게 작동하는지 살펴보자.

cf. 10개 시대의 명칭.[26] 중심에 계몽이 존재한다. 계몽의 진보와 퇴보.

최초의 사회:

　　사냥꾼과 어부

　　조잡한 기술

　　"서로의 욕구를 전달하기 위한" 언어 및 몇 가지 도덕관념

　　+ "조잡한 통치 형태"(p. 3)

25　알튀세르의 타이핑 원고에는 이 제목이 나타나 있지 않고, 수강생의 노트에만 나와 있다.

26　콩도르세의 책은 10개의 "시대"로 분류되어 있다는 점을 상기해 두자. ① "원시 부족들로 통합된 인간" ② "목축 민족들. 목축 상태에서 농경민족으로의 이행" ③ "알파벳 문자의 발명에 이르기까지 농경민족의 진보" ④ "알렉산더 대왕 시기의 학문들의 분할에 이르기까지 그리스에서 인간 정신의 진보" ⑤ "분할 이후 그 퇴락에 이르기까지 학문들의 진보" ⑥ "계몽의 쇠퇴에서 십자군 원정 시대 무렵에 일어난 그 부흥에 이르기까지" ⑦ "최초의 학문 진보에서 서양에서 학문의 부흥까지, 그리고 인쇄술의 발명까지" ⑧ "인쇄술의 발명에서 과학과 철학이 권위의 굴레에서 벗어나게 된 시대까지" ⑨ "데카르트에서 프랑스 공화국의 형성까지" ⑩ "인간 정신의 미래의 발전에 대하여"

(a) 기술과 계몽

기술arts은 **욕구**를 초래한다. 하지만 욕구는 **무매개적**이며 그 대상에 한정돼 있다. … 이 때문에 **초보적인 기술**만 존재. *cf.* 문명에 관한 텍스트(독서 카드).[27]

최초의 인식은 욕구에서(그리고 기술과 더불어) 생겨난다. 하지만 **거리 두기=여가**의 필요성.

cf. 최초의 인간. "극단적 피로와 절대적 휴식의 필연적인 양자택일은 인간에게 이런 여가, 곧 자신의 생각에 몰두함으로써 새로운 조합에 대한 자신의 이해를 증진시킬 수 있는 그런 여가의 여지를 남겨두지 않는다."(p. 4)

이런 여가는 새로운 진보에 의해 보증된다. **목축** 민족과 **농경**민족. *cf.* 양치기 목자(p. 23)는 여가를 갖는다. **점성술의 진보.**

특히 "보존될 수 있는 여분"의 생산(p. 4). "더 커다란 안전성, 더 확실하고 항구적인 여가는 성찰 또는 적어도 지속적인 관찰에 전념할 수 있게 해준다. 몇몇 개인들은 자신들의 여분의 일부를 그들의 노동을 더는 대가로 교환하는 용례를 만들어 낸다. 따라서 신체적인 노고에 시간을 모두 할애하지 않아도 되고 단순한 욕구를 넘어서는 욕망을 지닌 사람들의 집단이 실존하게 된다. …"(p. 5)

---

27 알튀세르 유고 문고에는 일련의 독서 카드들(저자 및 주제별로 분류)이 존재하는데, 주로 인용문들로 구성되어 있으며, 알튀세르는 강의에서 규칙적으로 이 독서 카드들에 준거한다. 이 독서 카드들 대부분은 보존되어 있다.

cf. 18세기에서 여가라는 주제 및 엘베시우스에게서 **지루함**이라는 주제.

이 시점부터 욕구 – 기술arts – 학문 – 예술arts의 순환적 발전이 이루어짐.

흥미로운 점: 발명 이론. 천재적이지만, 또한 시대의 긴급한 필요에 부응한 인간.

cf. 문자. "따라서 사람들은 문자의 필요성을 느끼게 되어, 문자가 발명되었다."(p. 6)

화폐의 발명을 촉발한 것은 **필요**였다.

하지만 이런 기술의 발명 및 진보는 본질적으로 계몽의 관점에서 파악된다. 곧

① **인식의 관점에서**

② **그 확산의 관점에서**

- **사례: 문자** 및 **인쇄술**의 발명과 콩도르세가 **학문적 언어**라고 부르는 것의 발명.

알파벳 문자와 인쇄술은 **인식의 수단**임과 동시에 **획득된 인식을 정착시키는** 수단이었다. 인식들을 지배하고 진보시키는 수단.

cf. 인쇄술. 인쇄술은 "천재의 힘을 배가시키며"(p. 117 및 119) 특히 "계몽을 (…) 적극적이며 보편적인 교역의 대상"(p. 117)으로 만든다. 그리하여 사람들 사이에 계몽을 전파하고(시간과 노력을 절약하면서 "인간 정신의 발걸음을 훨씬 빠르고 확고하고 용이하게"(p. 119) 만들고) 오류 및 미신과 맞서 싸워 승리할 수 있게 해준다. 또한 모든 상이한 집단의

사람들에게 통용될 수 있는 언어로 전달되게 해준다(pp. 118-19).

마지막으로 **이성을 해방시켜 준다**. "인쇄술은 일체의 정치적·종교적 속박으로부터 인간의 교육을 해방시켜 주지 않았는가?" 정치적·지적 억압이 어느 정도로 이루어지든 간에 "인쇄술은 독립적이고 순수한 빛[계몽]을 확산시킬 수 있으며 (…) 인쇄기로 종이를 인쇄할 수 있는 한 뼘의 땅만 있으면 충분하다."(pp. 119-20)

cf. 18세기에 근본적이었던 **공지성**公知性, publicité의 주제. 칸트는 여기에서 정치적 문제의 해법을 보았다. *cf.* 19세기에는 청년 마르크스와 언론의 자유 문제.

하지만 이런 기술적 발견 자체는 **진리의** 발견에 봉사하는데, 왜냐하면 결정적으로 모든 것은 "계몽의 화산보다는 계몽의 순수성에 더 많이"(p. 26) 의존하기 때문이다.

문명의 진보에 대한 낙관적 믿음. 문명으로의 이행은 "(…) 인간 종의 퇴락이 아니라, 인간 종의 절대적 완전화를 향해 나아가는 점진적인 도상에서 나타나는 필수적인 위기이다. 문명화된 민족들의 악덕을 산출한 것은 계몽의 증대가 아니라 그 퇴행이며, 마지막으로 계몽은 사람들을 타락시키기는커녕, 그들을 교정하거나 변화시키지 못한 경우라 해도 적어도 그들을 부드럽게 만들었다는 점을 알 수 있다."(p. 26)

(b) 계몽과 오류

하지만 이는 단지 한쪽 면일 뿐이다. 다른 쪽 측면은 어떻게 생겨나는가? 오류의 기원은?

두 개의 이론(*cf.* 콩도르세 및 18세기 일반)

(1) **인간학 이론. 오류의 심리학**

"인간 정신의 자연적 도상 속에서 '오류의' 원인을 발견하기"(p. 55).

하지만 이 심리학적 이론은 합리주의적 **철학 이론**을 감추고 있다. 근본적으로는 **오류에 대한 부정적 이론**. 곧 오류는 **무지**에 불과하다는 이론. "정치, 도덕에서의 모든 오류는 철학적 오류를 기초로 삼고 있는데, 이 철학적 오류는 물리학적 오류와 연결돼 있다. **자연 법칙에 대한 무지**에 토대를 두지 않은 종교 체계도 초자연적 과대망상도 존재하지 않는다."(pp. 191-92)

어떻게 이런 **무지**가 **학문**으로 자처할 수 있는가?

심리학적 이론. 자신이 무지한 것에 대해 안다고 믿고 있는 **인간의 심리학적** 도착 효과에 의해. 이는 유년 시절의 효과이며, 정신의 허약함, 단어들의 나쁜 사용(p. 156), 이해관계(pp. 166, 179, 182), 자만심의 효과(공포와 희망, p. 118)이다.

오류에 대한 심리학적이고 유명론적인 이론.

(2) **오류에 대한 종교적·정치적 이론**

cf. 콩도르세(가장 일관된 이론).

cf. 학문의 시초=**어떤 인간 계급**이 더 이상 노동하지 않는 가운데

성찰하고 최초의 학문적 관찰을 수행할 수 있게 해주는 잉여 생산.

cf. pp. 18-19 전체를 읽기.[28]

진리는 처음부터 사회적 조건에, 자신의 대립물을 생산해야 하는 한 **제도**에 연결되어 있음을 볼 수 있다.

"계몽의 진보를 가속화하면서 동시에 오류를 확산시킨, 인간 정신의 도정에 상반된 영향을 끼친 **한 제도** …"(p. 18)

이 제도는 "인간 종을 두 개로 분할한다."

ⓐ "한 부류는 가르치도록 정해져 있다. …" 이들은 "자신들이 알고 있다는 것을 자랑하고 싶은 마음을 거만하게 애써 감추면서", "자신들을 이성의 위로 추어올린다."(p. 18) "사기꾼들."

ⓑ "다른 부류는 믿게끔 만들어져 있다." 이들은 "사람들이 그들

---

28 알튀세르가 말하는 곳은 다음 대목이다. "하지만 이 동일한 시기는 인간 정신의 역사에서 중요한 한 가지 사실을 우리에게 제시해 준다. 우리는 여기에서 인간 정신의 진보에 대해 대립적인 영향을 미친 한 제도의 최초 흔적들을 관찰할 수 있다. 이 제도는 계몽의 진보를 가속화하면서도 동시에 오류를 확산시켰고, 과학들을 새로운 진리로 풍부하게 하면서도 민중을 무지와 종교적 예속에 빠뜨렸으며, 장구하고 수치스러운 전제정치를 통해 몇 가지 일시적인 혜택을 얻게 해주었다. 내가 염두에 둔 것은 과학의 원리와 예술의 방법, 종교의 신비나 의례, 미신의 관행, 심지어 많은 경우에는 입법과 정치의 비밀을 전담한 인간 계급의 형성이다. 내가 염두에 둔 것은 인간 종이 두 개의 집단으로 분할되었다는 점이다. 한편으로는 가르치도록 되어 있는 부류가 있고 다른 한편으로는 믿도록 만들어진 부류가 있다. 한 부류는 자신이 알고 있다고 떠벌리는 것은 거만하게 감추고 다른 부류는 다른 이들이 자신들에게 계시해 주는 것을 존경심을 갖고 받아들인다. 한 부류는 이성의 위로 자신들을 이끌어 올리려고 하고 다른 부류는 비굴하게도 자신의 이성을 포기하면서 인간 이하로 자신을 격하시키는 가운데 다른 사람들은 자신들의 공통적인 본성을 넘어서는 특권을 갖고 있다고 인정한다."

에게 계시해 준 것을 존경의 마음으로 받아들이고", "다른 부류의 사람들에게는 자신들의 공통적인 본성을 넘어서는 특권이 존재한다는 것을 인정하면서 스스로 인간성 이하로 자신들을 낮춘다."(p. 18)

이런 구별은 보편적이다. 야생인들만이 아니라 18세기 사람들에게도 나타난다. "우리의 사제들은 우리에게 이것의 잔재를 여전히 제공해 주고 있다."(p. 18)

"이런 구별은 너무나 일반적이어서, 인간 본성 자체 속에 그 토대를 갖고 있지 않음에도 문명의 모든 시대에서 너무나 자주 접하게 된다."(p. 19)

인간을 두 부류로 나누는 것이 초래하는 결과는 무엇인가?

① 사제 계급을 부추기는 것은 **권력, 이해관계**다. "그들의 목표는 계몽하는 것이 아니라 지배하는 것이다."(p. 41) "학문 발전은 그들에게 부차적인 목표일 뿐이며, 그들의 권력을 영속화하거나 확장하기 위한 수단이다."(p. 40)

따라서 학자 계급의 목표는 **정치적 지배**다(이는 과학의 미덕, 모든 권력의 원천이 되는 과학의 힘에 대한 암묵적 인정이다).

② **종교의 탄생**. 사실 학자 계급의 권력은 비밀에 의해서만 유지된다. 진리의 효력 자체는 그 소유자들만이 그 효과를 보유하기 위해서는 은폐되어야만 한다.

논리의 전체적 논점은, **진리를 보존하기 위해서는 오류를 가르쳐야 한다**는 것이다.

이중의 교리. "따라서 그들은 이중의 교리를 지니고 있었는데, 그 중 하나는 자신들을 위한 것이었고 다른 하나는 민중을 위한 것이었다. …"(p. 41)

"그들은 민중과 자신들의 지식 전체를 소통하지 않았을 뿐만 아니라, 민중에게 계시하려고 한 지식을 오류를 통해 훼손시켰다. 그들은 민중에게 자신들이 참이라고 믿는 것을 가르친 것이 아니라 자신들에게 유용한 것을 가르쳤다."(p. 41)

"일반적 위선의 체계"

"모든 열등한 신분은 교활한 자들이자 멍청이들이었으며, 위선의 체계는 몇몇 신봉자들의 눈에 대해서만 전체적으로 발전되었을 뿐이다."(p. 41)

이 이중의 교리에서 **언어의 역할.** "이중의 교리를 지닌 인간들은 오래된 언어 또는 다른 민족의 언어를 자신들만 보유함으로써, 그들만이 이해할 수 있는 언어를 소유하는 데서 생겨나는 이익을 확실하게 보장받으려고 했다."(p. 41)

cf. Ibid., p. 139.[29]

---

29 "우리는 라틴어를 유럽 전체의 공통어인 일상어로 만드는 것이 불가능했다면, 과학에 관한 라틴어 저술 방법을 보존하는 것이 이런 저술 방법을 발전시킨 사람들에게도 일시적인 유용성만을 지녔을 뿐이라는 점을 보여 주려고 한다. 모든 국가에 공통적인 이런 종류의 과학 언어의 존재(비록 각 나라의 사람들이 이것을 말하는 방식은 상이하긴 했지만)는 사람들을 두 계급으로 분할하고 민중 속에서 편견과 오류를 영속화했으며, 진정한 평등을 달성하는 데, 곧 동일한 이성의 평등한 사용 및 필연적 진리에 대한 평등한 인식을 달성하는 데 영구적인 장애물이 되었다. 그리고 이처럼 대중의 과학 정신의

진리를 그 대용품, 곧 신적인 초월성을 지닌 그 기원을 통해 보충해야 할 필요성. "그들은, 무엇인지 알 수 없는 초자연적인 것, 신성한 것, 천상의 것이 뒤섞인 것 말고는 민중에게 아무것도 보여 주지 않았다. 이것들은 이들을 인간을 넘어선 존재로, 곧 신적인 성격을 띠고 있고, 나머지 인간들에게는 금지되어 있는 지식을 하늘로부터 전해 받은 존재로 보이게 만드는 경향이 있었다." 이는 학자 계급이 사용하는 언어의 퇴행적인 용법에 의해 촉진되었다. (*cf.* p. 42)

사제들은 오래된 언어를 보유했다=우의적寓意的 언어. 민중은 이 언어의 의미를 더 이상 이해하지 못했다. "사제들에게는 아주 단순한 진리를 제시하는 동일한 표현들이 민중에게는 무엇인지 알 수 없는 터무니없는 우화들로 들렸다. (…) 사제들이 점성술 철학, 1년간의 운세에 관한 사실을 나타내려고 하는 것에서 민중은 사람들, 동물들, 괴물들을 보았다."(p. 42)

이처럼 사제들은 자연 철학을 만들어 냈다. "그들에게는" 그들의

진보를 정지시킴으로써, 동양에서와 마찬가지로 과학 자체의 발전이 종결되고 말았다. 오랫동안 교육은 교회와 수도원 안에만 존재해 왔다. 대학은 여전히 사제들이 지배하고 있었다. 정부에 대해 자신들의 영향력 중 일부를 넘겨줄 수밖에 없었기 때문에, 이들은 일반 교육 및 초등 교육의 문제는 자신들이 전담하려고 했다. 곧 모든 직업과 모든 계급의 사람들에게 공통적인 계몽을 포함하는 교육, 그리고 유년과 청소년을 독점해 그들의 유동적인 지능과 불안정하고 길들이기 쉬운 정신을 자신들의 뜻대로 모형화할 수 있는 교육을 전담하려고 한 것이다. 그들은 세속 권력에 법학 연구와 의학, 그리고 과학, 문학 및 학술 언어에 관한 전문 교육을 지도할 수 있는 권리만을 넘겨주었다. 이런 교육이 이루어지는 학교는 수적으로 훨씬 적을 뿐만 아니라, 이 학교들에는 이미 사제들의 굴레 아래 형성된 사람들만이 들어왔다."

언어로 표현된 "자연의 진리를 나타내는" 이 체계가 "민중의 눈에는 가장 기이한 신화론 체계로 제시되었으며, 가장 부조리한 신앙과 가장 터무니없는 숭배의 토대[30]가 되었다."

"이것이 알려져 있는 거의 모든 종교의 기원이다."(p. 43)

따라서 **종교의 기원**에 관한 콩도르세의 테제는 다음과 같은 것이다.

ⓐ **학자와 사제 계급의 권력**을 신성화하기 위해 만들어진 종교는 민중이 사용할 수 있도록 학자들과 사제들이 꾸며 낸 것이다. *cf.* 사형 선고를 받은 소크라테스. "겁을 집어먹은◆ 위선자들은 철학자들이 신들에 대해 불경을 저질렀다고 고발했는데, 이는 그들이 민중에게 이 신들은 사제들이 꾸며 낸 것이라는 점을 가르칠 시간을 벌지 못하게 하기 위함이었다."(p. 52)

종교=학자와 성직자 계급이 민중에 대한 자신들의 지배와 권력을 신성화하기 위해 발명해 낸 것.

따라서 사제들은 사람들에 대해 **오류**를 꾸며 낸다.

ⓑ 하지만 민중들 자신은 사제 계급의 이론의 내용에 대해 파악하지 못하고 있다=그들은 사람들이 **진정한 자연철학의 시작**을 발견하는 곳에서 **신화론**을 보는데, 이는 그들이 **학자 사제들의 이론**이 지닌 진정한 의미를 이해하지 못하고, 자연적 진리에 불과한 것을 초자연

---

30 알튀세르는 실수로 "체계"라고 적고 있다.

◆ 이 책에는 콩도르세 인용문이 "고발당한 위선자들l'hypocrisie accusé…"(p. 69)로 인용되어 있지만, 콩도르세의 원문에는 "겁을 집어먹은 위선자들l'hypocrisie effrayé…"로 되어 있어서 바로잡았다.

적 진리로 간주하기 때문이다.

(신화의 병인론적·기원에 관한 퐁트넬 이론[31]이 콩도르세에게 미친 반향)

(이 주제를 조금 더 자세히 들여다보면: 과학의 힘과 그 신화적인 변장)

하지만 민중이 이해하지 못하는 것, 또는 사제들이 이중 교리의 실천을 통해 자신들만 보유하고 있는 것은 실제로는 **과학적 진리**다. 진리를 탐구하는 사제들이 그것을 소유한다. 이들은 **백과전서파의 진정한 선조들**이다.

ⓒ 하지만 결국 자신들의 거짓에 빠져드는 것은 바로 거짓말쟁이들이다.

cf. p. 44. **진리 탐구와 기만의 이익** 사이의 **모순**으로 인해 사제들은 진리에 대한 취향과 욕구를 상실한다.

"기만하는 데서 이익을 얻는 사람들은 곧바로 진리 탐구의 취향을 상실하게 된다."(p. 44)

민중을 유순하게 만든 이후에 이들은 그들의 과거와 우화에 의지해 살아간다. 그들의 **가공물**이 그들 자신에게 맞서 되돌아온다. 그들 자신이 자신들의 수단의 희생자가 되는 것이다. 그들은 결국 그 우화들이 의미하는 것을 더 이상 이해하지 못하게 된다.

"점차 그들은 그들이 만든 우의 아래 감춰져 있는 진리들 중 일부를 망각하게 되며 (…) 결국 그들 자신의 우화에 스스로 속아 넘어가게 된다. 이때부터 과학에서의 진보 일체는 중단되었다."(p. 44)

---

31 Fontenelle, *De l'origine des fables.*

③ 진리의 용법의 이런 최초의 타락의 궁극적인 결과는 정치적 전제專制의 조건들을 창출하게 되었다는 점이다. 학자-사제 계급이 자신들의 정치적 지배를 위해 창안해 낸 종교, 미신은 후속하는 인간 역사 속에 나타난 모든 정치적 지배의 조건들을 생산하고 발전시키고 유지시키는 데 사용되었다.

"전제가 민중의 무리를 그 부분들 중 일부의 의지에 종속시키려고 애쓸 때마다 전제는 자신의 희생자들의 편견과 무지를 수단들 중 하나로 간주하게 된다."(p. 96)

cf. **중세 봉건제.**

cf. 편견 및 법의 부조리함. "이것들은 사실은 억압하는 계급의 권리를 신성화하며, 이로써 사람들의 권리는 더욱더 침해하게 된다."(p. 95)

"야만 시대의 무지"가 형법의 비인간성의 원인이다. 사람들은 "**그들의 존엄함이나 그들의 태생에 따라**"(p. 95) 처벌된다.

cf. 신의 심판 등.

이 모든 것은 **인간들의 불평등**에 대한 편견에 의거한다. 이런 편견의 "**종국점**"은 이 편견을 **본성적인** 것으로 만드는 것이며, 오류와 편견에 대해 **자연**[본성] **자체**의 몸체를 부여하는 것이다.

cf. p. 96. "전제가 품고 있는 희망의 **종국점** — 전제가 거의 도달하지 못하는 — 은 주인과 노예 사이에 현실적인 차이를 확립하는 것인데, 이는 이를테면 본성 그 자체를 정치적 불평등의 공모자로 만든다."

두 가지 사례.

ⓐ 고대 동양의 사제, 왕, 재판관, 점성술사, 측량사, 변호사(?), 의사.

다른 사람들과 이들의 **본성상의** 차이는 "지적 직능의 배타적인 소유에서 기인한다."(p. 97)

ⓑ **봉건 영주들.** "뚫을 수 없는 갑옷으로 무장한 채로, 그들과 마찬가지로 공격할 수 없도록 중무장된 말 위에서만 싸움을 벌이는."(p. 97)

"이들은 처벌 받지 않은 채 억압하고, 아무런 위험 없이 민중을 살해한다."

사람의 새로운 본성으로서 갑옷.

갑옷으로 무장한 사람-무장하지 못한 사람. "그리하여 이런 물리적 힘의 작위적인 불평등 앞에서 본성상의 평등은 소멸하고 만다."(p. 97)

콩도르세의 이 이론의 역설은 인간의 현실적 권력 속에 기입되어 있는 이 "작위적인"(곧 인위적인) **불평등**을 **전제 자체의 원인**이 아니라 전제의 귀결, 전제의 "종국점"으로서, 편견과 오류의 궁극적 효과로서 제시한다는 점이다.

cf. 화약의 문제(p. 112)(몽테스키외의 『페르시아인의 편지』 중 106번째 편지와 비교해 보라)

화약의 발명

ⓐ "병사들을 떼어 놓은" 대포는 "전쟁의 사상자 수를 줄이고 병사들을 덜 잔인하게 만들었다."(p. 112)

(*cf.* 헤겔) 보편성의 요소로서 대포(사람들은 죽는 사람이 누구인지 모른다. 사람들은 특정한 어떤 사람을 노리는 것이 아니라, 추상적인 적을 노린다. …)

"대규모 정복 및 그에 뒤따르는 격변은 거의 불가능한 것이 되었다.…"(p. 112)

ⓑ "철갑옷을 입고 거의 공격하기 힘든 말에서 싸우는 기술 (…) 로 인해 귀족이 민중에 대해 지니고 있던 우위는 결국 완전히 사라져 버린다. 그리고 인간의 자유, 인간들 사이의 현실적인 평등에 대한 이 최후의 장애물이 제거된 것은, 처음에는 인간 종 자체를 말살해 버릴 것처럼 보였던 한 가지 발명품 덕분이다."(p. 112)

cf. 몽테스키외, 『페르시아인의 편지』(106번째 편지)

"폭약의 발명 하나만으로도 유럽의 전체 민족들은 자유를 박탈당했네. 군주들은 시민들이 첫 번째 폭탄이 터지는 것을 보고 항복해 버릴 것이라는 이유로 더 이상 그들에게 자치권을 부여하지 않고 거대한 정규군을 유지할 구실을 만들어 냈는데, 그 뒤 군주들은 이 군대들로 신민들을 억압했지. 우스벡 자네도 알다시피 폭약의 발명 이후로 더 이상 공략 불가능한 곳은 없게 되었네. 곧 지구상에서 불의와 폭력의 피신처가 사라졌다는 말이지."

달리 말하면, 몽테스키외와 콩도르세는 한 가지 점에 대해서는 일치하고 있다. 곧 폭약의 발명이 봉건제를 종식시켰다는 점이다. 하지만 몽테스키외에게 그것은 **자유의 종식**이자 국왕의 전제의 시작인 데 반해, 콩도르세에게는 불평등의 종언이자 인간의 자유의 시작이었다.

≪결론적으로 요약하면, 오류에 대한 두 개의 이론이지만, 두 번째 오류는 첫 번째 오류=**무지**로 귀착된다.≫

ⓒ "지성의 개혁"◆

따라서 역사는 이성과 오류, 계몽과 무지 사이의 투쟁극劇이며, 역사의 전개는 **이성의 승리**로 이끈다.

따라서 이는, 예술 및 인간 활동의 모든 매개를 통해 진리에 대한 의식과 계몽이 자신의 고유한 효력을 지니고 있으며, 역사의 전개 과정에서 규정적인 요인이 된다는 점을 인정하는 것이다.

계몽=Aufklärung=진리의 빛, 해명 … 빛이 어둠을 몰아내듯이 진리에 의해 쫓겨나는, 오류의 해소.

역사의 악 전체는 그 모든 상이한 형태의 오류로 인해 생겨나기 때문에, **진리의 현존을 통해** 오류를 해소하는 것으로 충분하다.

cf. p. 192. "자연 법칙에 대한 무지 위에 **토대를 두지 않은**" 어떠한 오류도 존재하지 않는다.

진리와 편견에 입각한 오류 사이의 비교는 오류를 파괴한다. "이런 비밀이 일단 발견되면, 오류는 신속하고 확실하게 파괴된다."(p. 192)

◆ 이 제목의 원문은 "réforme de l'entendement"인데, 스피노자의 『지성교정론』*Tractatus de intellectus emendatione*을 불어로 보통 "Traité de la réforme de l'entendement"으로 옮긴다. 알튀세르가 이 제목에 따옴표를 친 이유는 스피노자 책의 제목을 염두에 둔 것으로 보인다. 그렇다면 이 제목을 "지성의 교정"이라고 옮기는 것이 더 적절할 수도 있겠으나, 본문의 내용은 "réforme"의 원래 의미, 곧 "개혁"이라는 의미를 더 강조하고 있는 것 같다. 따라서 여기에서는 단어의 뜻을 그대로 살려 "지성의 개혁"이라고 옮긴다. 실제로 불어에서 "réforme"이라는 단어가 "개혁"을 의미하기 때문에, 『지성교정론』은 불어판대로 하면 『지성개혁론』이 되는 셈이다. 하지만 이는 스피노자 자신의 의도와는 상당히 거리가 있기 때문에, 프랑스의 스피노자 연구자들은 불어판 제목을 바꿔야 한다는 견해를 자주 밝힌 바 있다.

사례. 그리스의 **노예제**는 인간들은 불평등하다는 관점에 입각해 있었는데, "왜냐하면 사람들이 인간 종에게 본래적이며 완전히 평등하게 모든 인간에게 속해 있는 이 권리들을 인식하는 데까지 고양되지 못했기 때문이다."

역으로, 프랑스혁명은 **지적 혁명**, 곧 "인간의 진정한 권리들"(p. 149)에 대한 인식의 혁명에 기원을 두고 있다.

"그리하여 사람들은 아주 간단한 원리에 직면해, 민중과 그 통치자들 사이의 계약이라는 관념이 사라지는 것을 보게 되었다. (…) 그리하여 사람들은, 모든 인간이 그들의 본성 자체에 의해 평등한 권리를 갖는다는 점을 망각하고서, 이 동일한 권리들을 태생과 부에 따라 인정함으로써, 그것들을 상이한 인간 계급들 사이에 불평등하게 분배하고자 (…) 하는 이 교활하고 그릇된 정치와 절연하지 않을 수 없게 되었다."(p. 151)

"그리하여 더 이상 사람들을 두 개의 상이한 인종, 곧 그중 하나는 지배하게 되어 있고 다른 하나는 복종하게 되어 있는 인종들로 나뉘려고 하지 않게 되었다. …"

"이 원리들은 점차 철학 저술로부터 나와, 교리문답보다 교육이 더 많이 확산된 사회의 모든 계급 속으로 옮겨 가게 되었다."(p. 164)

계몽된 의견과 적법한 의견 사이의, 곧 진리와 오류의 사이의 모순.

"내가 위에서 개요를 제시한 정신들의 성향을 이 정치적인 통치 체계들과 비교함으로써 우리는 거대한 혁명이 불가피하다는 것을 쉽게 예견할 수 있었다."(p. 168)

하지만 두 가지 해법이 있다. "민중 스스로 철학이 그들에게 소중한 것으로 만들어 준 이런 이성 및 자연의 원리를 확립해야 하거나 아니면 정부들이 민중에 앞서 이를 확립하고 민중의 의견에 자신의 보조를 맞추는 것이다."

두 개의 가능한 혁명

- 민중에 의한 혁명=폭력 혁명
- 좀 더 부드러운 계몽 정부에 의한 혁명

"정부들의 부패와 무지는 첫 번째 수단을 더 선호하게 만들었다. 그리고 이성과 자유의 급속한 승리는 인류를 회복시켜 주었다."(p. 168)

콩도르세의 이 테제들은 계발적이다.

(1) **권리상으로 볼 때, 진리-오류의 모순**은 거짓 모순, 무지[32]의 모순에 불과하며, 이 때문에 불의, 불평등, (정치적) 전제와 진리 사이의 정치적 모순은 인식의 간단한 사용에 의해 해소될 수 있어야 한다. 이는 18세기 전체의 주요 테제였다. 권력이 자기 자신의 편견의 희생물이 되지 않게 하기 위해서는 권력을 계몽하는 것으로 충분하다. (…) "계몽된" 전제의 이론. 전제군주를 계몽하자. 그러면 그는 자기 자신을 개혁할 것이다. 군주의 지성을 개혁하자. 그러면 모든 것이 잘 진행될 것이다.

(*cf.* 볼테르, 디드로, 엘베시우스 등)

---

32 여백에 알튀세르의 것이 아닌 글씨로 다음과 같이 쓰여 있다. "와 인식"

거대한 문제는 철학자 입법가의 문제인데, 이때의 철학자라는 것은 운이 좋게도 [⋯][33] 기적에 의해 된 철학자가 된 것이 아니라, 진리 자체의 미덕 및 그 명증에 의해 철학자가 된 것이다.

(모든 계몽사상의 토대. 지성 개혁의 유토피아)

(2) 사실상으로 볼 때, 이 모순은 해소되지 않았으며, 민중의 폭력적인 개입이 필요했다. 하지만 권리상으로는 이런 개입이 필요한 것은 아니었다. 이런 개입은 역사의 우연에 의해, 곧 진리의 명증에 대한 정부의 저항, 순전히 비이성적인 저항으로 인해 사실상으로 필요했던 것이다.

따라서 우리는 콩도르세가 오류의 두 이론 사이에서 다시 망설이고 있음을 보게 되지만, 그는 사실들의 명증성에도 불구하고 **지성 개혁**의 이데올로기에 충실히 머물러 있다.

콩도르세의 테제는 우리에게 18세기(계몽주의)의 전형적인 합리주의적 역사관에 대한 순수하고 특징적인 사례를 제시해 준다.

이런 관점은 **이전의 이론들**에 비해 두 가지 장점을 지니고 있다. 내용상의 장점. ① 인간 활동의 표현들 전체를 통합하기(경제, 산업, 예술, 종교, 철학)

---

33 타이핑 원고의 이 대목은 공백으로 남아 있다.

방법상의 장점. ② **역사적 인과성** 문제를 명시적으로 제기하고 그에 답
변하기. 역사적 전개로부터 이성과 같은 기본적 요
소를 이끌어 내기(그리고 과학적 추상의 방법을 실행하기)
③ 역사적 전개를 **투쟁**으로, **모순**으로 발전시키기(진리
와 미신 사이의)

하지만 이런 긍정적 요소들(내용, 방법)은 이 이론을 작동시키는 **관
념론적이고 기계론적인 합리주의**의 철학적 원리들에 의해 훼손된다.

(1) 사실 최종 분석에서 규정적인 역할을 담당하는 요소인 **역사의
동력**은 진리 내지 이성 또는 좀 더 정확히 말하면 **이성이** [자기 자신을-
옮긴이] **의식**하게 됨이다. 따라서 역사의 결과 및 원리는 단 하나의 동
일한 요소다. **의식의 발전.** *cf.* 콩도르세의 후예(콩트, 브륀슈빅Léon
Brunschvicg◆). 역사는 오직 의식의 진보의 역사다, 곧 궁극적으로는 **의
식의 내용이 아니라 의식의 형식의 역사다.** 이는 **내용의 영속성**을 함축
한다. … 이로부터 이 역사, 이 진보관에 담긴 역설이 나타난다. **콩도
르세에게서 합리주의적 역사관은 사실은 그 내용의 비역사성, 비발전
에 대한 긍정. 그 합리적 내용의 영원성에 대한 테제인 셈이다.**

"우리의 감정에 대한 분석을 통해 우리는 (…) 이런 관념들에서 비
롯해 정의와 불의의 불변적이고 필연적인 법칙들을 규정하는 일반 진

◆ 베르그손과 동시대에 활동했던 프랑스의 관념론 철학자로, 근대 합리론과 과학철학
분야에 많은 업적을 남겼다.

리들의 토대를 발견하게 된다."(p. 156)

이 때문에 콩도르세는 형이상학과 역사가 동일한 내용을 갖는다고 주장할 수 있다. 이것이 뜻하는 바는 **형이상학이 역사의 진리라는 점이다.** 시초의 원리들은 이미 이성 전체를 포함하고 있으며, 역사는 이를 발견하는 것에 불과하다.

(2) **이 이론은 진보에 대한 기계론적이고 선형적인 관점을 낳는다.** 사실 진보는 우리의 직능들의 발전에, 곧 **그 형식 속에 주어지기 이전에 우선 그 내용 [속에]**[34] **주어져 있는** 이성의 발전에 불과하다.

이로부터, **아무것도 창조하지 않고 자신의 내재적 원리들을 전개하고 그것들을 주해하는** 데 불과한 어떤 역사의 역설이 나오는데, 이 역사는 가장 격렬한 혁명들에서도 자신의 기원들로 회귀할 뿐이며, 자기 자신의 요소 안에 머물러 있을 뿐이다. 곧 비변증법적 역사관인 셈이다.

연속적인 발전의 노선 안에서의 축적으로 인식되는 발전.

(3) 진리의 이런 철학적 선행성, 형이상학으로의 철학의 이런 환원은 **역사적 판단**에 대한 관념론적 관점을 낳는다.

판단하기란 어떤 시대의 내용, 그 진리를 그 시대의 존재 조건들과 대질시키는 것이 아니라(*cf.* 파스칼), 역사적 현실을 그 형이상학적 진리와, **무시간적인 이성 및 인간 본성**과 대질시키는 것이다. 이는 역사를 선과 악, 이성적인 것과 비이성적인 것, 계몽과 미신, 오류 사이

---

34 타이핑 원고에는 "속에" 대신에 "의"라고 적혀 있다.

에서 마니교식으로 분할하는 것이다.

(4) 이런 **역사적 판단 이론**은 무엇을 나타내는가? 관념론적 역사철학의 전형 자체를 나타낸다. 콩도르세가 역사의 **기원**에 이성과 인간 본성의 원리들을 위치시킬 때, **그는 사실은 역사의 기원에 역사적 자기에 대한 콩도르세 자신의 의식 내용을 투사하는 셈이다.** 곧 그가 자기 시대의 역사의 결과에 대해 갖고 있는 의식을 투사한 것이다.

달리 말하면, **철학자의 의식 속에 존재하는 역사의 전개 과정의 결과가 역사의 현실 과정을 대체하는 것이다.** *cf.* 마르크스.

"이렇게 된 주요한 이유는, 후대의 평균적 개인이 앞 시대의 평균적 개인을 대체하고, 이후의 의식이 앞 시대의 개인들을 대체하기 때문이다. 처음부터 현실적 조건들을 추상하는 이런 전도를 통해 전체 역사를 의식의 발전 과정으로 전환하는 것이 가능하게 되었다."(『철학』 4권, p. 244)[35]

따라서 콩도르세는 역사 속으로 이성의 승리에 대한, **진리가 수행하는 규정적 역할**에 대한 자신의 의식을 투사한다. 사실 이런 의식 자체가 역사적 의식이며, 이 의식을 이해하기 위해서는 그것을 **그 존재 조건들**과 관련시켜야 한다. 하지만 이렇게 되면 이 의식을 역사의 재판관으로 만드는 것이 금지된다. 이는 역사의 판단이란— 역사의 자

---

[35] 알튀세르가 제시한 이 인용문은 다음 판본에 실려 있는 『독일 이데올로기』의 발췌문이다. Karl Marx, *Œuvres philosophiques*, t. IV, trad. Jules Molitor, Alfred Costes Éditeur. 이 판본은 알튀세르가 강의를 하던 당시에 이용할 수 있던 가장 완전한 불어판 마르크스 저작집이었다.

기의식에 대한 판단까지 포함해 — 역사의 규정된 존재 조건들 속에 존재한다는 것을 인정하는 것이다.

하지만 역사의 문제설정problématique에서 이 지점에 도달하기 위해서는 역사적 진리의 **존재 조건**에 관한 이론이 구성되어야 한다.

D. 엘베시우스[36]

18세기 **공리주의**의 가장 순수한 대표자이며, 좀 더 일반적으로는 17세기의 주제들에 관해 18세기에 수행된 **가치 전도**를 가장 충격적으로 보여 주는 사례다.

사실 우리는 17세기에 인간 본성에 관한 **회의주의적**이고 **비관주의적인** 성찰에 입각해 역사적 개념들이 탄생했다는 점을 살펴보았다. 두 개의 기본 주제.

> - **퓌론주의**. 이것은 인간의 습속과 관습의 무한한 다양성을 토대이자 내용으로 삼는다.
> - **도덕적 비관주의**. 타락하고 본성과 선 사이의 일치를 상실한 인간 본성에 대한 이론적 서술을 제공. 인간의 모든 행동을 정념과 이익의 법칙에 종속시키는, 인간의 **타락**perversion이라

---

36 알튀세르의 타이핑 원고에는 엘베시우스에 관한 장에 "V"라는 번호가 붙어 있다.

는 주제.

cf. 파스칼, 라 로슈푸코 등.

하지만 17세기의 이 주제들은 인간 본성에 관한 **회의주의적 이론** 및 그 맞짝인 종교적 개종 이론을 정당화하는 데 사용된다.

18세기에 이루어진 전도.

(1) 역사적 **회의주의**는 우선 다음과 같은 것이 된다.

    - **비판적** 회의주의(피에르 벨) ≪곧 이는 기성 진리를 비판하기 위한 논거로 사용되는데, 단 이는 진리의 포기를 정당화하기 위한 것이 아니라 현존하는 비이성을 파괴하기 위한 것이다≫.

    - **그다음 실증적** 회의주의. 역사적 다양성은 더 이상 인간 역사의 비합리성에 대한 논거가 아니며, **역사적 이해의 대상 자체**가 된다(*cf.* 몽테스키외 및 18세기 전체. 다양성 이론에 의한 것이든 풍토에 의한 것이든 아니면 진리와 오류에 의한 것이든 간에).

(2) 마찬가지로 **도덕적 비관주의**는 이제는 순수하게 호교론적인 것이 되기를 중단하고 **실증적 논거, 실증적 이성**이 되는데, 이는 단지 인간 행동에 대한 이해만이 아니라 그 성취에 대한 이해를 가능하게 해준다.

인간 행동에 대한 **부정적**이고 **종교적인** 이론을 18세기의 실증적 이론이 대체하는데, 이 이론은 **비관주의적** 분석을 다시 취해 그 의미를 전도시킨다.

용어들은 동일하게 남아 있지만 그 의미가 변화한다. 이익과 이기심amour-propre은 인간 행동의 근본 지주이지만, 부정적이고 한탄스러운 지주이기는커녕 긍정적이고 **이로운** 지주가 된다.

　엘베시우스는 **이런** 급진적인 **전도를 가장 멀리까지** 밀어붙인 사람이며, **이익의** 비관주의를 **이익의 낙관주의**로 전환시킨 사람이다. 그리고 그는 이런 전도를 회의주의의 전도와 결합시켰다. 곧 그는 이익에 입각해 인간 행동의 통일성을 해명할 뿐만 아니라 이익에 입각해 **인간 역사의 다양성** 역시 해명하려고 한 이익의 철학에 대한 체계적 서술을 시도한 사람이다.

　≪이런 이유로 인해 흥미로운 철학자이며, 그의 관점의 급진적 측면=**18세기 도덕적 유물론**의 급진적 형태로 인해 그의 세기에 (거의) 고립되어 있던 인물≫.

　이로부터 엘베시우스에게는 두 개의 기본 이론이 존재.

　　① 이익에 관한 보편 이론(**통일성**)

　　② 개인과 환경의 **변증법**(인간 역사의 다양성을 설명할 수 있게 해주는)

　이는 다음과 같은 결과를 낳으며, 그것을 지배한다.

　　③ **정치 및 정치 개혁에 대한 관점**

❖❖❖❖

1. 이익에 관한 보편 이론

(a) 엘베시우스의 현실주의

"나는 사실에 입각해 원인들로 거슬러 올라갔다. 나는 도덕론을 다른 모든 학문과 마찬가지로 다루고, 도덕론을 실험물리학으로 만들어야 한다고 믿었다."『정신에 대하여』「서문」, p. 13[37]

사실들에 대한 존중.

"인간을 있는 그대로 받아들여야 한다."(I, 4, p. 45)

"인간들의 이기심에 화를 내는 것은, 봄의 소나기, 여름의 무더위, 가을의 비, 겨울의 얼음에 불평을 늘어놓는 것과 같다."(같은 곳)

"재기 있는 사람이라면, 인간들은 마땅히 존재해야 하는 바대로 존재한다는 것, 인간들에 대한 모든 증오는 부당하다는 것, 야생목에 씁쓸한 열매가 달리듯 어리석은 사람은 어리석음을 지니고 있다는 것, 그가 멍청하다고 욕하는 것은 떡갈나무가 올리브가 아니라 도토리를 달고 있다고 비난하는 것과 마찬가지라는 것을 잘 알고 있다."(II, 10, p. 105)

37　알튀세르가 참조하는 판본을 찾기 힘들어 우리는 다음 판본에서 인용하겠다. *De l'esprit*, collection "Marabout Université", Éditions Gérard & Cie avec une présentation de François Châtelet.

(b) 인간을 존재하는 그대로 받아들이기

=인간에 관한 모든 **도덕 이론**을 거부하기

(가짜) 도덕 비판

엘베시우스는 **악덕에 대한 도덕가들의 저주**를 허영이자 사기라고 비난한다. **도덕가들이 악덕을 비난하는 것은 그들이 악덕을 이해하지 못하기 때문이다.**

떠버리이자 비난자로서의 도덕가(*cf.* II, 5, p. 75의 주. 도덕가들의 과장과 사실)[38]

① 도덕가는 "완전성에 대한 그릇된 관념에 사로잡혀"(II, 16, p. 141) 있다.

② 그는 이해하는 대신에 "모욕"을 가한다.(II, 15, p. 139)

③ "원인들로 거슬러 올라가지 않고 결과를" 비난하며, "그가 인정하는 원리들의 효과를 거부한다."[39](II, 15, p. 135)

---

38 "인간의 사악함에 대한 도덕가들의 지속적인 과장은 그들이 인간 본성에 대해 아는 바가 거의 없음을 입증해 준다. 인간들은 전혀 사악하지 않으며, 다만 그들 자신의 이익에 종속되어 있을 뿐이다. 도덕가들의 외침은 도덕적 우주의 이런 동력을 전혀 변화시키지 못할 것이다. 따라서 인간의 사악함을 한탄해야 할 것이 아니라, 항상 일반 이익에 대해 특수한 이익을 맞세웠던 입법가들의 무지를 한탄해야 할 것이다. 만약 스키타이족이 우리보다 더 유덕했다면, 이는 그들의 입법과 삶이 그들에게 더 많은 올바름을 고취시켰기 때문이다."

39 "어떤 국가의 입법은 조금도 변화시키지 않은 채 그 입법과 결부되어 있는 악덕들을 파괴하려고 하는 것…, 이는 자신들이 인정한 원리에서 바로 따라 나오는 결과를 거부하는 것과 마찬가지다."

④ 이는 그가 본성상 위선적이기 때문이다.(II, 16[40]) 그는 "**개인적인 이익에 사로잡혀**"[41](II, 15, p. 139) 있다.

⑤ 이 때문에 "대다수의 도덕가는 현재에 이르기까지 인류에게 거의 아무런 도움이 되지 못했다."(II, 22, p. 182)

도덕가들의 근본 오류=그가 인간의 이상으로 제시하는 그 자신의 개인적인 이익에 의해 고취된 원리들에 따라 인간들을 판단하고 비난한다는 점. 따라서 "**인간들은 마땅히 존재해야 하는 바대로 존재한다는 것**"을 이해하지 못하고, 그가 비난하는 결과들의 필연성을 이해하지 못한다는 것은, 원인들 속에서 그 결과들의 필연성을 이해하지 못한다는 뜻이다.

    - **사례. 품행이 좋지 않은 여성들**(II, 15, p. 137)

        - 도덕가들에 의해 비난당함.

        - 철학자들에게는 이해의 대상. "**우리가 품행이 좋지 않은 여성들의 행동을 정치적으로 고찰해 본다면** …" 우리는 그 필연성을 이해하게 될 것이다.

근본적인 필연성을 이루는 것: 이익.

---

40 이 장은 「위선자 도덕가들에 대하여」라는 제목을 달고 있다.

41 "도덕가들 가운데는 … 도덕에 대한 연구 및 악덕에 대한 묘사에서 개인적 이익과 특수한 증오심에 사로잡혀 있는 사람들이 많다."

(c) 이는 인간 본성 이론을 상정한다

"물리적 우주만이 아니라 도덕적 우주에서도 신은 지금까지 존재해 온 모든 것 안에 단 하나의 원리만을 설치해 놓은 것으로 보인다. 존재하는 것, 그리고 존재하게 될 것은 필연적인 전개의 산물일 뿐이다."(III, 9, p. 259)

"신은 물질에게 말했다. 나는 너에게 힘을 부여하겠노라 …" 그리고 세계를 이루는 결합물들이 전개된다. …

"신은 인간에게도 마찬가지로 말한 것처럼 보인다. 나는 너에게 감수성을 부여하겠노라. 너는, … 네 자신도 알지 못하는 가운데 감수성을 통해 나의 모든 의도를 틀림없이 충족시키게 될 것이다."

하지만 힘이 물질에 덧붙여지는 것과 마찬가지로 도덕적 **감수성**도 물질에 덧붙여진다. **"물리적 감수성"**(엘베시우스는 감수성이라는 같은 단어를 가지고, 감각과 감정이라는 두 가지 것을 지칭하고 있다.)

(1) "물리적 감수성[감각-옮긴이]"

"모든 것은 감각하기로 환원된다."(I, I, p. 24)

"수동적 역량"(I, I, p. 19)

인간 안에는 두 개의 직능이 존재한다. "감히 말하자면 두 개의 수동적 역량."(I, I, p. 19)

cf. 독서 카드(『정신에 대하여』 제 I 담론, 1장 및 2장)

인간과 동물은 이 두 가지 역량의 구성에서 다르다.

cf. 원숭이. "신체적 … 성향으로 인해 원숭이는, 아이들과 마찬가

지로, 끝없이 움직인다. 욕구가 충족되더라도 원숭이는 **지루함**을 알지 못하는데, … 우리는 지루함을 … 인간 정신의 완전화 가능성의 … 원리들 중 하나로 간주해야 한다."(I, I, p. 20)

기억과 **판단**은 "감각하기의 직능"으로서 감각으로 환원된다.

(2) 하지만 이런 **"물리적 감수성"**은 **수동적**인 것에 불과하다. 그것은 "도덕적 감수성"에 의해 작동된다.

cf. (신) III, 9, p. 259. "나는 너를 쾌와 고통의 보호 아래 두노라. 쾌와 고통은 너의 생각과 너의 행동을 돌볼 것이고, 정념을 낳고 거부감, 우정, 애정, 희망을 불러일으킬 것이니라. 너에게 진리를 드러낼 것이고 너를 오류에 빠뜨릴 것이다."

이런 **"도덕적 감수성"**은 **이익의 법칙**에 종속되어 있다. 속인은 이익을 "돈에 대한 사랑만으로" 한정한다. "나는 이 단어를 가장 넓은 의미로 사용하며, 이 단어를 우리에게 쾌를 제공해 주거나 우리를 고통에서 벗어나게 해줄 수 있는 모든 것에 대해 일반적으로 사용한다."(II, 1, p. 55)

보편 법칙. "모든 인간은 같은 힘에 의해 움직인다. … 모든 사람은 동일하게 자신들의 행복에 이끌리며 … 사람들은 항상 자신의 이익에 복종한다. … 만약 물리적 우주가 운동의 법칙들에 종속된다면, 도덕적 우주 역시 이익의 법칙들에 종속된다."(II, 2, p. 60)

이익(또는 정념)의 우위=도덕적 세계만이 아니라 또한 **지적 세계**의 동력.

정념들은 "우리의 빛[지혜-옮긴이]의 원천이며 … 정념들만이 우리에게 나아가는 데 필요한 힘을 제공해 준다."(I, 2, p. 30) "예술의 원

천." "학문과 예술은 정념에 자신의 발견을 빚지고 있다."(III, 8, p. 257)

정념들은 "정신의 생산적 씨앗이다."(III, 6, p. 240)

"모든 것은 그 대상에 대한 탐구에서 아주 잘 해명된다. 이런 탐구들만이, 무지에 의해 우연으로 귀속되는 결과들의 원인을 포착할 수 있게 해준다."(III, 7, p. 251)

"정념들의 날카로운 독수리눈이야말로 미래의 어두운 심연을 꿰뚫어 본다."(III, 7, p. 252)

반듯한 인간에 대립하는 **천재에 관한** 이론. **천재는 정념에 사로잡혀 있다.**

정신과 발견들 사이의 매개로서 **정념**

　　− 적극적으로는 **호기심에 의해** (주의력)

　　− 부정적으로는 **지루함**에 의해 (III, 5, p. 237)

"쾌와 고통, 따라서 이익은 우리의 모든 관념의 발명자일 수밖에 없으며, 모든 것은 이것과 일반적으로 관련을 맺어야 하는데, 왜냐하면 지루함 자체나 호기심도 쾌와 고통이라는 이름들 아래 포함되기 때문이다."(흄에게 보내는 편지)[42]

(*cf.* 원숭이들은 지루해 하지 않는다.)

인간은 반대다(파스칼의 전도).

42　흄에게 보내는 엘베시우스의 편지, 1759년 4월 1일자. 아래 저작에서 인용. *Correspondance générale de Hélvétius*, Toronto & Buffalo, University of Toronto Press & Oxford, Voltaire Foundation, t. II, p. 248.

"이런 움직임에 대한 욕구 및 인상의 부재가 정신 안에 생산하는 일종의 불안함이야말로 부분적으로 인간 정신의 불안정성inconstance[43]의 원리 및 완전화 가능성 원리를 포함하는 것이며, 정신으로 하여금 모든 감각 속으로 분주히 작용하도록 강제함으로써 수없이 많은 세기의 [격변][44] 이후, 예술과 학문을 발명하고 완전화해야 하는 것도 바로 이것들이다."(III, 5, p. 236)

따라서 **지능** 자체가 정념의 지배 아래 있다.

(d) 정념-이익-자기애 및 그 **변형들**의 지배

"이익은 피조물들의 눈앞에서 모든 대상을 변화시키는, 지상에서 가장 강력한 마법사다."(II, 2, p. 60)[45]

엘베시우스의 관념은, 이익(쾌)이 모든 인간 행동(1)과 모든 **가치판단** 및 사회제도의 근본적인 지주라는 것이다.

(1) **모든 인간 행동**의 경우. 심지어 가장 복잡한 행동까지 포함하여(이익의 [···][46]).

---

43 타이핑 원고에는 "instance"라고 되어 있다.

44 알튀세르의 타이핑 원고에는 여기에 "격변"révolution이라는 단어 대신 공백이 있다.

45 원문에는 실제로는 "이익은 모든 피조물들의 눈앞에서 모든 대상의 형태를 변화시키는, 지상에서 가장 강력한 마법사다"라고 되어 있다.

46 이 대목은 타이핑 원고에 공백으로 남겨져 있다.

cf. III, 9, p. 258. 두 종류의 정념이 존재한다. "본성에 의해 직접 주어진" 것과 "사회의 확립"에서 기인하는 것.

하지만 두 종류의 정념의 토대는 같은 것으로 남아 있다. 곧 이익 또는 **물리적 쾌**. "이 두 종류의 정념 중에서 어떤 것이 다른 것을 산출했는지 알기 위해 머릿속에서 세계의 최초의 시기로 옮겨 가본다. 우리는 여기에서 자연이 목마름, 배고픔, 추위와 더위를 통해 인간에게 그의 욕구가 무엇인지 알려 주는 것을 보게 되며, 무한하게 많은 쾌와 고통을 이런 욕구의 만족이나 결여에 결부시키는 것을 보게 된다."(III, 9, pp. 258-59)

이 상태에서는 "시기, 탐욕, 야심"은 존재하지 않는다. "이와 같은 정념들은 자연에 의해 우리에게 직접 주어지지 않는다. 하지만 사회의 존재를 전제하는 이 정념들의 존재는 우리 안에 이 동일한 정념들의 숨겨진 씨앗이 있음을 가정하고 있다. …"(III, 9, p. 259)

"이 인위적 정념들 … 은 감각하기의 직능이 발전함으로써만 존재할 수 있다."(III, 9, p. 259)

cf. III, 9, p. 261. "우리의 정념들이 물리적 감수성에 원래 자신들의 원천을 지니고 있음을 인정함으로써 사람들은 문명화된 국민들이 존재하는 현재 상태에서는 이 정념들이 그것들을 산출한 원인들과 독립해 실존한다고 믿을지도 모르겠다. 따라서 나는 물리적 고통과 쾌가 인위적 고통과 쾌락으로 변형되는 것을 추적하면서, 그 대상이 감각의 쾌에 거의 속하지 않는 것으로 보이는 탐욕, 야심, 자만, 우정 등과 같은 정념들 속에서 우리가 피하거나 추구하는 것은 항상 물리적

고통과 쾌라는 것을 보여 주겠다."

- 탐욕의 사례.

"향락적인 탐욕"(III, 10, p. 262)은 부를 "모든 쾌락의 교환물로서 또는 궁핍과 결부되어 있는 모든 고통에서 면제해 주는 것"으로서 욕망한다.(III, 10, p. 263) 하지만 "자신들의 돈을 다른 쾌락과 결코 맞바꾸지 않는" 다른 구두쇠들이 존재하는데, 이는 "그들의 행위와 그들로 하여금 행위하도록 만드는 동기들 사이에서 발견되는" 놀라운 "모순"(III, 10, p. 263)이다. 이 구두쇠들은 일종의 **"건강 염려증 환자들"**로서, 이들은 쾌락을 욕망하는 것보다 혹시 일어날지도 모를 궁핍을 더욱 두려워한다.

이 사람은

"상이한 두 가지 인력引力 사이에 붙들려 있어서"(III, 10, p. 264)

"쾌락을 포기하지 않은 가운데" 그는 "적어도 자신의 향락의 시간을, 더 커다란 부의 소유자가 되어 미래를 걱정하지 않으면서 현재 자신의 쾌락을 온전히 즐길 수 있을 때로 늦추어야 한다."

그 사이에 그는 나이가 들고, 노쇠해질수록 걱정은 더 커진다. 구두쇠는 **즐기는 것을 두려워하면서** 계속 재산을 쌓아 간다.

"궁핍과 결부돼 있는 나쁜 일에 대한 과도하고 우스꽝스러운 두려움이 … 몇몇 구두쇠들의 행태와 그들을 움직이도록 만드는 동기 사이에 존재하는 명백한 모순의 원인이다."(III, 10, p. 264)

- 야심의 사례

여기에서도 **그 기원**(그 동기) — 곧 쾌락을 목표로 부와 명예 등을 쌓으려는 욕망—**과 그 행태 사이에** 모순이 발견된다.

"하지만 사람들은 말할 것이다. … 명예의 모든 징표는 우리에게 쾌락에 대한 어떠한 물리적 인상도 만들어 내지 못한다고. 따라서 야심은 쾌락에 대한 사랑에 기초를 두고 있는 것이 아니라, 평판과 존경에 대한 욕망에 두고 있다. 따라서 야심은 물리적 감수성의 효과가 아니다."(III, 11, p. 265)

달리 말해, 야심은 **물리적 쾌**가 아니라 **타인의 판단**을 동력으로 지닐 것이다(의식들의 투쟁?).

"야심가는 오히려 사람들의 존경과 찬양을 열망하지 않을까?"(III, 11, p. 267)

엘베시우스는 말하기를, 만약 그렇다면, 부자가 여러 명의 하인을 거느리고 "그들의 아부와 존경을 받음으로써 그의 허영심을 채우는" 것으로 충분할 것이다.

하지만 사람들이 원하는 것은 이런 존경이 아니라 **동의에 입각한 존경**이다.

"사람들은 존경으로서의 존경을 좋아하는 것이 아니라, 다른 사람들 스스로 자신이 열등함을 고백하는 것으로서, 그들이 우리 시선에 흡족한 상태로 놓이는 것에 대한 보증으로서, 우리가 고통을 피하게 해주고 우리에게 쾌락을 가져다주기 위해 열의를 다하는 것으로서의 존경을 좋아하는 것이다."(III, 11, p. 267)

오만함의 경우에도 마찬가지다. (III, 13 참조)[47]

"이 장의 결론은, 사람들이 오직 좋은 평판을 받기 위해서만 좋은 평판을 듣는 것을 욕망한다는 점이며, 오직 이런 평판과 결부돼 있는 쾌락을 향유하기 위해서만 사람들의 평판을 욕망한다는 점이다. 따라서 평판에 대한 욕망은 쾌락에 대한 변장한 욕망일 뿐이다. 그런데 오직 두 종류의 쾌락만이 존재한다. 한 부류는 감각의 쾌락이고, 다른 부류는 같은 감각의 쾌락을 획득하기 위한 수단들이다. 이 수단들 역시 쾌락의 종류에 속하는데, 왜냐하면 쾌락에 대한 희망은 쾌락의 시작이기 때문이다. 하지만 쾌락은, 이런 희망이 실현될 수 있을 때에만 존재할 뿐이다."(III, 13, p. 279)

따라서 우리는 엘베시우스에게서 쾌락 내지 이익이라는 용어가 **확장되는** 것을 보게 된다. **직접적인 쾌락**만이 아니라 그 수단 역시 쾌락인 것이다. "쾌락에 대한 희망"이라는 **수단**도 쾌락이다.

따라서 쾌락과 이익은 **그것들의 수단**으로 모습을 변장한다. 이런 변장이 인위적 쾌락의 역설을 이룬다. 하지만 이 수단은 결국 이익이라는 근저에 감추어진 목적에 봉사한다.

그렇지만 이런 **변장** 자체가 사람으로 하여금 착각하게 만든다. *cf.* 결국 **수단을 목적으로** 받아들이는 구두쇠나 야심가.

(따라서 이익의 동역학이 존재한다. 그리고 **근저에 놓인** 이익은 자신의 직접적인 원칙으로 환원되지 않으며, 온갖 종류의 외재적 매개를 상정한다.)

---

47 13장은 "오만에 대하여"라는 제목이 붙어 있다.

(2) 모든 가치판단의 동력을 이루는 이익(이익의 사회학)

"모든 시대, 모든 곳에서 도덕이나 정신에 관한 문제에서, 개별적인 가치판단을 결정하는 것은 개인의 이익이며, 국가의 가치판단을 결정하는 것은 일반 이익이다."(III, 1, p. 56)

엘베시우스는 이 법칙을 다음과 같은 관계 아래에서 검토한다.

(행위) - 제도 - 가치판단

(관념) 도덕 판단

개인, 특수 사회, 국가, 우주(?)와 관련하여.

엘베시우스의 이론은 사실 단순한 도덕 이론의 범위를 훨씬 넘어 확장된다. 이 이론은 판단, 습속, 법률 및 예술에 관한 이론이다.

ⓐ 개인의 관점

개인에게서 **선**과 악 및 타인에 대해 내리는 평가의 재판관 역할을 하는 것은 이익이다.

"이익은 올바름에 대한 유일한 재판관이다."(II, 1, p. 56)

"각각의 개인은 그에게 유익한 타인의 습관적 행위에 대해서만 올바르다고 말한다."(II, 2, p. 57)

"이로부터 우리의 모든" 도덕적 "판단들 및, 각자가 얻는 이로움[48]에 따라 동일한 행동에 대해 마음대로 붙여진 정당하다거나 부당하다는 명칭들의 부당함이 나온다."(II, 2, p. 60)

---

48 엘베시우스의 책에는 "이로움이나 해로움"이라고 되어 있다.

따라서 이런 직접적인 관점에 의거해 엘베시우스가 행위들 자체는 [도덕적 판단들과-옮긴이] "무관한" 것이라고 말하는 것은 일리가 있다. 모든 도덕적 가치들은 오직 이를 평가하는 우리 자신의 **이익**에서 비롯되는 것뿐이다.

정신의 영역에서도 사정은 마찬가지다. 우리는 오직 우리에 대한 타인의 **유용성**에 비례해 타인을 평가할 뿐이며, 우리 자신의 이익이 우리가 타인에 대해 인정하는 가치를 결정한다.

cf. …

"습속이나 의견, 사상의 문제에서 사람들은 항상 타인들 속에서 자신을 평가할 뿐인 것으로 보인다."(II, 3, p. 64)

"우리가 다른 사람들에 비해 우리를 더 높게 평가하는 것은 … 정말이지 … 필연적이어서, 각각의 예술에서 가장 위대한 사람은, 각각의 예술가가 자기 다음으로 최고인 사람이라고 할 수 있다. …"(II, 4, p. 74)

따라서 이 점에서 볼 때 사람들이나 행위들에 대한 우리의 판단의 토대는 **우리의 이익의 주관성**과 긴밀한 관계를 맺고 있다고 할 수 있다.

보편적 지배. *cf.* **양과 풀**

이익. "모든 피조물의 시선에 대해 모든 대상의 형태를 변화시키는 강력한 마법사."(II, 2, p. 60)

"들판에서 풀을 뜯어먹는 이 온순한 양은 풀잎 사이에서 살아가는 잘 보이지 않는 벌레들에게는 공포와 경악의 대상이 아닌가?"(*cf.* 본문)[49]

두 가지 관점.

– 벌레들의 관점에서 보면 양이나 초식동물은 "잔인한 괴물"이다.

– 풀들[원문 그대로][50]의 관점에서 보면 사자나 호랑이는 아무것도 파괴하지 않고 … 양들에게 복수를 하는 **"이로운 동물들"**이다.

"이리하여 이처럼 상이한 이익들이 대상을 변모시킨다. 우리가 보기에 사자는 잔인한 동물이다. 하지만 벌레들에게는 양이 바로 그런 동물이다."(II, 2, p. 60)

하지만 **도덕적 판단**에 대한(행위에 대한, 사람에 대한) 이런 관점은 한 가지 문제를 제기한다. 사실 판단된 **행동**과 **사람**은 판단자의 이익이라는 주관적 관점에서 보면 **"무관할"** 뿐이다. 곧 이것들은 판단자 개인의 **주관적 이익**의 판단 근거로서는 "무관한" 것들일 뿐이다.

하지만 그들 자신은 무관하지 않다. 곧 이들 자신이 **행위자의 이익**에 의해 산출되는 존재자들인 것이다.

나의 주관적 이익에 따라 내가 좋거나 나쁘다고 판단하는 행위는

---

49 *De l'esprit*, II, 2, p. 60. "들판에서 풀을 뜯어먹는 이 온순한 양은 풀잎 사이에서 살아가는 잘 보이지 않는 벌레들에게는 공포와 경악의 대상이 아닌가? 그들이 말하기를, "도망쳐. 이 탐욕스럽고 잔인한 동물, 이 괴물이 그 아가리로 우리와 우리의 마을을 쑥대밭을 만든다. 왜 사자와 호랑이를 본받지 못하지? 이 이로운 동물들은 우리 거주지를 전혀 건드리지 않아. 그들은 전혀 우리의 피를 먹고 살지 않아. 범죄에 대한 정의로운 심판관인 그들은 양들이 우리에게 가하는 잔혹함을 양들에게 갚아 주지." 이리하여 이처럼 상이한 이익들이 대상을 변모시킨다. 우리가 보기에 사자는 잔인한 동물이다. 하지만 벌레들에게는 양이 바로 그런 동물이다. 또한 우리는 라이프니츠가 물리적 우주에 대해 말했던 것을 도덕적 우주에 대해 적용해 볼 수 있다. 곧 항상 운동하고 있는 이 세계는 매 순간마다 그 세계의 거주자들 각각에게 새롭고 상이한 현상을 제공해 주는 것이다."

50 사실은 이것 역시 똑같이 벌레의 관점이다.

그 자체로 실제의 이익, 곧 **내가 판단하는 행위자의 이익**의 산물이자 효과인 셈이다.

- **인간적인 사람**과 **비인간적인 사람**의 사례

"인간적인 사람은 타인의 불행을 보고 참을 수 없어서 이 광경에서 벗어나기 위해 불행한 이를 구제하도록 말하자면 강제되는 사람이다. 반대로 비인간적인 사람은 타인이 불행한 광경이 유쾌한 광경으로 보이는 사람이다. 그리하여 그는 자신의 쾌락을 늘리기 위해 불행한 이에 대한 모든 도움을 거부한다. 그런데 상이한 이 두 사람은 모두 자신들의 쾌락을 지향하며 동일한 동력에 따라 움직이고 있다."(II, 2, pp. 59-60 주석)

따라서 우리는 **하나의 모순, 이중의 필연성**에 직면해 있다.

① 판단된 **행위**에 내재적인 필연성. 이것은 무관심한 필연성이며 그 자체로는 좋지도 나쁘지도 않은 것인데, 왜냐하면 이런 행위의 필연성은 행위자(그는 이 행위의 자연적 판단자다)의 이익의 필연성의 효과이기 때문이다.

② **판단에 내재적인** 필연성. 이것은 **판단자**의 이익의 필연성이며, 행위들을 도덕적으로 특징짓는다.

이렇게 되면, 다음 두 가지 경우가 생겨난다.

- **한편으로**, 각자의 주관적 관점에 따라 취해진 이익들 사이의 갈등이 생기거나

- **다른 한편으로**, 이런 보편적 필연성 및 따라서 갈등 자체에 대한 인식이 생긴다. 이는 역설적이게도 **이익에서 벗어난** 인식

이거나 또는 **이런 인식의 이익**과 다르지 않은 이익에 따라 고취된 인식이다. 다음과 같은 문제가 추가로 제기된다. 갈등에 대한 이런 인식이 갈등에 대한 해결책인가? 이 질문은 유예된 채 남아 있다.

ⓑ **사회의 관점**(이익의 사회학). 훨씬 더 흥미로움(cf. 엘베시우스).

동일한 원칙의 적용. 우리가 특수한 사회들을 고려하든 국가들을 고려하든 간에, **도덕적 판단** 및 고려되는 사회에 대한 **평가를 지휘하는 것**은 항상 **이익**이다.

- **사례.**

"특수한 사회들과 마찬가지로", "공적인 것"(여기에서는 국가)에서도 역시 그 판단은 오직 이익의 동기에 의해 규정된다. … 여기에서도 올바르다거나 위대한 또는 영웅적인 등과 같은 명칭은 공적인 것에게 유익한 행동에 대해서만 부여된다."(II, 11, p. 108)

마찬가지로 사람들에 대한 평가도, **고려되고 있는 사회의 유용성**의 함수이며, 따라서 같은 도식이 적용된다.

하지만 더 흥미로운 귀결이 따라 나온다.

사실 이런 이익의 원리는 엘베시우스가 판단과 다른 것, 곧 제도, 습속 및 심지어 예술의 내용까지도 해명하게 해주는 것이다.

cf. 2부 13장. 「여러 다른 시대 및 민족들과 관련해 본 올바름에 대하여」 엘베시우스는 도덕의 **두 가지 관점에 맞선다.**

① "어떤 이들은 우리가 미덕에 관해 여러 다양한 시대 및 정부들

로부터 독립적인 절대적 관념을 갖고 있다고 주장한다. 곧 미덕은 항상 하나이고 동일하다는 것이다."(p. 118)

이들은 **플라톤주의자들**이다. "미덕은 … 질서, 조화 및 본질적인 아름다움의 관념[이념]idée 자체다. 하지만 이 아름다움은 신비다."

② **회의주의자들.** "몽테뉴를 비롯한 두 번째 부류의 사람들은 추론보다 더 단단하게 담금질된 무기, 곧 사실들을 가지고 첫 번째 부류의 사람들의 견해를 공격하며, 북부 지방 사람들이 유덕하다고 하는 행동은 남부 지방 사람들에게는 배덕한 행동이라는 점을 보여 준다. 그리고 미덕의 관념은 순전히 자의적인 것이라고 결론 내린다."(p. 118)

두 부류의 견해 모두 잘못이다. "첫 번째 견해는 역사를 고려하지 않았으며 … 두 번째 견해는 역사가 제시하는 사실들을 충분히 깊이 있게 검토하지 않았다."(p. 118)

오류를 피하기 위해서는 "주의 깊게 세계의 역사를 살펴봐야 한다." 곧 역사를 심화시켜야 한다.

"이렇게 되면 이들은 여러 세기의 시간적 흐름은 물리적인 것과 도덕적인 것에서 왕국들의 모습을 변화시킨 격변을 불가피하게 초래한다는 것을 깨닫게 될 것이다. 또한 거대한 전복에서 어떤 민족의 이익은 항상 거대한 변화를 겪게 된다는 것, 같은 행동이라 하더라도 이 민족에게는 차례로 유익하게 되었다가 해롭게 될 수 있다는 것, 따라서 유덕함과 배덕함이라는 이름을 차례대로 사용해야 한다는 것을 깨닫게 될 것이다."(p. 118)

새로운 원리. 역사 (및 공간) **속에서 어떤 사회의 이익의 변화**는 판단과 관점, 습속의 다양성을 설명할 수 있게 해준다.

상이한 제도를 설명하는 것은 더 이상 진리와 결합된 무지, 어리석음, 곧 오류의 정도가 아니라, 특별한 내재적 원리인 국가의 이익이다. (*cf.* 볼테르)

"나는 사실들 위에, 곧 지금까지 설명이 불가능했던 법들 및 관습들의 광기와 기이함 위에 내 견해의 증거를 세우겠다."(p. 119)

"사람들이 다른 나라 민족들의 어리석음에 대해 어떻게 생각하든 간에, 분명한 것은 자신들의 이익에 밝은 그들이, 몇몇 민족에서 확립되어 있다고 알려진 우스꽝스러운 관습을 아무 동기 없이 채택하지는 않았으리라는 점이다. 이런 관습의 기이함은 민족들의 이익의 상이성으로 인해 생겨난 것이다."(p. 119)

사례. **절도에 관한** 스파르타의 법률(18세기에 전형적인 논의).[51] "이런

---

51   *De l'esprit*, II, 13, pp. 119-20. "스파르타에서는 절도가 허용되어 있었다. 스파르타에서는 서툰 절도만이 처벌을 받았다. 이런 관습보다 더 기이한 것이 어디 있겠는가? 하지만 리쿠르고스의 법률을 염두에 두고 이 나라 사람들은 금은보화를 경멸했으며 이 나라에서는 돈이 무겁고 깨지기 쉬운 철로 주조되었다는 사실을 고려한다면, 이 나라에서는 닭이나 채소 훔치기가, 일어날 수 있는 유일한 절도였다는 점을 깨닫게 될 것이다. 교묘하게 잘 저질러지고 때로는 결연하게 부인되는 이와 같은 절도는 라케다이모니아 사람들이 용기와 경각심의 습관을 기르게 해주었을 것이다. 따라서 절도를 허용하는 법률은 이 나라 사람들에게는 아주 유용할 수 있었는데, 이들은 페르시아인들의 야심만큼이나 섬사람들의 배신을 두려워했으며, 오직 이 두 가지 미덕[용기와 경각심-옮긴이]의 길을 통해서만 페르시아의 대군만이 아니라 배신의 시도에 맞설 수 있었다. 따라서 모든 부유한 민족에게는 해로운 것인 절도가 스파르타에서는 유용했으며, 존중받아 마땅한 것이었던 셈이다."

관습보다 더 기이한 것이 어디 있겠는가?"

"하지만" … - 리쿠르고스의 법률?

— 금은보화에 대한 경멸

"이 나라에서는 닭이나 채소 훔치기가 일어날 수 있는 유일한 절도였다는 점"

"이와 같은 절도는 라케다이모니아 사람들이 용기와 경각심의 습관을 기르게 해주었을 것이다."

그런데 스파르타는 섬사람들과 페르시아에 맞서기 위해 이런 용기를 필요로 했다. "따라서 모든 부유한 민족에게는 해로운 것인 절도가 스파르타에서는 유용했으며, 존중받아 마땅한 것이었던 셈이다."

— 사례. 정착지를 떠나기 전에 노인들을 나무 위에 올려놓는 [그리고 거기에서 떨어지지 않고 버티는 노인들만을 구하고 떨어진 노인들은 학살하는-옮긴이] 야생 유목민들의 관습 … "처음 보기에는 이런 관습보다 혐오스러운 것은 없는 것 같다. 하지만 이 관습의 기원으로 거슬러 올라가 사태를 이해하게 되면 깜짝 놀랄 수밖에 없는 것이, 유목민들은 이 불운한 노인들을 사냥의 피로를 견뎌 내기 어려운 그들의 무기력의 증거로 간주했던 것이다."(p. 120)

느리고 잔인한 죽음의 경제.

"여기서 우리는 유목민은 … 이런 야만적 풍습에 말하자면 필연적으로 이르게 되었다는 점, 그리고 이들의 부친 살해는, 우리로 하여금 이 관습을 공포스럽게 간주하도록 만드는 것과 동일한 인간애의 원리에 의해 고안되고 시행되었다는 점을 이해하게 된다."(pp. 120-21)

예술에 관해서는 2부 19장 참조. "각각의 시대에 상이한 종류의 재기에 대한 평가는 사람들이 이런 재기들을 평가할 때 갖고 있는 이익에 비례해 이루어진다."

- **로망스**romans◆의 사례

"아마디스 데 가울라Amadís de Gaula◆◆에서 우리 시대의 로망스에 이르기까지, 로망스라는 이 장르는 연속적으로 수많은 변형을 겪었다."(p. 151)

왜 사람들은 더 이상 옛날의 로망스를 좋아하지 않게 되었는가? 왜냐하면

> ① 로망스의 "주요 장점"은 … "어떤 나라의 악덕과 미덕, 정념, 풍습과 우스꽝스러운 일들을 정확히 묘사하는 데 달려 있었는데"
> ② "한 나라의 습속은 시대가 변화하면서 변화하게 되었고"
> ③ "이런 변화는 로망스의 장르 및 취향에 변화를 일으키는 계기가 되었"기 때문이다.

"내가 로망스에 관해 말한 것은 거의 모든 작품들에 대해 적용될 수 있다."

- 중세 **서사**의 사례. 이 서사들의 주제는 우리 시대 서사의 주제

◆　12세기경에 생겨나서 18세기까지 지속된 산문체와 운문체로 된 기사의 모험 및 연애에 관한 문학 장르다.

◆◆　16세기 스페인에서 유행했던 기사도 로맨스.

와 다르다.

"무지의 시대에 특유한 단순함 속에서 이 서사의 대상들은 계몽 시대에서 대상들을 고려하는 양상과는 아주 다른 양상에 따라 제시되었다."

"오늘날의 우리에게는 아주 우스꽝스럽게 보이는 이와 같은 기적 이야기, 기도문들, 비극, 신학적 문제들은 이 무지의 시대에는 경탄스러운 것이었고 또 마땅히 그래야 하는 것이었는데, 왜냐하면 이것들은 그 시대의 정신에 비례하기 때문이다."(p. 155)

- 그리스비극의 사례. 당시에는 현실적이었고 의미를 지니고 있었던 복수의 주제는 우리의 정치나 종교에는 더 이상 부응하지 못한다.

- 코르네이유의 사례.

"가톨릭 동맹 및 프롱드의 난에서 막 벗어난 당시 … 코르네이유가 자신의 주인공들에게 부여한 성격 및 야심가들에게 배정한 모의는 따라서 영웅도, 시민도 야심가도 거의 찾아보기 어려운 현 시대, 모든 곳에서 수많은 격동과 소요가 분출한 이후 다행스러운 정적이 찾아든 현 시대보다는 당시의 시대정신과 더 유사한 것이었다."(p. 157)

- 사례. **동일한 장르가 지닌** 상이한 내용을 설명해 주는 것은 정치적 삶의 차이다. "참주의 증오와 조국에 대한 사랑, 자유가 존재하던" **나라에서** 연극은 조국을 주제로 지니고 있었으며, 이 주제는 "감히 말하자면, 청중의 평가가 집중되는 지점이었다."(p. 159)

공적인 정치적 삶이 존재하지 않는 다른 국가들, "주민들이 공적인 문제에 관해 관여할 수 있는 몫이 전혀 존재하지 않고, 사람들이 조국이나 시민 같은 단어를 거의 사용하지 않는 국가들에서 청중은 개인들에게 적합한 정념들, 가령 사랑에 관한 연극의 상연에만 즐거워한다."(p. 159)

마찬가지로 이 때문에 오늘날 **비극**에서 **희극**으로의 이행이 일어나고 있다.

단지 예술 작품의 내용만이 아니라 그 형식도 시대의 습속에 의해 규정된다. "때로는 한 시대에서 다른 시대로 나아가면서 공적인 이익 자체가 매우 많이 달라져서 … 몇몇 장르나 사상의 창조나 소멸이 이루어지는 계기가 된다." **논쟁술** 등의 사례. 따라서 이는 **미학 및 예술 판단**의 역사에 관한 이론인 셈이다.

예술 작품은 **그 내용**(및 형식)에 의해 정의된다. 그리고 예술 작품은 **그 시대의 습속**을 내용으로 지닌다.

따라서 취향과 예술(내용, 주제, 장르)에서의 혁명은 습속에서의 혁명과 연결돼 있다.

취향에서 일어나는 "이런 종류의 혁명"에는 "항상 정부 형태와 습속, 법 및 인민의 위상에서의 어떤 변화가 선행하게 된다. 따라서 한 국민의 취향과 그 이익 사이에는 은밀하게 연계가 이루어져 있다."(p. 156)

따라서 이는 도덕, 습속, 법, 예술, 취향(상부구조?)에 대한 인상적인 **역사 이론**인 셈이다. 엘베시우스는 다음과 같은 방식을 통해 인간 제도들의 상이성을 해명하고 있다.

(1) 이것들을 사회들의 이익과 관련시킴으로써.

(2) 하지만, 이것이 근본적인 점인데, 이런 이익의 전환 이론을

발전시킴으로써. "다른 모든 인간적인 것과 마찬가지로 국가들의 이익은 수많은 혁명을 겪게 된다."

(3) [...][52]로서, 그리고 이런 기본 이익의 수단으로서 이런 습속, 제도 등을 출현하게 하는 것. 따라서 (넓은 의미에서) **이데올로기들** 및 **제도들**의 부차적인, 파생적인 성격, 이차적이고 **기능적인** 성격에 관한 이론. 한 국민의 역사적 이익에 봉사하는 이데올로기들.

(4) 하지만 이렇게 되면 **이익과 이데올로기들** 사이의 관계에 대한 **역사적 변증법**이 필수적이게 된다. "동일한 법과 동일한 습속은 동일한 민족에게 연속적으로 이로우면서 해로운 것이 된다. 이로부터 나는 이런 법들은 차례로 채택되거나 거부될 수밖에 없다는 결론을 내린다. …"(II, 13, p. 123)

시효가 만료된 법을 거부해야 할 필연성.

"일시적인 이득만을 제공하는 모든 습속은 궁전을 세우기 전에 제거해야 하는 비계와 같다. …"(II, 13, p. 122)

이로부터 다음과 같은 관념이 따라 나온다. 만약 이 뒤떨어진 법이 제거되지 않는다면, 시대는 **법과 이익 사이의 모순**을 산출할 수 있다. 국가를 무너뜨리게 될 모순.

(한 국민의) **이익과 법** 사이의 모순은 역사의 동력으로서 적극적인 역할을 수행하는 것이 아니라, 왕국의 **몰락**이라는 역할을 수행한다.

---

52 타이핑 원고에는 이 부분이 공백으로 남겨져 있다.

2부 17장, p. 145 참조. "이제 국가의 이익이 변화되고, 제정 당시에는 유익했던 법들이 해로운 것들이 되자마자, 이 동일한 법들은, 사람들이 항상 보존하고 있는 법에 대한 존중에 의해 필연적으로 국가를 몰락시키게 된다."

- **로마 몰락**의 사례. "카르타고의 파괴 이후 … 로마인들은 당시에 그들의 이익과 습속, 법 사이에 존재하는 대립으로 인해 제국을 위협하는 혁명을 감지할 수밖에 없었다. 그리고 국가를 구하기 위해서는 결집된 공화국이 시대와 상황이 요구하는 개혁을 법과 정부에서 서둘러 수행해야 한다고 느낄 수밖에 없었다." …

("그들을 마지막 고양 단계까지 끌어올린 동일한 법들이 그들을 계속 유지시킬 수 없었다." …)

> (5) 하지만 그렇다면, 이익과 이데올로기-제도의 변증법이 밝혀 주는 또 다른 문제가 제기된다.

만약 **한 민족의** 사상과 그 습속 등이 그 민족의 이익의 현상에 불과하다면, 이것들은 정당화되며, "기이함 … 과 야만의 필연성"이 존재하게 된다. … 그렇다면 더 이상 기이한 것은 없는 셈이다.

또는 오히려 사상과 이익 사이의 합치냐 불합치냐 이외에, 정상적인 것과 비정상적인 것(역사적인)의 다른 규칙은 존재하지 않는다. 그렇다면 기이한 것들은 **역사적 잔존물**일 뿐이다.

cf. 이 기이한 것들은(II, 13, p. 119) "항상 공공[53]의 실제 이익이나

---

53 엘베시우스 책에는 "공적인 것"bien publique이라고 되어 있다.

적어도 외관상의 이익에서 자신의 원천을 얻을 뿐이다."

(잔존)

"하지만 사람들은, 그렇다고 해도 이런 관습들은 가증스러운 것이거나 우스꽝스러운 것이라고 말할 것이다. 그렇다. 왜냐하면 우리는 이런 관습이 설립된 동기를 모르기 때문이며, 그들의 선조와 미신에 의해 신성시된 이런 관습은 후속하는 정부들의 간과와 취약함으로 인해 그것을 설립했던 원인이 소멸한 이후에도 오랫동안 존속해 왔기 때문이다."(II, 13, p. 122)

여기에서 두 개의 이론이 만났다 분기한다.

어떤 제도의 부조리함은

- 그것을 오류라고 판단하는 무시간적 진리에 의해 측정되거나
- 그것이 역사적 "잔존물"이 되었다는 것에 의해, 그것이 역사적으로 지나갔으며, 현재의 역사적 현실과 더 이상 부합하지 않는다는 사실에 의해 측정된다.

부조리함을 만드는 것은 잔존인 것이다.

이것의 원인. "후속하는 정부들의 간과와 취약함."

cf. 2부 17장, p. 144. "설립 당시에는 유용했을 야만적 관습은 그 이후에는 극히 해로운 것이 되었다. … 이 관습이 존속하는 것은 오직, 이 관습을 폐지할 경우, 어떤 행동을 실행하는 것을 늘 미덕 자체로 받아들여 온 사람들의 반발을 사고, 장기간에 걸친 잔혹한 전쟁을 촉발하게 되지 않을까, 마침내 소요들을 불러일으키게 되지 않을까 하는 두려움 때문이다. …"

(*cf.* 파스칼)

따라서 우리는 여기에서 **잔존**의 정치적 이유를 발견하게 된다. 그것은 이미 낡은 기성 질서를 유지하는 데서 어떤 이들이 지니고 있는 이익이다. [...]⁵⁴ 정치적·도덕적 형식을 규정하고 판단하는 이런 **이익**의 본성에 관한 문제를 제기한다. **이런 이익은** 습속과 법이 새로운 형식과 합치하도록 변화시키고 싶어 하는 사회의 이익과 이런 변화를 거부하는 이들의 이익으로 **나눠진다.**

여기에서도 역시 사회의 **이익**은 **모순적인** 것으로 드러난다. **공허할** 뿐만 아니라 **모순적인.**

공허하기 때문에 모순적인?(이런 이익의 내용은 어떤 것인가? 어떻게 이것을 정의할 것인가?)

잠정적으로 문제들을 요약해 보자.

만약 이익이 보편적 동력이라면,

　① 개인들 사이에서나 공적인 것과 참주 사이에서 또는 기타 다른 것들 사이에서 발견되는 **이익들 사이의 모순**이라는 문제.

　② **이익들의 격변**[혁명]이라는 문제. 어떻게 이익이 변화할 수 있는가? 변화하는 것은 무엇인가?

　③ 이 두 개의 문제는 한 가지 문제를 포함하고 있을 뿐이다. **이익의 본성은 무엇인가? 상이한 대상들에 적용된 이 단어가**

---

54 타이핑 원고에 공백으로 남겨져 있다.

감추는 것은 무엇인가?

④ 이익들 사이의 갈등에 대한 해법은 무엇인가?

엘베시우스 사상의 두 번째 측면, 곧 **그의 교육 이론**을 통해 이 문제들을 해명하는 것은 매우 중요하다.

2. 개인과 환경의 변증법

테제. "인간은 사실 그의 교육의 산물일 뿐이다."(『인간에 대하여』「서론」, p. 3)[55]

사람들은 "같은 종에 속하고 파괴할 수 없는 절대적으로 동일한 씨앗을 지니고 있지만, 결코 정확히 동일한 땅에 씨앗이 뿌려지지 않았고, 엄밀히 말해 동일한 바람을 맞지 않고, 동일한 햇볕을 쬐지 않고, 동일한 비를 맞지 않아, 자라면서 필연적으로 무한하게 다양한 형태를 갖게 된 이 나무들과 유사하다."(III, 1, p. 210)[56]

---

55 *De l'homme*, in *Œuvres complètes de M. Helvétius*, London, 1781. "만약 내가 인간은 사실 그의 교육의 산물일 뿐이라는 점을 증명한다면, 나는 분명 여러 국가에 커다란 진실을 드러내는 게 될 것이다."

56 "이 점을 전제한다면, 교육의 차이가 정신들 사이에 존재한다고 언급되는 차이를 생산한다는 것을 무엇이 확실히 보증할 수 있는가? 사람들은 같은 종에 속하고 파괴할 수 없는 절대적으로 동일한 씨앗을 지니고 있지만, 결코 정확히 동일한 땅에 씨앗이 뿌려지지 않았고, 엄밀히 말해 동일한 바람을 맞지 않고, 동일한 햇볕을 쬐지 않고, 동일한 비를 맞지 않아, 자라면서 필연적으로 무한하게 다양한 형태를 갖게 된 이 나무들과 유

하지만 이런 발전의 변증법에서 결정적인 것은 교육이 아니라 **환경**, 환경의 영향이다.

엘베시우스에 따르면, 교육을 가장 넓은 의미로 이해해야 한다.

"만약 [교육이라는-옮긴이] 이 단어에" 학교교육보다 "더 참되고 더 광범위한 의미를 부여한다면, 그리고 우리의 가르침에 기여할 수 있는 모든 것 역시 포함시킨다면 …"(Ⅲ, 1, p. 208)

교육 이론의 두 단계:

- 유년기 교육
- 성인교육 } (환경의 변화)

(a) 유년기 교육 […]⁵⁷ (차이와 유적인 것)

"누구도 동일한 교육을 받지 않는다." 『인간에 대하여』, 1부 1장, p. 11.

달리 말하면, 엘베시우스는 모든 개인적 차이는 "가르침"(=환경)의 영향의 산물이라는 점을 보여 주게 될 것이다.

"아이는 움직임과 생명을 받게 되는 그 순간 자체에 최초의 가르침을 받아들이게 된다. 아이는 말하자면 그가 수태된 태내에서 질병

사하다." *De l'esprit*, Ⅲ, I, p. 210.

57 타이핑 원고에 공백으로 남겨져 있다.

이나 건강 상태를 인식하는 법을 배우게 된다. …"『인간에 대하여』, 1부 2장, p. 13.

아이는 상이한 대상에 의해 산출된 자신의 상이한 감각에 의해 가르침을 얻는다.

대상들 "역시 우리의 유년기 교육을 맡고 있는 교사들이다."

"하지만 이 교사들은 모든 사람에게 동일한 것일까? 아니다. 우연은 결코 누구에게도 정확히 동일하지 않다." 1부 3장.

우연=외적 영향 (*cf.* I, 8, p. 35의 주석)

"나는 독자에게 우연이라는 이 단어를 이런저런 효과를 생산하는 데 적합한 원인들의 알려지지 않은 연쇄로 이해하며, 결코 이와 다른 의미로 사용하지 않는다는 점을 알려 둔다. …"

단지 **대상들**만이 아니라 **사건들** 역시 인간을 변형시키며 그에게 표시를 남긴다.

"자주 젊은이의 취향, 가령 꽃그림에 대한 취향을 결정하는 것은 어떤 처벌이나 그와 유사한 것이다. … 유년기의 교육은 얼마나 많은 우연들 및 유사한 사건들에 종속되어 있는 것인가?"(I, 4, p. 20)

게다가 유년기 환경에 속하는 **정서적 관계**도 존재한다.

cf. 쌍둥이. 『인간에 대하여』 1부 6장의 역설적 사례. 여기 **두 명의 비슷한 존재**가 있는데(본성상의 차이는 조금도 없는), 이들은 그들의 **가족 환경과 관련된** 이유들로 인해 달라질 것이다.

"이들은 같은 유모를 갖고 있었는가? 별로 중요하지 않다고? 이는 아주 중요하다. 어떻게 유모의 성격이 젖먹이 아이의 성격에 미치

는 영향에 대해 의심할 수 있는가?"(I, 6, p. 22)

만약 유모가 같았다면, 양친의 애정의 차이가 문제된다.

"무심결에 두 아이 중 하나에게 더 기울어진 애정이 아이의 교육에 아무런 영향을 미치지 않는다고 상상하는 것인가?"

마찬가지로 두 아이 중 하나의 늦어진 교육 … 질투심과 갈등 등도 문제가 된다.

요컨대 사람들은 유년기, 가족, 학교, 친구 등과 같은 상이한 환경들을 통해 자기 자신이 모종의 변증법에 의해 구성되는 것을 보게 되는데, 이 변증법에서는 원래의 [환경적-옮긴이] 요소들이 아이의 성격 [속에서] 압도적인 역할을 수행한다.

"나는 우리 삶의 커다란 사건들을 예비하는 작은 우연적 사고를 뿌리에 달린 털이 난 부분과 비교해 보겠는데, 이 부분은 아무도 모르는 사이에 바위 틈새로 들어가 점점 성장해 가면서 결국은 바위를 쪼개 버린다."(I, 8, p. 35)

성격, 재기, 정념의 **종별적인 효과** 및 **구조의 내적** 변증법에 의해 산출되는,

외부 환경(대상+사건+인간관계)의 결정적 영향.

이는 엘베시우스가 **기본적인 본성**의 동일성의 기초 위에서 개인들 사이의 차이를 설명할 수 있게 해준다.

발생적인 환경이 사람들 사이의 차이를 산출한다. … "우연", "교육", "상황들"의 산물로서 **천재에 대한 이론**(여기서 우연이란 신의 은총이 아니다. ≪몇몇 사소한 문제점에도 불구하고 위대한 이 이론. *cf.* **부알로**Nicloas

Boileau ◆**와 칠면조들**(*cf.* 『정신에 대하여』 3부 1장의 주석. 원문을 읽을 것)[58]≫)

(b) 성인교육

청소년기가 끝나면서 인간은 상이한 환경과 접하게 된다. 성인의 환경. "인간의 두 번째 교육"(『인간에 대하여』 I, 7, p. 26)

"청소년의 새로운 중심 교사는 그가 살아가는 정부의 형태이며, 이런 정부 형태가 국가에 부여하는 습속이다."(I, 7, p. 27)

다른 "교사들"이 존재한다. 사례. 사람의 사회적 지위 및 그 친구들과 스승들. **하지만 새로운 환경은 한 가지 기본 구조를 지니고 있는데, 그것은 그 정부 및 습속의 구조다.** 그리고 이런 구조가 사람에 대해 기본적인 영향력을 행사한다.

◆ 프랑스와 영국의 고전주의 문학의 기준을 확립한 시인이자 문학평론가다.

58 *cf. De l'esprit*, III, 1, p. 209. "『문학 연보』에서 다음과 같은 일화를 읽을 수 있다. 부알로가 어릴 적에 마당에서 놀다가 넘어졌다. 넘어지면서 입고 있던 옷이 벗겨졌는데, 칠면조 한 마리가 부알로의 아주 민감한 부위를 여러 번 부리로 쪼았다. 부알로는 평생 이일을 불쾌하게 생각했다. 아마도 이로부터 사람들이 그의 작품에 대해 언급하곤 하는 습속에 대한 그의 가혹한 비난과 감정의 결핍이 유래했을지도 모른다. 여성들에 대한 풍자와 륄리와 키노 및 일체의 연애시에 대한 반론 역시 여기에서 유래했을 법도 하다. 아마도 칠면조에 대한 그의 반감이 프랑스에 칠면조를 수입했던 예수회 사람들에 대해 그가 항상 품고 있던 은밀한 거부감을 촉발시켰을지도 모른다. 그에게 일어났던 우연한 일로 인해 우리가 애매성에 대한 그의 풍자와 아르노에 대한 그의 예찬, 신의 사랑에 대한 그의 서한을 얻게 되었을지 모를 일이다. 우리의 삶의 행실 및 이후의 우리의 생각 전체를 규정하는 것이 대개 감지하지 못했던 원인들이라는 것은 참으로 진실이다."

"사람의 성격은 그의 정념들의 직접적인 효과이며, 그의 정념들은 자주 그가 위치해 있는 상황의 직접적인 효과다."(I, 7, p. 27)

≪이는 우리가 재발견하게 될 문제들을 제기한다.≫

환경에 의한 인간의 **"생산"**이라는 이 관점은 18세기에 두 개의 상이한 이론 사이에 위치해 있다. 문제가 되는 것은 **유물론의 운명**이다. **유물론은 어떤 길을 따르게 되는가?**

(1) *cf.* 엘베시우스에 맞선 디드로의 논쟁. 『**"인간"**이라는 책에 대한 계속된 반박』[59]([가르니에 프레르 출판사][60]에서 1875년 출간.)

디드로가 보기에 교육의 효과는 제한적이다. 사람들 사이의 차이에 대한 결정적 요소는 그들의 생리학적 **"기질"**과 **"조직"**이다. 곧 **도덕적 차이를 정초하는 것은 물리적 차이인 것이다.**

"어떤 해부학자가 빈틈없이 멍청이의 머리 내부와 재기 있는 사람의 머리 내부를 비교할 수 있을까? 머리들 역시 자신의 내부 관상을 갖고 있으며, 이런 관상들은, 만약 노련한 해부학자가 이를 인식할 수 있다면, 외부 관상이 해부학자 및 다른 사람들에게 이미 알려 준 모든 것을 그대로 말해 줄 것이고, 이 점에는 결코 잘못된 것이 없다고 나에게 반론을 제기하지 않을까? 하지만 좀 더 주의 깊게 살펴본다면, 저자

---

59 *Réfutation suivie de l'ouvrage d'Helvétius intitulé L'homme*, in *Œuvres complètes de Diderot*, Paris, Garnier-Frères Éditeurs, 1875, t. 2.

60 타이핑 원고에는 가르니에 프레르 출판사 이름 대신 공란으로 되어 있다.

는 재기 있는 사람을 구성하는 요소들의 결합 속에서 *그가* 무언가 한 가지를, 아마도 가장 중요한 어떤 요소를 빠뜨리지 않았는지◆ 의심을 품어 보게 될 텐데, 이런 의심은 나름대로 근거가 있을 법하다. 이것은 어떤 요소인가? 그것은 바로 뇌다."[61](『과학사론』*Revue historique des sciences*, 7~12월호, 1951, p. 219에서 재인용)

따라서 도덕적·지적 차이는 물리적 조직의 차이에서 기인한다. ···

환경의 발생적 역할은 줄어든다.

엘베시우스는 『정신에 대하여』에서 조직의 차이(감수성, 기억, 주의력)는 부차적이며, **직능들**의 관점에서 보면 인간들은 평등하다는 점을 길게 보여 줌으로써 이런 유물론적 생리학 이론을 비판한다.

(2) 하지만 환경의 역할에 대한 또 다른 이론. 풍토(몽테스키외). *cf.* 엘베시우스, 『정신에 대하여』 3부, 28~29장.

환경으로부터 인간의 정신을 연역하는 일의 불가능성.

"북쪽 사람들의 정복[62] 이유는 북쪽의 특수한 날씨가 아니라 도덕적 원인에서 찾아야 한다."(III, 28, p. 356)

cf. 30장(p. 362) "그리스의 물리적 위치는 항상 똑같다. 왜 오늘날

◆ 이 책에서는 내가 "빠뜨리지 않았는지"라고 번역한 디드로 글의 원문을 "il en avait aussi un"이라고 인용하고 있는데, 실제 디드로 전집의 해당 대목의 원문은 "il en avait omis un"(*Œuvres complètes de Diderot*, tome 2, p. 323)이라고 되어 있다. 사실 원문이 전자와 같다면 의미가 통하지 않는다.

61 *Op. cit.*, p. 323.

62 그리고 타이핑 원고에 적혀 있는 것처럼, "정복"이 아니다.

의 그리스인들은 과거의 그리스인들과 그처럼 다른 것인가? 이는 그들의 정부 형태가 변화했기 때문이다. 물이 자신이 담기는 모든 그릇의 모양을 따르듯이, 국민들nations의 성격 역시 온갖 형태를 받아들일 수 있다."

그리하여 엘베시우스는 몽테스키외처럼, 역사의 종별적 차이들을 해명할 수 있게 해주는 **하나의 물질적 원리**를 발견하고자 한다. 그리고 몽테스키외와 마찬가지로 그는 **환경**을 관여시킨다. 하지만 몽테스키외에게 이 환경은 비역사적인 것이다. 반대로 엘베시우스는 이 환경을 **인간적이고 역사적인 환경**으로 인식한다. **유물론적** 관점에 대한, 역사적 환경의 변증법에 대한 최초의 묘사인가?

풍토 … 상이한 인간 … 정치제도

를 대신해 우리는

정치제도 … 상이한 인간

을 갖게 된다. 그런데 이는 **정치제도들**이라는 문제를 제기하게 된다.

우리는 정치제도들이 **인간들의 발전을 생산하는 것**을 보게 되는데, 하지만 **우리는** 국민의 **이익**에 의해 **생산되는**, 그리고 그 이익에 따라 달라지는 역사적 발전 이론 속에서 **정치제도들을 살펴보았다.**

우리는 이 이론의 최종 작자로서 **국민들의 이익**으로 돌아가게 된다.

(c) 이익과 정치

따라서 두 가지 형태의 이익이 있다.

① 주관적인, 개인적 이익.

② 일반적인, 공적 이익(규정된 어떤 시기의 국민의 이익).

그리고 엘베시우스의 두 가지 단언이 존재한다.

① 모든 인간 세계의 궁극적 동력은 개인의 이익이다.

② 하지만 다른 한편으로 법과 습속의 매개를 통해 교육에 의해 인간 본성을 형성하는 것은, 곧 **개인의 이익에 대해 그 형식과 내용을 제공하는** 것은 공적 이익이다.

이 **개별 이익**과 이 **공적 이익** 사이에는 어떤 관계가 있을까? 어떻게, 어떤 조건 아래서 **이익이라는 단어**가 동일한 의미를 가질 수 있는가?

그런데 우리는 **사실 속에서** 무엇을 관찰하게 되는가?

(1) 그것은 **개별 이익**과 **공적 이익** 사이의 합치가 아니라 모순이다.

cf. **여성들의 기만성**

"만약 여성들의 기만성이라는 악덕이 **본성상의 욕망과, 법과 예의 범절에 의해 여성들이 그런 척하도록 강제되는 표면적 감정 사이의 모순**의 필연적 효과라면, 여성들의 기만성에 대해 그토록 과장된 수사법들을 남용해 공격할 필요가 있을까? 말라바르나 마다가스카르에서는 모든 여성들이 솔직하다면, 이는 이 지역들에서는 여성들이 아무런 추문 없이도 자신들의 모든 욕망을 충족할 수 있으며, 온갖 종류의 애인을 갖고 있기 때문이다. … 이런 곳에서는 기만적인 여성들을 발견할 수 없는데, 왜냐하면 여성들은 그렇게 하는 데서 어떠한 이익도 발견하지 못하기 때문이다. … 나는 단지 예의범절과 법이 마치 필수 적인 것이라도 되는 양 여성들로 하여금 그렇게 하도록 만드는데, 여 성들이 기만적이라고 비난하는 것은 온당하지 못하다는 점을 말하고 자 하는 것이다."(『정신에 대하여』 II, 15, p. 135)

여성들의 **기만성**에 의해 해소되는 본성상의 욕망과 **법**(공적 이익의 표현) 사이의 이런 **모순**은 실은 개인적 이익과 공적 이익 사이의 모순 이다. **이 두 가지 이익의 본질은 동일하지 않다.**

cf. **특수한 것을 움직이는** 이중적 이익 이론 (II, 8, pp. 89-90)

여러 가지 다른 사례 중에서

(2) 특수 사회들의 이익과 일반 사회(국가)의 이익 사이의 모순이 가장 두드러진다.

"공적 이익은 특수 사회들의 이익과 거의 매번 다르다."(II, 9)

cf. 2부 8장. 일종의 뉴턴식 동역학인, 특수 사회들의 이익 이론

"각각의 사회는 두 가지 상이한 종류의 이익에 의해 움직인다."(II, 8, p. 89)

- "첫 번째 더 약한 이익은 일반 사회, 곧 국가의 이익과 공통 적이다."

- "두 번째 더 강한 이익은 절대적으로 특수하다."(II, 8, p. 90)
  그리고 두 이익 사이의 싸움의 승자는 바로 이 더 강한 이 익이다.

(특수 사회들 및 그들의 이익의 승리에 관한 이 이론이 **사제**와 **참주**에 대한 엘베시우

스의 비판의 토대를 이룬다.) (*cf.* II, 14)♦

"우리 정부의 현재 형태에서는 개인들이 그 어떤 공동 이익에 의해서도 통합되어 있지 못하다."(III, 14, p. 226)

그렇다면 **이익**이라는 단어 말고 **특수 이익**과 **일반 이익** 사이에 남아 있는 공통적인 것이 있는가? 이런 모순은 극복될 수 있는가?

이제 다른 쪽, 곧 **사실이 아니라** 원칙을 보자.

cf. 사회의 발생 (III, 4)

개별적 이익이 사회를 정초한다. **계약**.

맹수에 의해 위협받는 사람들은 "서로 모여서 사회를 이루는 것이 그들 각자의 특수한 이익이 된다고 느꼈다. …"(III, 4, p. 224)

사회 안에서 곧바로 전쟁 상태가 닥치자 새로운 협약이 이루어지는데, "이를 통해 각자는 힘의 권리를 포기하기로 했다. …"(p. 225)

"모든 특수 이익들로부터 공통 이익이 형성되었는데, 이것은 상이한 행동들에 대해 그것이 사회에 유익한지 무관한 것인지 또는 해로운 것인지에 따라 정당한 행동이나 허가된 행동 또는 부당한 행동이라는 이름을 부여했다."

이렇게 되면 공통 이익은 "모든 특수 이익의 총합"(p. 226)이 된다.

하지만 이런 **동일성**은, 비록 **원초적인** 것이기는 하지만 이상적인 것으로 남아 있다.

♦ [알튀세르] "공적 이익만을 갖고 있는 법은 …을 토대로…"(III, 4, p. 226)

이로부터 이런 동일성을 대체하는, **상과 벌**의 사용이 이루어진다.

"나는, 입법가들이 항상 미덕에 대해 커다란 상을 제시하지 않는다면, 그리고 침탈하려는 인간의 자연적 성향에 대해 지속적으로 불명예와 형벌을 맞세우지 않는다면, **특수 이익이 일반 이익과 대립 관계에 있는** [모든]⁶³ 협약은 항상 위반되고 만다는 것을 발견한다. 따라서 나는 **사람들의 특수 이익들이 일반 이익과 결합될 수 있도록 해준 유일한 끈이 바로 상과 벌이라는 점**을 파악하게 된다."(p. 225)

따라서 **일반 이익**과 **특수 이익**의 **연결**은 **내적**(동일성)이거나 **외적**(상쇄된 모순)이다. 곧 **엘베시우스는** 이익이라는 통념에 대해 **두 가지 상이한 의미를 부여한다. 일반 이익**은 때로는 특수 이익들 사이의 내적 동일성이지만, 또한 때로는 그것들의 외적 통일, 곧 그것들의 기만적 동일성, 모순이다.

  - 한편으로, 그는 **일반 이익** 속에서 특수 이익들의 동일성을 사고한다(이상적 동일성).
  - 다른 한편으로, 그는 특수 이익 속에서 **일반 이익**의 반대를 묘사한다.

만약 이런 외적 동일시가 내적 동일성의 산물이 아니라면, 그것은 어떻게 이루어질 수 있는가?

  - **강제에 의해**(벌, 징벌).

---

63 타이핑 원고에는 "모든" 대신 "이것"이라고 되어 있다.

- 우연에 의해. "정의는 … **우리의** 이익과 공적 이익 사이의 **다행스러운 만남**에 불과하다."(II, 7)

cf. II, 7, pp. 87-88의 주석. "이익은, 어떤 대상들을 식별하는 것이 우리에게 유익한 측면에서만 대상들을 우리에게 제시한다. **누군가가 이 대상들을 공적 이익에 일치하게 판단한다면, 이는 높이 평가해야 마땅한 그의 정신의 정확함이나 그의 성격의 공명정대함으로 인한 것이 아니라, 이는 우연히 그가 공적인 것에 맞게 인식하는 것이 이익이 되는 상황에 처하게 되었기 때문이다.** …"

따라서 원칙적인 통일성에 대해 경이로운 동일성, 곧 우연적인 동일성이 대신하게 된다. 하지만 이 동일성도 여전히 이런 **일반 이익**, **곧 모순의 두 번째 항**의 실존을 가정하며 전제한다. 우연이 할 수 있는 것은 우리의 이익과 **일반 이익** 사이의 이런 일치를 실현하는 것이다.

- 하나의 사례. **학자들의 사회**(II, 8, p. 90)

"이 사회에서 가장 일반적으로 유익한 사상은 가장 특수하게 [학자 개인에게-옮긴이] 마음에 드는 사상이며, 이로 인해 그 사상의 개인적 이익이 공적 이익과 혼융되는 사상이다. …"

- **또 다른 사례.** 어떤 사람의 이익이 **일반 이익에 대한 정념**의 형태를 띠게 되는 사례. 곧 어떤 사람이 일반 이익을 자신의 **개인적 정념**으로 삼을 때, 일치가 실현된다.

"일반선에 대한 정념"(II, 15, p. 139)

cf. **현자 철학자**의 초상 (III, 14, p. 298의 주석)[64]

현자의 정념은 **인간성**humanité**의 정념**이다.

하지만 현자가 이렇게 할 수 있는 것은 오직 다른 사람들은 개별적인 사람들에게만 갖고 있는 정념을 인간성[인류]에 대해 지니기 때문이다. 왜냐하면 그는 "독립적"이고 **"무관심하기"** 때문이다.

이로부터 다음과 같은 역설이 나온다. 일반 이익에 도달하기 위해서는, 특수 이익이 일반 이익과 일치하게 하기 위해서는 사람은 다른 사람들로부터, **자신의 개인적인 특수 이익**으로부터 독립적인 존재가 되어야 한다.

64 "하지만 이 현자들은 사회에 아주 귀중한 존재들로 간주되어야 한다. 만약 극한의 지혜로 인해 이들이 개별적인 사람들과의 우정에 무관심하게 된다면, 생피에르 신부나 퐁트넬의 사례가 입증하듯이, 이들이 지닌 이런 지혜는 생생한 정념이 우리로 하여금 단 한 사람에게만 쏟도록 강제하는 애정의 감정을 인류 전체로 확장하게끔 해준다. 어리숙하기 때문에 사람이 좋다가 머리가 깨일수록 점점 더 선량함도 줄어들게 되는 사람들과는 전혀 다르게, 한 사람의 현자는 지속적으로 선량할 수 있는데, 왜냐하면 오직 그만이 사람들을 통찰하고 있기 때문이다. 사람들의 악의는 그를 화나게 만들지 않는다. 그는 데모크리토스와 마찬가지로 사람들을 광인이나 어린아이처럼 간주하는데, 이들에게 화를 내는 것은 우스꽝스러운 일일뿐더러 그들은 동정의 대상이지 분노의 대상이 아닌 것이다. 마지막으로 그는 기술자가 기계의 작동을 보는 눈으로 사람들을 바라본다. 곧 그는 인류를 욕하지 않고, 한 존재의 보존을 다른 존재의 파괴와 결부시키는 자연, 곧 먹을 것을 위해 비둘기를 공격하고 비둘기는 다시 벌레를 잡아먹고, 그리하여 각각의 존재가 살생을 저지르게 만드는 자연에 대해 불만을 품는다. 오직 법만이 사사로이 치우치지 않는 재판관이라면, 이런 시각에서 볼 때 현자는 법과 비교될 수 있다. 그의 무관심함은 항상 공정하고 항상 정대하다. 현자의 무관심함은, 같은 편을 만들어야 할 너무 과도한 필요성으로 인해 항상 불가피하게 어떤 불의를 저지르게 되는 유력한 인사들이 갖추어야 할 가장 큰 미덕 중 하나로 간주되어야 한다. 마지막으로 현자만이 관대할 수 있는데, 왜냐하면 그는 독립적이기 때문이다. 상호 이익의 끈으로 묶인 사람들은 서로서로 자유로울 수가 없다. 우정은 답례échanges를 만들 뿐이다. 오직 독립성만이 선물 dons을 만들 수 있다."

"사실 올바름을 지니고 있다면, 오직 공적 이익만을 고려하고 믿어야 한다. …"(II, 6, p. 78)

하지만 "공적인 것을 위해 유익한 사상을 얻기 위해서는 … 침묵과 고독 속에서 묵상을 해야 한다."(II, 8)

cf. 2부 10장. 사람은 도시에서 벗어나 침묵과 고독을 찾아야 한다. **사회에서 벗어난다는 것**은 사회를 이해하기 위해 사회에서 초연해진다는 것이다. **사회를 인식하기 위해 사회에서 자유로워지기.**

"따라서 자신의 개인적 이익에서 절대적으로 초연해짐으로써, 입법의 학문에 대한 심원한 연구를 통해 도덕가는 자신의 조국에 유익한 존재가 될 수 있다."(II, 16, p. 141)

따라서 우리는 **"일반선에 대한 정념"**[65](II, 16, p. 140)이 의미하는 바가 무엇인지 알 수 있다. 이것은 **정념들에 대한 절대적 초연함**과 혼융된 정념이다. 따라서 이것은 정념, 이익의 대립물 자체이며, **그것에 대한 부정**이다.

그리하여 이익의 유물론은 도덕적 **관념론**[이상주의]idéalisme으로 종결된다.

– 하지만 현자의 관념론은 **그 대상**, 곧 **일반 이익의 이상성**의 효과일 뿐이며 그 이상성에 대한 이론적 인정일 뿐이다.

현자는 **성자**가 되어야 하는데, 왜냐하면 일반 이익은 [신에 대한–옮

---

65 사실은 "공공선에 대한 정념"이다.

긴이] 하나의 **기원**일 뿐이기 때문이다.

이런 모순이 엘베시우스의 **정치 개혁**관을 지배하고 있는데, 우리는 여기에서도 여전히 그의 이익의 **유물론**이 **도덕적 관념론**을 위해 사용되고 있음을 볼 수 있다.

입법가들은 "**사람들에게 미덕이 필요하도록 만들**"어야 한다.

"노련한 입법가가 능숙하게 다루는, 일시적 이익의 동기만으로도 유덕한 사람들을 형성하기에 충분하다."(II, 24, p. 192)

"… 개인적 이익과 일반 이익을 연결하기≪이런 연결이 존재하지 않는다는 점에 대한 증거≫. 이런 결합은 도덕이 제시해야 하는 걸작이다. 만약 시민들이 공공선을 이루지 않고서는 자신들의 개인적 행복을 이룰 수 없다면, 광인들 말고는 배덕한 사람들이 없게 될 것이다. 모든 사람은 미덕을 필요로 하게 될 것이며, 국가의 행복은 도덕의 효용이 될 것이다."(II, 22, p. 183)

cf. II, 24, p. 196. "따라서 모든 입법의 기술은 사람들이 자신들에 대한 사랑의 감정을 통해 서로서로에 대해 항상 정당하게 되도록 강제하는 것이다. …"

"그런데 이와 같은 법을 구성하기 위해서는 사람들의 심정을 알아야 한다. …"

이리하여 우리는 지성의 개혁으로 다시 돌아오게 되는데, 이번에는 입법가의 지성의 개혁이 문제가 된다. … 또는 입법가가 "사상가 장관"(II, 16, p. 142)의 보좌를 받기 바라는 절실한 기원으로 돌아오든가(*cf.* 프리드리히 2세 및 에카테리나 여제의 희망).

우리는 엘베시우스가 어떻게

　　- 자신의 이론적 분석, 곧

　　　　- **개인적 이익**의 실재성

　　　　- 도덕에 대한 **정치제도**의 결정적 역할 등과 같은

분석을 **활용하고** 있는지,

　　- 하지만 이런 분석을 **일반 이익**, 곧 **인간들 사이에서 형성되**

고 창설되어야 하지만, 거의 존재한 적이 없는 이런 사이비 **연**

결에 대한 관념론[이상주의]을 통해 어떻게 **전환시키고** 있는지

볼 수 있다.

사실 엘베시우스의 정치적 해법은 **역사의 물질성에 관한** 그의 **이**

론에 대한 부정을 가정한다.

　　- 한편으로, **사심이 없고 계몽된**, 비역사적인 **입법가**에 대한 호소.

　　- 다른 한편으로, 그의 이론에서 가장 풍요로운 통념, 곧 한

민족의 역사적 이익의 전환이라는 통념을 **부정**하고 이 역사적

이익을 **이상적 이익**(정치적 삶의 현실적 모순에 대한 해법으로서의 일

반 이익)으로 대체하기.

그렇다 해도 엘베시우스가 **새로운 문제설정**을 설립했다는 점은

남아 있다.

　　① 개인-사회적 환경의 변증법에 의해.

　　② 한 국민의 **역사적 이익**과 관련된 이데올로기 및 제도에 관

한 그의 유물론적 이론에 의해. 곧 **역사적 판단에 관한 파스칼**

적 원리에 입각한 정치사로 그의 이론을 확장함으로써 그는

새로운 문제들, 특히 **이 역사적 이익의 본성** 및 **그 생성의 원리**

라는 문제로 나아가는 길을 열어 놓는다.

(엘베시우스와 홀바흐의 활용에 관해서는 마르크스, 『철학』 9권, pp. 43-50 참조)[66]

E. 루소

루소와 관련해 역사에 대해 말하는 것[67]은 하나의 역설과 마주하는 일이다. 루소는 볼테르처럼 루이 14세 시대의 역사에 대해 쓰지 않았고 불랭빌리에처럼 고대 프랑스의 제도사에 관해 쓰지도 않았다. 하지만 우리는 18세기 전체를 지배했고, 역사에 대해 그 시대에 속한 가장 심오한 고찰을 제공한 책은 『인간 불평등 기원론』이라는 것을 알고 있다.

---

66 알튀세르가 언급한 문헌은 여기에서도 역시 『독일 이데올로기』다. 이 책은 다음 판본에 속해 있다. Karl Marx, *Œuvres philosophiques*, édition Costes.

67 이하의 분석은 "93-2", "93-3"이라고 손으로 쓴 숫자가 붙은 두 페이지의 타이핑 원고와 상응한다. 이 원고들이, 이 책 다음 부분에 수록되어 있고 원래는 98페이지부터 숫자가 붙어 있는 헤겔에 관한 원고와 같은 모음에 속해 있을 것 같지는 않다. 수강생 노트에는 루소의 원고에 해당하는 내용이 없다. 만약 이런 부재가 루소에 관한 이 원고가 강의되지 않았다는 사실에 대한 증거가 아니라면, 이 타이핑 원고가 18세기 역사철학에 관한 또 다른 강의(아니면 강연)를 위한 원고일 가능성도 배제될 수 없다.

"오 인간이여, 그대가 어느 나라 사람이고 어떤 견해를 가지고 있든 내 말을 잘 들어 보라. 여기 그대의 역사가 있다. …"[68]

『인간 불평등 기원론』에서 문제가 되는 것은 역사일 것이다. 그런데 어떤 역사인가?

"그러므로 우선 이 모든 사실들을 고려 대상에서 제외하도록 하자. 왜냐하면 그것은 우리가 다루고자 하는 문제와 조금도 관련이 없기 때문이다."[69]

인간 종의 문명의 진보와 인간 종의 타락에 관한 역사. 왕도 없고 사람 이름도 도시 이름도 나오지 않는 역사, 요컨대 시간의 연속에 따라 인간의 기질constitution에서 일어난 변화를 서술하는 개념적인 역사다.

하지만 이 개념적 역사에는 이야기는 극히 빈곤하지만, 개념들은 풍요롭다. 이 역사는 추상의 질서 속에서 전개되는 것처럼 보이지만, 사회, 도덕, 정치의 현실적 내용과 직접 관련되어 있다. 어떻게 이것이 인식될 수 있는가? 방법은 한 가지뿐이다. 곧 이는 루소가 이상적인 발생에 관한 역사에서 사용하는 개념들이 새로운 범주들 아래 현

---

68 *Discours sur l'origine et les fondements de l'inégalité*, in *Œuvres complètes*, Gallimard, "Bibliothèque de la Pléiade", t. III, p. 133; 『인간 불평등 기원론』, 주경복·고봉만 옮김, 책세상, 2003, 48쪽. 알튀세르는 이 강의록에서 『인간 불평등 기원론』을 때로는 장 루이 르세르클Jean-Louis Lecercle의 판본(Éditions sociales)에서 인용하기도 하고 때로는 가르니에 출판사 판본에서 인용하기도 한다. 1965년에 이루어진 정치철학에 관한 강의에서는 본 Vaughan의 판본에서 인용하고 있다. 일관성을 위해 우리는 특별히 언급된 경우가 아니라면 계속 플레이아드 총서 전집본을 사용할 것이다.

69 Ibid., p. 132; 47쪽.

실 역사의 전개 과정 자체를 사유할 수 있게 해주는 새로운 개념들이기 때문이다.

사람들이 다른 학문 분야에서 추상의 역할을 떠올리는 것처럼, 외관상으로는 현실 역사와 멀어 보이지만 사실은 그것과 아주 가까운, 이 추상 개념들의 역할을 생각해 봐야 한다. 가령 외관상으로는 순수 추상 영역에서 만들어진 것 같은 수학 개념들은 물리학의 구체적인 문제들에 관한 열쇠를 제공해 주는데, 이는 수학 개념들이 이 문제들을 새로운 관점에서 사고하고 해결할 수 있게 해주기 때문이다.

루소의 경우에도 사정은 마찬가지다. 그의 개념적 역사는 역사에 대한 새로운, 그리고 무한하게 더 심원한 이해를 산출하게 해주는 혁명적인 개념들을 (적어도 맹아적으로) 포함하고 있다.

이 비교를 계속해 본다면, 나는 더 나아가 다음과 같은 점을 덧붙여 두고 싶다. 곧 가장 추상적인 수학 문제들, 가장 추상적인 수학 개념들이 물리학의 구체적인 문제들(수학의 문제들과 개념들을 지배하고 그것들을 멀리서 조건 짓는)에 대한 순수하고 추상적인 답변에 불과한 것처럼, 역사에 대한 루소의 추상 개념들은 구체적인 역사적 문제들에 대한 효과에 불과하며, 이 동일한 문제들에 대한 답변일 뿐이다.

이것은 어떤 문제들인가? 이 문제들에 답변하는 추상 개념들의 의미를 이해하기 위해서는 잠시 루소가 당대에 처해 있던 상황을 검토해 봐야 한다. 이런 상황은 분명 새로운 상황이며, 어느 정도는 혁명적인 상황이다.

여기까지[70] 나는 18세기의 두 가지 사회집단을 고찰해 봤다.

① 중세-자유주의 정파(몽테스키외는 이 정파의 이데올로기적 대표자 중 한 사람이다.)

② "부르주아" 정파 및 그 이데올로기적 대표자들, 그들 사이 에 중요한 차이를 지니고 있는 발흥하는 부르주아의 철학자들

(백과전서파)

하지만 18세기의 두 가지 주요 계급을 대표하는, 이 두 개의 지식 인, 이데올로그 집단은 **두 개의 적대적인 소유자 계급**, 곧 봉건 계급과 부르주아계급을 대표한다.

그런데 고대 그리스에서 지주들에 맞선 상인들과 광산 및 작업장 소유자들의 정치적·이데올로기적(및 철학적) 투쟁이 노예에 대한 은밀 한 착취의 기반 위에서 무대 전면에서 이루어졌던 것처럼, 18세기에 는 봉건 계급과 부르주아계급 사이의 투쟁이 **다수의 인민 대중에 대한 경제적 착취**의 기반 위에서 이루어진다.

이 대중(농민, 수공업자)은 18세기 중반부터 이중의 착취를 당하게 된다.

① 한편으로, 봉건적 착취(경제적·인격적 착취에 점점 더 무거워지는 세금이 추가)

---

70 문서보관소에는 앞에 나오는 분석들과 구별되어 보관돼 있는 알튀세르의 타이핑 원고는 여기에서부터 수강생들의 노트와 아주 가까운 내용을 담고 있다. 이것은 틀림없 이 그가 강의를 하면서 눈앞에 펼쳐 두었던 원고로 보인다.

② 다른 한편으로, **신흥 자본주의적 착취**(임노동). 농업자본의
발전은 다수의 소착취자들을 농업 노동자로 변화시킨다. 매뉴
팩처의 발전은 수공업적 생산 구조를 심각하게 손상시키고 장
인들 및 직인들을 몰락시킨다.

이 프티부르주아, 하층민, 농민, 수공업자 대중, **근본적으로는 평
민적인**plébéienne 이 대중은 18세기의 새로운 전반적 상황 속에서 마블
리, 모렐리Étienne-Gabriel Morelly♦ 등 및 루소에게서 그들에게 가까운 이
론적 옹호자들, 그들의 비참을 정치적 활용 수단으로 삼으려고 하지
않았던 사람들을 발견했다. 루소 자신이 평범한 집안 출신으로, 영락
한 수공업자의 아들이었으며, 그는 생애 내내 경제적으로 "독립적
인", 따라서 자유로운 수공업자, 소농에 대한 향수, 그들의 행복이라
는 신화에 사로잡혀 있었다.

이런 여건들은 루소를 18세기 이데올로기에서 아주 특수한 상황
에 위치시켰다.

① 한편으로, 루소는 계몽주의 철학에 속해 있었다. 루소는 합
리주의자였지 결코 "낭만주의자"가 아니었다(*cf.* 루소의 합리주의
에 관한 로베르 드라테의 박사 학위논문).[71] 루소는 **합리주의적이고 공
리주의적인 이데올로기의 주요 주제**를 받아들이고 옹호했다.

♦ 18세기 프랑스의 유토피아 사상가이자 작가로 『인간정신론』*Essai sur l'esprit hu-
main*(1743), 『자연의 법전 또는 진정한 법의 정신에 대하여』*Code de la nature, ou de véri-
table esprit de ses lois*(1755) 등을 남겼다.

71 Robert Derathé, *Le Rationalisme de Jean-Jacques Rousseau*, PUF, 1948.

그는 기본적으로 계몽주의 철학의 개념들 속에서 사유했다.

② 하지만 다른 한편으로, 그는 계몽주의 철학에 대해 그 이데올로기 내부에서 **비판적 입장**을 취하고 있었다. 그는 계몽주의 철학 **내부 자체에서** 계몽주의의 이데올로기에 맞서는 철학자였다. 그는 **내부의 적**이었다.[72] 그가 볼테르, 디드로, 흄, 홀바흐 등과, 요컨대 백과전서파 및 "철학자들"과 빚은 개인적 갈등은 단순히 심리학적인 것이 아니라 이론적 바탕에서 비롯한 것이다. 이런 비판적 입장의 근거는 그의 이론적 영감의 새로운 기원 속에, 곧 그의 관점 및 그의 옹호가 지닌 평민적 성격에 놓여 있었다.

루소의 분석과 관점의 새로운 깊이를 이해할 수 있게 해주는 것이 바로 이 점이다. 18세기 합리주의 철학의 모든 성과에 대해 루소는 비판적 깊이를 더해 준다. 그는 말하기를 **"나는 뿌리까지 파고들어 가야 한다고 믿었다."◆** 이는 "근본적이라는 것은 사물의 뿌리까지 파헤치는 것을 뜻한다"라는 마르크스의 말을 선취하고 있다. 사실 루소가 **문제 삼지 않은 채로** 그대로 받아들인 계몽주의의 개념들은 존재하지 않으며, 루소는 이 개념들을 비판한 이후에 새로운 관점 속에 배치시켰다(cf. **이익, 이성, 철학** 등에 대한 그의 비판).

---

72 수강생 노트에는 "안쪽의 적"ennemi du dedans이라고 적혀 있다.

◆ *Discours sur l'origine et les fondements de l'inégalité*, in Op. cit., p. 160; 『인간 불평등 기원론』, 89쪽.

역사관과 관련해서는 다음과 같은 논점들을 분명하게 제시해 볼 수 있다.

① 루소는 역사를 하나의 **과정**으로, 내재적 필연성의 효과이자 발현으로 인식한다. 그리고 이 점에서 그는 계몽주의의 맥락 속에 머물러 있다. 하지만 루소에게 이 과정은 계몽주의자들에게서 볼 수 있는 **선형적인 연속적 발전**이 아니라, **결절을 지닌 변증법적 과정**이다. 루소와 계몽주의 철학을 대립시키는 가장 분명한 특징은 루소가 인간 역사의 전개를 조화로운 것으로 인식하지 않는다는 점이다. 철학자들에게는 문명의 진보 및 행복의 진보가 존재한다. 루소에게 이런 전개는 **그 자체로 이율배반적**이다. 문명의 발전은 사회의 손실을 낳는다. 역사는 "**인간 종을 손상시킴으로써 인간의 이성을 완전화**"(p. 162; 92-93쪽)했다.[73]

② 역사는 항상 인간의 전개, 인간 본성의 전개와 관련되어 있지만, 역사의 주체는 더 이상 개인이 아니며, 역사의 소재는 인간의 능력이 아니다. 역사의 주체는 인간 종이며("오 인간이여, 여기 그대의 역사가 있다. … 나는 앞으로 … 그대들 종의 삶을 서술해 보고자 한다."[48쪽]), 역사 전개의 산물은 정신의 진보와 종의 퇴락 사이의 모순이다.

---

73 "이제 나는 인간 종을 손상시킴으로써 인간의 이성을 완전화하고 인간을 사교적으로 만듦으로써 사악하게 하며 마침내는 인간과 세계를 까마득한 출발점에서 현재 우리가 보고 있는 지점까지 끌고 올 수 있었던 여러 가지 우연을 검토하고 비교해 보려 한다." Ibid., p. 162

③ 변증법에 대한 이런 새로운 관점은 **인간 본성이 실질적 변형을 겪는다는 것**을 함축한다.

- "사람들을 구별하는 차이의 최초 기원을 인간의 기질의 연속적인 변화 속에서 찾아야 한다. …"(p. 123; 34쪽)
- "시대와 사물이 지금까지 계속되어 오면서 인류의 원래 기질 속에서 초래했을 모든 변화"(p. 122; 33쪽)
- 그리고 특히 "시대에 따라 인간들도 서로 다르므로, 독자들은 디오게네스가 인간을 한 사람도 찾아내지 못했다고 말한 이유가 그가 더 이상 존재하지 않는 시대의 인간을 동시대인들에게서 찾았던 데 있음을 느낄 것이다."(p. 192; 137쪽)

이로부터 인간 본성이라는 통념에 대한 비판이라는 주제가 나온다. "인간이 현재 지니고 있는 본성 가운데 타고난 것과 인위적인 것을 구별하는 것은 … 결코 쉬운 일이 아니다."[74]

루소에 따르면, 철학자들과 법학자들이 자연법이나 자연 상태에 대해 말할 때 그들은 현재의 습속과 제도를 과거 속으로 투사하는 데 불과하다. *cf.* 자연 상태에 대해서는 다음 대목 참조. "그들 모두 욕구, 탐욕, 억압, 욕망, 오만 등에 대해 끊임없이 논하기는 했으나, 그것은 자기들이 사회에서 얻은 관념을 자연 상태 속에 옮겨 놓는 데 불과했다."(p. 132; 47쪽).

---

74   Ibid., p. 123; 35쪽.

우리는 루소에서 고전적인 의미의 역사철학에 대한 일체의 비판의 맹아를 발견할 수 있는데, 그는 이런 비판을 통해 사람들이 역사를 판단하는 원리를 역사 자체로(곧 현재로) 되돌려 보낸다(그럼에도 불구하고 루소 자신은 자연 상태라는 개념을 똑같이 사용하면서 동일한 판단을 실행한다).

④ 만약 역사가 인간 직능들의 전개 및 인간 본성의 발현의 수준에서 작용하지 않는다면, 이는 역사가 더 심층적인 차원에서 작용하기 때문이다. 루소는 아마도 역사의 전개, 사회의 전개를 그 물질적 조건들과 변증법적으로 연결돼 있는 전개로서 체계적으로 인식한 최초의 철학자일 것이다.

루소에게 인간과 인간관계의 전개는 인간과 자연 관계의 전개에 의해 조건 지어져 있다(cf. 숲과 숲의 종말, 노예제 → 부자와 빈자 → 주인과 노예 → 국가).

⑤ 이런 조건을 고려해 볼 때, 루소 사상에 계몽주의 이데올로기 전체를 요약하는 테제, 곧 지성의 개혁이라는 테제에 대한 비판이 퍼져 있는 것은 놀라운 일이 아니다.

만약 사회적 전개의 동력이 영원한 이성이 자기 자신을 의식하는 것이 아니라면, 만약 역사의 변증법이 더 이상 오류와 진리 사이에서 작용하지 않는다면, 만약 종의 진보를 지휘하는 것이 물질적 필요라면, 오직 **이성의 승리** 속에서만 개혁이 이루어지기를 희망하는 것은 더 이상 가능하지 않다.

cf. 『인간 불평등 기원론』의 다음 대목. "이들 학자들≪자연법 법학자들≫의 모든 정의는 … 다음과 같은 점에서만 일치하고 있다. 곧 대단한 이론가나 형이상학자가 아니고서는 자연의 법을 이해할 수도 따를 수도 없다는 것이다. 이는 정확히 말하자면, 인간이 사회를 건설하기 위해서는 **사회 자체 내에서도 매우 적은 수의 사람만이 극히 많은 노력을 기울일 경우에만 얻을 수 있는 계몽의 지혜lumières를 사용해야 한다는 뜻이다.**"(Ibid., p. 125; 37쪽)[강조는 알튀세르].

사실 루소에게 이성 자체는 사회적 전개의 산물이다. 따라서 인간 안에는 "이성에 선행하는 원리들"(p. 126; 38쪽)이 존재한다. 지성 개혁에 대한 이런 비판은 철학자들(백과전서파들) 및 철학에 대한 그의 격렬한 비판을, 그리고 역사의 한 산물에 불과한 이성을 역사의 동력이자 원리로서 역사의 시초에 위치시킨 사회 이론가들 및 법 이론가들의 원환들(cf. 마찬가지로 언어의 원환)에 대한 그의 격렬한 비판을 설명해준다.

철학 비판. "자존심을 낳는 것은 이성이며, 그것을 더욱 강하게 만드는 것은 반성이다. 이 반성에 의해 인간은 자기 자신을 돌아보고 자기를 방해하고 괴롭히는 모든 것에서 벗어난다. 인간을 고립시키는 것은 철학이다."(p. 156; 83쪽)

"이런 방식으로≪그런 원환들을 거부하는 루소의 방식≫ 우리는 철학자를 인간으로 만들기 전에 인간을 철학자로 만들 필요가 전혀 없다."(p. 126; 39쪽)

이런 관점에서 우리는 자주 오해되곤 하는 『학문예술론』에 대해 좀 더 심층적인 의미를 부여할 수 있다. 학문과 예술이 "습속을 정화하지" 못했다는 점을 보여 준 루소는 계속해서 극단적 논증을 통해 계몽주의의 기본 테제, 곧 역사의 동력으로서의 이성이라는 테제를 논박하는 것이다.

물론 계몽주의의 주제들에 대한 이런 비판의 심화는 다음과 같이 그 한계에 이르게 된다.

① 루소가 계몽주의의 주제들 자체 속에서 사유하고 있다는 사실. 그리고 그의 비판의 형태는 자주 그가 비판하는 테제들의 부정적인 대응물에 불과하다는 사실. 사례-문명에 대한 급진적 비판

② 루소의 유토피아. 곧 그의 비판을 고무하는 은밀한 적극적 주제, 그의 철학적 전제들. 이로부터 이 철학자의 역설이 나오는데, 그는 18세기에 가장 유물론적이고 가장 변증법적인 인간 역사의 이론을 인식했지만, 이는 결국 『사회계약론』의 도덕적 관념론[이상주의]으로 종결되고 만 것이다.

하지만 이런 이론적 한계들은 루소가 대표하는 사회적 계층의 역사적 한계들에 불과하다. 이는 자코뱅과 로베스피에르의 행위의 한계가 될 것이다.[75]

---

[75] 루소에 대한 알튀세르의 타이핑 원고는 여기에서 중단된다. 이 장의 나머지 부분은 수강생의 노트에 따라 편집된 것이다.

1. 자연 상태에서

루소는 자연 상태 안에 자신이 옹호하는 것들을 구현시키고 있다.

　　- 자유롭고

　　- 평등하고

　　- 선량한

　　인간

이 세 가지 원리의 조건은 무엇인가? 두 가지 조건

　　① 인간과 자연의 관계

　　　　- 직접적

　　　　- 단순한

　　　　- 장애물 없는

　　② 인간들 사이의 관계의 부재

(1) 인간은 자연 속에서 자기 집에 있는 것처럼chez lui(bei sich) **존재한다**

　루소는 자연 안의 인간을 적대적 환경 속에 있는 것처럼 제시하는 모든 사상 전통에 맞선다(*cf.* 프로타고라스의 신화. 자연 속의 인간은 동물들과 달리 벌거벗은 채로 존재한다).

　인간은 하나의 동물이며 심지어 동물성 이하의 수준에 있지만, 가장 이롭게 조직되어 있다. 곧 그는 손 등이 있지만, 특별한 본능을 갖고 있지는 않다. → 그는 [동물이 지닌-옮긴이] 모든 본능을 자기 것으로 전유한다. *cf.* 포이어바흐.[76] 인간의 생리학적 보편성, 왜냐하면 그는 잡식성이기 때문에.

이런 종차種差의 의미는 무엇인가?

　－ 인간은 자연에서 가장 독립적이다. 그는 어떤 종류의 먹이 등에도 묶여 있지 않다.

　－ 완전화 가능성.

자신의 신체와의 관계

　ⓐ 자신의 신체 바깥의 어떠한 물리적 도움도 필요로 하지 않음. 자연적 인간은 "항상 자기 자신을 고스란히 지니고 다닌다"[같은 책, 53쪽]. 자연의 공모는 이런 **자족성**을 더 강화한다. 그 상황에 의해 자신의 직능들을 발전시키도록 강요된 것이다. 이는 자연선택에 의해 한층 더 강화된다.

　ⓑ 질병의 문제. 플라톤의 비판적 수용. 곧 질병=사회제도[56쪽] 같은 곳[55쪽]. [자연 상태의 미개인들은-옮긴이] 죽음은 존재하지 않는데, 왜냐하면 누구도 죽음을 알아차리지 못하기 때문이다.

　－ 죽은 이의 친지들도 알아차리지 못하는데, 왜냐하면 그에게는 친지가 없기 때문이다.

　－ 죽은 이 자신도.

　→ "동물은 결코 죽는다는 것이 무엇인지 알지 못할 것이다."[77] 왜

76　알튀세르는 포이어바흐의 몇몇 텍스트들을 번역해 다음과 같은 제목의 선집을 냈다는 사실을 상기하자. *Manifestes philosophiques*, PUF, 1960.

냐하면 죽음의 감각은 자연 상태에서는 존재하지 않는 예견이라는 것을 전제하기 때문이다.

→ 따라서 인간의 신체=그의 자유의 신체

외부 환경과의 관계

직접적 욕구와 매개적 욕구라는 두 종류의 욕구가 존재한다. 인간은 그의 직접적 욕구들로 환원된다. 아무런 매개 없는(사상도 허구적 욕구도 과도한 욕망도 없는) 자연과의 관계.

유일한 욕구=먹을 것, 암컷, 휴식. 먹을 것에 대한 욕구에 대해 자연은 풍요로움으로 직접 응답한다. 손을 뻗치기만 하면 되는 것이다(항상 봄이거나 여름).

숲은 과일과 동시에 피신처를 제공해 준다. 어떤 대가도 필요 없다. 노동할 필요도 없다. 야생 짐승들이 장애물인가? 아니다. 인간은 곧바로 나무 위로 올라가 그것들을 피하는 법을 배운다. 다른 한편, 짐승들은 인간에게 해를 입히려고 하지 않는데, 왜냐하면 다감한 본성을 지니고 있기 때문이다.

→ 거리가 없는 직접적인 조화 → 문제가 없음 → 반성의 필요가 없음. 모든 것은 선반성적인 수준에서 해결된다. "명상하는 인간은 타락한 동물이다."

같은 곳. 미래에 대한 감각이 없는데, 왜냐하면 욕구는 직접적으

---

77 Ibid., p. 143; 64쪽.

로 충족되기 때문이다(카리브인과 그의 이불).[78]

→ 인간의 본성과 진실은, 잠이다! *cf.* 헤겔. 잠=자연의 자기 자신과의 일치.[79]

→ 자연적 인간의 자유=자신의 환경과 일치하는 자연적 인간의 실존. 그의 모든 존재는 자연에 의해 자유롭게 산출되고 유지된다. 자연의 관대함 → 인간과 자연 사이에 아무런 모순도 존재하지 않는 한에서 인간의 독립성을 허용. 인간은 모든 것을 받지만 아무것도 주지 않는다. 인간을 통해 전개되는 자연의 순환성. 투명한 관계. 나중에 사회계약이 될 것이 미리 모습을 드러냄. 곧 인간과 그의 환경 사이의 일반적 일치에 대한 옹호. 자연은 이미 일반의지의 역할을 수행하고 있다.

이 자연은 무엇인가? 자연을 고찰하는 두 가지 방식.
- 물질적 현실.
- 이상성의 지주로 사용되는 상징적 현실.

---

78 "오늘날에도 카리브 사람의 선견지명이란 여전히 이 정도다. 그는 밤에 필요하리라는 생각을 못하고 아침에 자기 솜이불을 팔아 버리고, 저녁이 되면 눈물을 글썽거리며 그 이불을 다시 사들인다." Ibid., p. 144; 65쪽.

79 가령 다음 대목 참조. "동물은 잠에서 보편적 자연과의 동일성 속으로 빠져든다." *Encyclopédie. Philosophie de la nature*, Paris, Vrin, 2004, p. 642. 또한 다음 대목(p. 671)도 참조. "잠에는 욕구나 결핍에 대한 감각이 선행하지 않는다. 잠들기 위한 활동을 수행하지 않고서도 잠에 빠져들 수 있다. … 유기체가 자연의 이런 생활에 일치하게 살아갈수록 유기체는 더 낮은 수준에 위치하게 된다."

ⓐ 인간들의 문제의 본성은 자연과 심원하게 연결돼 있다. 역사적 문제들은 그 자체로 자연 과정에 의해 산출된다. 모든 인간 역사는 자연 안에서 일어난다. → 인간 역사의 물질적 발생. 자연이 더 이상 인간의 욕구에 대해 직접적으로 반응하지 않을 때에도 사람은 자연에서 벗어나지 않는다. 이제 분할된 자연과 관계하게 된다. 적응을 위한 새로운 자연적 행동=추상, 반성, 예술, 사회. 변증법은 자연 내부에서 작동한다. 이성과 사회= 자연이 자기 자신과의 조화를 생산하는 새로운 생산양식.

ⓑ 하지만 다른 관점도 가능하다. 자연 상태에 대한 이런 서술은 이상적 기능을 갖고 있다. 현실적 자연이 아닌 이상성의 지주. 정신적 능력으로서 자유에 대한 소유와 연결돼 있는 인간의 종별성.

그리하여 두 가지 사유 수준이 존재

　　　　- 물질적 관점에서 서술된 내용

　　　　- 이 내용의 진리=영혼의 정신적 자유

이상적 진리에 좌우되는 물질적 서술

(2) 인간들 사이의 관계의 부재

이런 고립의 토대=인간은 인간을 필요로 하지 않는데, 왜냐하면 자연이 그의 욕구를 충족시켜 주기 때문이다. 심지어 간접적인 필요도 존재하지 않는다. 인간은 자신의 욕구를 충족시키는 데서도 인간을 필요로 하지 않는다(『국가』의 플라톤에 대한 반대). 인간과 자연의 관계

=인간과 인간의 비관계의 조건.

거대한 숲. 이 속에서 인간은 다른 인간을 만나지 않을 수 있다. 자연의 관대함과 방대함.

→ 인간들 사이의 경쟁도 연합도 존재하지 않음. 이는 홉스의 전쟁 상태라는 것을 부조리하게 만듦.

ⓐ 인간들이 서로 만난다 해도, 그들은 평화롭게 남아 있다. 사람들은 악의적이지 않은데, 왜냐하면 악의는 사회를 상정하는 도덕적 판단을 함축하기 때문이다.

ⓑ 전쟁 상태는 지속적인 사회적 관계를 상정한다.

→ 하지만 **인간이 선하다고도 할 수는 없다.** 도덕 이전의 상태. 인간은 아직 특정한 성질을 지니고 있지 않은, 그대로의 상태로 존재한다. 선함 이전의 선함(*cf.* 보몽에게 보내는 편지)[80]

반성된 선함은 인간들이 사회 속에서 묶이게 될 때 출현하게 될 것이다.

마지막으로 사회적 관계와 연결돼 있는 세 번째 선함이 존재하는데, 루소는 이것이 도래하게 되기를 바랐다.

→ **최강자의 통치도, 지배도, 예속도 존재하지 않는.** 인간이 노예를 가질 수는 있겠지만, 그가 잠이 들었을 때 노예는 숲속으로 달아날

---

80 "Lettre à Christophe de Beaumont, publiée en mars 1763", in *Œuvres complètes*, Gallimard, "Bibliothèque de la Pléiade", t. IV, pp. 925-1007; 보몽에게 보내는 편지, 『보몽에게 보내는 편지; 도덕에 관한 편지; 프랑키에르에게 보내는 편지』, 김중현 옮김, 책세상, 2014, 13-152쪽.

수 있다.

→ 인정과 위신 관계도 존재하지 않는. 이런 관계는 사회 속에서만 출현한다. 자연 속의 인간은 시선을 받지 않으며, 그는 목격자를 갖고 있지 않다.

→ 그리하여 사람들은 평등한데, 왜냐하면 그들은 관계를 맺지 않고 있기 때문이다. **우연적인 성적 관계.**

그리하여:

ⓐ 인간과 인간 사이의 영속적인 관계의 부재.

ⓑ 하지만 인간 안에는 미래의 사회성의 맹아가 존재한다. 곧 연민.

2. 사회 상태의 발생

- 자연에서 인간은 그 자신 안에서 살아간다.
- 사회 상태에서 인간은 그 자신 바깥에서 살아간다.

인간/자연의 조화는, 만약 일련의 "우연들"이 일어나지 않았다면, 무한정 지속되었을 것이다.

자연 상태의 마지막 지점과 사회의 창설 지점=소유의 설립. "최초의 인간 …"⁸¹ 문명사회가 생겨나기 위해서는 다음과 같은 것이 필요하다.

– 소유의 사실.

– 소유의 관념.

이 관념은 어디에서 나오는가? 단번에 형성된 것이 아니라, 역사적 전개—이는 필연적인 전개다—의 산물이다. 소유와 그 관념은 인간 역사 전개의 필연적 결과다.

하지만 이 **필연적** 전개는 일련의 **우연들**에 의해 산출된다.[82] 이 역설을 어떻게 해소할 것인가? 세 가지 계기.

① 자연 상태에서 세계의 청춘기로.

② 세계의 청춘기에서 전쟁 상태로.

③ 전쟁 상태에서 정치사회로.

(1) 인간/자연의 분할

인간의 필요에 못 미치는 자연의 선물. 자연은 장애물이 되었으며, 인간은 어려움들에 직면한다.

– 높은 나무들

---

81 "어떤 땅에 울타리를 두르고 '이 땅은 내 것이다'라고 말하리라 생각하고 다른 사람들이 그런 말을 믿을 만큼 단순하다는 사실을 발견한 최초의 인간이 문명사회의 실질적 창설자다." *Discours sur l'origine et les fondements de l'inégalité*, in Op. cit., p. 164; 『인간 불평등 기원론』, 95쪽.

82 1982년에 알튀세르는 이와 아주 가까운 분석을 「마주침의 유물론의 은밀한 흐름」에서 제시하게 될 것이다. "Le courant souterrain du matérialisme de la rencontre", in *Écrits philosophiques et politiques*, tome 1, Stock/IMEC, 1994; 「마주침의 유물론의 은밀한 흐름」, 『철학과 맑스주의』, 서관모·백승욱 옮김, 새길, 1996.

- 동물들과의 경쟁

- 인간들 사이의 경쟁

- 인류의 확장

- 겨울의 출현

인간/자연 관계는 근본적으로 변형된다. 곧 이 관계는 불일치하고 모순적인 관계가 된다. 이 모순은 항상 자연적 모순이며 자연 과정의 산물이다.

"우연의 산물"은 무엇을 뜻하는가? *cf.* 루소가 인식하는 이상적 자연. 어떻게 자연이 변화하는지 설명하기 위해 우연을 원용하도록 강제됨. [우연은-옮긴이] 이런 이상적 자연에 외재적인 원인들. 자연적이고 필연적인 과정이지만, 이상적 자연에 외재적이며, 이상적 자연과 같은 지반에 놓여 있지도 않음. 우연: 루소에게서 자연의 이중적인 의미, 동시에 [물질적이고 이상적인][83] 이상적인. 인간적 자연[본성]의 이상에 대한 물질성의 거리를 나타내는 개념.

→ 인간-자연의 새로운 물질적 관계. 인간-자연의 분할은 인간이 자신의 삶을 자연에서 떼어 내도록 강제하는데, 이는 선택에 의한 것이 아니라 생존을 위해 필수적인 것이다. 필요성nécessité(라틴어의 의미에서=필요besoin) 속에서 자유의 몰락.

이런 거리를 매우기 위해서는 다음과 같은 일련의 매개물 전체가 필요.

- 신체는 인간-자연의 직접적 통일체이기를 중단

---

83 원고에서는 거의 해독하기 어려운 대목.

→ 인간이 보유하고 있는 최초의 매개가 됨

   - 자연적 대상들은 의미가 변화해, 자연에 대한 행위 수단들
   이 됨. 무기가 된 돌.

인간에 의해 그 직접성에서 분리된 필요는 인간이 자연을 지배하기 위한 수단이 된다.

   → **이성과 반성의 탄생**. 인간의 새로운 실천에 의해 필요해진 몇몇 비교에 대한 지각으로 인해 "부지불식간에" 생김. "반사적인 조심성."◆ 이런 반성은 필요 및 그의 만족의 비직접성에 의해 산출된다. 매개적인 항들은 반성의 대상이 된다. (*cf.* 헤겔: 개념=포착하게, 우회하게 해주는 것)◆◆

이로부터 이성과 실천적 활동 사이의 상호 발생이 이루어진다. 순환적이고 변증법적인 과정. 활동 → 반성 → 새로운 실천적 진보 등.

   → **자기의식의 출현**. 인간은 자연과 짐승들을 지배하고 그는 자신이 이것들을 지배한다는 것을 깨닫는다. → 인간이 자기 자신에 대해

◆　해당 대목은 다음과 같다. "이와 같이 다양한 것들을 자기 자신에게 또는 인간 상호 간에 되풀이해 적용한 결과, 인간의 정신 속에는 자연스럽게 어떤 종류의 관계에 대한 지각이 생겨났다. 크다, 작다, 강하다, 약하다, 빠르다, 느리다, 소심하다, 대담하다 따위의 낱말이나 부지불식간에 필요에 따라 비교되는 개념에 의해 우리가 표현하는 관계는 마침내 그의 마음속에 어떤 반성, 아니 더 정확히 말하면 그의 안전에 가장 필요한 경각심을 가르쳐 준 반사적인 조심성을 낳았다." *Discours sur l'origine et les fondements de l'inégalité*, in Op. cit., p. 165; 『인간 불평등 기원론』, 97쪽.

◆◆　독일어에서 개념을 뜻하는 Begriff는 "붙잡다", "쥐다"를 뜻하는 greifen이라는 동사를 어근으로 한다.

보내는 최초의 시선은 오만함의 동작이다.

→ 타인에 대한 의식은 그가 자신과 유사한 이들에 대해 실행하는 [물질적] 비교들로부터 생겨난다. 여기에서 타인은 애매한 형태 아래 나타난다.

　　- 자연적 존재.

　　- 하지만 그를 바라보는 주체와 같은 목적물을 쫓고 있음.

　　→ 경쟁자임과 동시에 협력자가 될 수 있음. 타인은 내가 그에게 나 자신을 매개물로 제공해 주는 경우에만 나의 만족을 위한 매개물이 될 수 있다.

→ 단속적이고 애매한 관계. 타인=어떤 필요를 충족하기 위한 매개물로 항상 사용할 수 있는 것은 아닌 자연적 존재. 인간은 아직 자신의 필요를 충족시키기 위해 타인에게 필연적으로 의존하지는 않는다.

따라서 인간들 사이의 관계는 그들이 이득을 얻는 한에서만 존재한다. 일시적인 필요가 지속되는 한에서만 연합이 지속된다(연합은 일시적인 필요를 충족하기 위해서 생겨난 것).

공동의 이익=특수한 이익들의 마주침. 특수한 이익들은 그 자체로, 당시까지 시간성을 특징짓고 있던 이런 순간성과 결부돼 있었다. 예측의 부재. 따라서 아직 특수 이익과 공동 이익 사이의 이율배반은 존재하지 않는데, 왜냐하면 아직 그 필연성이 존재하지 않기 때문이다. *cf.* 사슴과 토끼 사냥에 관한 대목.[84] 사람들은 필연성에 구애받지

84 　"가령 사슴을 잡으려고 할 경우 각자가 자신의 위치를 잘 지켜야 한다고 생각했지

않고 오직 특수 이익에만 매달려 있었다. 누군가가 계약에서 벗어날 기회를 갖게 된다면, 누구도 그를 방해하지 않는다. 공동의 이익이기는 하지만 아직까지는 우발적인 것인데, 왜냐하면 사람들은 아직까지 자신들의 특수 이익을 충족시키기 위해 계약을 경유해야 할 필요가 없기 때문이다. 아직은 인간의 어떤 자율성이 존재하는데, 왜냐하면 여전히 숲이 존재하기 때문이다.

→ 루소는 최초의 소유물, 곧 오두막에 도달하기 위해 수 세기를 건너뛴다. 최초의 점유자와 가장 강한 자 사이에는 갈등이 존재하지 않는다. 사람들은 오두막을 위해 다투지 않는다.

- 강자는 자신의 첫 번째 오두막을 짓는다.
- 약자는 강자를 그 오두막에서 쫓아내기보다는 다른 오두막을 짓는 쪽을 택한다.
- 강자에게는 두 번째 오두막이 필요 없다.

왜 약한 자들은 강자를 몰아내기 위해 서로 동맹을 맺지 않을까? 왜냐하면 숲이 존재하기 때문이다. → 나무들이 존재하므로 그들은 쉽게 오두막 한 채를 지을 수 있다. 숲과 약한 자 사이의 관계의 문제는 자연이 경제적 문제를 해결할 수 있을 만큼 충분히 넉넉한 만큼 아직 의미를 지니지 못한다. 인간들 사이의 관계는 아직 부차적인 것에 머

만, 만일 토끼 한 마리가 그들 중 어떤 한 사람의 손이 미치는 곳을 지나가기라도 하면 그는 조금의 망설임도 없이 토끼를 쫓아가 붙잡아 버렸다. 그 때문에 자기 동료가 사슴을 놓치게 된다는 사실은 분명히 아랑곳하지 않았으리라." op. cit., p. 166; 99쪽.

물러 있는데, 왜냐하면 인간-자연 사이에는 여전히 우호적인 관계가 존재하기 때문이다. 신화적인 숲이 사라지게 될 때 이 관계는 전면에 나타나게 될 것이다. 경제 활동은 아직 사회적 기능을 갖지 않는다.

→ 효과들의 연쇄

ⓐ **가족의 탄생**. 오두막의 탄생은 신화적 공간의 재구조화를 촉발한다. 사람들은 이제 공간 안에 고정된다.

→ "마음의 최초의 발달"[Ibid., p. 167; 101쪽]

→ 가족 내부에서 삶의 양식의 차이. 여성은 오두막 안에 머물러 있고 남성은 바깥으로 나간다.

ⓑ **언어**. 언어는 아마도 섬에서 생겨났을 것이다. 섬의 공간은 제한적이고 구조화되어 있다. 섬=고립이 아닌 사회적 삶의 상징(≠ 낭만주의)

ⓒ 종족들nations의 탄생. 상이한 가족들 간의 연결 → 동일한 삶의 유형에 의해 결합된 종족들

ⓓ 가치들의 탄생. 호혜적인 감정, 공손함, 사랑 → 사람들이 서로 만들어 내는 비교. 잘생김, 뛰어남 등 → 질투. "남들로부터 인정받는 것이 하나의 가치를 지니게 되었다."[Ibid., p. 169; 103쪽] 하지만 여기에서는 이런 평가가 아직 사심이 없는 것이고 진정으로 근거를 지닌 것이며, 살 수 있는 것이 아니다. 남들보다 더 노래를 잘 부르고 춤을 잘 추는 것을 높이 평가하게 되었다. → "저마다 남에게 주목을 받고 싶어 했다." → 최초의 도덕적 통념이 출현하지만, 또한 복수심의 통념들도 출현

하며, 이것들은 피해를 바로잡는 법의 부재를 보충한다.

이런 목가적 상태에서 "독립적인 교류"◆ 관계이면서 동시에 독립이라는 역설. 토대=경제적 독립. 각각의 노동은 개인 혼자서 할 수 있다.

이런 경제적 독립에 상호 인정, 감정의 추상적 보편성이 중첩되지만, 이런 추상적 보편성은 아직 사람들을 그들이 벗어날 수 없는 변증법 속에 관여시키지 않는다.

따라서 연결이 존재하지만, 아직 필연적인 것은 아니다. 사람들은 아직 자신들이 벗어날 수 없는 무자비한 경제적 필연성에 묶여 있지 않다.

이 안정된 상태에서 사람들은 "해로운 우연"[Ibid., p. 171; 105쪽]을 통해서만 벗어날 수 있다.

루소에게 이 상태는 이상적 상태다. 노동 분업 이전의 수공업적인 경제 상태로, 여기에 보편적이고 정당한 도덕적 관계가 중첩된다. 인간들의 관계는 아직 경제에 의존하지 않는다.

(2) "인간이 다른 사람의 도움을 필요로 하게 된 순간부터"[106쪽]

모든 악은 그곳으로부터, 경제적 독립의 종언, 노동 분업의 시작에서부터 생겨난다.

"종의 손상 … 과 개인의 완성"을 낳은 "거대하고 해로운 변혁."

◆ 원래의 해당 대목은 이렇다. "상호 간에 독립적인 상태에서 교류의 평온함…" 106쪽.

←85 "해로운 우연"=야금술과 농업의 발견. 이것들은 어떻게 발명되었나?

인간은 화산 폭발에서 금속이 융합되고 식물이 성장하는 것을 관찰했다.

하지만 [야금술과 농업의 발견은-옮긴이] 우연이다. 왜냐하면 세계의 청춘기 상태는 안정적인 상태였기 때문이다.

→ 어떻게 야금술과 농업은 인간들 사이의 관계를 변형하는가?

인간의 삶의 생산은 노동 분업의 한 효과다.

ⓐ 사람들은 서로 도와야 한다. 사람은 사람을 필요로 한다.

ⓑ 사람들은 자신들의 능력과 예상을 넘어서는 생산과정 속에 들어간다.

새로운 형식의 시간성. 야생인에게 시간은 순간적이고 직접적이었다. 시간은 필요의 구조에 따라 구조화된다.

- 직접적 필요 → 순간적 시간

- 매개된 필요 → 예측과 미래, 하지만 아직은 짧은.

- 노동 분업 → 사회적 시간, 계산된 행동, 긴 시간.

ⓒ 기술은 필요를 낳고 필요는 기술을 낳는다.

야금술과 농업 사이의 상호 인과성.

→ 그리하여 인간의 기본 조건이 변화된다. 사람들은 서로에

85 원고에 존재하는 표시.

대해 의존하게 된다. 개인적 필요가 늘어날수록 모든 필요는 상호적인 것이 된다.

하지만 루소는 항상 포괄적인global 사회학적 과정이란 존재하지 않으며, 개인들에게서 나타나는 재능-필요의 변증법이 존재한다는 생각을 반복한다. "만약 사람들의 재능이 동등했다면 … 사물들은 평등하게 그런 상태로 머물 수 있었을 것이다."[86] 따라서 루소는 사회학 이론을 발전시킨 이후에 여기에서 다시 심리주의로 다시 추락한다.

→ 소유propriété라는 통념의 애매성. 아직까지 진정한 소유가 되지 못한 점유possession.

따라서 루소가 서술했던 포괄적인 경제적 과정을 벗어나는 점유들이 존재할 수 있는데, 왜냐하면 아직까지 여전히 여기에서 벗어날 수 있는 가능성이 존재하기 때문이다. 토지의 점유는 아직 지배적인 경제 과정에 개입하지 않는데, 왜냐하면 사람들은 아직까지 이 과정에서 벗어나 있기 때문이다. 아직 숲이 존재한다. → 사람들 모두 점유할 만큼 충분한 땅이 있으며, 이런 점유가 사회적 결과를 발생시키지 않는다는 뜻. 점유는 아직 사회적 과정이 아니다. 경제적 독립의 물질적 토대는 여전히 존속하고 있으며, 노동 분업에서 벗어날 수 있게 해준다. 사람들은 항상 "자신의 정원을 가꿀"◆ 수 있는 것이다. 농

---

86 Ibid., p. 174; 109-10쪽[이 대목의 원래 내용은 다음과 같다. "만약 사람들의 재능이 동등하여, 이를테면 철의 사용과 식료품의 소비가 항상 정확한 균형을 이루고 있었다면, 사물들은 평등하게 그런 상태로 머물 수 있었을 것이다."-옮긴이].

◆ 이것은 볼테르의 철학 소설 『캉디드』에 나오는 표현이다. 『캉디드 혹은 낙관주의』,

부가 쟁기질을 하기 위해서는 사람들[쟁기를 만드는 사람, 곧 분업-옮긴이]
이 필요하지만, 숲을 개간하고 땅을 점유하기 위해서는 그럴 필요가
없다. 숲을 개간할 수 있게 해줌으로써 자연에 대해 2차적인 관대함
을 부여해 준 것은 바로 철이다.

그리하여 변증법이 존재하게 된다. 숲은 사람들의 독립을 위해 불
충분하게 됨 → 야금술 → 쟁기 덕분에 자연은 다시 상대적 독립성을
유지하는 토지가 된다. 자연은 다시 충분해진다.

하지만 다음과 같은 일이 벌어진다.

- 자연의 노예인 사람. 왜냐하면 노동해야 하기 때문이다.
- 자신과 유사한 이들의 노예가 된 사람. 도구를 점유하기 위해.

하지만 아직 자연은 사회적 과정 속에 통합되지 않았다.

- 간접적인 인간-자연 관계. 도구들.
- 하지만 또한 직접적인 관계. 각자가 토지를 발견할 수 있는
  만큼 충분한 땅

인간들 사이의 관계의 필연성은 아직은 부분적인 필연성이다. 강
한 의미의 사회는 인간이 자연과 맺고 있는 관계 전체가 필연적으로
인간적인 관계가 될 때에만 존재하게 될 것이다.

그러나 노예제의 출현. 노예제는 헤겔에서처럼 인정에 기초를 둔
게 아니라, 경제적 의존에 기초를 두고 있다. 사태는 사람들이 자신들
의 필요를 충족시키기 위해서는 불가피하게 사람들을 경유하도록 강

이봉지 옮김, 열린책들, 2009, 198, 200쪽.

제하는 한 가지 기본적인 현상, 곧 **땅의 종말, 숲의 종말**이라는 현상으로 인해 더 악화된다. 점유는 대지 전체를 뒤덮음으로써 종식된다. 더 이상 개간할 숲이 없어진다(*cf.* 칸트. 소유와 구형의 대지 사이의 관계♦). 새로운 점유는 더 이상 숲을 희생해 이루어질 수 없으며, 다른 점유를 희생해 이루어져야 한다. → 사람들이 벗어날 수 없는 새로운 인간관계의 확립 : 지배와 예속, 전쟁 관계. 이것들은 대지의 포화와 개인들의 경제적 독립 가능성의 소멸로 인해 생겨난 결과들이다. 이제 인간들 사이의 관계는 필연적인 것이 된다. 이제 인간은 새로운 요소 안에 존재하게 된다.

이런 상황에는 두 가지 출구가 있다.

  - 만인에 대한 만인의 전쟁
  - 사회계약

전쟁 상태

  - 예속과 지배
  - 투쟁

  ⓐ ← 대지의 포화
  ⓑ 재화의 점유를 둘러싼 빈자와 부자 사이의 투쟁. 축적의 변증법. 곧 부자는 더 잘 보호받기 위해 항상 더 많이 점유하기를 원한다.

♦ 임마누엘 칸트, 『윤리형이상학』, 백종현 옮김, 196쪽 이하를 참조할 것.

ⓒ 물리적 힘이 아니라 경제적 힘의 지배. 최강자의 권리가 아닌 최강자의 법칙. 따라서 이런 힘은 최초의 것이 아니라 경제적 관계들의 위기의 출구다. 인간들에게는 이것이 그들 자신의 모순에 대한 해법이다. 힘은 그 자체로, 그리고 선험적으로 사회적 의미를 갖지 않는다. 힘은 인간들 사이의 관계의 원인이 아니라 결과이며, 인간관계의 위기에 대한 해법이다. 인간이 전쟁 상태로 떨어지는 것은 오직 그들이 그렇게 되도록 강제되기 때문이다. → 홉스에 대한 반박. 이런 필연성은 더 이상 회피될 수 없을 것이며, 계약을 통해 승화될 수 있을 뿐이다. 인간과 인간의 연결은 불가피하다.

이 첫 번째 해법은 인류를 "그 몰락의 전야"로 몰아넣는다. → 두 번째 해법＝계약

(3) 인류는 이 비참한 상황에 대해 "반성한다"

홉스에게도 반성이 존재한다. 하지만 루소에게서는 몇몇 인간들만이 반성한다. 그들은 부자들이다. 왜냐하면 전쟁에서 부자는 빈자보다 잃을 게 더 많기 때문이다. 빈자는 목숨을 무릅쓰면 되지만, 부자는 재산도 무릅써야 한다. 그리고 부자는 다른 부자들에게도 위협받는다.

→ "자신을 공격하는 자들의 세력 자체를 자신에게 유리하게 사용하기"[114-15쪽]. 잘 계산된 계약의 효과를 통해 빈자들의 적대감을 자신을 위해 사용하기.

→ "그럴 듯한 이유들": 부자들은 특수 이익을 일반 이익처럼 제시하게 된다.

빈자들은 부자들에게 속아 넘어가는 것을 받아들인다. 이런 신비화의 결과＝계약. 인간들의 의지를 통해 이런 위기를 해결하려는 해법.

계약의 성격은?

인간들이 서로 의지해야 할 물질적 필연성에 의해 촉발. 위기에 대한 두 번째 해법. 인간의 의지는 물질적 필연성의 방향을 변화시키기 위해 개입하게 되지만, 이 의지 자체가 이런 필연성의 산물이다. 필연성은, 필연성의 위기를 해결해야 할 필연성에 의해 의지적인 것이 된다. 따라서 여기[『인간 불평등 기원론』-옮긴이]에서는 『사회계약론』에 나오는 이상적 내용이 나타나지 않는다. 그리고 계약의 퇴락이 존재하게 될 것이다. → 새로운 전쟁 상태. [계약은-옮긴이] 역사적 필연성의 변모에 종속되어 있다.

하지만 여기에서도 애매성이 나타난다.

ⓐ 형식적 이유에 따른 계약의 가치 : 비록 남용된다 하더라도 합의는 합의다. 이런 보편성은 그 자체로 하나의 가치를 지닌다.

ⓑ 하지만 계약의 내용은 계약의 순간 인간들 사이에 존재하는 규정된 관계에 의존한다. 따라서

 - 보편적 형식이면서 동시에

 - 기만적 형식이다.

→ 계약에 대한 두 가지 관점. 하나는 순수하게 형식적인 관점으로, 합의의 보편성에 대해 강조하는 관점. 다른 하나는 이 계약을 그

내용에 따라 판단함으로써 터무니없는 것으로 간주하는 관점. 따라서 이 계약의 내용은 무엇인가?

    ⓐ 소유는 변경 불가능한 권리가 된다. 점유는 소유가 된다. 소유의 진보.

        - 오두막의 점유

        - 땅의 점유, 하지만 숲이 존재.

        - 땅의 점유, 더 이상 숲이 존재하지 않음. → 전쟁.

        - 인정된 점유=소유

법은 항상 점유한 자들에게 유익하다. 민법의 내용은 부자와 빈자 사이의 투쟁에 따라 서술된다.

    ⓑ 공법의 내용도 마찬가지다. 국가는 시민사회의 존재에 후속하는, 이차적 제도다(≠헤겔). 민법만으로는 민법 자신이 존중받도록 하는 데 불충분하다. → 민법이 존중받게 만들기 위한 특별한 장치의 필요성. 따라서 국가는 소유에서 출발함으로써만 이해가 된다. 기능적 역할=시민사회에서 지배적인 이익들에 봉사하는. 그리하여

        - 시민사회에 후속하는 국가

        - 시민사회에 봉사하는 기능적 역할

→ 당대의 모든 국가 이론에 대한 반박.

『사회계약론』의 서두에 나오는 문제=어떻게 이 계약을 정당하게 만들 것인가?

따라서 루소는 다수의 흥미로운 개념들을 발전시켰다. 하지만 애매성이 존재. 두 개의 해석이 가능.

ⓐ 물질적 과정에 대해, 경제적 조건들이 수행하는 역할을 보여 주는 역사적 변증법에 대해 강조하는 해석

ⓑ 인간 본성의 이상적 성격에 대해, 이런 이상적 본성과 관련한 역사의 타락한 성격에 대해 강조하는 해석

→ 루소를 두 가지 방식으로 해석할 수 있다.

　　- 소외로서의 역사(헤겔)

　　- 역사에 대한 유물변증법적 관점(마르크스)

따라서 루소는 갈림길에 서있다.

3장

헤겔[1]

헤겔의 역사철학은 18세기 철학이 다듬어 낸 개념들의 체계이자 완성으로 제시될 수 있다.

다른 모든 영역에서처럼 역사철학 영역에서도 헤겔의 사상은 계몽주의 철학에 대한 반동(*cf.* 딜타이-놀Hermann Nohl-글로크너Hermann Glockner 등. 낭만주의자로서의 헤겔)이 아니라 그것의 **완성**이다. 그리하여 우리는 헤겔에서 다음과 같은 주제를 재발견하게 된다.

---

1 이 장의 텍스트는 알튀세르의 수고 노트를 바탕으로 만들었는데, 알튀세르의 유고들 가운데 이 노트에는 "헤겔. 역사철학"이라는 육필로 된 제목이 붙은 종이가 둘러 있었다. 이 장 자체는 독립된 상태로 재발견되었는데, 알튀세르 자신이 "VII. 헤겔"이라는 제목을 붙여 놓았다. 엘베시우스에 관한 알튀세르의 노트에는 "V. 엘베시우스"라는 제목이 붙어 있었으며, 뒤따르는 장은 아마도 분명히 루소를 다루는 것이었을 법하다. 타이핑된 원고(콩도르세와 엘베시우스에 관한)와 헤겔에 관한 수고는 아마도 이런저런 시기에 공동의 기획 속으로 묶였던 듯하다. 헤겔에 관한 수고는 98페이지부터 숫자가 붙어 있는데, 앞의 97페이지까지의 내용은 발견할 수 없었다. 수강생 노트에도 역시 헤겔에 관한 장이 포함되어 있으며, 알튀세르의 수고 노트와 내용이 아주 비슷하다. 우리는 텍스트를 만들기 위해 이따금씩 수강생 노트를 참조했다.

① **역사적 총체들**의 독특성이라는 적극적 주제, 역사적 총체의 함축성이라는 주제(← 몽테스키외)

② 역사의 종언[목적]=정신의 자기의식이라는 주제(→ *cf.* 콩도르세)

③ 역사의 동력에 대한 해명이라는 주제, 곧 이데올로기(시대정신)와 그 사회적 조건들 사이의 모순이라는 주제 → *cf.* 엘베시우스

④ 변증법(*cf.* 루소)과 소외라는 주제

⑤ **행동의 비관주의**[2]라는 주제. 이익과 정념이라는 주제.

⑥ 변장[속임] 및 이성의 간지라는 주제[3]

체계화되고 심화된 주제들

(문제: 헤겔의 독창성은 무엇인가?)

하지만 헤겔의 다른 특징이 존재한다. 이 주제들은 **역사 이론**(철학적·추상적인 이론)과 동시에 [역사서로서-옮긴이] **기록된 역사** 안에 현존해 있다. *cf.* 역사철학[4] — 이것은 단순히 이론적 서론일 뿐만 아니라, 자주 심원한 통찰력을 지닌 역사가의 작품이기도 하다.

2 수강생 노트에는 이 대목에서 엘베시우스에 대한 준거가 포함되어 있다.

3 수강생 노트에는 보쉬에에 대한 준거가 제시되어 있다.

4 Hegel, *Leçons sur la philosophie de l'histoire*, traduction J. Gibelin, Vrin. 이것이 알튀세르가 사용한 판본이다.

A. 역사학의 상이한 형태들[5]

서론은 **실존하는 역사학 저작의 유형들**에 대한 비판적 검토에서 시작한다(이런 비판이 산출된 최초의 경우. 역사학 저작 내부에서, 그 중심에서 **역사철학**의 문제가 제기된다. 새로운 관점. **인식론적인**).

헤겔은 세 가지 역사학 유형을 구별한다.

- 근원적 역사학

- 반성적 역사학

- 철학적 역사학

1. 근원적 역사학

헤로도토스, 투퀴디데스, 크세노폰, 카이사르, 레츠 추기경Cardinal de Retz◆, 연대기 작가. 이들은 무매개적인 역사가들이다. 곧 이들이 서술하는 역사는 **오직 현재만을** 대상으로 한다. 이 역사가들은 "외재적으로 존재하던 것을 … 표상의 영역으로 이동시킨다."(p. 17)

"덜 깨인 민족들"("오래전의 어둠침침한 땅")에 고유한 **전설**, 혼탁한 표상들이 아니라 역사. "자신이 누구이고 무엇을 원하는지 알고 있는

---

5   수강생 노트에는 "역사(학)의 상이한 평면들"이라 적혀 있다.

◆   프롱드 난의 주역 중 한 사람으로서, 그의 사후에 출판된 『회고록』(1717)은 당대 역사를 보는 새로운 시각을 제시해 큰 반향을 불러일으켰다.

민족들."

이 역사가의 주제. "그들을 둘러싸고 있는 **현재적이고** 생생한 것."(p. 18)

"작가의 **정신**과 그가 서술하는 행위들의 정신은 **동일한 것이다.**"

만약 그가 정치인이라면(가령 카이사르), "**그는 그 자신의 목적을 역사적인 것으로 제시한다.**"

이 역사가는 반성들과는 전혀 관계하지 않는데, 왜냐하면 그는 사건의 정신 자체 속에서 살아가고 있으며, 아직 이것을 과거로 보내지 않았기 때문이다.

하지만 사람들은 말할 것이다. 이 역사들은 연설들discours로 가득 차 있지 않은가? 여기에 바로 **역사 자체에 대한** 반성, **판단**이 존재하는 것 아닌가? 역사가에 의한 역사의 극복? 담론들은 역사가의 관점을 표현하지 않는가?

이들의 연설과 고대 비극에서 합창은 거의 동일한 것 같다.

　　- 사례. 페리클레스의 **연설** 등은 투퀴디데스에서는 "반성"—
　　또는 **허구**—이 아니라 "행위"다. "이 연설들에서 이 사람들은
　　그들의 인민의 준칙을 표현하고 있으며 … 그들의 지적·도덕적
　　본성에 대한 그들의 의식과 함께 그들이 처한 정치적 상황에 대
　　한 그들의 의식, 그리고 그들의 목표 및 행위 방식의 원리들을
　　표현하고 있다. 역사가가 강연자들로 하여금 말하게 하는 것은
　　차용해 온 의식이 아니라 강연자의 교양 자체다."(p. 18)

이 역사학의 요점은

- 이 역사가들이 "민족들과 함께 살아가고 거기에 몰입해 있다"고 읽는다.

- 왜냐하면 이 역사는 재현 속에서 어떤 민족의 정신적 특징과 규정된 역사적 상황, 곧 **역사적 개체성**을 표현하기 때문이다. 주어진 어떤 시대의 민족의 개체성을.

→ 하지만 이런 역사, 이런 무매개적인 의식이 가능하기 위해서는, **이 정신이 실존**해야 하고 이 **개체성이 실존**해야 한다.

→ 신화가 지닌 역사적 가치에 대한 거부. "전설, 민요, 전통 등의 경우는 이런 근원적 역사학에서 제외되어야 하는데, 왜냐하면 이것들은 여전히 혼탁한 양식들이며 따라서 덜 깨인 정신을 가진 민족들의 표상에 특유한 것들이기 때문이다. 여기에서 ≪진정한 근원적 역사학에서≫ 우리는 자신들이 누구인지, 자신들이 원하는 게 무엇인지 알고 있는 민족들과 관계하게 된다." 헤겔은 다음과 같은 사실을 환기시킨다. "이 전설들과 시들이 자라난 오래전의 어둠침침한 땅은 더 이상 성숙한 개체성에 도달한 민족들의 역사적 소재를 구성하지 못한다." 어떤 민족이 역사적 개체성을 획득했을 때에만 그 민족에 대한 역사가 가능하다. → 역사 바깥의 민족들이 존재한다.

2. 반성적 역사학

"현재를 넘어서는"(p. 19) "이 역사학의 서사는 당대와 관계를 맺지 않는다."

ⓐ 한 민족의 과거에 대한 전체적 시각[반성적 역사학의 첫 번째 방식으로서 보편적 역사학-옮긴이]. 티투스 리비우스(로마)의 사례. "작업자[역사가-옮긴이]는 그가 다루는 시대의 정신과 다른 자신의 정신을 부여한다."

모순: 사건을 **현재화하기**(첫 번째 유형의 역사학처럼), "다른 문명에 속하는 모든 개인이 마땅히 가져야 하는 **이 특유한 어조**"를 살리기. 그런데 **이 어조는 똑같다!** 티투스 리비우스는 마치 로마의 초기 왕들을 "**티투스 리비우스 자신의 시대의 능숙한 변호사**"처럼 말하게 한다. *cf*. 폴리비오스와 "티투스 리비우스가 그를 활용하는 방식"의 차이(p. 20)

여기에서도 여전히 무의식적이다. 하지만.

ⓑ 과거를 현재화하는 [두 번째-옮긴이] 방식으로서 실용적 역사학. "과거를 따로 떼어 내서 사건을 현재화하기." "우리가 과거의 먼 세계와 관계할 때, 이 세계는 정신 자신의 활동을 통해 정신에 현존하게 된다. 이처럼 다시 포착된 세계가 정신의 노동에 대한 보답이다."

과거의 도덕적 가치. 하지만 의식적 목표=현존하는 목적들. 현재의 교육을 위해 과거를 활용하기.

역설. 아이들의 교육에는 타당하지만, "민족들과 국가들의 운명, 그들의 이해관계, 그들의 조건 및 **복잡성은 지식의 또 다른 영역을 이룬다**."

사실 사람들이 역사를 통해 가르침을 받아야 한다고 말할 때, "경험과 역사가 가르치는 것은, [과거의-옮긴이] 민족들과 정부들이 역사에서 아무것도 배우지 않았다는 점이다. …"

→ 우리는 여기서 반성적 역사학의 배후 생각이 출현하는 것을 보게 된다. 곧 과거 속으로 현재의 목적들을 투사하기.

18세기에 그리스사 및 로마사가 활용된 방식에 대한 비판. "[이런 측면에서 보면-옮긴이 추가], 혁명기에 프랑스인들에게 성행했던 것처럼 그리스와 로마의 사례에 반복적으로 호소하는 것보다 더 진부한 것은 없다. … 프랑스인들은 교묘하게 현재 속에서 과거를 꾸며 내면서, 그것을 그들의 현재 조건들과 관련시킨다."

헤겔은 또한 반성적 역사학 내에서 **비판적 역사학**(역사학에 대한 역사를 실행하며, 역사보다는 자료들의 역사에만 관심을 기울인다)과 **전문화된 역사학**(예술사, 종교사 등)을 더 구별한다.

달리 말하면,

① 역사 **내부의** 역사학. **진짜 정신**이지만, 보편적 정신은 아닌(투퀴디데스).

② 역사의 내용(투사된 주관적 정신으로서의 현재이든 투사된 도덕적 목적들로서의 현재이든 간에)에 대해 **보편성**이 **외재적인** 위치에 있는 역사학.

하지만 이 간단한 구별은 다수의 주요 테제를 포함하고 있다.

① 역사학의 대상은 역사적 "상황에 대한 자유롭고 포괄적인 심화된 직관"(p. 20)이다. 달리 말하면, 역사학의 목표는 그 특

수한 삶과 영혼 안에 존재하는 **"현재를 포착하는 것"**이다. 하지만 이런 목표는 **역사학의 수단들 자체에 의해 배반**되고 만다. ② 근원적 역사학의 진실은, **자기 자신의 현재 내부에서의 역사학**이라는 데, **자신의 목표와 동시대적으로** 된다는 데, 자신의 대상 안, 곧 그것이 이해해야 하는 현재 안에 포함된다는 데 있다. 하지만 이 역사학은 그 조건의 사실 자체에 의해, 이런 **무매개성** 및 이런 **포함**의 효과에 의해 실패하게 된다. 이 역사학은 현재를 표현하지만, 현재를 그 심층 속에서 이해하지 못한다. 이것이 의미하는 것은, **이 역사학은 보편성을 결여하고 있으며, 자신이 표현하는 현재를 보편사의 총체적 과정 속에 위치시키지 못한다는 점**이다. 이 역사학은 역사학의 두 가지 기본 요건 중 한 가지만 충족하고 있다. 곧 이 역사학은 개체성, 역사적 총체성을 표현하지만, 이런 총체성, 이런 현재를 역사의 한 단계, 역사 발전의 한 계기로 이해하는 대신 보편사의 지평 자체로 받아들인다.

③ 하지만 이런 모순은 또 다른 진리를 품고 있다. 만약 시초의 역사학이 자신의 시대를 이해하고 그처럼 잘 포착한다면, 이는 역사가의 정신과 그 시대의 정신 사이에 일치가 존재하기 때문이다. **"저자의 교양과 그의 작품 속의 사건의 교양, 저자의 정신과 그가 서술하는 행위의 정신은 하나의 동일한 것이다."** 이는 **저자의 정신이 필연적으로 그의 시대의 정신이라는 것**을 뜻한다.

④ 이로부터 **반성적 역사학의 실패**가 생겨난다. 이런 실패는 다음과 같은 역설에서 기인한다. 곧 역사가는 자신이 그 역사를 이야기하는 시대에 더 이상 속하지 않는다. 또한 과거에 대한 그의 이해는 과거의 정신에 대한 그의 정신의 투사와 다른 것이 아니다. **역사에 대한 반성은 과거에 대한 현재의 반성과 다르지 않은 것이다.** 회고는 반성적 역사가의 작업의 본질 자체다. 헤겔이 반성적 역사학의 역사적 조건들에 대한 심오한 비판을 전개하게 해주는 것이 바로 이 점이다. 두 차례에 걸친 비판.

티투스 리비우스는 외관상으로는 [학문적] 목적들만을 추구하는 것 같다. 하지만 실제로는 과거에 대해 그의 정신의 구조, 곧 궁극적으로는 그의 시대의 정신의 구조를 투사한다.

실용적 역사학에 대해서는 더 심층적인 비판이 제기된다. 역사가가 과거에 투사하는 것은 그의 의식의 구조라기보다는[6] 그 자신의 주관적 목적들인데, 헤겔에게 이것은 그 역사가의 시대의 목적들이다. → 이로부터 혁명기에 고대사를 활용한 것에 대한 주목할 만한 비판이 나온다. "프랑스인들은 과거를 현재의 조건들과 관련시킨다."

→ 하지만 이렇게 되면 우리는 하나의 원환 속에 놓이게 된다(엘베시우스의 경우와 같은 원환). 현재의 규정에 종속된 역사가는 어떤 조건

---

6 수고에는 "라기보다는"이라는 단어가 지워지고 대신 "단지 ~이 아니라"는 말로 대체되어 있다. 하지만 문장 뒷부분이 이에 맞춰 알튀세르에 의해 수정되지 않았기 때문에, 우리는 "라기보다는"이라는 말을 그대로 유지했다.

속에서 **과거에 대해** 진정으로 **성찰할** 수 있는가? 어떤 조건 속에서 현재는 과거의 진리가 될 수 있는가? 현재의 정신은 과거의 정신의 진리일 수 있는가? 여기에서는 엘베시우스의 경우처럼 더 이상 우연에 의지하는 것이 아니라, **현재의 정신이 정확히, 역사 속에서 작동하는 이성이 자기 자신을 의식하게 됨이라는 진리를 자신의 내용으로 갖는다**는 것을 조건으로 삼고 있다. 이것이 헤겔의 해법, 곧 **철학적 역사**는 현재와 반성 사이의, 달리 말해 역사의 대상과 역사가의 역사적 조건들 사이의 모순을 해결한다는 해법에 포함된 암묵적 전제다.

　반성의 진정한 원칙에 도달해야 할 필요성.

　일반적인 관점들. "만약 이것들이 본성상 참이라면, 이것들은 더 이상 단지 외재적 실마리, 외적 질서를 이루는 것이 아니라, 사건들 및 행위들을 이끌어 가는 내적 영혼이 된다."(p. 21)

　"상황에 대한 자유롭고 포괄적인 심화된 직관과 이념의 심층적 의미만이(가령 몽테스키외의 『법의 정신』에서처럼) 반성에 대해 진리와 유익함을 제시해 줄 수 있다."

B. 역사와 철학

"역사철학은 역사에 대한 반성적 고찰과 다른 것을 의미하지 않는다."(p. 22) 하지만 철학과 역사 사이에는 외관상의[7] 모순이 곧바로 나타난다. 다음과 같은 문제가 제기된다.

① **"역사학에서 사유는 실존하는 현실에 종속된다. 사유는 현실을 토대이자 안내자로 삼는다."**

② 철학에서는 **"존재하는 것을 고려하지 않고"** 관념들을 생산하게 된다. 역사철학은 역사를 **"질료로 다루되, 그것을 있는 그대로 놓아두지 않고 자신의 관념에 입각해 역사를 정돈한다. 따라서 역사철학은 역사를, 이를테면, 선험적으로 구성할 것이다."**(p. 22)

"그런데 역사학이 존재하는 것과 존재했던 것, 사건과 행위를 이해하는 데만 몰두하고, 주어진 것에 더 만족하면 만족할수록 더 참된 것으로 남게 되기 때문에, 이런 종류의 접근 방식은 철학의 대상과 모순을 빚는 것으로 보인다."

헤겔은 이런 **모순**에 대하여, 이 모순의 공허함을 보여 주는 두 가지 이유를 대립시킨다. 철학이 역사학에 제시해 주는 것은 역사학이 역사학으로서 구성될 수 있게 해주는 이론적 조건들이다. 두 가지 수

---

7 "외관상의"라는 말은 수강생의 노트에는 있지만, 알튀세르의 수고에는 없다.

준에서 그렇다.

1. 대상의 합리성의 수준에서

여기서 철학은 다음과 같은 관념을 제시한다. "보편사는 이성적이다."(p. 22) **"이런 확신 및 통찰은 역사학 그 자체와 관련해 볼 때 추정일 뿐이지만, 철학 자체에서는 그렇지 않다."**

ⓐ 실로 **철학에서는** 이성이 **"자기 자신을 영위한다"**는 점이 증명된다. **"이성은 그 자체가 자기 자신이 가공하는 질료다. 이성이 자기 자신의 전제이자 절대적 목적인 것과 마찬가지로 이성 자신이 이런 목적의 실현이다."**

ⓑ 하지만 헤겔은 철학이 알려져 있다고 가정하지 않는다. 그는 역사가들에게 "이 역사 안에는 이성이 존재하며, 또한 지성과 의식적 의지의 세계는 우연에 맡겨지지 않는다"는 점에 대한 인식=믿음에 대한 (주관적) **욕구**를 **요구할 수** 있다.

"실로 나는 미리 그런 믿음을 요구하지 않겠다." **"추정"**은 **"우리가 수행하는 검토 작업의 결과이며, 이 결과가 나에게 알려지는 것은 내가 이미 그런 총체를 알고 있기 때문이다."** "보편사 자체에 대한 탐구를 통해서"만 **"이 역사에서는 모든 것이 이성적으로 일어났다는 점이 밝혀져야 한다. … 우리는 역사를 있는 그대로 받아들여야 하며, 경험적으로 진행해야 한다."**(p. 23)

따라서 철학은 역사학에게 그 내용을 선험적으로 제시하지 않는다. 더욱이 역사가들이 철학에 대해 비난하는 결함의 희생자는 바로 역사가들 자신이다. 사실 역사가가 **"역사를 충실하게 파악"**해야 한다고 말할 때, 그 표현은 "애매하다." **"자기 자신은 순수하게 수용적인 태도를 지니고 있으며** 오직 자료에 전념할 뿐이라고 **생각하고 또 그렇게 주장하는"** 보통의 평범한 역사가는 결코 수동적인 생각을 갖고 있는 것이 아니며, 자신의 범주들을 제시하고 그것들을 통해 사실을 파악하는 것이다." 역사가는 역사적 자료들을 해석하기 위해 자기 자신의 범주들을 제시한다. 그는 순수하게 신화적인 구성물들을 가져오기도 한다(신에게 가르침을 받은, 기원적인 유일 민족이라는 이념[8]).

철학이 역사학에 제기하는 유일한 요구는 역사의 **합리성**이라는 요구인데, 이것은 자연과학의 구성을 가능하게 했던 것처럼 역사학의 구성도 가능하게 해준다.

cf. 아낙사고라스. 지적인 힘nous이 세계를 지배한다. "하지만 이것은 **의식적 이성**으로서의 지적인 힘이 아니다. … 이것들은 우리가 주의 깊게 구별해야 하는 별개의 것들이다."(pp. 23-24) 사례. **태양**은 **"법칙에 대한 의식이 없는 가운데"** 법칙을 따른다.

그런데 아낙사고라스의 생각, "우리에게는 사소해 보이는 이런 생각은 항상 존재했던 것이 아니다."

섭리에 대한 종교적 관점에 적용된 이 생각. 하지만 이것은 **비규**

---

8 수강생의 노트에서 나온 이 문장은 알튀세르의 수고에 있는, 삭제 표시가 된 주석과 일치한다.

정적인 것으로 남아 있는 원리이며, **"역사 과정 전체"**를 설명하지 않는다.

"역사를 설명한다는 것은 인간의 정념과 재능, 그 능동적 힘을 드러내는 것이다."(p. 25)

섭리에 대한 규정성. 섭리의 핵심은 그 **계획**에 있다. 이 **계획**의 역설. 신적인 계획이기 위해서는 모호한 것으로 남아 있어야 한다는 점 (p. 25. 탁월한 비판적 논의).⁹

섭리. 또는 일반적이지만 공허한 계획이거나 아니면 특정한 개인을 목표로 한 작용. 이 후자의 경우는 "소매상적인 판본의 섭리."¹⁰

---

9 "그런데 역사를 설명한다는 것은 인간의 정념과 재능, 그 능동적 힘을 드러내는 것이다. 섭리의 규정성이야말로 사람들이 보통 그 **계획**이라고 부르는 것이다. 하지만 이런 계획 자체는 우리 시야에 감추어져 있다고 가정되어 있어서, 그것을 알려고 한다는 것 자체가 주제넘은 일이 되는 것이다. (…) 하지만 신의 섭리의 계획 일반에 대한 우리의 지식의 가능성에 대해 언급함으로써 나는 우리 시대에 중심적인 것이 된 질문에 접하게 되었다. 그것은 신에 대한 우리의 앎의 가능성에 관한 질문이다. 또는 이것이 더 이상 하나의 질문이 되지 않게 된 만큼, 신을 아는 것은 불가능하다는 교설(이제 이것은 하나의 선입견이 되었다)이 존재하게 되었다. 성경은 신을 사랑하는 것만이 아니라 신을 아는 것이 우리의 최상의 의무라고 명한다. 하지만 이와 정면으로 대립하는 생각, 곧 성경에 쓰여 있듯이, 우리를 진리로 인도하는 것은 성령이며, 모든 것을 알고 심지어 신성의 심오한 곳까지 관통하는 것이 성령이라는 점까지 부정하는 게 지배적이게 되었다. 신적인 존재를 우리의 인식 및 일반적으로는 인간사 저 너머에 위치시킴으로써 우리는 편리하게도 우리 자신의 표상들에만 몰두할 수 있게 되었다. 이로써 우리는 우리의 앎을 신적인 것과 진리인 것에 관련시키지 않아도 무방하게 된 셈이다. 반대로 인간 지식의 공허함과 주관적인 감정은 자기 자신에 대한 완전한 정당화를 얻게 되었다. 그리고 경건한 겸손함은 신에 대한 앎을 저 멀리 떨쳐 놓음으로써 자신이 자의성과 헛된 노력을 얻게 되었음을 잘 알게 되었다."

(공허한 전체와 세부)

악의 필연성을 이해하기. **악의 합리성**!

이성 일반을 파악하기(섭리)가 아니라, "이성을 그 규정성 속에서 파악하기."(p. 26)

→ 이로부터 "신을 인식하는 것"(p. 25)의 필연성이 나옴.

2. 대상의 구조의 수준에서

철학은 역사의 합리성에 대한 보증자의 역할을 수행할 뿐만 아니라 또한 토대적인 이론적 역할도 수행한다. *cf.* p. 57. 모든 과학에서 **추상 이론**의 필요성.

"케플러는 … 경험적 데이터로부터 타원, 정육면체, 정사각형 같은 개념들에 대한 규정으로 이루어진 그의 불멸의 법칙을 발견하기 이전에 이것들 및 이것들 사이의 관계에 관한 논의를 선험적으로 인식하고 있어야 했다."

이런 추상 이론이 없었다면, 곧 지구의 **원리들**, 곧 과학이 목표로 삼는 대상성의 영역에 대한 인식이 없었다면, 케플러는 그가 원하는

---

10 "따라서 우리는 말하자면 섭리에 대한 믿음의 이 '소매상적인' 판본에서 멈출 수는 없으며, 더욱이 섭리의 존재에 대한 일반적 생각에 그칠 뿐 그것의 좀 더 상세한 작용에 대해서는 아무것도 말해 주지 않는, 그저 추상적이고 무규정적일 뿐인 믿음에 만족할 수는 없다."

만큼 아무리 오랫동안 천체를 들여다보았던들 그것의 법칙을 발견할 수 없었을 것이다.

이런 추상 이론은 무엇에 부응하는 것인가? **"이런 과학적 지성의 절차에서 중요한 것은 … 본질적인 것을 이른바 비본질적인 것과 구별하고 분리시키는 일 … 진정으로 본질적인 것으로 이끌어 가는 일이다."**

이런 추상 이론은 자주 과학의 경험적 내용에 대해 낯선 선험적 요소로 간주되곤 한다. 과학 대상의 본질적 원리들에 대한 이런 무지는 "자기 자신을 경험적이라고 간주하는 과학에 대한 어떤 철학 이론에 대한 반대의 기원을 이루는 것인데, 이런 반대는 이른바 선험주의 및 과학의 영역으로 이념들을 도입하는 것에 관한 것이다. 이런 이념들은 주제와 무관한 낯선 것으로 여겨지게 된다(**애초에, 어떤 과학, 더욱이 경험적인 성격을 지니는 과학에 대한 어떤 철학적 이론에 대해서 제기되는 비난들 중 하나를 이루는 것인데, 이 비난은 이른바 선험주의 및 과학의 분야로 이념들을 도입하는 것에 관한 것이다. 이런 이념들의 규정들은 따라서 [과학의] 주제와 무관한 낯선 것으로 여겨지게 된다**)."

따라서 두 가지 이유는 사실은 한 가지에 불과하다.

　　ⓐ 추상 이론은 본질적인 것을 비본질적인 것과 구별할 수 있게 해준다. → 역사학의 다수 형태들, 곧 도덕적 판단을 일차적인 것으로 내세우는 역사학, 다른 문화 활동과 비교된 것으로서의 역사학 등에 대한 비판.

　　ⓑ 하지만 본질적인 것은 고찰되고 있는 대상의 구조적 유형, 그것의 종별적 본질을 구성하는 것이다.

하지만 이런 헤겔의 원리들(철학과 역사학의 관계에 대한)은 두 가지 방식으로 해석될 수 있다.

ⓐ **인식론적 의미**에 따라. 이란 명목 아래 헤겔의 원리들은, 역사학이 과학적이고자 한다면 자신의 대상을 **가지적인 것**, **이성적인 것**으로 간주해야 한다는 점(이는 모든 과학의 형식적 조건이다)을 보여 주려고 한다. 또한 더 나아가 역사학은 **추상 이론**에 의지해야 하며, **추상 이론**이 없다면 역사학은 자신의 대상을 사유할 수 없다는 점을 보여 주려고 한다. 단 이 경우 이 이론은 역사가의 주관성의 산물이어서는 안 되고, 종별적인 본질 속에서 사고된 **그 대상의 구조 자체**에 대한 이론이어야 한다는 조건이 따른다. 그렇다면 철학은 **그 원리들 자체 속에서의 과학**과 다르지 않다.

ⓑ 하지만 또한 순수 철학적인 의미에 따라. 이 경우 역사학의 합리성은 더 이상 인식론적 원리가 아니라 이성의 작업이 된다. 역사철학의 문제는 역사의 목적들의 문제가 되는 것이다.

"만약 섭리가 이 영역에서, 이 ≪동물적·식물적…≫ 대상들에서 계시된다는 점을 인정한다면 … 왜 또한 보편사 속에서 계시되어서는 안 되는 것인가?"(p. 26)

"또한 마지막으로 창조적 이성의 이 생산물, 곧 보편사를 이해할 시간이 필요하다."

"이성이 세계를 인도하고 인도해 왔다는 우리의 명제는 **신의 인식**가능성이라는 물음과 연결되어 있다."(p. 25)

"우리의 성찰은 이런 한에서 일종의 변신론, **신에 대한 정당화**다. …"(p. 26)

단지 역사적 대상의 합리성만이 아니라 역사적 대상의 **본질**도 더 이상 과학적인 의미가 아니라 철학적인 의미를 지니게 된다. *cf.* "**본질적인 것은 … 자유의 의식이다.**" "**보편사는 자유의 의식 속에서의 진보이며, 우리는 이런 진보의 필연성을 인식해야 한다.**"(p. 30) 이는 우리를 역사의 본질로 이끌어 간다.

C. 역사의 본질

"보편사는 지적 영역에서 일어난다." "물리적 자연 역시 보편사에 관여한다. … 하지만 실체적인 것은 정신이다."(p. 27)

이 모든 것은 **자연**과 **역사**, 곧 자연과 정신의 대립에 의거해 있다. 어떤 대립이 문제인가?

① 자연은 자기 자신에 대한 외재성이다. 정신=자기 자신에 대한 내재성.[11]

    - 물체의 실체=중력

---

11 이 단락의 뒷부분 내용은 수강생 노트에만 나와 있다.

- 정신의 실체=자유

중력을 지닌 물체는 자기 바깥에 통일성을 지니고 있고 그것을 추구하며, 자기 바깥에서 자신의 목적을 얻게 된다. 만약 그것의 본질이 자기 자신과 일치한다면, 물체는 더 이상 물체가 아니라 기하학적 점이 될 것이다.

반대로 정신은 자기 자신 안에 자신의 중심을 지니고 있으며, 그 통일성을 발견했다. 그것은 자기 안에 있고 자기 자신과 함께 있다(bei sich=자기 곁에 있음. 자유에 대한 정의). 정신=내재성=**자기 자신과 함께 있음**=자기의식(왜냐하면 자기의식은 그 자신 바깥에 있는 모든 것이 자기 자신과 다르지 않은, 유일한 종류의 것이기 때문이다.)

② 역사는 "시간 속에서의 정신의 소외다." "자연으로서의 이념이 공간 속에서 소외되는 것처럼, 보편사는 … 시간 속에서의 정신의 소외다."(p. 62)

cf. **"자연은 역사를 갖지 않는다."**

자연 안에는 변화들이 존재하며 **자연적 시간**이 존재하고 자연적 진화도 존재하지만, 역사는 존재하지 않는다.

왜? 역사의 시간은 "더 나은 것, 더 완전한 것을 향한 진보를 현시한다."

자연의 경우. **"자연에서는 어떠한 새로운 것도 산출되지 않는다."** **단조로운 주기. "새로운 것은 오직 정신적 영역으로 넘어가는**(영역에서 발생하는) **변화 속에서만 산출될 뿐이다."**

역사는 자연과 다른 자기 자신의 고유한 규정을 지니고 있다. "**완성 가능성.**"(p. 50)

cf. 진화 "**역시 유기적인 자연적 대상들과 합치한다.**"

cf. **씨앗**, 알. 이것들을 생산하는 것이 외부가 아니라, 내적인 원리, 곧 자기 스스로 분화되며, 비유기적인 것과 접촉하되 그 속에서 자신을 상실하지 않고 유기체에게 이익이 되어 되돌아오는 내적 원리라는 점에서, 이것들에도 **내재성**이 존재한다. "**유기체적 개체는 스스로 생산되며, 자신 안에 존재하는 것으로 만들어진다. 마찬가지로 정신도 자기 자신으로부터 만들어지는 것과 다르지 않으며, 정신은 자신 안에 존재하는 것으로 자기 자신을 만든다.**"(p. 51)

차이점은, 자연적 진화의 경우 "무매개적으로, 대립도 장애물도 없이" 이루어진다는 점이다. "정신 안에서는 다르다. … 정신은 자신 안에서 자기 자신과 대립한다. 정신은 자신에 대하여, 그 스스로 극복해야 하는 진정으로 적대적인 장애물이 된다. 자연 안에서는 조용한 생산으로 이루어지는 진화가 정신에게는 자기 자신에 맞선 힘겹고 무한한 투쟁이 된다. 정신이 원하는 것은 자기 자신의 개념에 도달하는 것이다. 정신 자신이 이 개념을 감추고 있으며, 이런 자기 소외 속에서 정신은 자부심과 기쁨을 느낀다."

이런 정신의 조건이 자기 내부에서의 소외라는 점이 **자연적 진화**와의 차이 전체를 만들어 낸다.

- 자연적 진화는 마지막에 동일한 것을 생산한다. → 씨앗(순환). 비창조적 시간.

– 역사는 전혀 다르다. 우리는 시작과 다른 마지막을 갖게 된다.

= 자신의 목적[종말]**을 향한 생성 속에서 전개되는 정신의 변증법.**
범주들:

ⓐ **"전환."** 인간은 몰락한 것을 발견하며, 죽음은 새로운 생명의 발단이라는 것을 깨닫는다.(p. 62)

정신의 소외라는 도식. 정신은 자기 자신에서 벗어나면서 자신으로부터 소외되며, **"문화"**(정치경제, 정치적·법적 제도, 예술, 철학 등), 곧 즉자적으로 존재하는 자기의 실현을 이룬다. 하지만 동시에 정신과 그 실현 사이에는 모순이 존재한다. 정신의 **문화는 새로운 문화**의 소재가 된다.[12](p. 63) "이행"이 아니라 **"자기 자신의 개편"**으로서의 전환. **"정신을 충족시켰던 정신의 창조물 각각은 다시금 소재로서 정신에 대립되어, 정신으로 하여금 새롭게 가공되도록 추동한다."** 정신은 **"자기 자신하고만 관계한다."**

ⓑ **전환**의 변증법. 정신은 자신을 **실현하고** 자신을 **객체화**한다. → 자신을 충족시킨다. *cf.* 영국 민족의 정신 (세계를 지배하려는 의도 등) → 실현, 곧 영국 제국. **"영국 민족의 정신은 자신이 욕망하는 것을 가진다." "욕구가 충족되었다."** 습관에 의한

---

12 수강생의 노트에는 "정신에 의해 산출된 문화는 새로운 정신의 소재가 된다"고 적혀 있다.

죽음. → 권태("한 민족은 그 자체 내에서 이미 자연적으로 죽어 있을 경우에만 격렬한 죽음을 겪을 수 있다.")(p. 64)

cf. "쓰디 쓴 과일"(p. 66)(텍스트를 읽기).[13]

③ 자기 자신 안에서 정신의 이런 자기 소외의 결과는 무엇인가? 순수한 자연적 파괴나 반복이 아니라 자기에 대한 의식적 **내면화**다. 유기적 자연에서 존속하는 것은 **종**이지만, 그것은 항상 동일하다. 역사에서 그것은 무한한 종, 곧 사상, 자기의식이다.

"종의 보존은 동일한 실존 방식을 획일적으로 반복하는 데 불과하다. 더욱이 사유에 의한 존재의 파악으로서의 인식은 새로운 형상의 원천이자 탄생지인데, 이런 상위의 형상의 원리는 부분적으로는 자신의 질료를 보존하면서 부분적으로는 변모시킨다. 왜냐하면 사유는 보편자이며, 죽지 않고 자신의 자기 동일성을 유지하는 종이기 때문이다. 정신의 규정된 형상은 단지 시간 속에서 자연적으로 사라지지 않으며, 자기의식의 자발적이고 자기 반성적인 활동 속에서 지양된다. 이런 지양이 정신의 활동이기 때문에, 그것은 보존임과 동시에

---

13 "민족의 삶은 어떤 과일을 숙성시킨다. 왜냐하면 이 민족의 활동은 그 시초의 원리를 충족시키는 것을 목표로 삼기 때문이다. 하지만 이 과일은 그것을 생산하고 숙성시킨 민족의 품 안으로 다시 돌아가지 않는다. 반대로 그것은 이 민족에게 쓰디쓴 음료가 된다. 하지만 이 음료에 대한 채울 수 없는 갈망으로 인해 민족은 이 음료가 그 자신의 몰락을 가져온다 해도 그것에서 벗어날 수 없다. 그리고 이는 새로운 원리의 고양으로 인도한다."

변모다. 따라서 한편으로 정신은 현실, 존재하는 것의 견고함을 제거하지만aufhebt, 다른 한편으로는 단지 존재하기만 했던 것의 본질, 사상, 보편 개념을 획득하게 된다. ⋯ 따라서 이 과정의 결과는, 정신은 자기 자신을 객체화하고 자기 자신의 존재를 사유함으로써 한편으로 자신의 존재의 모든 특수한 규정성을 파괴하면서 다른 한편으로는 그 자체의 보편성을 포착한다는 것, 그리고 이렇게 함으로써 그 자신의 원리에 대해 새로운 방향을 부여한다는 것이다."(pp. 65-66)

→ 역사의 목적[종말]. 정신의 본질 자체를 의식하게 되기(시작과 끝), 자유.

정신. **"물체의 실체가 중력"**이듯이, 정신의 실체, **"정신의 본질은 자유다."**(p. 27)

"보편사는 ⋯ 자기 자신에 대한 지식을 획득하려는 노력을 추구하는 정신에 대한 재현[정신의 상연]**이다."**

"씨앗이 자기 안에 나무의 본성 전체, 과일의 맛, 형태를 품고 있듯이, 정신의 최초의 흔적들 역시 이미 잠재적으로 역사 전체를 포함하고 있다."(p. 27)

ⓐ 동양인들은 "인간이 그 자체로 자유롭다는 점을 알지 못한다." **"그들이 이 사실을 알지 못하기 때문에 그들은 자유롭지 못하다."** 단 한 사람만이 자유롭다. → 전제군주

ⓑ 그리스인들의 경우 "그들에게서 처음으로 자유의 의식이 일어났다. 이 때문에 그들은 자유로웠다."

"그들은 몇몇 사람들이 자유롭다는 점을 알았다."

"이 때문에"

　　－ 그들은 노예를 갖고 있었다!

　　－ 그들의 자유는 제한적이었다(pp. 27-28).

ⓒ **기독교**는 모든 인간이 자유롭다는 것을 알고 있지만, 이 원리를 실현하는 것은 힘들고 오랜 시간이 필요한 과업이다.≪**왜 이런 지연이 존재하는가?**≫

"이 때문에" 노예제는 곧바로 사라지지 않는다.

"세계의 문제들에 대한 이런 원리의 적용 … 이 장기적인 과정이 역사 자체를 구성하는 것이다. … 보편사는 자유의 의식에서의 진보다."(p. 28)

D. 정신의 수단들

하지만 역설이 존재한다. 어떻게 역사의 목적은 자신을 실현하는가? 역사의 **목적**과 그 내용의 무매개적 현실 사이의 대비. **인간의 활동.**

"**정신의 수단들**"은 "**역사의 현상 자체**"를 해명한다. 이런 역사의 목적(보이지 않는 내면적 목적)은 보이는 **외재적인** 수단들을 사용한다. 이 수단들은 "동력으로서 나타나고 주요한 행위자로서 관여하는" 인간의 정념 및 이익이다(*cf.* 17세기의 행위에 관한 비관주의적 논리).

역사를 작동시키고 그 원리(자유)를 실현하는 것은 **"인간의 욕구"**, 그 **"정념"**이다.

역사의 일반적 동력으로서의 개인적 이익에 대한 **p. 31의 논의.**

→ **"우리의 주제에 두 개의 요소가 관여한다. 하나는 이념이며 다른 하나는 인간의 정념으로, 이것들은 우리 앞에 펼쳐진 보편사를 구성하는 거대한 양탄자의 날실과 씨실이다."**

≪이념과 사적 이익의 통일은 **사적 이익들** 사이의 오랜 투쟁 끝에 **국가**(p. 32) 속에서 실현된다.≫

욕구, 이익의 활동은 **알지 못하는 사이에** 역사의 목적을 실현한다.

"자신들의 존재를 추구하고 충족시키려고 하는 개인들 및 민족들의 이 살아 있는 활동"은 **"또한 그들이 알지 못하고, 또 알지 못하는 사이에 실현하는, 더 고차적이고 더 방대한 일을 위한 수단이자 도구이기도 하다."**(p. 32)

하지만 일반적인 것은 특수한 목적들 속에 담겨 있으며, 그것들에 의해 성취된다. 종합.

- 자유(욕구, 개인적 활동)
- 필연(일반적인 것)

cf. p. 33에 나오는 이 형식적이고 특수한 **주관적 자유에 대한 분석.** "행복과 불행에 대한 관점." 개인들의 주관적 목적들과 관련한 역사의 목적의 초월성에 대한 증거.

"보편사는 행복의 장소가 아니다. 보편사에서 행복의 시기는 공백의 페이지다. 왜냐하면 여기는 대립이 결여된 조화의 시기이기 때문이다."

문제. 어떻게 인간은 자신의 주관적이고 특수한 목적을 추구하면서도 일반적 목적을 생산할 수 있는가?

행위의 본성 자체가 지닌 효과에 의한 행위 속에서의 **변장**에 대한 분석. 변장 **자체가 행위의 본질이다.**

cf. 집의 건축(p. 33). 요소들을 **그것들 자체에 반하여** 사용하기. 내적 목적. 수단들=철, 물, 돌, 불 등. → "요소들은 그것들의 본성에 따라 활용되어 그것들의 작용을 제한하는 생산물을 만드는 데 협력한다."(가령 돌은 중력에 지배되지만, 높은 벽을 쌓는 데 사용된다.[14])

"정념들도 유사한 방식으로 충족되는데, 정념들은 자신들의 자연적인 성향에 따라 실현되면서 인간 사회라는 건축물을 생산한다. 그리고 **이 건축물에 정념들 자신에 맞서는 권력, 법, 질서를 제공해 준다.**"[15]

ⓐ 인간은 자신의 목적을 실현하면서 또한 "그 내면에 감추어져 있는 것, 하지만 그들《인간들》의 의식이 해명하지 못하고 또 그들의 시야에 들어오지 못하는 것" 역시 생산한다.

- **사례. 복수하려고 마음먹은** 사람이 다른 사람 집에다 불을 지른다. → 집이 타고 사람이 죽는다(p. 34). "이는 행위 일반 속에도 그리고 이 일을 실행한 사람의 의도 속에도 포함되어 있지 않은 결과다."◆

---

14 이 문장은 수강생 노트에서 가져온 것이다.
15 알튀세르가 사용한 지블랭 판의 번역 그대로다.

ⓑ 더욱이 이 행동에는 범죄가 존재한다. → 징벌!(행위는 행위자 자신에게 반하여 되돌아온다.)

— "직접적인 행동 속에는 행위자의 의지와 의식 안에 존재하는 것과 다른 것이 존재할 수 있다."

— 더욱이 "행위 그 자체는 그것을 실행한 사람에 맞서 되돌아온다."

하지만 이성의 간지 및 **변장**에 대한 이런 관점은 헤겔 자신이 비판한 **섭리** 이론, 곧 특수한 내용은 그것이 지닌 초월적 의미에 희생되어 버리는 역사의 보편적 의미에 대한 공허한 의식으로 이끌어 가는 것 아닌가? 절대자는 역사의 끝에, 역사의 바깥에만 존재하는 것 아닌가? 절대자는 역사 자체 속에, 정신의 실존 자체, 곧 **국가** 속에 존재한다.

E. 정신의 실존: 국가

헤겔의 이론. 절대자는 역사 속에, 정신의 형태 아래 존재하며, 그 실현물이 국가다(=한 민족은 하나의 국가를 갖는다). 국가=주관적 의지(정념, 이익 등)와 이념의 현실적 종합. 이것은 현행적인 보편자다(→ 역사가

◆ 헤겔은 불을 낸 사람의 원래 의도는 집 전체를 태우려는 것이 아니라, 집의 일부만 손상시키는 것이었다고 말하고 있다.

현실적이기 위해서는 역사의 종말을 기다려서는 안 된다).[16]

1. 정신의 실존으로서 국가

주관적 의지(이익)는 "이성적 목적을 실현하는 데 사용되는 **질료**
다."(p. 40) 두 측면.

    ⓐ 주관적 의지는 그 정념들 자체, 그 주관성에 "**의존적이다.**"

    ⓑ 주관적 의지는 "또한 실체적인 삶, 실재성을 갖고 있으며,
그 속에서 주관적 의지는 **본질적인 것 속에서** 움직이고 **본질적
인 것 자체를 자신의 실존의 목적으로** 삼고 있다. 이 본질적 존
재는 주관적 의지와 이성적 의지의 통일이다. 이것이 **윤리적
총체, 국가**인데, 국가는 개인이 **일반적인 것**을 알고 믿고 의욕
하는 한에서 그 속에서 자신의 자유를 소유하고 영위하는 그
런 실재다."(p. 40)

"국가 속에서 일반적인 것은 **법률 속에**, 일반적이고 이성적인 규
정 속에 존재한다."

≪**현행적 보편자로서의** 국가≫

≪**이 절대자에 의해 제거되는** 주관성들의 상대주의≫

이는 국가가 이익을 위한 수단이 아니라는 것을 가정한다. → 공

---

16   이 단락은 수강생 노트에서 가져왔다. 나머지 부분은 알튀세르 자신의 노트다.

리주의 이론 비판. 국가의 본질은 욕구들에 의해 구성되지 않는다.[17] 국가는 주관성을 위한, **이익**을 위한 **"수단"**이 아니며, "각각의 개인이 자신에게 몰두할 수 있는 작은 공간"을 남겨 두는 이익들의 제한, "개인들 상호 간의 이런 불편함"도 아니다. "[국가 안에서-옮긴이] 제한되는 자유는 욕구의 특수성과 관련된 자의적인 자유다."

국가는 "본질적인 일반의지와 주관적인 의지 사이의 통일이다."(p. 41) **인륜성**Sittlichkeit을 구성하는 것이 바로 이것이다.

"보편사에서는 국가를 형성하는 민족들만이 문제가 된다. … 국가는 자유의 실현, 곧 절대적인 최종 목적의 실현이며, 국가는 대자적으로 실존한다. … 인간이 갖는 모든 가치, 모든 정신적 실재성은 국가 덕분에 가질 수 있는 것이다."(p. 41)

"인간의 정신적 실재성"은 "그의 본질로서의 합리성이 인식자로서의 인간에게 거기에 객체적으로 존재하며, 이런 합리성이 인간에 대해 무매개적인 객체적 실존을 갖는다는 사실에서 성립한다. **오직 이렇게 하여 인간은 의식인 것이며, 인간은 윤리적 삶 속에, 국가의 법적·인륜적 삶 속에 존재하게 되는 것이다.**"(p. 41)

"국가 속에서 일반적인 것은 법 속에, 일반적이고 이성적인 규정 속에 존재한다."(p. 41)

17 이 두 문장은 수강생 노트에서 가져왔다.

[18]국가의 기본적 특징=법, 곧 보편자의 객체적이고 무매개적인 실존. 이것이 바로 국가를 갖지 못한 민족과 국가를 가진 민족을 구별해 주는 것이다.

→ 역사의 시작과 문헌들의 부재의 동시대성. *cf.* 콩도르세가 제기했던 문제. 이 문헌들은 우연히 사라진 것이 아니라, 민족들이 국가를 갖지 않았기 때문에 사라진 것이다. → 역사의 부재. 역사적 서사들은 역사를 쓰는 민족에게 역사가 그 자체로 실존하게 되는 순간부터 존재하는 것이다=이 민족이 역사를 특징짓는 내면화에 흥미를 갖게 되는 순간부터. 이런 내면화는 역사를 생산하는 국가다(이런 내면화를 생산하는 것이 바로 국가다). 국가가 지속되기 위해서는 자신의 과거를 보존하기 위해 그 과거를 내면화해야 한다. 국가는 보편자를 보존할 필요를 느낀다. 선사先史=우리가 그 시기에 관한 서사를 갖고 있지 않은 시기인데, 이는 이 서사가 불필요했기 때문이다. 왜냐하면 국가가 존재하지 않았기 때문이다.

인도의 역설. 인도는 책들은 갖고 있지만 국가는 갖고 있지 않다.

역사의 시작에 관한 부가적인 문제(*cf.* pp. 52-56 내용에 대한 독서 카드)[19]

"정신의 비유기적 실존 … 곧 선과 악, 따라서 법에 대한 비자

---

18 이 단락은 수강생 노트에서 가져왔다.
19 이하의 논의는 알튀세르가 페이지 숫자를 매기지 않은 채 보관해 놓은 이 "독서 카드" 내용과 일치한다.

각적인 또는 말하자면 탁월한 무지 자체는 역사의 대상이 아니다."(p. 54)

가족=선사. "정신의 통일성은 이런 감정의 영역에서" 벗어나야 한다.

모호한 정신=자연은 … 자기 자신에 대해 투명하게 되려고 추구한다. → 국가가 필요하다. 국가 없는 민족들 …(p. 54)

언어들의 분산=선사

역사=사실과 서사, 역사적 사실에 대한 역사적/동시대적 서사, "이것이 사실과 서사가 함께 발현하도록 만드는 공통의 내적 토대다."(p. 55)

기억의 지속/국가의 지속의 연계(pp. 54-55)

국가의 실존(≠가족 또는 종교)은 "외재적"(법)이며, **"국가의 불완전한 현실태로, 이것이 통합된 자기 이해에 이르기 위해서는 과거의 의식이 필요하다."**

선사=서사가 없음(보존할 것이 아무것도 없음)≪역사적 기억은 **보존의 기능 수행** cf. 국가 내에서≫ "오직 국가 내에서만 법에 대한 의식과 더불어 명료한 행위들이 존재하며, 명료한 행위들과 더불어 **이 행위들을 보존할 능력과 필요성을 느끼는** 명료한 의식이 존재한다."(p. 55)

예ex[외ception].[20] 인도는 책들은 갖고 있지만 **역사는 갖고 있지**

---

20   또는 "사례"?

않은데, 왜냐하면 카스트는 다시 **자연**이 되었기 때문이다. →
인륜성의 부재. 비이성적인 사회적 유대, **목적의 부재!! 기어가
는 역사! 언어의 발전에도 불구하고 역사는 부재**(pp. 55-56).

2. 정신적 총체로서의 국가

헤겔은 역사적 실재들을, 그 규정들의 단순한 합계가 아니라 자신
의 모든 규정들에 대해 그 의미를 부여하는 총체들로 인식했다는 점
에서 몽테스키외를 예찬했다. "상황에 대한 자유롭고 포괄적인 심화
된 직관과 이념의 심층적 의미만이(가령 몽테스키외의 『법의 정신』에서처
럼) 반성에 대해 진리와 이익을 제시해 줄 수 있다."(pp. 20-21)

"한 민족의 구성은 그 종교와 예술, 철학, 또는 적어도 그 표상들
과 사상들, 그 문화 일반(기후, 이웃 민족, 세계적 위치 등과 같은 외재적 힘들은
언급하지 않는다 해도)과 함께 단 하나의 실체, 단 하나의 정신을 이룬
다."(p. 45)

→ 우리는 **구성**으로서의 국가의 이런 "**개별적 총체**"의 한 "**특수한
측면**"을 "별도로" 다룰 수는 없다. 이 요소들을 분리하는 일의 불가능
성 → 추상적으로 예술사, 법제사 등을 하는 것은 불가능하다. 같은
곳. 힌두교의 서사시들을 그리스의 서사시들과 연결하는 일 등의 불
가능성.

객체적 측면과 주체적 측면의 통일로서의 "국가는, 따라서 민족
의 삶의 다른 구체적 측면들, 예술, 법, 윤리, 종교, 과학의 토대이자

중심이다."(p. 47)

한 시대의 사람들은 국가를 소유하지만, 그들 역시 국가의 소유가
된다.[21]

예술, 종교, 철학은 국가와 동일한 지반 위에 있다. 이런 총체의
특권적 계기들인 이것들은, 국가가 절대자인 한에서 절대적 가치를
갖는다. "종교는 한 민족이 그들 스스로 진리라고 간주하는 것이 정
의되는 장소다. … 따라서 신에 대한 표상은 한 민족의 일반적 토대를
이룬다."(p. 48) → 종교가 사람들로 하여금 국가를 존중하게 만들도
록 하기 위해 "국가는 종교에 토대를 둔다." 하지만 이는 종교가 어떤
규정된 민족 사람들이 거기에서 자신의 실체를 관조할 수 있는 이미
지가 될 수 있는 한에서 그렇다.

그러나 이런 역사적 총체를 정신의 생성 전체에서 분리시켜서는
안 된다. 역사적 사건을 이해하기 위해서는 이것을 두 개의 좌표와 연
결시켜야 한다.

ⓐ 그것이 그 일부를 이루는 역사적 총체
ⓑ "최고의 제재", "최고의 필연성"인 보편사 전체. 왜냐하면

---

21 이것은 수강생 노트의 판본이다. 알튀세르의 노트에는 "사람들은 역사를 소유하
며", 그리고 "그 역사의 소유가 된다"고 되어 있다. 전거는 다음 대목이다. "국가 및 그 법
과 제도는 국가의 개인들의 권리다. 그 자연, 영토, 산, 공기, 물은 그들의 국가이자 그들
의 조국이고 그들의 외재적 소유물이다. 이 국가의 역사 … 는 그들의 소유물이며 그들
의 기억 속에서의 삶이다. 하지만 만약 국가가 그들의 소유물이라면, 그들 역시 국가의
소유가 되는데, 왜냐하면 국가는 이 모든 것의 실체, 존재를 구성하기 때문이다."(p. 49)

"어떤 규정된 민족의 정신 자체는 보편사 과정에서는 하나의 개체에 불과하기 때문이다."(p. 50)

F. 역사의 동력

따라서 지금까지 우리는 역사를 다음과 같은 측면에서 파악했다.

ⓐ 그 목적 속에서. 자유의 의식의 진보.

ⓑ 그 수단 속에서. 인간의 정념과 그 **변장**의 변증법

ⓒ 그 **실존** 속에서. **국가.**

만약 역사가 국가들 속에서, 개별적 총체들, 규정된 민족들 속에서 구현된다면, 어떻게 **이 총체들이 운동하는지,** 어떻게 이것들이 역사적 생성의 주체 자체가 되는지 이해하는 일이 남아 있다. "역사에 대한 포착 및 이해에서 가장 중요한 것은 이런 이행의 관념 … 변화의 내적·개념적 필연성을 소유하고 인식하는 일이다."(p. 66)

cf. 위인들에 대한 이론. 위인들은 위기 때에, 곧 이행이 이루어지는 시기에 출현한다. "**바로 이 시기에 한편으로 기존에 존재하는 의무들과 법들, 권리들의 체계와 다른 한편으로 이런 체계와 대립하는 가능성들 사이에 거대한 충돌이 일어난다. 이 가능성들은 기성 질서에 손상을 주며 그 토대와 실재성 자체를 파괴한다.** … 이 가능성들은 이제 역

사적인 것이 된다. 이것들은 한 민족이나 한 국가의 실존의 기초를 이루는 일반 가치와는 상이한 가치를 품고 있다. 이것은 생산적 관념의 계기다. … **역사적 인간들, 세계사적 개인들은 이런 종류의 일반적 가치들을 구현하는 것을 목표로 삼는 사람들이다.**"

카이사르는 역사를 전환시켰는데, 왜냐하면 그는 현재 속에 매장되어 있던 미래의 정신을 표현했기 때문이다. 위인들은 "자신들의 목적을 … 그 내용이 감춰져 있고 아직 현재의 실존에 이르지 못한 원천으로부터 가져왔다. 이 원천은 내적인 정신으로, 이것은 아직 표면 아래 감춰져 있지만, 외부 세계가 마치 껍질인 것처럼 깨뜨리게 될 텐데, 왜냐하면 이 외부 세계는 내적인 정신이라는 과실과 들어맞지 않는 껍질이기 때문이다." 위인들은 "이미 내면적으로 실존해 있는 장래의 후예 세대를" 알고 있다. 그들은 "비의식적인 내면성을 의식적인 것"(p. 35)으로 만든다.

그리하여 위인들은 역사의 작자들이 아니라, **역사의 운동 변증법**에 사로잡혀 있는 보조자들이다. 그들은 자신들의 시대를 뛰어넘지 못하지만, 자신들의 시대 안에서 다른 사람들이 파악하지 못하는 모순을 포착한다. 이 모순은 기존 질서 대 새로운 내적 정신 사이의 모순이다 (껍질 대 과실). 하지만 이런 모순 자체는 정신에 내적인 모순인데, 왜냐하면 기성 질서는 이전의 정신의 산물이기 때문이다. 달리 말하면,

ⓐ 내적인 정신은 (즉자적으로) 자신을 실현하고, 자기로부터 벗어난다 → 한 민족의 문화=**규정된 사회적 조건**(그리스 제국, 아테네 제국)

ⓑ 이런 규정된 사회적 조건(내적인 정신에 의해, 곧 이런 조건 속으

로 자신을 소외시키는 정신의 한 단계에 의해 산출된)은 자신들의 실현
자체, 소외, 정신의 소외의 변증법적 원동력에 의해 이전의 정
신과 다른, 따라서 그것이 실현된 바 있던 사회적 조건들과 다
른 **새로운 정신**을 산출한다. 그리스 도시의 내부 자체에서 새
로운 정신이 탄생하는 것이다.

ⓒ 이렇게 되면 껍질과 과실 사이에, 곧 기존의 사회·정치적·
법적 조건과 이 조건들 속에서 산출된 **내적인 정신** 사이에 하
나의 모순이 존재하게 된다. 과거의 정신의 실현과 아직 실현
되지 않은 새로운 정신 사이의 이런 모순(소외의 도식으로 귀착되
는 모순)은 기존의 사회질서에 대한 전복의 동력이다.

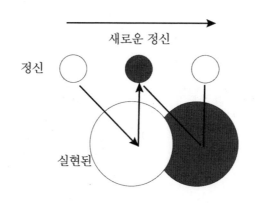

ⓐ 역사를 움직이는 모순＝생산관계와 이데올로기(사례. 18세기에는 봉건-절대주의와 계몽주의 철학, 자유의 철학) 사이의 모순

ⓑ 하지만 이 사회적 조건이 즉자적 정신의 실현이기 때문에, 이 조건은 최종 분석에서 결정적인 것이 아니다. → 정신과 제도 사이의 모순은 과거의 정신과 새로운 정신 사이의 모순의 현상에 불과하다.

따라서 역사를 인식하는 두 가지 방식이 있는데, 첫 번째 방식은 두 번째 방식의 현상에 불과하다.

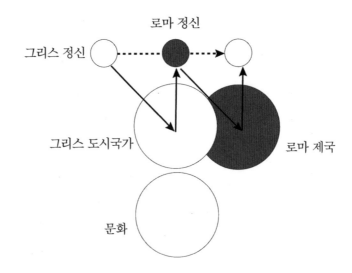

과

곧 결정적인 것은 정신의 몸체가 아니라 그 내적 본질인 **자유**이며, 자유가 자기를 의식함이 역사의 결정적인 동력이 된다.

→ 진정한 역사는 이런 의식함의 역사다. **철학사**, 곧 **역사를 움직이는 영원한 이성의** 의식화의 역사.

이렇게 해서 시초의 역사와 반성적 역사 사이의 모순을 해소할 수 있게 된다. 현재의 정신은 자기의식에 도달한 과거 정신에 불과하다. 결국 과거 안에서 "우리는 현재적인 것에 관계하고 있었을 뿐이다." "정신의 현재 형태는 자신 안에 이전의 모든 단계를 포함하고 있다."(p. 66)

헤겔의 시대에 역사는 끝났으며, 이 때문에 역사에 대한 이해가 가능했다.

역사의 개방을 인정하는 역사에 대한 이해가 존재할 수 있을까?
→ **마르크스**.

4장

청년 마르크스에서 역사의 문제설정[1]

중심적인 문제인 국가의 문제. 1830년대 독일 지식인들은 두 가지 형태로 이 문제와 조우했다. ① 국가의 현실성. 서유럽 국가에 비해 뒤처진, 반동적이고 치안적인 프로이센 국가. ② 도처에서 가르치고 있고 프로이센 국가의 강력한 지주인 헤겔의 국가 이론.

하지만 이 이론에는, 1830년대의 혁명적 사건들을 통해 독일의 젊은 지식인들이 깨닫게 되었던 요소들을 포함하고 있었다. → 청년 헤겔주의자들의 이론적 핵심.

청년 헤겔주의자들은 헤겔 체계의 반동적 내용과 그것의 혁명적 방법 사이의 모순을 확인했다. 이 혁명적 요소들은 어떤 것인가?

① 역사가 자유 및 이성의 실현이라는 생각.

---

1 알튀세르의 유고 문고에는 알튀세르 자신이 작성한 노트 일체가 부재한 관계로 우리는 수강생 노트에 적힌 판본을 실었다. 이 제목은 알튀세르가 처음에 예고했던 제목과 일치하는 게 거의 확실한 것 같지만, 마르크스에 관한 이 장은 마르크스의 "확정적인 관점"에 대한 긴 분석으로 끝나고 있다.

② 역사는 변증법적 과정이며, 따라서 역사는 끝난 것이 아니고 희망이 존재한다는 생각. 결론. 국가는 자유의 국가가 되어야 한다. 역사는 아직 존재하지 않는 자유를 생산해야 한다.

마르크스는 여기서 출발한다. → 그의 사상은 세 시기에 걸쳐 다듬어진다.

① 자유주의 좌파의 이런 헤겔적 관점을 전적으로 수용하기
② 이런 자유주의 이론을 유토피아적이고 도덕적인 혁명 이론으로 대체하기. 소외 이론
③ 확정적인 형태. 유물론적·과학적 혁명관

A. 국가=헤겔적인 의미에서 이념의 실현

국가는 그 본성 자체에 의해 시민사회, "욕구들의 사회" 너머에 있으며, 역사에 부여된 보편적 의미는 국가로부터 도래해야 한다는 생각을 수용. 사회 내의 이성과 자유의 분배자로서 국가.

하지만 프로이센 국가가 예속의 장소이기 때문에, 그 본성에 의해 즉자적으로 이성적인 국가와 실제로는 비이성적인 [구체적인 프로이센 국가][2] 사이에 모순이 존재. 따라서 마르크스는 헤겔적인 국가에 대한 정의를 문제 삼지 않는다. 오직 그 이성적 목적과 그 비이성적인 현실

사이에 모순의 존재만을 문제 삼을 뿐이다. → 문제=국가를 이성적인 것으로 만들기. 프로이센 국가의 소명은 자유주의국가가 되는 것이다. 문제는 국가의 본질과 실존 사이에서 작용한다. "이성은 항상 존재해 왔지만, 늘 그 이성적 형태 아래 존재해 왔던 것은 아니다."[3] 어떻게 여기에 도달할 수 있는가? 철학적 비판을 통해서 도달할 수 있는데, 이런 비판은 국가에 그것의 소명을 환기시켜야 한다. 독일 안에 존재하는 두 개의 당파. 개념의 당파와 비개념의 당파. 이것이 실제로 의미하는 바는, 혁명은 철학적 의견 형성 작업이라는 것이다.

하지만 이는 실패로 끝나는데, 프로이센 왕은 이성의 목소리를 들으려 하지 않았기 때문이다.

→ 신헤겔주의자들의 분열

① 브루노 바우어Bruno Bauer 중심의 첫 번째 집단은 그들의 비판의 무정부주의적 논조를 강화한다. 만약 그들의 기획이 실패했다면, 이는 대중의 무지 때문이다. 따라서 국가의 즉자적 합리성이라는 관념은 고수하되, 대중이 이를 이해하지 못하고 있다는 고발이 이루어진다. → 철학과 국가 사이의 갈등만이 아니라 철학과 대중 사이의 갈등.

---

2 우리는 대괄호 사이에 이 구절을 집어넣었는데, 수강생 노트에 담긴 문장은 말이 되지 않기 때문이다.

3 몇몇 예외를 제외하고 알튀세르는 쥘 몰리토르의 번역본에서 마르크스를 인용한다. "Lettre à Ruge, septembre 1843", in Karl Marx, *Œuvres philosophiques*, Éditions Costes, t. V, p. 208.

② 마르크스, 아르놀트 루게Arnold Ruge, 포이어바흐와 같은 두 번째 집단은 국가의 비합리성 속에서 그들의 실패의 원인을 찾는다. 문제는 다음과 같다. 왜 국가의 실존은 국가의 본질과 모순을 빚는가?

B. 포이어바흐의 영향

포이어바흐와 더불어 외관상 급진적인 전도가 이루어진다. 곧 국가 또는 종교의 비합리성은 우연적인 일이 아니라 그 본성 자체를 이루는 것이다.

← 소외 이론. 소외된 것은 더 이상 헤겔적인 정신이 아니라 경험적인 인간이다. 소외의 유물론적 인간학.

관계의 비실재성이 그 본질 자체를 이룬다. 문제가 되었던 것(왜 종교는 비실재적인가?)이 테제가 된다. "신은 인간의 본질이다." 종교는 순수한 미망이 아니다. 그것의 내용은 참이며, 그것은 바로 인간의 본질이다. 그것은 비실재적이지만, 이런 비실재성은 의미를 지니고 있다. 곧 그것은 인간 본질의 소외를 표현한다.

- 종교의 실재성=인간 본질.

- 종교의 비실재성 ← 인간 본질의 비실존. 인간 본질이 이 세계 속에 실현되지 않기 때문에 인간은 그것을 피안의 세상에서

관조한다. 인간은 이미 분할되어 있으며, 인간의 삶에서 그 진정한 본성을 소유하지 못하고 있다. → 인간은 자신의 본성을 종교 속으로 투사한다. 인간이 진정으로 인간적이기 위해서는 인간이 자신의 본질을 투사한 천상으로부터 인간의 본질을 다시 가져와야 한다. 종교를 실현하기 위해 종교를 제거하기.

마르크스는 이런 도식을 다시 취한다. 「유대인 문제에 관하여」, 「헤겔 국법론 비판」, 「헤겔 법철학 비판 서문」.

어떤 조건에서 인간은 인간적일 수 있는가? 이는 인간 본질의 관념을 전제한다. "인간에게 뿌리는 인간 자신이다."[4]

왜 인간은 인간적이지 않은가? 왜냐하면 인간이 소외되었기 때문이다. 마르크스는 포이어바흐의 소외 이론을 통째로 받아들여 그것을 국가에 적용한다. 국가=정치적 삶의 종교. → 문제는 다음과 같다. 어떻게 이런 인간 소외를 극복할 수 있는가?

1. 종교

- 인간 본질의 공상적 반영물.
- 하늘로부터 떨어진 것이 아니라 인간에 의해 만들어진 것.

---

4 Karl Marx, "Contribution à la critique de la philosophie du droit de Hegel", in Ibid., pp. 96-97; 「헤겔 법철학의 비판을 위하여」, 『칼 맑스·프리드리히 엥겔스 저작 선집』 1권, 박종철출판사, 1991, 9쪽.

- 왜 인간은 이 종교를 만들게 되었는가? 왜냐하면 인간 본질
이 진정한 실재성을 갖고 있지 않기 때문이다.

따라서 인간은 두 개의 수준에 속한다.
- 인간의 본질.
- 인간의 실재성.

인간의 실재성=국가와 사회. 바로 이 수준에서 종교의 기원을 찾아야 한다. 국가와 사회는 종교를 산출하는데, 왜냐하면 이것들은 그 자체로 가짜 세계를 구성하기 때문이다.

왜 가짜 세계인가?
- 철학에 의해 정의된 인간 본질에 일치하지 않기 때문.
- 비참에 대한 저항에 의해 가짜라고 판단되기 때문. 마르크스는 여기에서 이런 비참에 대한 저항과, 인간 본질에 대한 철학적 정의를 동일시한다.

그리하여 인간은 분열된 것으로 나타난다. 인간은 자신의 진정한 본성의 이름으로 자신의 비참에 저항한다. 인간 속에서의 이런 분열의 진정한 토대는 무엇인가? 포이어바흐에게 그것은 오직 인간이 "인간 종"으로부터 소외되었기 때문이다. 마르크스는 그보다 더 멀리 나아간다.

2. 국가=종교의 토대. 「유대인 문제에 대하여」

브루노 바우어에 따르면, 국가가 인간적인 것이 되기 위해서는 국가는 종교로부터 해방되어야 한다. 마르크스는 이것이 충분치 않음을 보여 준다.

 - 정치적 해방은 종교적 해방에 뒤따라오지 않는다.
 - 정치적 해방은 인간의 해방이 아니다.

사람들이 신을 믿는 것은 그들이 실제로 그들의 세속적인 실존 속에서 제한적이기 때문이다.

이런 세속적 제한의 본질은 무엇인가? 국가는 인간이 자유롭지 않은 가운데서도 자유주의국가가 될 수 있다. 국가 속에서 자유의 존재 자체는 경제적 예속의 소외 형태에 불과하다.

국가=소외된 인간의 본질. 국가="인민의 삶의 종교." 인간은 그가 정치적으로 해방되어 있는 국가 안에서 두 가지 형태 아래 존재할 수 있다. 한편으로는 구두장이, 벌목꾼 등으로, 다른 한편으로는 시민으로. 시민으로서 그는 "유적인 존재", 추상적 존재를 지닌다. 그는 오직 국가 안에서만 자유롭고 평등하고 박애적이라고 인정받는데, 왜냐하면 이런 자유와 평등, 우애는 실제의 물질적 삶에서는 인정받지 못하기 때문이다. 인간은 국가 속에서의 그의 진정한 본성(자유롭고 등등)을 예찬하는데, 왜냐하면 이 진정한 본성은 실제 삶에서는 실현되지 않기 때문이다.

따라서 마르크스는 국가가 인간 자유의 중심이라는 헤겔적인 생각을 보존한다. 하지만 그는 이런 정치적 삶의 영역은 비실제적인 영역이라는 점을 보여 준다. 「유대인 문제에 대하여」에서 제시된 그의 인권 비판의 비밀이 여기에 있다. 이 비판은 여전히 매우 관념론적인 것이다. 인간의 유적 존재와 그 구체적 현실 사이의 분열 → 시민권의 형식적 성격, 곧 정치적으로 자유롭고 평등하고 등등이지만, 이런 긍정은 시민사회 속에서 인간의 현실적 조건들을 제거하지는 못한다. 인간은 정치적 속성을 지닌 주체인데, 이 정치적 속성은 자신의 사회적 조건을 제거하지 못하고 그 조건을 전제한다. 사적 소유의 정치적 무화無化(=세금 납부자 선거제 폐지)는 사적 소유를 제거하지 않고 반대로 그것을 전제하는 것이다.

→ 시민의 권리와 인간의 권리 사이의 모순. 시민의 권리는 인간들을 자유롭고 평등하고 박애적인 것으로 정의하지만, 인간의 권리는 부르주아사회의 이기주의적 인간의 실제 활동을 정의한다. 자유=타인에게 해를 끼치지 않는 행동을 할 권리 ← 인간=자기 자신에게 몰두하는 모나드. 소유권=자기 마음대로 자신의 재산을 처분할 권리. 부르주아사회의 가장 기본적인 권리=안전! 따라서 사실상 인간의 권리는 이기주의의 지배를 신성화한다.

→ 역설적인 것은 정치적 권리들이 인간의 권리들에 봉사한다는 점이다. 시민사회의 인간 + 이기주의적 인간에게 봉사하는 시민

3. 따라서 시민사회의 모순들 속에서
인간이 시민 속에, 정치적 삶 속에
자신의 진정한 본질을 투사하는 이유를 찾아야 한다.

인간은 소외되어 있는데, 왜냐하면 그는 이기주의적이고, 타인을 경쟁자로 간주하기 때문이다. 인간 본질의 이런 소외의 실현을 마르크스는 돈에서 찾는다(이것은 마르크스주의적인 테제가 아니다. 『자본』에서 화폐는 단지 경제적인 범주가 될 것이다).

> → 인간 해방=경제적인 삶의 영역과 정치적 영역 사이의 모순의 제거 → 인간이 더 이상 이기주의적 욕구에 의해 다른 인간들과 분리되지 않는 진정한 민주주의를 창조하기. 인간의 본질=인간들이 서로 고립되지 않고 함께 통일된 집합을 형성한다는 사실. "인간들의 진정한 집합성이 바로 인간의 본질이다." 인간 본질의 내용은 공동체다.
>
> → 정치적 해방과 인간적 해방의 차이. 인간들이 더 이상 소외되지 않기 위해서는 시민들로서 정치적으로 해방되는 것으로는 불충분하다.

4. 인간 본질의 이런 실현은 어떻게 이루어지는가?
이는 프롤레타리아의 작업이 될 것이다.

왜? 그 본성 자체로 인해, 프롤레타리아의 본성과 인간 본질의 본성 사이에 존재하는 내적 관계로 인해. 프롤레타리아는 "헤겔의 표현법을 사용하자면, 이런 격하에 맞선 반항의 격하 상태에 놓이게 되는데, 프롤레타리아는 그의 인간적 본성과, 이런 본성에 대한 절대적 부정을 구성하는 그가 처한 상황 사이의 모순으로 인해 필연적으로 이런 격하로 내몰려 있다." 따라서 프롤레타리아의 역할은 다음과 같은 요인들에 의해 정의된다.

- 그 총체적 소외에 의해.
- 인간 본질과 그 실존의 비인간성 사이의 모순에 의해.

혁명은 이런 모순의 필연적 귀결이다. 프롤레타리아 속에서 인간 본질은 자신의 소외의 극단적 지점에 이르게 된다. 프롤레타리아가 혁명적인 것은 이런 모순이 인간 본질에게는 **존재론적으로 참을 수 없는** 것이기 때문이다. 혁명은 **인간 본질의 소외 불가능성과 인간의 소외 사이의 모순**의 현상에 불과할 것이다. 프롤레타리아의 역할은 이런 철학적 관점 속에서만 이해될 수 있다.

이는 이 시기 마르크스의 입장의 또 다른 측면, 곧 철학의 역할에 관한 측면을 이해할 수 있게 해준다. "철학은 이런 해방의 머리이며, 프롤레타리아는 그 심장이다. 철학은 프롤레타리아의 지양 없이 실현될 수 없으며, 프롤레타리아는 철학의 실현 없이 지양될 수 없다."[5] 인간 본질=철학적 성찰의 대상이자 프롤레타리아의 존재.

그리하여 이 시기에 역사철학은 다시 한 번 인간 본질에 대한 철학적 이념 위에 정초되었다.

---

5 Ibid., p. 107; 「헤겔 법철학의 비판을 위하여」, 15쪽.

→ 문제=마르크스가 인간에 대해 형성한 철학적 이념에 대한 역사적 해명. 이는 1844년 이후에 두 가지 경험의 실마리를 따라 이루어지게 될 것이다.

① 마르크스가 영국 경제학자들을 인식하게 됨.

② 프랑스와 영국에 존재하는 사회주의 운동에 대해 인식하게 됨. 이런 인식은 마르크스의 활동을 통해 공산주의 조직으로 발전하게 됨.

C. 마르크스의 확정적인 관점에 대한 방법론적 성찰[6]

마르크스는 **역사에 대한 과학적 이론**의 토대를 정립했다고 주장했는데, 이는 다음과 같은 점을 함축한다.

(1) 고전적인 의미에서 모든 역사철학에 대한 거부.

(2) 마르크스주의 이론의 과학적 성격에 대한 정당화.

---

6 이 장의 텍스트는 알튀세르의 타이핑 원고를 기반으로 구성되었는데, 이 원고는 독자적인 페이지 수가 매겨져 있었다. "마르크스주의 역사 이론에 대한 노트"라는 제목이 붙은 이 원고의 첫 페이지에는 "50-58 강의?"라는 손으로 쓴 지시 사항이 적혀 있다. 수강생의 노트는 이 원고보다 덜 상세하지만, 이 타자본에 매우 가까운 내용을 담고 있다.

1. 역사철학에 대한 거부

cf. 마르크스, 『정치경제학 비판을 위하여』「서문」, p. 8.[7]

"1845년 봄에 그[엥겔스] 역시 브뤼셀에 거주하게 되면서 우리는 공동으로 우리의 사고방식과 독일 철학의 이데올로기를 대조해 보려고, 곧 **사실상 이전에 우리가 갖고 있던 철학적 의식을 청산**하려고 결심했다."[8]

역사철학을 청산하기=역사 속에서 철학자를 청산하기. 전술한 [역사]철학은 무엇으로 구성되는가?

ⓐ 앞에서 고찰했던 상이한 역사철학들(보쉬에, 콩도르세, 루소, 헤겔 등)을 고려해 본다면, 우리는 이 역사철학들이 두 가지 요소에 의해 정의된다는 것을 확인할 수 있다.

- **역사적** 요소(역사의 소재, 내용)

- **초역사적** 요소. 이것이 신의 계획이든, 섭리의 목적이든 역사의 목적이든 간에, 이 요소는 **역사에 대해**, 역사학이 서술한 경험적 내용에 대해 **의미**를 부여한다.

이로부터 역사철학들의 역설 및 내적 모순이 비롯한다. 곧 이 철

---

7 알튀세르는 마르크스의 이 텍스트를 다음 판본에서 인용하고 있다. *Contribution à la critique de l'économie politique*, trad., Laura Lafargue, V. Giard & E. Brière, 1909; 『정치경제학 비판을 위하여』, 김호균 옮김, 중원문화, 1988. 알튀세르는 타이핑 원고에서는 간혹 "정경비판"(Criteco)이라는 약어로 표기하기도 했다.

8 알튀세르는 인용문의 번역을 수정하고 있다. 로라 라파르그Laura Lafargue의 번역에서 이 구절은 다음과 같이 끝난다. "–사실상 이전에 우리가 갖고 있던 철학적 의식의 채무를 청산하려고 [결심했다.]")『정치경제학 비판을 위하여』, 8쪽]

학들은 역사적 소재 그 자체를 대상이나 내용으로 삼고 있지만, 역사적 소재에 대한 이해는 역사에서 벗어남으로써만 가능하다. 다시 말하면 역사는 **그 자체로 알려지는** 것이 아니다.

역사적 판단의 규준은 **역사에 외재적인** 것이다.[9]

이런 **외재적 규준**의 원리는 **역사의 실제** 내용과 모순을 빚게 된다. 왜 이런 목적이 그와 같은 형태를 띠는 것인가? (역사를 향해 나아가는 "지름길." *cf.* 『철학의 빈곤』, pp. 132-33[10])

ⓑ 하지만 이런 규준, 이런 진리, 이런 초역사적 의미의 내용을 검토해 본다면, 이것은 역사와 심층적으로 결부되어 있음이 드러난다. 역사의 신적인(또는 초월적인) 의미는 항상 역사에 대한 인간의 판단의 표현이다. 헤겔이 심원하게 주목했던 것처럼, 반성적 역사의 판단 원리는 오직 자기 자신의 의식 및 자기 자신의 목적들(또는 그 시대의 목적들)만을 반영한다. 다시 말하면, 역사철학이 그 이름 아래 역사를 판단하게 되는 초월적 규준은 그 자체가 역사의 한 요소이자 사건, 사실인 것이다. 그리고 그것의 내용은 역사의 현존하는 의식(또는 현재의 의식)에

---

9 이 문제에 관해서는 장 라크루아에게 보내는 알튀세르의 편지(1950-51)를 읽어 보면 유익할 것이다. *Écrits philosophiques et politiques*, op. cit., t. 1, pp. 277-316.

10 알튀세르가 인용한 텍스트는 다음 판본이다. *Misère de la philosophie*, in *Œuvres philosophiques*, Éditions Costes, op. cit.[해당 대목은 다음과 같다. "프루동 씨는 이데올로그가 택하는 지름길 위에서, 역사의 대로에까지 나아갈 만큼 충분히 전진하지 못했다." 「철학의 빈곤」, 『칼 맑스·프리드리히 엥겔스 저작 선집』 1권, 278쪽-옮긴이].

불과하다.

따라서 주관적이거나 회고적인 미망은 역사철학의 고유한 특징이다.

역사철학의 철학적 악덕은 역사철학이 **자기의 현존하는 의식**을 역사를 판단하는 초월적 규준으로 만든다는 점에서 기인한다.

cf. 마르크스, *Œuvres philosophiques*, t. VI, pp. 186-87.[11]

"≪이전의 역사관에서≫ 역사는 역사 바깥에 놓여 있는 규준에 따라 서술되어야 했다. … 역사의 모든 시기에 있어서[12] 역사는 **특히 그 시기의 미망을 나누어 가지지** 않을 수 없었다. 예를 들자면 '종교'와 '정치'[13]는 그 시기의 현실적 동기의 형식들일 뿐이었음에도 불구하고 어떤 시기가 순수하게 "정치적"이거나 "종교적인" 동기들에 의해 규정된다고 상상한다면, 그 시기의 역사가는 그런 견해를 수용한다."♦

이런 관점의 가장 급진적 형태는 역사의 **목적**[종말]을 역사가의 현재 의식의 내용과 일치하는 것으로 명시적으로 표상하는 것이다.

사례로 18세기의 모든 이데올로기 … 헤겔의 경우, **역사는 이성의 현현, 변신론이다.**

역사의 목적=계몽의 산물=이성, 자유가 자기 자신을 의식함 등은, 철학자의 의식의 내용을 구성하는 요소(여기에서는 계몽주의 철학=자

---

11 알튀세르가 지시한 이 책은 『독일이데올로기』다.

12 타이핑 원고에 적혀 있는 것과 달리 "의해서"par가 아니라 "있어서"pour다.

13 타이핑 원고에 적혀 있는 것과 달리 "종교가나 정치가"가 아니다.

♦ 「독일 이데올로기」, 『칼 맑스·프리드리히 엥겔스 저작 선집』 1권, 222쪽.

유주의적 합리주의의 옹호)가 역사의 목적이라는 것, 곧 모든 역사는 이런 목적을 **위해** 생산되었다고 말하는 것으로 귀착된다.

이는 어떤 시대가 자기 자신에 대해 갖고 있는 미망을 역사의 원인으로 간주하고 이런 미망을 역사의 목적으로 표상한다는 뜻이다.

cf. 마르크스, *Œuvres philosophiques*, t. VI, p. 199[230쪽].[14]

"일상생활에서는 모든 소매상들이, 자칭하는 바의 인물됨과 그 실제의 인물됨을 아주 잘 구별할 줄 아는 반면에, 우리의 역사 서술은 아직 이런 평범한 인식에도 도달하지 못하고 있다. 그 역사 서술은 각각의 시대가 자기 스스로에 대해 말하고 상상하는 바를 [그대로] 믿는다."

따라서

ⓒ **역사철학을 파괴한다는 것**은, 미망이자 신화로서의 역사철학을 파괴한다는 것이 아니다. 이는 역사철학이 역사에 대해 부과하는 **규준**을 역사 그 자체와 관련시키는 것이다. 이는 이런 규준 자체가 지닌 역사적 특징과 역사적 의미를 인지하는 것이다. 역사철학을 파괴한다는 것은, 한 원리에 대해 다른 원리를 대립시키는 또 다른 철학적 이론으로 역사철학을 대체한다는 뜻이 아니라, 역사철학을 역사 자체와 관련시키고 역사 속으로 돌려보낸다는 뜻이다. 이는 한 시대의 의식을 그 시대로 되돌려 보내고 그 시대를 그것 자체를 통해 이해하는 것이다.

따라서 이는 **모든 고전 역사철학**에 대한 전도를 함축한다. 이는 **역**

---

14 이것도 역시 『독일이데올로기』다.

사에 대한 사상의 이론으로 나아가는 길에 참여하는 것이다. 따라서 이는 동시에 현존하는 의식의 내용의 지배에서 벗어나는 것이다. 다시 말하면 ① 역사에 대한 철학 사상을 해명하되, ② 학자의 의식을, 그 시대의 역사적 내용에 종속되어 있는 의식의 조건에 준거시키지 않는, 그런 역사과학을 만들어 내는 일이다.

따라서 이는 역사적 상대주의를 극복하고, 역사과학을 구성할 수 있게(곧 **역사의 내용** 속에서 역사 판단의 객관성의 토대에 도달할 수 있게) 해주는 **확고한 지점**, 아르키메데스적인 지점을 발견하는 일이다.

2. 마르크스주의 이론의 과학적 성격에 대한 정당화

사실 역사철학들(곧 이데올로기들)의 내용을 역사과학의 관할권에 종속시켜야 할 필요성을 인지하는 것만으로는 충분치 않다. **이런 과학이 과학으로서 실존**해야 한다. 다시 말하면, 이런 과학은 **과학성의** 보편적 조건들을 만족시켜야 한다.

> ⓐ **마르크스주의(역사유물론)는** 절대적 지식**이 아니라, 다른 과학들처럼 구성되었고 발전하는** 개방되어 있는 과학**이다.**
>
> *cf.* 레닌, 「인민의 벗」[15]

---

15 "Ce que sont les Amis du Peuple", in Lénine, *Œuvres chosies*, 2 vols, éditions de Moscou, t. 1; 『인민의 벗이란 무엇인가』, 김우현 옮김, 벼리, 1988.

"사회학에서 이 유물론 사상은 이미 그 자체로 천재적인 사상이었다. 당연히 한동안 이것은 하나의 가설에 불과했지만, 이 가설이 역사적·사회적 문제들에 대한 엄밀하게 과학적인 접근의 가능성을 처음으로 열어 놓은 것이었다."(p. 91; 19쪽)

"그리고 마르크스는 **1840년대에 이 가설을 제기한 이후** 사실들(**주목하라**)에 대한 연구에 착수했다. 그는 하나의 경제적 사회구성체(상품경제 체계)를 선정하고 방대한 양의 자료(그는 25년 이상 이것을 연구했다)에 근거해 이 사회구성체의 기능과 발전을 지배하는 법칙들을 지극히 상세하게 분석했다."(p. 93; 20쪽)

"… 『자본』은 '사실적 자료의 진정한 몽블랑산이라는 지위를 부여받을 만한, 어떤 긴밀히 상호 연관된 일반 관념들'과 다르지 않다. … **오늘날 ≪1905년≫ 『자본』이 출간된 이후 유물사관은 더 이상 가설이 아니며 과학적으로 증명된 학설이다. 그리고 어떤 사회구성체 ─ 사회구성체이지 어떤 나라, 민족 또는 계급 등등의 생활양식이 아니라는 것에 주의하라 ─ 의 기능과 발전에 대해 과학적인 설명을 하기 위해 이와 다른 시도 ─ 유물론과 같이 "관련된 사실들"에 질서를 부여할 수 있고, 일정한 사회구성체를 엄밀히 과학적으로 해명함과 동시에 그것을 살아 있는 생명체처럼 묘사할 수 있는 다른 시도 ─ 를 하게 될 그때까지 유물사관은 사회과학과 동의어가 될 것이다. …**"(p. 94; 21-22쪽)

≪마르크스가 "인류의 과거 전체"(원문 그대로!!?)를 설명하겠다고 주장한다는 미하일로프스키에 맞서 레닌은 다음과 같이 쓴다.≫

"그러나 이것은 완전히 거짓이다! 이 이론은 단지 자본주의 사회 조직을 설명한다고 주장할 뿐이지 그 밖의 다른 어떤 것이 아니다. 만약 하나의 사회구성체를 분석하고 설명하는 데서 유물론을 적용해 그런 눈부신 결과가 나왔다면, **역사에서 유물론은 더 이상 단순한 가설이 아니며 과학적으로 증명된 이론이 된다는 것은 지극히 당연하다.** 이런 방법론이 다른 사회구성체들을 조사·분석하는 데까지 확장·적용될 수 있다는 것은 지극히 당연하다. … 그리고 변이설이 결코 종의 형성의 '모든' 역사를 설명하려고 하는 것이 아니라 이런 설명의 방법들을 과학적 토대 위에 올려놓으려고 할 뿐인 것처럼, 역사에서의 유물론도 모든 것을 설명하겠다고 주장한 적은 없으며, 마르크스가 (『자본』에서) 한 표현을 빌리자면, 역사를 설명하는 '유일하게 과학적인' 방법을 제시하려는 것뿐이다. 이를 통해 사람들은, 무엇보다도 미하일로프스키 씨가 '모든 것을 설명하겠다'는, '역사의 모든 자물쇠를 여는 열쇠'를 찾겠다는 터무니없는 주장(물론 마르크스는 미하일로프스키 씨의 논문에 대한 편지 속에서 이 주장을 매우 신랄한 방식으로 비판했다)을 역사에서의 유물론에 뒤집어씌움으로써 마르크스를 왜곡할 때, 그의 논쟁 방법이 얼마나 재능 있고 진지하며 예절 바른 것인지 판단할 수 있을 것이다."(pp. 97-98; 25-26쪽)

한편으로 역사가는 **사실들의 더미**(역사의 소재)에 직면한다.

역사유물론은 이 사실들의 더미를 **절대적 지식**으로 구성하겠다고 (단번에 모든 것을 설명하겠다고) 제시하는 게 아니라, **일반 이론**을 제시함으로써 이 사실들에 대한 **전진적인 인식**("존재하는 사태에 대한 실정적 인식")을 가능하게 하겠다고 제시하는 것이다.

이 점에서 역사유물론은 **경험적 관찰들의 더미**에 대한 인식을 가능하게 해주는 **추상 이론**의 도움을 받음으로써만 구성될 수 있는 **다른 자연과학들**처럼 진행한다.

(*cf.* 물리학, 수학 이론, 생물학, 진화 이론 등)

마찬가지로 **다른 과학들처럼, 추상 이론의 과학적 타당성을 정당화하는** 것은, 추상 이론의 종별적인 덕목, 그 내적 효력이 아니라, 그 이론의 **과학적 검증**이다.

이 때문에 다른 과학들처럼 역사학에서도 **일반 이론**은 우선 하나의 **가설**이며, **과학적 진리**가 되기 위해서는 **검증**되어야 한다.

ⓑ **하지만 어떤 의미에서** 검증되는가?

모든 과학에서처럼 하나의 가설 또는 추상 이론의 **검증**은 두 가지 의미를 포함한다.

① **과학 내적인 검증.** 과학이 사실들의 더미 속에 도입하는 인식 가능성에 의한 가설의 검증. *cf.* 레닌. 사실들의 더미 "속에 질서를 부여하는 것 … 을 해명하기."

② 하지만 이런 내적인 검증(인식과 내적 일관성)은 과학 이론을 정당화하기에는 충분치 않다. 이런 검증 자체는 **또 다른,** 외재적 **기준**에 종속되어 있다. 곧 과학적 실천(또는 과학적 경험)의 기준이 그것이다.

한 이론의 과학적 타당성은 직접적으로든(물리학) 간접적으로든

(수학) 그 **실천적 검증**에 토대를 두고 있다.

경험과학인 역사학의 경우에도 사정은 마찬가지다. *cf.* 마르크스, *Œuvres philosophiques*, t. VI, p. 168. 유물론적 역사학은 독일에서 탄생할 수 없었다. "왜냐하면 독일인들에게는 감각적인 것이라는 범주가 결여되어 있기 때문"[16]이고, **"라인강 저편의 사람들은 이런 일들에 대해서 전혀 경험할 수 없으며, 거기서는 역사가 더 이상 진행되고 있지 않기 때문이다."◆**

마찬가지로 레닌, 『유물론과 경험비판론』, p. 123도 참조.[17]

"실천이라는 기준, 즉 최근 수십 년 동안의 모든 자본주의국가의 발전 과정은 마르크스의 사회경제 이론 일반의 그 어느 부분, 그 어느 정식뿐만 아니라 그 이론 전체의 객관적 진리성을 증명하고 있다."◆◆

cf. 스탈린. **이론**은 "노동자 운동의 혁명적 경험의 일반화"다.

이론들에 대한 실천적 검증을 과학적인 역사학의 본성을 이해하기 위한 **근본적인** 요구로, 그리고 일반적으로는 인문과학에 의해 제기된 인식론적 문제들 중 하나로 진지하게 받아들여야 한다.

이로부터 다음과 같은 귀결들이 나온다.

① 역사가들 및 역사철학자들 대다수는 이런 시각에서 보면

---

16   아마도 알튀세르가 이 대목을 재번역한 것 같다. 그가 인용하는 코스트 출판사 판에는 "감각적인 것이라는 범주" 대신 "감각적 확실성"이라고 되어 있기 때문이다.

◆   「독일 이데올로기」, 210쪽.

17   알튀세르는 모스크바 출판사 판본을 참조하고 있다.

◆◆   레닌, 『유물론과 경험비판론』, 정광희 옮김, 아침, 1988, 149쪽.

모든 과학의 실제 조건들에 대해 근본적으로 외재적인 **조건들** 속에 있다는 것은 하나의 사실이다. 왜냐하면 그들은 그들의 조건 속에서(분업 속에서) 자신들의 이론을 실험적인 검증의 척도에 부치도록 **강제되지도** 않으며 그런 검증에 **신경을 쓰지도** 않기 때문이다. 역사가나 역사철학자는 일반적으로 단지 인식 가능성 및 일관성이라는 **내적** 기준을 만족시키는 일반 이론을 제안할 뿐, 실제의 실천이라는 '기준'에는 의지하지 않는 고립된 지식인, 사상가다. 그는 현실을 **"고려하지"** 않는 가운데 **현실을 해명한다.** 하지만 이런 실제의 대질이야말로 어떤 이론의 타당성을 판단하는 것이다. 가령 계몽주의 철학 및 루소, 프랑스혁명의 이데올로기를 살펴보자. 백과전서파 대부분은 **지롱드파**로 귀결되었다. 혁명의 경험이 그들의 이데올로기에 도입한 선별=인간 해방의 이상, 지성 개혁의 이상 등은 세금 납부자 선거제, 르 샤플리에 법◆, [나폴레옹—옮긴이] 민법전을, 곧 부르주아지의 경제적·정치적 군림, 경제적 착취와 정치적 지배를 산출했다. 이런 경험, 이론과 현실 사이의 이런 **실천적 대질**이야말로 이론의 가치를 드러내고, 역사를 만드는 것은 사상이 아니라는 것, 역사는 이성이나 자유의 군림에 봉사하

◆ 1791년 국민의회에서 통과되어 1884년까지 시행된 법으로, 노동자 단체와 고용주 단체 모두를 불법으로 규정한 법이다. 실제로는 노동운동을 탄압하기 위한 도구로 사용되었다. 알튀세르는 최근 유고로 출간된 『검은 소』에서 르 샤플리에 법에 대해 길게 분석하고 있다. 『검은 소』, 배세진 옮김, 생각의힘, 2018, 8장 참조.

지 않는다는 것을 보여 주었다. 마찬가지로 파리코뮌 및 독일 사회민주당의 경험이야말로, 프롤레타리아를 위해 부르주아 민주주의국가의 틀 안에서 집권하는 것이 가능하다는 등의 엥겔스 이론의 오류를 실천적으로 입증해 주었다.

하지만 사람들은, 만약 고전적인 역사철학자나 역사가가 현실을 고려할 생각을 하지 않는다면, 이는 현실이 그 자체로 이론의 가치에 대한 판단을 내리기 때문이라고 말할 것이다. 다른 한편으로, 권력을 쥔 정치가들 역시 이론을 적용하며, 그것을 검증하고 변형할 수 있다. **그들 역시 스스로 과학적 실천의 조건 속에** 있는 것이다. 분명 그렇다. 하지만 그들이 필연적으로 이런 조건 속에 존재한다 해도 그들은 이 조건을 활용하기를 거부하는데, 왜냐하면 그들은 진리가 아니라 자신들의 이익을 목표로 삼기 때문이며(*cf.* 홉스), 그들의 목표는 이론을 검증하는 것이 아니라 **그들의 목적을 실현하는 것**이기 때문이다.

따라서 어떤 이론의 **과학적 타당성의 척도**가 존중되기 위해서는 다음과 같은 점만으로는 불충분하다는 것을 알 수 있다.

    ⓐ **이론의 일관성만 유지되어서는.**

    ⓑ **이론이, 이론으로 하여금 실천 속에서 자신의 이론을 검증하도록 강제하는 조건들 속에 존재하는 것만으로는.**

다음과 같은 점 역시 동시에 실현되어야 한다.

    ⓐ 이론의 내적 일관성.

    ⓑ 이론의 검증 조건들.

ⓒ 이런 검증의 **과학적** 조건들(곧 실천의 교훈이 실천으로부터 실제로 도출된다는 조건, 곧 "이익과 진리" 사이에 갈등이 존재하지 않는다는 조건).

(이 마지막 조건은 마르크스주의가 부르주아 지식인들에 의해 창출될 수 있었던 이유를 설명해 주며, 또한 집단을 이룬 프롤레타리아만이 진리와 이익 사이의 갈등을 피할 수 있다는 점을 설명해 준다.)

② 또 다른 중요한 귀결. 만약 역사 이론의 운명이 이런 실험적 검증에서 작용한다면, 따라서 이런 검증은 **현행적**이며, 과학적 설명의 무게중심이 이동하게 된다. 역사철학의 고전적인 이론들 속에서는 설명해야 할 것이 **과거**인 데 반해, 그리고 고전적인 역사철학자나 역사가에게 과거는 역사의 요소 자체인 데 반해(가령 근대사 교과서나 시험 출제 범위가 현재로부터 50년 이전에 멈춰 있을 만큼 그렇다. [헤겔이 말했듯이―옮긴이] 본질은 존재해 왔던 바의 것이다Wesen ist was gewesen ist), 마르크스주의 역사 이론은 역사 이론의 운명이 사실은 **현재 속에서, 현재의 실천** 및 **현재의 역사적 작용** 속에서 작용한다는 것, 또한 이런 현재의 실천은 **과거에 대한 인식의 검증**에서 중심적인 역할을 수행한다는 것을 보여 준다. 이는 자연과학에서만이 아니라 역사학에서도 마찬가지다. 자연과학에서는 가장 현재적인 문제들에 입각해 고안된 가장 발전된 이론이 이미 알려진 사실 및 이전의 이론들을 해명하고 새롭게 위치시키며, 이것들을 매번 더 심원하게 설명해 준다(*cf.* 물리학). 역사에서도 마찬가지다. 과거의 가르침과, 실

천에 의해 검증된 현재의 이론적 진보 사이에는 동일한 순환적 현상이 산출된다. 새로운 이론적 진보는 그 자신에 입각해 역으로 과거를 해명해 주는 것이다.

cf. 마르크스, 『정치경제학 비판』, p. 342.

"인간의 해부는 원숭이 해부를 위한 열쇠다. 이에 반해 하급의 동물 종류에 속해 있는 좀 더 고급한 것의 조짐은 이보다 고급한 것 자체가 이미 알려져 있는 경우에만 이를 이해할 수 있다. 따라서 부르주아 경제는 고대 등 그 이전의 경제에 대해 열쇠를 제공한다. 그러나 이것은 결코 모든 역사상의 구별을 무시하고 모든 사회 형태에서 부르주아 형태를 구하는 경제학자들의 사고방식이 아니다. 지대를 알면 공조貢租, 십일조 등을 알 수 있으나 이것들을 동일시해서는 안 된다."◆

이런 마르크스의 일반적 언급은, 우리가 단지 현재 속에서 획득된 이론적 결과만이 아니라, 특히 역사적 실천 자체 속에서 이론의 발전을 고려할 때, 더 정확히 해명된다. 사례. 근대 계급투쟁의 경험은 과거 역사를 심원하게 해명해 주었으며, 과거 역사에 대한 이해를 심화해 주었다. 사례. 프랑스혁명 당시 계급투쟁의 경험. 부르주아지와 평민의 관계라는 문제, "제4신분"의 성격에 관한 문제, 혁명에서 평등주의적인 개혁을 시도하던 극단주의자들(최고가격제)의 실패라는 문제, 지롱드파의 배신이라는 문제 등. 이 동일한 현행적인 문제 및 그

◆ 칼 마르크스, 「1857년 그룬트리세 서문」, 『정치경제학 비판을 위하여』, 227-28쪽.

해결은 18세기 이데올로기들의 본성에 대해, 그 계급적 내용 등에 대해 새로운 빛을 던져 주었다. 과학적인 역사에서 과거는 더 이상 단지 자신의 유일한 실재성(왜냐하면 과거는 역사에 의해 고정되었고 **본질**로 전환되었기 때문에)을 통해 현재를 설명하는 것이 아니라, **현재의 역사적 실천 속에 관여하고 있는 이론**의 현행적인 발전을 통해 점점 더 심층적으로 이해되어야 하는 것이다.

(이로부터 또 다른 중요한 귀결이 도출된다. 곧 일반 이론이 그 자체로 **생성 중에** 있는 것이며, 몇몇 지점에서 변형되는 것이다. *cf.* 레닌과 불균등 발전, 레닌과 소비에트, 스탈린과 민족 및 식민지 문제 등)

③ 또 다른 귀결. 만약 역사과학이 이처럼 역사의 현행적 실천에 근본적으로 관여하고 있다면, 역사과학은 단지 무매개적 현재와 관련될 뿐만 아니라 또한 이런 현재에서 탄생하는 **미래** 자체와도 관련된다. 그리고 여기에서도 역시 역사의 과학적 지위는 자연과학의 과학적 지위와 재결합하게 된다. 자연과학은 자연법칙의 발견을 대상으로 삼고 있지만, 이런 목적은 그것의 기원이자 요소를 이루는 좀 더 일반적인 실천, 곧 자연의 전환 및 자연에 대한 인간의 행위라는 것 속에 포함되어 있다. 마찬가지로 역사과학은 인간들이 자신의 역사에 대해 수행하는 행위 안에 포함되어 있다. 이 때문에 역사과학은, 아주 엄밀하게 고려될 경우, 역사의 전환, 역사 자체 속에서 작동 중인 전환과 **사실상** 연결되어 있다. 만약 역사과학이 근본적으로 자신의 조건을 떠맡고자 한다면, 스스로 존재하는

바 그대로의 자기 자신을 사고하고, 자신의 현실 및 실제 의미를 사고해야 하며, 역사과학은 근저에서 과거의 본질로 향해 있는 관조적인 학문이 아니라, 미래로 향해 있는 능동적인 학문이라는 점을 인정해야 한다. 사실 모든 역사적 경험은 역사의 내용의 변형이며, 이런 경험에서 탄생한 모든 이론은 생성 중에 있는 역사의 이런 전환에 대한 이론이 된다. 이 때문에 역설적이게도 역사과학은 과거로 향해 있는 것과 동등하게 **미래로 향해 있다**고 말할 수 있을 것이다. 이는 다음과 같은 스탈린의 역설적인 정식을 이해할 수 있게 해준다.

"마르크스주의는 사회주의 **건설**의 과학이다. …"

이 정식은 역사과학 및 그것의 실제 지위의 현실적 조건들에 대한 명시적인 이론적 인정과 다른 것이 아니다. 이런 역사의 **전환**을 자의적인 전환으로, 현실에 대해 그 내재적인 발전과 대립하는 어떤 발전을 부과하는 것으로 이해해서는 안 된다. 마르크스가 지금까지 철학자들은 세계를 관조하고 설명하는 데 만족했지만, 문제는 세계를 변혁[전환]하는transformer 것이라고 말할 때, 그는 이런 변혁이 명령과 같은 것이며 역사의 운동 자체에 대해 무관심한 것일 수 있다는 뜻으로 말한 게 아니다. 역사과학은 미래 건설의 과학, 역사 전환의 과학일 수밖에 없는데, 왜냐하면 역사 자체가 자기 자신의 전환이기 때문이다. 역사학은 그것이 역사 속에서 실현하는 전환이 역사의 전환의 일반적 방향과, 역사 생성의 법칙과 합치할 경우에만 과학일 수 있다. 외관상 모순적인 마르크스의 두 가지 정식을 이해할 수 있게 해주는 것이 바로 이 점이다.

ⓐ 세계를 해석하는 것으로는 불충분하며, 세계를 변혁해야 한다.

ⓑ 인간의 역사적 활동은 결코 역사의 운동을 가속시킬 수 없으며, 인간의 의지와 독립적인 법칙에 의해 지배받는 역사의 분만 및 역사의 전환을 앞당길 수 없다(이 주제는 스탈린이 다시 논의하고 있다. 「사회주의의 경제적 문제. 야로첸코와의 대화」).

역사적 생성의 내재적이고 객관적인 법칙에 대한 이런 준거야말로 역사에 대한 과학적 활동과 역사의 전환에 대해 의미를 부여하는 것이다. 또한 이것이야말로 과학으로서 역사학의 주장에 대해 한계를 부여하는 것이기도 하다. 과학으로서의 역사학이 그 자체로 역사적 실천을 지향하는 실천에 대한 반성인 한에서, 역사학은 역사의 운동 속에, 곧 역사학을 깊이와 풍부함에서 능가하는 하나의 과정이자 현실 속에 포함되어 있다. 이로부터 역사학의 과제가 도출되는데, 그것은 다른 모든 과학과 마찬가지로 자신의 이론을 심화해, 항상 역사학에 선행하고 그것을 넘어서는 소진될 수 없는 현실에 대해 끊임없이 자신을 맞추는 것이다.

3. 역사유물론의 이론적 원리들

우리는 지금까지 역사과학의 일반적 조건들을 정의해 봤다. 이제 어떻게 이 조건들이 역사유물론의 이론적 원리들 속에서 표현되는지 살펴볼 차례다. 이런 요구는 근본적인 것이다. 왜냐하면 이런 요구는 이번에는 역사과학의 대상의 종별성과 관련되어 있기 때문이다.

사실 하나의 과학은 단지 하나의 방법 및 진정으로 과학적인 존재조건들(이론-실천)을 소유할 뿐만 아니라 **과학적으로 정의된 대상**과 관련될 경우에만 과학으로서 존재한다. 과학의 대상에 대한 정의는 그 이론적 방법 및 그 실행 조건들과 분리될 수 없다.

그런데 역사과학의 대상에 대한 정의 요구는 **모든 고전 역사철학** 이론이 실패를 거듭했던 근본적인 문제를 해결하기 위해 근본적인 것이다. 그것은 역사과학이 역사주의[원문 그대로]◆의 원환을 분쇄할 수 있게 해주는, 역사과학이 더 이상 역사의 상대성과 역사의 무한한 회의주의에 좌우되지 않도록 과학적 객관성에 도달할 수 있게 해주는 **대상성의 영역◆◆**을 어떻게 발견할 것인가 하는 문제다. 이런 순환이야말로 계몽주의 철학 및 헤겔 철학의 이론적 약점과 모순을 만들어 내는 것이었다. *cf.* 엘베시우스. 정신은 시대의 산물이며, 따라서 역사가, 따

◆　알튀세르는 "역사주의"를 뜻하는 "historicisme" 대신 "historisme"이라는 단어를 사용하고 있다.

◆◆　영어의 "objectivity"나 불어의 "objectivité"는 Gegenständlichkeit와 Objektivität라는 두 가지 단어가 존재하는 독일어와 달리, 대상성(또는 객체성)과 객관성을 모두 가리킨다. 따라서 "objectivity"나 "objectivité"가 대상성(또는 객체성)을 가리키는 경우에도 보통 그냥 "객관성"이라고 옮기곤 하는데, 이 경우 알튀세르는 과학의 대상과 관련된 영역을 표현하고 있으므로 조금 더 정확히 표현할 필요가 있다. 따라서 여기에서는 "객관성"이 아니라 "대상성"이라고 옮겼다.

라서 역사적 진리는 역사의 산물이다. 다른 시대에는 다른 진리가 존재하게 된다. 고전 철학은 초월적인 규준norme에 의지하거나 아니면 시대의 진리와 절대적 진리 사이의 기적적인 일치를 통해서만 이런 순환에서 벗어날 수 있었다. 과학적 객관성에 대한 비판을 고무하는 것이 이런 순환이다. *cf.* 소렐 및 보그다노프 이후에는 레몽 아롱.[18] 통속적인 주관주의적 비판이 제기하는 것도 같은 문제인데, 이 비판은 역사를, 동일한 것이 존재하지 않는, 일회적인 개별적 사건들의 장소로 인식한다. 곧 역사적 사건들은 두 번 다시 볼 수 없는 것이라는 말이며, 이는 모든 종류의 감정이입Einfühlung의 이론을 정당화한다(역사란 유일한 것을 주관적으로 부활시키는 것인 셈이다). 더욱이 이 문제는 외부에서 마르크스주의에 제기되는 문제인 것만이 아니다. 이 문제는 마르크스주의 내부에서도, 우리가 과학의 과학성의 조건들이라고 부른 것에 의해 제기된다. 우리는 이를 다음과 같이 정식화해 볼 수 있다. 곧 만약 역사가 그 경험의 **현행적 변증법**을 통해 자신의 과거에 대해 거리를 둠으로써 자기 자신을 해명하는 것이라면, 만약 현재 및 현재 속에서 미래를 향하는 작용이 현재에 기반해서 과거를 해명하는 과학 이론을

---

18   *cf.* Louis Althusser, "Sur l'objectivité de l'histoire. Lettre à Paul Ricœur", *Revue de l'enseignement philosophique*, avril-mai 1955. 다음 책에 재수록되었다. *Solitude de Machiavel et autres textes*, PUF, 1998. 이 논문은 리쾨르가 한 강연에서 옹호한 테제들("Objectivité et subjectivité en histoire", *Revue de l'enseignement philosophique*, juin-septembre 1955)에 대해 토론하고 있는데, 리쾨르의 강연 자체는 레몽 아롱의 책에 대한 비판을 담고 있다. Raymond Aron, *Introduction à la philosophie de l'histoire*, Gallimard, 1948.

구성하는 데 도움을 줄 수 있다면, 이런 과거와 이런 역사의 현재성 사이에는 심층적인 공통의 장소, 곧 현재의 상대주의에서 벗어날 수 있는 절대적으로 객관적이고 현실적인 보편성이 존재해야 한다. 헤겔은 반성적 역사학에 대한 그의 비판 및 그의 **기억**Erinnerung(과거는 현존하는데, 왜냐하면 현재의 내면성 속에 보존되어 있기 때문이다) 이론에서 이 문제를 잘 파악했다. 하지만 헤겔은 역사 과정의 이런 실체적 공통성을 정신의 내면성으로 인식했다. 곧 이 문제를 해결하기 위해 과학적 개념이 아니라 공허한 철학적 개념을 사용한 것이다.

마르크스주의는 이 중요한 문제를 역사적 판단 이론을 통해 해결하는데, 이 이론은 기본적으로 『진공론』 단편[19]에 나타난 파스칼의 직관을 다시 취한 것이다(비록 파스칼과 마르크스 사이에 지적 계통 관계가 존재하지 않는다 해도 그렇다). 이 단편에서 파스칼은 고대인들에 대해 말하면서 다음과 같이 쓰고 있다. "우리는 고대인들을 논박하지 않고서도 그들이 말했던 것과 반대되는 것을 옹호할 수 있다." 파스칼의 심오한 직관은, 역사 속에서의 진리는, 역사의 요소가 역사에 외재적인 규준 또는 이런 역사적 요소를 포함하는 역사의 시간에 대해 외재적인 규준과 맺는 관계에서 탄생하는 것이 아니며, **이런 역사적 요소가 그 존재 조건과 맺는** 관계에서 태어난다는 것이었다. 그리하여 고대인들의 점성술 인식은 절대적으로 **참된 것**이었는데, 이는 이 인식이 초월

---

19 Préface pour le Traité du vide, in Pascal, *Œuvres complètes*, Gallimard, "Bibliothèque de la Pléiade", 1954, p. 535.

적 진리나 이후의 진리와 관계를 맺고 있기 때문이 아니라, 고대인들이 그들의 "경험"과 더불어 보유하고 있던 수단, 곧 그들의 진리의 존재 조건과 관계를 맺고 있기 때문이다. 그런데 이런 존재 조건은 경험적·객관적이고 절대적으로 일의적인 규정들이며, 역사적 상대주의를 초래하지 않는다(고대인들의 육안, 17세기 천문학의 망원경). 하지만 이런 원리를 정립하면서 파스칼은 역사적 판단의 문제를 그 원리의 측면에서만 해결했을 뿐이다. 그는 역사적 판단이 역사의 요소의 존재 조건의 수준에서만 정초될 수 있다는 점을 긍정했지만, 경험적 상대주의로 나아갈 수 있는 길을 열어 놓았다. 실로 사람들은 역사적 진리들의 **다양한 존재 조건들**을 서로 대립시킴으로써, 이런 존재 조건들이 그것들을 자의적인 방식으로 변화하게 만드는 어떤 생성 속에 포착되어 있기 때문에, 역사에는 아무런 절대적 준거도 존재하지 않는다는 결론을 내릴 수 있지 않을까? 근대 역사학의 모든 분파가 따른 것이 이 길이다. 우리는 파스칼적인 의미에서 육안의 문명과 망원경의 문명을 개념화해 볼 수 있을 것이다. 오늘날에는 쌀의 문명, 대나무 문명, 전기 문명 등에 대한 책들을 읽을 수 있다(인문 지리학 전체는 일반적으로 이런 원리에서 영감을 얻고 있다). 사실 이런 개념화에는 상대주의와 역사주의의 궁극적인 논거를 반박하기 위해 이 존재 조건들의 **전환 과정을 객관적인 방식으로** 해명하는 것이 결여되어 있다. 규정된 존재 조건에서 다른 규정된 존재 조건들로의 "이행의 필연성"(헤겔)을 객관성의 관점에서 해명했어야 한다. 달리 말하면, 단지 이런 관계를 이끌어 내는 것만이 아니라, **역사적 진리의 존재 조건의 이런 전환의 역동적인**

객관적 법칙도 이끌어 냈어야 한다. 곧 역사 속에서 생성으로서의 역사의 동역학을 해명하는 **항구적인 관계**를 이끌어 냈어야 하는 것이다. 역사과학을 구성하기 위해서는 역사 자체 속에서 과학이 구성될 수 있게 해주는 것, 곧 **일반성**(아리스토텔레스), "항구성"(후설)을 이끌어 냈어야 한다. 그런데 역사의 내용이 지니고 있는 무한한 다양성과 외관상의 독특성 속에서 어떻게 이런 항구성을 발견할 수 있을까?

역사에 대한 유물론적 "가설"이 답변하는 것이 바로 이 문제다. 이 답변이 어떤 의의를 지니는지 이해하기 위해서는 모든 고전 역사 철학은 루소를 예외로 한다면 역사적 실존의 두 영역만을 밝혀내는 데 성공했을 뿐이라는 점을 상기해야 한다. 대략적으로 말한다면, **사회적 조건**의 영역(사례. 몽테스키외의 정부, 엘베시우스의 정치가, 헤겔의 시민사회)과 **이데올로기**의 영역(정신, 습속, 도덕, 종교, 철학)이라고 할 수 있다. 고전 철학은 이 두 영역을 **관련시킴**으로써, 그리고 역사의 전개를 **이런 항구적 관계의 결과**로 사고함으로써 분석의 극한점에 도달했다. 하지만 이 관계가 대부분 사회적 조건에 대해 이데올로기가 수행하는 규정적인 역할을 표현했을 뿐이라는 것은 아주 놀라운 점이다(cf. 헤겔과 계몽주의). 이런 시각에서 보면 엘베시우스는 사회·정치적 조건에 의해, 그리고 "공적 이익"의 생성 이론의 소묘에 의해 어떤 시대의 정신을 절대적으로 조건 짓는 그의 이론으로 이런 관계 자체를 설명하기 위해서는 좀 더 심층적인 어떤 항에 의지해야 한다는 것을 예감했던 유일한 사상가라고 할 수 있겠지만, 그는 이런 필요성을 예감했을 뿐이다. 『인간 불평등 기원론』에서 사회적 조건들(곧 인간들 사이의 관계)은 경제적 조건에 의존한다는 것을 보여 줌으로써 이를 표현한 것은 바로 루소이지만, 그는 이 관계에 대한 일반 이론을 만들어 내지 못했으며, 물론 이 관계에 대한 과학적 이론을 발전시키지도 못했다.

마르크스는 이런 이론적 영감을 다시 취한다. cf. 『정치경제학비판』, pp. 4-6. 1859년 서문[20] "내 연구는 다음과 같은 결과에 도달했다. 법적 관계 및 국가 형태는 그 자체로부터도, 인간 정신의 이른바 일반적 발전으로부터도 파악될 수 없으며, 오히려 헤겔이 18세기의 영국인들과 프랑스인들의 선례를 따라 "시민사회"라는 이름 아래 그 전체를 요약한 바 있는 물질적 존재 조건에 근거하며, [부르주아-옮긴이]**사회의 해부학은 정치경제학에서 찾아야 한다.** (…) **내가 도달했고, 그렇게 획득되자마자 내 연구의 길잡이로 쓰였던** 일반적 결론은 다음과 같이 간략하게 표현될 수 있다. 인간은 그들 생활의 사회적 생산에서 그들의 의사와는 독립적으로, 필연적인 규정된 관계 속에 진입하게 되는데, **이런 생산관계는 그들의 물질적 생산력의 일정한 발전 수준에 상응하는 것이다.** 이런 생산관계의 전체가 사회의 경제적 구조, 현실적 토대를 구성하며, 그 위에 법적·정치적 상부구조가 세워지고, 여기에는 **규정된 사회적 의식의 형태들**이 상응한다. 물질적 생활의 생산 양식은 사회적·정치적·지적 생활 일반의 과정을 조건 짓는다. **인간들**

---

20 알튀세르는 1978년에 이 대목에 관해 길게 다시 언급하는데, 이번에는 아주 가혹하게 언급하고 있다. cf. "Marx dans ses limites", in *Écrits philosophiques et politiques*, op. cit., t. 1, pp. 409-16.

의 의식이 현실을 규정하는 것이 아니라, 반대로 사회적 현실이 인간들의 의식을 규정한다. 사회의 생산력은 일정한 발전 수준에 이르면, 지금까지 자신이 그 내부에서 전개되어 온 기존의 생산관계와, 또는 그 법적 표현에 불과한 소유관계와 모순을 빚게 된다. 생산력의 발전 형식이었던 생산관계는 이 생산력의 질곡이 된다. 이렇게 되면 사회혁명의 시대가 도래하게 된다. 경제적 토대에서 생산된 변화는 다소간 느리거나 빠르게 거대한 상부구조 전체를 전복시킨다. 이런 전복을 고려할 때 항상 경제적 생산 조건의 물질적 전복—물리적 자연과학의 도움을 얻어 이런 전복을 충실하게 관찰해야 한다—과 그 법적·정치적·종교적·예술적이거나 철학적 형식들, 요컨대 인간들이 이런 갈등을 의식하고 그것을 끝까지 수행하게 되는 이데올로기적 형식들을 구별하는 것이 중요하다. 우리가 어떤 개인을 그가 자기 자신에 대해 갖고 있는 생각에 따라 판단하지 않는 것과 마찬가지로, 이런 전복의 시대를 그 시대의 자기의식에 입각해 판단할 수는 없다. 반대로 이런 의식을 물질적 생활의 모순을 통해, 사회적 생산력과 생산관계 사이에 존재하는 갈등을 통해 설명해야 한다."◆

따라서 모든 사회에는 세 개의 기본 요소가 존재하며, 이는 마르크스가 『독일이데올로기』에서 언명한 바 있다.

"역사의 세 가지 요인. 생산력, 사회적 국가, 의식"

cf. 또한 스탈린. 『사적 유물론과 변증법적 유물론』 및 『언어학에

◆ 『정치경제학 비판을 위하여』, 6-7쪽.

대하여』

@ 생산력

cf. Œuvres philosophiques, t. VI(『독일이데올로기』), p. 165. "사람들이 역사를 만들기 위해서는 일단 생존해야 한다."

p. 165[208쪽]. "최초의 역사적 행위는 그래서 이 욕구들의 충족을 위한 수단들의 창출, 물질적 생활 그 자체의 생산이며, 게다가 이는 하나의 역사적 행위, 즉 인간이 생명을 유지하기 위해서 수천 년 전이나 오늘날에나 매일 매시 충족되어야만 하는, 모든 역사의 근본 조건이다."

그런데 인간들은 역사 속에서 **자신들의 생존 수단을** 상이한 **방식으로 생산해 왔다. "생산양식"은 역사 속에서 변화한다.** 달리 말하자면, **자연에 대한 인간의** 활동 양식은 **변화하는데,** 이는 **생산력의 발전 정도가** 변화하는 한에서 그러하다.

생산력=(스탈린의 규정)

- **생산도구**(인간, 동물, 자연 에너지, 증기, 전기, 원자력+도구, 기계…)
- + **도구들을 조작하는 인간**
- + **생산 경험**
- + **작업 습관**

"생산력은 … 인간들이 물질적 재화를 생산하기 위해 사용하는 자연 대상 및 자연적 힘들에 대한 인간의 행위 방식을 표현한다."

ⓑ 생산관계(하부구조)

"생산과정 속에서의 인간들 사이의 관계"(스탈린[21], p. 142)

cf. 마르크스, 「임노동과 자본」.

"생산 속에서 인간들은 자연에 대해서뿐만 아니라 서로서로에 대해서도 영향을 미친다. 인간들은 일정한 방식으로 협력하고 자신들의 활동들을 서로 교환함으로써만 생산한다. 생산하기 위해 인간들은 서로 일정한 연관들 및 관계들을 맺으며, 또 이런 사회적 연관들과 관계들(의 한계들) 속에서만 자연에 대한 인간의 작용 및 생산이 존재하는 것이다."♦

"이런 생산관계 전체가 사회의 경제적 구조, 현실적 토대를 구성하며 …"(『정치경제학 비판』, 1859년 서문, p. 7).

생산관계 "경제적 관계", **사회의 경제구조**, 생산과 분배의 경제적 형식(사례. 노예제, 봉건제, 부르주아사회의 경제구조들).

"지금까지 자신이 그 내부에서 전개되어 온 기존의 생산관계와, 또는 그 법적 표현에 불과한 **소유관계와** …"『정치경제학 비판』, 1859년 서문, p. 7.

사회 계급은 경제적 관계, 곧 생산수단의 소유관계의 틀 속에서

---

21 *Matérialisme historique et Matérialisme dialectique*, Éditions sociales; 『사적 유물론과 변증법적 유물론, 마르크스주의와 언어학』, 정성균 옮김, 두레, 1989, 60쪽. [*cf.* "생산의 다른 측면, 즉 생산양식의 다른 측면은 생산과정 속에 있는 인간 상호 간의 관계, 즉 인간의 생산관계이다."-옮긴이]

♦ 「임노동과 자본」, 『칼 맑스 프리드리히 엥겔스 저작 선집』 1권, 555-56쪽.

인간들의 사회적 분배를 표현한다.

예: 노예제

봉건제

자본주의

(스탈린, 『사적 유물론과 변증법적 유물론』, p. 148; 67-71쪽)

ⓒ 상부구조

cf. 『정치경제학 비판』, p. 5

만약 우리가 **역사 속에서 규정된 사회**를 고려한다면, 우리는 분리 불가능한 요소들의 규정된 총체와, 심층적인 통일체와 관계하고 있는 것으로 보인다.

사례. 생산력 - 생산관계

이것은 실제로는 $\begin{cases} \text{발생적 기계론도 아니고} \\ \text{이념형 이론도 아니며} \end{cases}$

기능적 발전 이론이다.

사례. 생산관계는 생산력의 발전에 의해 기계론적으로 생산되지 않는다(마르크스가 마치 그런 것처럼 믿게 만드는 대목. "**맷돌이 봉건영주 사회를 만들고 증기기관이 자본주의사회를 만드는 것이다.**", 『철학의 빈곤』).

생산관계는 **하나의 방향**을 지니고 있으며, **생산력**의 발전 과정에서 일정한 역할을 수행한다. 생산관계의 역할은 생물학에서 형태가 수행하는 역할과 비교 가능하다. 곧 생명체의 발전의 **산물**이면서 동시에 그 발전의 **조건**인 것이다.

사례. 자본주의적 생산관계(생산의 자유, 노동의 자유, 생산수단의 사적 소유, 임노동, 자본가 계급과 프롤레타리아)는 그 속에서 일정한 시기부터 **(산업적)** 생산력의 발전이 실행되기 시작하는 **하나의 형태**를 나타낸다. 생산관계는 생산력의 실행과 발전의 요구에 따라 **생산**되었지만, **생산력의 실행과 발전을 가능하게** 해준다. 이로부터 마르크스의 다음과 같은 표현이 나온다. "**생산관계는 … 생산력이 발전하며 실행되는 형태다.**"

따라서 생산관계는 생산력을 위해 봉사하며, 따라서 생산력의 **실행** 및 발전 **조건**이다. **따라서 생산력은 자기 자신의 발전 조건을 생산한다**(생물학에서 생명체의 **형태**가 발전의 형식적 조건을 나타내는 것처럼[22]).

규정된 사회적 조건들에서 상이한 사회적 조건들로의 "필연적 이행"을, 즉 **혁명들**을 이해시켜 주는 것이 생산관계들의 **기능적** 본성이다.

cf. 『정치경제학 비판』, p. 5[7쪽].

"생산력의 발전 형식이었던 생산관계는 이 생산력의 질곡이 된다. 이렇게 되면 사회혁명의 시대가 도래하게 된다."

따라서 생산력과 생산관계 사이의 모순, 곧 발전된 생산력과 이 동일한 생산력의 실행 조건(생산력의 발전에 의해 극복되는 조건) 사이의 모순이 **사회혁명**을 설명하며, 『공산당 선언』의 다음과 같은 정식을 해명해 준다. 역사는 **계급투쟁의 역사**다. 왜냐하면 생산력과 생산관계 사이의 모순은 계급들 사이의 생산관계 수준에서, 그들을 새로운

22　타이핑 원고에는 "발전"이라는 단어 다음에 큰 공백이 있다.

생산력이나 과거의 생산력 및 과거의 생산관계와 연결시키는 이해관계에 따라 반향되고 실행되며 결정되기 때문이다.

이 기능적 이론은, 마찬가지로 기능적인 역할을 수행하는 **상부구조** 및 **이데올로기**에 대한 이론을 적합하게 위치시켜 준다. *cf.* 『정치경제학 비판』 p. 5-6[7-8쪽].

이는 **상부구조**가 생산관계 및 그 궁극적 현실로서의 계급 관계를 위해 봉사하는 기능적 역할을 수행한다는 뜻이다.

사례. 법적·정치적 제도=국가는 지배계급의 지배 도구다.

사례. 이데올로기들은 투쟁 중인 계급들의 목표나 열망을 표현한다. 여기에서 상부구조는 양가적인데, 그것은 생산관계의 개편을 위한 도구가 되거나 질곡이 된다.

cf. 정치 투쟁과 이데올로기가 수행하는 "거대한 역할."

cf. 스탈린, 『사적 유물론과 변증법적 유물론』,[23] p. 154-55[78-79쪽]

따라서 우리는 규정된 역사적 사회의 **총체**는 자신 안에 자신의 생성 및 전화의 원리 자체를 포함하고 있음을 알 수 있다. 그것은 생산력과 생산관계 사이의 모순이다.

이런 근본적 관계, 이런 근본적 모순(및 거기에서 파생된 관계. *cf.* 상부구조)야말로 역사학을 과학으로 구성될 수 있게 해주는 일반성의 요소, "항구적인" 것을 보증해 주는 것이다. 마르크스가 말했듯이, "물리적 자연과학의 도움을 얻어 경제적 생산 조건의 물질적 전복을 충

---

23 Op. cit.

실하게 관찰해야 한다."

이것이 역사과학의 구성을 가능하게 해주는, 경험적으로 규정 가능한 **절대적 요소**, 아르키메데스적인 지점이다.

cf. 레닌, 『인민의 벗이란 무엇인가?』[24]

24 "이제까지 사회학자들은 사회 현상의 복잡한 그물망 속에서 중요한 것과 중요하지 않은 것을 구분하는 데 어려움을 느꼈고(이것이 사회학에서 주관주의의 기원이다), 이런 구분을 위한 어떤 객관적인 기준을 찾아낼 수 없었다. 유물론은 "생산관계"를 사회구조로 추출함으로써, 그리고 주관주의자들이 사회학에의 적용 가능성을 부정했던 반복성이라는 일반적이고 과학적인 기준을 이들 관계에 적용하는 것을 가능하게 함으로써 완전히 객관적인 기준을 제공했다. … 물질적 사회관계 … 에 대한 분석은 즉시 반복성과 규칙성을 포착할 수 있도록 해주었을 뿐만 아니라, 다양한 나라들의 체계를 하나의 기본 개념, 곧 **사회구성체** 개념으로 일반화할 수 있게 해주었다. 오직 이런 일반화 때문에 우리는 사회현상에 대한 단순한 기술(그리고 이상이라는 관점에서 본 이것들에 대한 평가)에서 엄밀하게 과학적인 분석으로 나아갈 수 있게 되었다. 이런 분석은 예를 들면 한 자본주의 나라를 다른 자본주의 나라들과 구별해 주는 것들을 분리해 내고 이들 나라 모두에게 공통적인 것을 탐구하는 것이다." 『인민의 벗이란 무엇인가?』, 19-20쪽.

단상[1]

18세기 역사관에는 집요한 한 가지 편견이 지배하고 있었다. 철학 운동, 특히 백과전서파의 운동은 진정으로 역사에 대한 감각을 갖고 있지 못했다. 볼테르, 돌바흐, 엘베시우스, 디드로, 루소는 한 제도를 비판하거나 정당화하기 위해 그 발생이 아니라 그 근거를, 그 역사적 필연성이 아니라 그 본성을 환기시키지 않던가?(*cf.* 오직 "실정법"만을 고려하는 몽테스키외에 대한 마블리와 루소의 비판. *cf.* 루이에 도르푀이유[2], 루소 등에게

---

1   알튀세르 유고 문고 중에는 알튀세르 자신이 "18세기 역사철학에 관한 강연들"이라는 제목을 붙인 문서 꾸러미가 있는데, 이 꾸러미는 한편으로 이 강연들에 대한 서론 격의 육필 개요가 담겨 있고(이 개요는 편집하기가 어려웠다), 다른 한편으로는 우리가 여기에 실은, 강연 원고에 대한 극히 일부분의 타자 원고가 담겨 있다. 철학적이고 연대기적인 측면에서 우리가 이 책에 실은 역사철학 강의와 근접해 있는 이 분석들은 하지만 독립된 원고에 속하는 것으로도 보인다. 아마도 이 분석들은 얀 물리에 부탕이 언급한 바 있는 1954년 11월 13일 강연 원고일지도 모르겠다. *Louis Althusser. Une biographie*, Grasset, 1992, t. 1, p. 465.

2   *cf.* Augustin Rouillé d'Orfeuil, *L'Almabic des loix ou Observations de l'ami des François sur l'homme et sur les lois*, 1773. 이 저작은 다음 주소에서 내려받을 수 있다. https://bit.ly/2Q 463TQ(검색일 2019/05/10)

서 역사에 대한 비판) 역사의 전위대의 요구를 표현했던 이데올로그들은 전위대를 정당화하기 위해 역사를 지나쳤을 것이다. 또는 좀 더 정확히 말한다면, 그들은 비역사적인 근거와 본성을 환기하면서 역사를 거부했을 것이다.

오히려, 역사에 대한 진정한 감각conscience은 다른 당파에서 우리에게 도달하게 되었을 것이다. 불랭빌리에, 몽테스키외 등의 당파, 요컨대 "봉건주의자들"의 당파가 그들인데, 이들은 프랑스의 과거를 샅샅이 뒤지면서 혹시 거기에서 자신들의 주장을 정당화해 줄 만한 구실들을 찾을 수 있지 않을까 희망을 품었으며, 권리를 정당화하기 위해 사실을, 이성을 정당화하기 위해 역사를 조사했다.

하지만 역사에 의지하는 것만으로는 역사의식이 생겨나지 않는다는 점을 인정해야 한다. 불랭빌리에와 몽테스키외가 절대군주제에 맞서서 봉건제에 대한 정치적 논거를 부여하기 위해 게르만법으로, 그리고 라인 강변의 숲에서 프랑크족의 왕과 신하들을 결속시켰던 자유로 거슬러 올라갔을 때, 그들이 왕과 평민의 동맹에 의해 파괴된 이 본원적인 제도들의 퇴락을 재현했을 때, 그들은 분명 과거에 호소했지만 이것은 현재에 반대하기 위한 것이었으며, 그들은 분명 역사에 호소했지만, 이것은 역사의 본질 자체에 반대하기 위한 것이었다. 왜냐하면 역사는 과거에 대한 환기보다는 과거의 극복에 대한 인식과 더 잘 혼융되기 때문이다. 불랭빌리에 및 그 제자들의 역설은 역사의 현재에 맞서기 위해 역사의 과거에 호소했다는 점이며, 역사를 부정하기 위해 역사에 호소했다는 점이다. 사실들의 "실정성"의 외양 아래 그들은 아주 단순하게도 현재의 실존에 밀려 이미 지나가 버린 과거의 권리를 옹호한 것이다. 그들에게 역사는 사회적 형태들 및 제도들이 극복되는 현실 과정이 아니라, 퇴행적인 이상의 역사적 권리다. 그리고 뒤보 신부 같은 그들의 적수들이 그들의 논거의 지반 위에서 그들을 추적했을 때, 이 적수들 역시 그들과 마찬가지로 역사적 감각을 보여 주지 못했다. 사람들이 봉건제나 절대군주제를 "본원적인" 것으로 정당화한다는 것은, 역사에 대한 부정인 영원성의 범주 아래에서밖에 역사를 사고하지 못한다는 것을 보여 준다.

따라서 이런 논쟁의 수준에서 볼 때 역사적 감각은 과거에 의지하는 것과 혼동될 수 없다. 반대로 역사적 감각은 새로운 것에 대한 의식 속에서 [과거의] 극복에 대한 이해로 축약된다. 만약 이런 관계를 염두에 두고, 물론 편협하기는 하지만 역사적 감각에 대한 제한들 내에서 역사적 감각을 검토해 본다면, 계몽주의 철학에 대해서 역사적 감각을 인정하지 않을 수 없다. 그리고 동시에 우리는 계몽주의 철학이 외관상 역사를 거부하는 이유를 이해할 수 있다.

루소는 역사의 사용을 거부하면서, "모든 사실과 거리를 두면"서, 이렇게 하는 이유를 숨기지 않는다. 그에게 역사는 이미 극복된 질서에 속한 것이 아닐 때에도 기성 질서를 옹호하기 위한 논거에 불과한 것이었다(*cf.* 카르카손이 인용하는 루이에 도르푀이유의 경우에도 마찬가지[3]). 이런 이유로, 계몽주의 철학이 자신의 시대가 지닌 근원적 새로움 및 과

---

3 Ely Carcassonne, *Montesquieu et le Problème de la constitution française au xviii᷄ siècle*, PUF, 1927.

거와 그 시대 사이의 거리를 예민하게 의식했다는 것을 부정할 수 있을까? 계몽주의에서 이루어진 중세에 대한 비판은 극복된 시대 및 질서에 대한 비판임과 동시에 과거에 관한 비역사적 관점에 대한 비판이기도 했다.

하지만 이 새로운 현재 및 그것이 포함하고 있는 아직 발전되지 않은 새로움의 기원을 과거에서 찾는 것을 그만두면서 어떻게 그 새로움을 정당화할 수 있을까? 역사적 논쟁 속에서 성장해 온 이 세대의 철학자들에게는 두 가지 가능한 의지처가 존재했을 뿐인데, 사실이 두 가지는 하나로 혼용된다. 역사적 의식에 대한 의지와 이성에 대한 의지가 그것이다.

볼테르가 루이 14세의 세기가 기약해 주는 "부르주아" 절대군주정을 옹호하고 또 그의 세기에 이런 체제가 도래하기를 기대했을 때, 그는 자신이 "봉건주의자들"에 맞서, "본원적인 것"에 반한 "새로운 것"의 당파를 택했음을 잘 알고 있었으며, "기원"의 옹호자들을 피할수 있는 논거를 통해 이런 "새로움"을 옹호해야 한다는 것을 잘 알고 있었다. 이 때문에 그는 "모든 것은 시대에 따라, 그리고 시대에 부합하는 왕의 의지에 따라 변화했다"라고 말했다. 하지만 동시에 그는 과거 극복의 필연성에 관한 이론(분명 아직은 형식적인 이론), 곧 역사적 발생 및 조건화에 관한 이론을 소묘했으며, 본성 및 이성으로부터 새로운 질서를 연역하면서 이 질서의 역사적 출현을 보여 주었다. 이것은 모순적인가? 그의 생각에는 그렇지 않은데, 왜냐하면 그가 보기에 현재의 역사적 새로움은 정확히 계몽과 과거에 무시당했던 이성의 당당한 지배에 있기 때문이다. 볼테르에게 역사는 현실적 생성, 새로움의 영역으로 남아 있지만, 이런 역사에서 변화된 것은 이성과 그 대립물인 오류 사이의 관계, 계몽과 미신 사이의 관계다.

볼테르의 사례는 대부분의 계몽주의 철학자들에 대해서도 유효하다. 불랭빌리에나 몽테스키외에서 역사의 거부는, 생성을 인정하지 않기 위한, 특정한 역사의 거부에 불과했다. 본성 및 이성에 대한 의지가 이런 역사에 대한 거부를 함축한다 해도, 그런 의지는 이성 및 본성의 승리의 역사와, 곧 역사 속에서의 생성에 대한 인정을 함축하는 새로운 의식 형태와 분리될 수 없다.

이런 이성의 역사가 이성 자체 속에 포함되어 있다는 것은 분명한데, 왜냐하면 이성의 역사는 영원한 이성의 시간적 현현이며, 이성이 자기 자신을 의식하게 되는 것으로 귀착되기 때문이다. 이로부터 이 역사의 형식주의가 나온다. 하지만 자기 자신의 발현의 역사를 포함하고 있으며, 이를 통해 계몽주의적 역사관의 한계를 드러내는 이런 이성과 본성은 명백한 논쟁적 의미를 지니고 있다. "낡음의 이유들" [곧 어떤 것을 낡았다고 평가하는 이유들-옮긴이]을 결여하고 있고, 역사 속에서 과거의 극복 및 새로운 것의 도래를 사고할 수 있게 해줄 뿐만 아니라 그 이유까지 설명할 수 있게 해주는 과학적인 이론을 결여하고 있기 때문에, 이성 및 본성에 의지하는 것은 현재나 역사의 미래를 정당화하기 위한 수단에 불과하다. 새로운 질서의 역사적 필연성을 증명할 수 없기 때문에, 사람들은 "이성적"[이라 일컬어지는] 증명에 호소하는 것이다. 본성과 이성은 역사적 논거의 대체물에 불과하다.

혁명가 엘베시우스

1962[1]

만약 탁월한 교육가였고, 당대의 파리 문화계에서 그의 친구들 및 많은 청중을 불러 모을 줄 알았던, 엘베시우스가 그의 글로 그처럼 큰 파문을 불러일으켰다면, 이는 아마도 그가 단순히 평범한 교육자가 아니었기 때문일 것이다. 하지만 그의 저술을 읽다 보면, 그 시대 교육자들의 저작, 특히 루소의 저작에 담긴 정신만이 아니라 문장들까지도 떠올리게 만드는 일련의 정식들을 재발견하게 된다. 그렇다면 먼저 소박하게 그를 한 사람의 교육자로 간주하면서 시작하되, 그다음에는 왜 이 교육자가 그처럼 큰 파문을 불러일으켰는지 질문해 보도록 하겠다.

우선 지적해 둘 것은, 그가 당대 교육에서 전개되던 모순들에 대

---

1 1962년 2월 10일 RTF에서 <서양 사상의 파노라마> 라디오 프로그램의 일환으로 방송되었고, 국립시청각연구원INA이 2개의 CD로 된 <20세기 철학자들이 들려주는 프랑스 사상사 음성 강의록>으로 간행한 텍스트를 여기 싣는다. 좀 더 정확한 세부 사항에 대해서는 이 책의 「편집자 서론」을 보라.

해 극히 예민한 의식을 지니고 있었다는 점이다. 당시 통용되던 교육 방법을 검토해 보면 이 모순들이 어떤 것인지 눈앞에 확연히 드러난 다. 6~7년 동안 학교에서 이루어지는 라틴어 학습은 사실을 무시한 가운데 언어만을 학습하는 것이었는데, 이는 루소처럼 엘베시우스도 스콜라철학적인 것이라고 규정했던 형식주의적 교육 방법이었다. 순수하게 스콜라철학적인 이 인문주의적 교육은 당대의 요구와, 곧 백과전서파의 전개 과정을 통해 예시된 것처럼, 예술, 과학, 기술의 발전과 모순적인 것이었다. 사람들은 이 당시에 단순한 수사학자와는 다른 종류의 인간들을 양성할 필요성을 느끼고 있었던 것이다.

이런 최초의 자각이 엘베시우스로 하여금 일련의 개혁을 추구하도록 고취시켰는데, 이는 이미 로크에게서 발견할 수 있고 또한 루소에게서도 나타나는 것으로, 독창적인 개혁안은 아니었다. 가령 라틴어 학습에 기반을 둔 교육의 폐지가 한 사례인데, 이제 사람들은 아이들에게 각자의 국어를 가르칠 것이고, 과학과 기술을 교육할 것이며, 대상들에 대한 자연적 학습법을 시행하게 될 것이다. 곧 고체에 대한 조작을 통해 물리학을, 액체에 대한 조작을 통해 동역학을 가르치게 될 것이다. 사람들은 아이들을 자연이 그들에게 자신의 법칙들을 가르치는 조건 속에 그대로 놓아둘 것이다. 이제 언어에서 사물로 이행하게 된 것이다. 하지만 더 중요한 점은, 엘베시우스가 이런 교육의 모순의 원인들에 대한 자각에서 한 걸음 더 멀리 나아갔다는 것이다 (더욱이 루소 역시 여기까지 나아갔다). 엘베시우스는 사람들이 가정만이 아니라 학교에서도 아이들에게, 실제로는 세상의 이치와 모순되는 행동 원칙을 가르치고 있다고 선언한다. 사람들은 아이들에게 미덕의 원칙을 가르치지만, 그들이 성인이 되었을 때에는 어린 시절 미덕의 원칙을 가르쳤던 동일한 아버지가 이번에는 자녀들이 세상에서(정치계가 되었든 사회가 되었든 아니면 경제계가 되었든 간에) 성공을 거둘 수 있도록 완전히 냉소적인 원칙을 가르친다는 것이다. 그렇다면 아이들에게 교육되는 도덕 및 어른들과 학교 선생들이 아이들에게 가르치는 원칙들과, 세상(이 세상은 분명 사회일 것이다)의 필연성을 지배하는 내재적 법칙들 사이에는 근본적인 모순이 [나타나는][2] 셈이다. 이렇게 해서 우리는 두 번째 자각에 이르게 되는데, 이것은 단지 교육 방법들 사이의 모순만이 아니라 이 첫 번째 모순을 지배하는 근본적인 모순에 대한 자각이다.

만약 우리가 교육학으로 이해된 교육의 차원에 머무른다면, 그리고 우리가 엘베시우스의 사상과 루소의 사상을 대질시켜 본다면, 우리는 여러 가지 점에서 두 사람의 기획에는 일치가 존재하며, 심지어 완전히 일치한다고 확인하지 않을 수 없다. 하지만 아주 놀라운 점, 특히 엘베시우스가 루소와 자신의 관계를 검토하고 있는 『정신에 대하여』 및 『인간에 대하여』의 장들에서 놀라운 점은, 그가 교육 문제와 관련된 대목에서, 하지만 교육 문제의 지평을 넘어서는 대목들에서 특히 더, 루소에 대해 몇 가지 비판을 제기하고 있다는 점이다. 특히 엘베시우스는 루소가 인간의 본원적인 선함을 믿고 있다고 비판한다. 마찬가

2 이 단어는 CD에는 나오지 않는다.

지로 그는 루소가 "인간의 조직"이라고 부르는 것, 곧 인간의 유기체적 구조에 루소가 과도한 중요성을 부여하고 있다고 비판한다. 또한 엘베시우스는 루소가 본유적인 도덕 본능의 존재를 믿고 있다고 비판한다. 이런 비판은 교육 문제들에 대한 논란, 또는 반대로 일치의 뒤편에는 엘베시우스와 루소를 근원적으로 구별시켜 주는 이론적 배경이 존재한다는 것을 깨닫게 해준다. 그리고 이는 내가 엘베시우스에게서 교육이라는 단어가 지닌 두 번째 의미라고 부르는 것을 파악할 수 있게 해주는데, 이 두 번째 의미는 더 이상 교육학적 의미를 뜻하는 것이 아니라, 엘베시우스 자신이 말하듯 아주 넓은 의미로 이해된 교육, 곧 어린아이에 대한 가르침이 아니라 보편사 자체 속에서의 인간들의 생산을 뜻한다. 달리 말하자면, 교육이라는 용어하에 엘베시우스에게서 문제가 되는 것은 인간의 역사에 대한 이론이다. 그리고 이제 우리가 관심을 기울여 검토해 볼 만한 것이 바로 이 이론이다.

만약 우리가 교육에 관한 일반적 개념 아래 엘베시우스가 인간의 역사에 대해 제시하는 관점을 규명해 보려고 한다면, 우리는 그가 인간을 다음과 같이 고려하고 있다고 말해야 한다. 곧 그가 보기에 인간은 태어날 때에는 단적으로 말하자면 자신의 고유한 존재에 대한 어떤 구조도 갖고 있지 않으며(인간은 절대적 가소성 상태에서 태어난다), 인간은 엘베시우스가 우연이라고 부르는 것에 의해 전적으로 형성되는데, 우리가 곧 보게 되겠지만 이런 우연은 사실은 개인들 자신이 처해 있는 환경의 구조에 의해 규정되어 있다. 절대적으로 무구하고 순수하게 수동적인 본성을 지닌 어린아이에게 우연은 우선 그가 살아가는 가정환경이고, 그가 관계를 맺고 있는 부모이며, 그가 섭취하는 음식이고, 그에게 전달되는 이런저런 말이자 어린아이가 받게 될 처벌이다. 그 자체로는 구조화되어 있지 않은 것처럼 보이는 이런 우연이라는 개념 아래 엘베시우스가 사고하고 있는 것은 사실은 어린아이 무렵부터 개인에게 구조적인 영향을 미치는 환경이다. 그것은 곧 가정환경이다. 그리고 어린 인간이 겪게 되는 두 번째 넓은 의미의 교육은 그가 청소년이 되고 나중에 성인이 되었을 때, 곧 그가 가족적인 유년기에 접한 작은 환경보다 훨씬 거대한 환경, 곧 가까운 친구들의 환경 및 나중에는 사회 전체의 환경과 접하게 될 때 겪게 될 교육이다. 이 시기가 되면 이 두 번째 환경이 우연이라는 형태 아래 그에게 영향을 미치게 될 것이며, 어느 정도는, 많은 정도로, 그의 고유한 성격을 각인할 것이고, 정확히 말하면 그를 구성하고 생산하게 될 것이다. 엘베시우스가 우리에게 인간의 역사를, 순수 가소성의 본성을 지닌 것으로 인식되는 개인에 대해 환경이 미치는 영향력에 따라 인간이 전체적으로 생산되는 역사로 제시하게 된 이유가 바로 여기에 있다. 그리고 말하자면 이런 일반적 시각이야말로 엘베시우스가 특히 디드로와 루소의 이론을 비판하면서 이중의 반박을 제기하는 이유를 이해할 수 있게 해준다. 달리 말하면, 엘베시우스에게 인간은 디드로적인 의미에서 그 유기체적 조직에 의존하지 않는다. 곧 생리학적인 (신경계) 구조 및 두뇌의 내적 성향[3]의 구성에 의존하지 않는다. 디드로라면 다음과 같이 말할 것이

3 녹음된 판본에는 "에 대한"이라고 되어 있다.

다. 만약 바보의 뇌를 열어 본다면 왜 그가 바보인지 알 수 있을 것이고, 천재의 경우에도 왜 그가 천재인지 알 수 있을 것이다. 우리는 엘베시우스에게 환경에 의한 절대적 규정성은 정확히 말하면 인간의 자유의 모습을 표현하는 데 반해, 디드로에게서 볼 수 있는 개인의 내적인 유기체 구조에 의한 근본적인 결정성은 엘베시우스가 보기에는 자유의 결정성의 모습이 아니라 반대로 숙명의 결정성의 모습이라는 것을 알 수 있다.

엘베시우스가 자신의 입장에 근거해 반박하는 두 번째 적수는 바로 루소인데, 이는 루소에게는 (엘베시우스가 이 점에 관해 무어라고 하든 간에) 개인의 역사에 대한 유기적 구조의 압도적 영향력이 문제가 되지 않는다는 점에서 그렇다. 루소에게서 개인은 이런저런 운명을 갖도록 유기적으로 미리 형성되어 있지는 않다. 하지만 엘베시우스가 특별히 민감하게 생각하는 것은, 개인이 태어나면서, 그리고 커가면서 세상에 지니고 나오는 또 다른 형태의 본유적인 구조다(루소의 개인). 엘베시우스가 루소에게서 발견한 것은, 개인이 태어날 때 주어져 있는, 도덕적 감수성에 대한 본능적인 성향이다(이 점에 관해서는 루소의 『두 번째 논고』, 곧 인간 불평등의 기원에 관한 논고를 참조하는 것으로 족하다. 루소는 자유를 인간이 지닌 원초적인 성질, 인간 존재의 근본 구조로 인식하는데, 이 자유는 본질적으로 도덕적인 자유, 곧 도덕적 본능과 등가적인 것이다). 엘베시우스는 인간 본성의 이런 원초적인 구조 역시 반박하는데, 왜냐하면 이런 구조는 인간 전체의 운명을 규정하는 구조이기 때문이다. 그리고 그는 인간이 완전히 발가벗게 되기를, 곧 아무런 원초적인 구조도 갖고 있지 않고, 따라서 환경의 모든 외적 영향에 종속되기를 원한다. 우리는 여기에서 아마도 이전에 결코 천명된 적이 없는, 인간의 발전에 미치는 환경의 영향력에 관한 급진주의와, 곧 인간 자신의 역사에 의한 인간의 전체적 생산과 관계하게 된다. 엘베시우스가 인간은 완전히 우연에 의해 형성된다고 말할 때, 우리는 내가 방금 전에 언급한 것처럼, 어린아이의 교육에서 첫 번째 우연의 형태는 직접적인 가정환경이며, 청소년과 성인의 교육에서 두 번째 우연의 형태는 개인 주위에 있는 사회적 환경, 사회 전체를 포괄하기 때문에 훨씬 더 거대한 환경이라는 점을 알게 된다. 그리고 내가 믿기로는, 엘베시우스의 가장 심오한 사상은 인간이 그의 개인적인 실존 과정 중에 겪게 되는 이 환경들, 이 상이한 환경들 전체를 단 하나의 개념 아래 사유하려고 시도했다는 점이다. 그리고 엘베시우스가 정부 개념이라는 형태 아래 이 유일한 개념과 마주친다는 점은 매우 놀라운 일이다.

엘베시우스는 그가 정부라고 부르는 것, 곧 사회의 습속을 규제하고 제도를 통솔하며 교육의 세부까지, 따라서 개인에게 미치는 환경의 영향의 가장 미세한 형태까지 규정하는 법률들 전체를 통해 사회를 축약한다. 그리고 말하자면 바로 이 시점에서 엘베시우스 사상 전체의 전복이 이루어지며, 엘베시우스는 아마도 그의 감추어진 사상, 당대에 그의 저작이 불러일으켰던 파문의 기원이라고 할 수 있는 그의 가장 심오한 사상을 우리에게 드러내 보이게 될 것이다. 하지만 내가 믿기로는 (엘베시우스는 여러 번에 걸쳐 스스로 이 점을 밝힌 바 있다. 우리는 여기에서 아주 구체적으로 몇 개의 텍스트를 제시해 볼 수도 있다) 이 일반화된 교육 이론은 그의 관점에서 본다면, 인간의 정부 양식의 급진적 개혁을 통한 인류의 급진적 개혁을 사고할 수 있게 해주는 이론적 전제와 같은 것이었다. 만약 인간들이 실제로 바보가 되거나, 광인이 되거나, 또 천재가 된다면, 이는 그들이 이런저런 정부 형태 아래에서 살아가기 때문이며, 만약 개인들의 형성과 운명에 미치는 정부의 전능한 힘에 대한 논증이 이루어진다면, 엘베시우스가 이로부터 이끌어 내는 결론은 급진적인 것일 터이다. 하지만 그 결론은 아주 간단한 것이다. 곧 인간 본성 및 모든 개인의 운명을 변화시키기 위해서는 정부 형태를 변화시키는 것으로 족하다는 것이다. 곧 정부의 개혁에 입각해서 다음과 같은 사회 개혁을 상상해 볼 수 있다. 즉 사람들은 더 이상 그릇되지도, 배덕하지도, 멍청하지도 않으며, 말하자면 원하는 대로 천재들을 만들어 낼 수 있고, 또 사회가 정해 주는 기능을 미리 충족시킬 수 있는 성향을 갖춘 사람들을 사회가 필요로 하는 만큼 어찌됐든 만들어 낼 수도 있는 그런 사회 개혁 말이다.

우리는 이런 이론적 급진주의의 운명이 아주 단순하게도, 매우 진부한 개혁주의라는 점을 확인하지 않을 수 없다. 왜냐하면 결국 이런 생각을 교육에 관한 일반 이론 위에, 역사에 관한 일반 이론 위에 정초한 다음, 18세기의 지배적인 유토피아 형태, 곧 계몽 군주에 대한 호소라는 형태와 다른 식으로 구현하는 것이 가능할지 의문이 들기 때문이다. 그리고 엘베시우스는 결국 그의 혁명적인 생각에 적용할 수 있는 아무런 혁명적인 방법도 제시하지 못했다. 엘베시우스의 정치적 노력 전체는, 정부를 개혁하는 것이 필요하고, 미덕이 지배하게 만들고 사람들로 하여금 덕을 갖추도록, 그가 말하듯, 필수적으로 강제하고 정부의 전환을 통해 인간 본성을 전환하는 것이 필요하다는 점을 이해할 수 있을 만큼 충분히 계몽된 군주나 전제자가 도래하기를 희망하는 것에 한정되어 있었다. 그 계몽 군주는 엘베시우스의 교육에 관한 일반 이론을 인류 전체에 적용하게 될 것이고, 그 역시 한 사람의 교육자가 될 것이다. 곧 정치 교육에 관한 이 일반 이론 속에는 교육학적인 의미, 우리가 처음에 출발했던 좁은 의미에서 교육에 관한 분과도 존재하게 될 것이다. 곧 학교 개혁이 이루어질 것이다. 하지만 넓은 의미의 교육, 곧 정치적 의미의 교육은 전적으로 기적적인 개인의 수중에 달려 있게 될 텐데, 그는 어느 날 갑자기 정치 세계에 홀연히 출현하게 될 인물이거나 아니면 엘베시우스의 사상을 심층적으로 이해하고 그 명증성을 터득할 만큼 천재성을 갖는 인물일 것이다. 곧 그는 엘베시우스 자신이 역사에 기대를 건 개혁을 실행할 수 있을 만큼 충분히 계몽된 인물일 것이다.

엘베시우스가 루소에게 가한 비판은 아마도 결국 그의 이론의 급진적인 성격과 동시에 그의 정치적 의식의 개혁적인 성격에 대해 우리에게 빛을 비춰 주는 의미를 지니고 있을 것이다. 이는 결국 그가 한 가지 목표는 제기했으되 그 수단은 사유하지 못했기 때문이다. 나는 루소가 진정한 정치 개혁의 수단을 생각해 냈다고 말하려는 게 아니라, 루소는 그의 시대의 사회가 처한 모순들에 대해 훨씬 더 명시적으로 자각하고 있었다고 말하고 싶은 것이다. 특히 루소는 우리가 지성 개혁이라고 부를 수 있는 것, 곧 진리에 대한 옹호를 통해 일반적인 정치 개혁이 이루어질 수 있으리라고 생각하지 않았다. 루소는 진리가 언명된다는 단순한 사실만으로 정신을 일깨울 수 있으리라고 생각하지 않았다. 그리고 근본적으로 프랑스(그리고 이 시대의 독일 및 유럽 전체)의 모든 계몽주의 사상을 지배한 유토피아는 진리가 그 자체로 효력을 지니고 있다는 관념이었으며, 엘베시우스는 이런 생각을 공유하고 있었다. 하지만 루소는 이런 확신을 갖고 있지 않았다. 루소는 진리와 오류 사이의 투쟁은 인간적인 형태를 지닌 투쟁이라고 생각했는데, 이 투쟁은 추상들 간의 투쟁이 아니라, 훨씬 더 하찮고 훨씬 더 물질적인, 훨씬 더 구체적인 수준에서 인간들 사이에서 벌어지는 투쟁이었다. 바로 이 때문에 나는 개인적으로 다음과 같은 결론을 내리고 싶다. 엘베시우스의 급진주의는 추상적인 것에 머물러 있는, 순수하게 이론적인 것에 머물러 있는 급진주의이며, 엘베시우스가 루소에 대해 비판한 모순들은 아마도 근본적으로 루소에게는 현실적인 모순 및 실제 조건, 단지 인간들의 실존과 성장, 인간 역사의 조건일 뿐만 아니라 그 시대의 정치적 문제들의 조건이기도 한 그런 조건들에 관해 훨씬 더 민감하게 지각하고 있는 사상이 존재한다는 사실의 징표일 것이다.

2부

마키아벨리

1962

마키아벨리의 경우 충격적인 것은 한편으로 그의 사상의 숙명과 다른 한편으로 이 동일한 사상의 지위 사이에 존재하는 독특한 불균형이다.

그의 사상의 숙명이라는 점에서 본다면, 그의 경우와 비견될 만한 반작용과 주석, 분노와 찬양을 불러일으킨 정치 저술가는 존재하지 않는다.◆

마키아벨리에 대한 네 가지 해석[1]

①[2]◆◆ 역시 크로체의 "역사주의적" 해석을 언급해 둔다. 이 해

◆ [알튀세르] 이런 해석들. 이 해석들은 어떻게 분할되는가?(첨부된 지면 참조)

1 우리는 여기에 알튀세르의 난외(欄外) 주석이 지시하는 "첨부된 지면"의 내용을 포함시켰다. 이 내용은 타이핑된 원고 위에 육필로 지운 다음 문장을 대체하는 것이다. "나는 당분간은 이런 반작용들의 의미와 내용, 곧 이 해석들의 의미에 대해서는 거론하지 않겠다."

2 첫 번째 해석은 처음에 타이핑된 원고에서는 네 번째 해석으로 지칭되고 있는데, 알튀세르는 그 뒤 육필로 이런 해석들의 순서를 변경했다.

◆◆ [알튀세르] 최근의 해석은 별도로.

석에 따르면, 마키아벨리는 객관적이고 중립적인 순수 이론가
다. 그는 아무런 정념 없이 정치 과학을 이룩했다. 이런저런
목적에 사용될 수 있는 사태들을 있는 그대로 말하기.

② 마키아벨리주의자로서의 마키아벨리 … 정치의 냉소적인
배덕자背德者로 수용되고 비난받는. 절대군주들, 외국의 절대주
의 정치가들에 의해 읽히는 또는 그들(프리드리히 왕 참조[3])에 의
해 비판받는(곧 찬양되는). 정치의 사악한 영혼. 이런 마키아벨
리의 독자들은 그의 냉소적인 실천적 계승자들과 분노한 비판
가들로 나뉜다.

③ 마키아벨리에 대한 "민주주의적" 해석. 『로마사 논고』◆와
『군주론』 대립시키기. 이 경우 마키아벨리는 민중에게 참주
들에 관한 진실을 말해 준 공화주의자다. 민중의 교육을 위해.
참주들에 맞서 민중을 무장시키기 위해. 참주들의 가면을 벗
기기 위해. 루소 및 리소르지멘토 전통 전체 참조. 데 상티스[4],
마치니 등 참조.

④ 그람시(헤겔). 헤겔의 텍스트 참조.[5]

---

3 알튀세르가 암시하는 것은 프로이센의 프리드리히 2세가 쓴 『반反마키아벨리』이다.

◆ [알튀세르] 스피노자, 루소

4 Francesco de Sanctis, *Storia della letteratura italiana*, II, Milan, Feltrinelli, 1956(신판).

5 수강생 노트에는 다음과 같은 내용이 포함되어 있다. "[헤겔의]『독일의 헌법』에 따
르면, 이탈리아는 독일처럼 국가를 갖고 있지 않다. 하지만 이탈리아는 국가의 부재를
사고하기 위한 이론가를 지니고 있었다. 마키아벨리(통일 국민국가). 헤겔은 마키아벨

(앞의 두 해석[♦]에 비하면 특히 인상적인 해석)⁶

나는 그저 이 모순적인 해석들(마키아벨리적인 마키아벨리이거나 그렇지 않은, 순수 폭력의 이론가이거나 폭력의 정치적 의미에 대한 이론가인)은 그 모순들 자체 속에 해석해야 할 어떤 **대상**을 가정하고 있다는 것, 확실히 그 자체로 문제적이지만 해석 및 반론을 산출할 만큼 충분히 일관된 어떤 사상의 존재를 가정하고 있다는 것만을 확인해 두겠다. 내 말의 뜻은 만약 마키아벨리가 그와 동시대인이었던 귀차르디니나 코민Philippe de Commynes^{♦♦} 같은 이들처럼 일종의 연대기 작가에 불과했다면, 스피노자, 홉스, 몽테스키외, 루소 같은(이 네 명만 거론하자면) 많은 이론가들이 그의 사상에 그처럼 주목하지 않았을 것이라는 점이다. 귀차르디니나 코민 역시 정치에 대해, 사람들을 통치하기 위해 활용할 수 있는 수단에 대해 저술했고, 모범적인 사례에 의지해 규칙들을 도출해 냈

리 및 냉소주의에 맞서 냉소주의를 활용하려는 마키아벨리의 생각을 옹호한다." Hegel, "Die Verfassung Deutschlands"(1798~1802), in *Hegel's Werke*, eds., Eva Moldenhauer & Karl Markus Michel, vol. II, Suhrkamp Verlag, Frankfurt am Main, 1970 참조. 그람시에 대한 언급은 수강생 노트에서 좀 더 전개되어 있다. "그람시의『옥중수고』참조. 마키아벨리의 저작에는 심원한 통일성이 존재한다. 그는 또한 마키아벨리의 저작을 현실화될 수 있는 신화처럼 사고한다. 현실의 예견으로서. 마키아벨리는 심지어 이 문제를 해결할 수 있는 수단까지 언급했다. […] 국민 군대."

♦ 여기서 "앞의 두 해석"은 2번과 3번 해석으로 지칭하는 것으로 보인다.

6 여기에서 "첨부된 지면"의 내용은 끝난다.

♦♦ 루이 11세 및 샤를 8세 시대의 왕실 보좌관이자 외교관이었으며, 그가 남긴『회고록』은 15세기 유럽사의 중요한 사료로 간주된다.

다. 하지만 그들은 이론가들로부터 논평이나 비평, 옹호의 가치가 있는 인물로 (암묵적이든 명시적이든 간에) **인정받지** 못했다. 마키아벨리에 대한 상반된 해석들은, 그의 사상 내에는 진정한 이론적 자원이 포함되어 있으며 논쟁에서 문제가 되는 것이 바로 이것이라고 생각할 수밖에 없도록 만든다.

하지만 만약 이 사상, 이 동일한 사상의 지위를 고려해 본다면, 과연 그것에게 **용어의 고전적인 의미에서** 이론적 사상의 지위를 인정해주어야 하는 것인지 당혹감을 느끼게 된다. 마키아벨리를 인용하고 그에 관해 논쟁했던 이론가들은 실제로 그를 한 사람의 이론가로 **취급**하지만, 적극적으로 그는 한 사람의 이론**가이다**라고 말하지는 않는다. 스피노자를 보자. 마키아벨리에게 심원하게 영향을 받은 『정치론』1장에서 우리는 유토피아나 도덕 비판의 방식으로 정치를 다루어 온 철학자들(여기에서 유토피아는 정치에서의 도덕적 미망이 변장한 형태로 나타난다)과 인류의 정치적 역사에서 무한정하게 되풀이되어 온 경험에 입각한 정치가들 사이의 대립을 목도한다. 정치가들로 분류된 사람들 중에는 정치의 구체적 경험에 대해 성찰하고 이를 다루어 온 사람들이 존재한다. "제도를 수립하거나 그에 관해 다루어 온 사람들, 아주 명철하고 능란하거나 교활한 사람들의 탐구 대상이 된 것은 공동의 규칙 및 공적인 문제들이었다."[7] **아주 명철한 사람들**homines acutissimi이

---

7   알튀세르가 참조하고 있는 스피노자 텍스트는 샤를 아펭의 번역본이다. Charles Appuhn, *Le Traité politique*, Flammarion, 1993, 1장 3절.

문제가 되는 이 대목에서 마키아벨리의 이름은 거명되고 있지 않지만, 이들 가운데 한 사람이 마키아벨리라는 것은 쉽게 알아차릴 수 있는데, 왜냐하면 스피노자는 책의 뒷부분에서 그를 환기하면서 "아주 명철한acutissimus"[8]이라는 같은 형용사로 그를 표현하기 때문이다.

하지만 스피노자에게 정확히 이런 명철함은 실험가의 명철함이지 이론가의 그것은 아닌 것으로, 실천가의 명철함이지 철학자의 그것은 아닌 것으로 머물러 있다. 스피노자의 화두는 정확히 다음과 같은 것이다. ① 정치에 관해 언표될 수 있는 모든 진리는 유토피아나 아니면 다소간 종교적 성향을 띠는 철학자들의 도덕적 비평 쪽에서 발견되는 것이 아니라 실천 쪽에서, 경험론자들 쪽에서 발견된다는 점을 인정하기. ② 하지만 스피노자는 이와 동시에 이런 실천을 사로잡고 있는 맹목적 진리에 대해 이론적 이성의 형태를 부여하고 싶어 했다. "정치에 관해 다루기로 마음먹었을 때 나는 새롭거나 알려지지 않은 것을 발견하려고 한 것이 아니라 단지, 실천과 가장 잘 부합하는 것을 확실하고 의심할 수 없는 근거들에 따라 확립하려고 했을 뿐이다."[9] 따라서 이것이 마키아벨리의 운명이다. 천재적인 경험론자로

---

8 Ibid., 5장 7절 및 10장 1절.

9 『정치론』1장 4절. 여백에는 타이핑된 종이의 뒷면에 나오는 다음과 같은 육필로 적혀 있는 추가 내용을 가리키는 화살표가 그려져 있다. "피히테와 아주 유사한 입장. 「작가로서의 마키아벨리에 대하여」Über Machiavelli als Schriftsteller(1807) — 마키아벨리의 정치사상은 "전적으로 실제의 삶에 의거해" 있지만, "이성의 관점에 입각한 인간의 삶과 국가에 관한 고차원적인 시각"은 절대적으로 그의 사상적 지평 바깥에 놓여 있다. 『군주론』은 "초월론적 공법학 이론서"가 아니며, 군주가 사용하기 위한 실용적 지침서

인정받기는 하지만, 바로 이 경험론으로 국한되어 버린. **이론**이라는 종별적인 형상을 얻지 못한 채 경험론의 질료 속에 사로잡혀 있는.

그리고 사실 이 이론가들 쪽으로 가보면, 마키아벨리가 이들의 개념 세계에서는 이방인이라는 점을 확인할 수 있다. 모든 정치 이론은 자연 상태, 사회계약, 연합 계약, 복종 계약, 사회 상태, 정치 주권 등과 같은 종별적인 개념들 속에서 작용한다. 그렇다면 이 개념들 및 이것들과 연결되어 있는 문제설정(사회적 유대의 본성, 사회들의 기원, 정치권력의 목적과 운명)은 고유한 의미의 정치 이론들을 구성하는 요소들이다. 이것들은 **이론적 대상으로서의 정치**를 고유하게 구성한다. 이 문제설정에 대해 외재적인 것은, 아무리 심원한 논평이라 할지라도, 전前정치적 영역에 속한다. 이는 측량의 경험 자체는 전 기하학적 영역에 속하며, 이 영역은 정의와 공리, 요청들에 의해 기하학이라는 대상이 구성되었을 때에 기하학적인 영역이 되는 것과 정확히 같은 경우다. 마찬가지로, 고전주의 시대의 저자들(16~18세기)에게는 앞서 내가 제시한 종별적인 개념들에 의해 정치라는 대상이 이론적 대상으로 정의되며, 이런 개념들의 수준에 놓이지 못하는 성찰은 이론의 수준에 미치지 못한다고 말할 수 있을 것이다. 이것이 바로 마키아벨리에 대한 이론적 단죄의 기준이다. 그는 정치라는 대상을 구성하고 정의하는 개념들을 갖고 있지 못하기 때문에, 이 대상을 지니지 못하며 그

다." J. G. Fichte, "Über Machiavelli als Schriftsteller und Stellen aus seinen Schriften", *Werke*, bd. XI, ed. I. H. Fichte, Berlin, 1971.

바깥에 머물러 있다는 것이다.

따라서 여기에 엄청난 역설이 존재한다. 그 사상이 공인된 정치 **이론**의 영역에 자리를 잡지 못하는 저자, 따라서 경험론자인 저자가 있다. 하지만 동시에 그는 이론가들 자신이 진지하게 간주하는 사상가이며, 그의 사상은 예외적인 운명을 겪은 바 있다. 곧 그의 사상이 지닌 진정한 이론적 가치 — 이는 직접적으로는 어떤 이론적 의미일 수 있으며 아니면 간접적으로는 고전적 이론 그 자체와 관여할 수 있는 의미일 수도 있다 — 가 마냥 은폐되어 있을 수는 없었던 것이다. 다소 막연하게 말하자면, 내가 말하고 싶은 것은, 마키아벨리 사상은 그것이 불러일으킨 파문 자체에서, 그 애매한 성격(그는 전제정의 옹호자인가 공화주의자인가?)에서, 그 수수께끼 같은 성격에서, 고전 이론가들이 명시적으로 표현하고 인정할 수는 없었지만 결국 그에 관한 불편함을 토로하는 방식으로나마 간접적으로 시인할 수밖에 없었던, 불안감을 가져다주는 **잠재적인 이론적 함의**를 인정받고 있는 것처럼 보인다는 점이다.[10] 그리고 마키아벨리에게서 대상으로서의 정치를 형식화하는 고전적인 개념들이 존재하지 않는다면, 오직 마키아벨리에게만, 또는 거의 그에게만 나타나는 **다른 개념들**이 존재한다는 것도 사실이다. 운運-비르투virtù◆ 개념쌍과 국가의 시작에 관한 이론, 역사의

---

10   이 문장은 원고의 여백에 추가되어 있는 것이다.

◆   이 글에서 알튀세르는 마키아벨리 사상의 두 가지 주요 개념, 곧 포르투나Fortuna와 비르투Virtù 중에서 포르투나는 불어 번역어인 fortune을 사용하는 데 반해, 비르투는 번역하지 않고 줄곧 원어 그대로 사용하고 있다. 이를 감안해 우리는 전자는 "운"으로

일반 이론 등이 그것이다. 내가 제안하고 싶은 것은, 한편으로 마키아벨리 사상의 이론적 의미에 대해 이처럼 실천적으로 또는 잠재적으로 인정하는 것과 다른 한편으로 이론가들 자신이 이 동일한 사상의 이론적 함의 전체를 부인하는 것 사이에 존재하는 모순은 아마도 고전 이론가들에서 이론적 대상의 본성 자체는 무엇인가라는 문제를 제기하기 위한 기회이자 수단이 될 법하다는 점이다. 만약 마키아벨리가 어떤 이론적 가치를 지니고 있다면, 그것은 정치 이론의 대상이 지닌 이론적 가치로서, 그 주장에서 [정치 이론과-옮긴이] 관련되어 있으면서도 의문시되는, 그리고 말하자면 이런 선행적인 의문시에 따라 판단되는, 마키아벨리의 인정받지 못한 이론이 지닌 가치인 셈이다. 달리 말하면, 마키아벨리는 경험론자와 다른 어떤 것인가? 라는 질문에 대해 답변하려고 시도함으로써 우리는 고전 정치 이론의 내용 자체를 문제시하는 길로 접어들게 되지만, 이는 고전 정치 이론을 파괴하거나 논박하기 위함이 아니라 일단 마키아벨리 이론이 지닌 고유한 의미가 무엇인지 해명함으로써 고전 정치 이론의 의미가 무엇인지 밝혀보기 위함이다.

다음과 같은 이중의 질문, 곧 한편으로는 마키아벨리의 심층적 의미는 무엇이며, 다른 한편으로 그의 이론적 고독의 의미는 무엇인가에 답변하려고 시도하기 위해 나는 『군주론』을 읽는 어떤 방식을 제

번역하고 후자는 계속 "비르투"라고 옮겼다.

안함으로써 그것이 담고 있는 몇몇 주제들에 대한 논평을 제시해 보려고 한다.

『군주론』의 서론과 결론.

이로부터 정치적·이론적 주제들을 이끌어 내기.

『군주론』의 서론(헌사)

마키아벨리는 자신이 갖고 있는 **"최근 일어난 사건들에 대한 오랜 경험**[11]과 **고대사에 대한 꾸준한 독서**[12]를 통해서 배운 위대한 인물들의 행위에 대한 지식"[11쪽][13]을 환기시킨다.

---

11 "경험"이라는 단어에서부터 다음 페이지 위쪽에 육필로 추가된 부분을 가리키는 화살표가 그려져 있다. "**경험**이라는 주제, 사실, 실제 현실에 **접하기**. "방법"에 관한 독서 카드."

12 "독서"라는 단어에서부터 다음 페이지 아래쪽에 육필로 추가된 부분을 가리키는 화살표가 그려져 있다. "역사에 관한 독서 카드/과거라는 주제/고대사: 역사의 φ - cf. 독서 카드/고대. 왜? 같은 질료 → 인[간] 자연의 영속성/점치기, 로마, 스파르타(신화)/ 역사의 실험적 φ", "로마"라는 단어에는 따옴표가 쳐있고 이 단어에 "인문주의적인 것이 아닌"이라는 주석이 붙어 있다.

13 마키아벨리의 텍스트는 1952년 갈리마르 출판사에서 나온 플레이아드 전집에서 인용한다[국역본 중에서는 다음을 주로 참고했다.『군주론』, 강정인·김경희 옮김, 까치, 2008(제3개역본).『로마사 논고』, 강정인·안선재 옮김, 한길사, 2003-옮긴이]].

그 새로움에 대한 의식.◆ "새로운 소재와 진지한 주제"[12쪽]◆◆

"신분이 낮고 비천한 지위에 있는" 그가 "군주에 대해" 말할 수 있는가? "저는 (…) 감히 군주의 통치를 논하고 그것에 관한 지침을 제시하는 것."

비교. 산의 모습을 파악하기 위해서는 아래로 내려가야 하고 낮은 곳의 모습을 파악하기 위해서는 산으로 올라가야 한다는 것.

… "마찬가지로 민중의 성격을 잘 이해하기 위해서는 군주가 될 필요가 있고, 군주의 성격을 잘 이해하기 위해서는 평범한 민중이 될 필요가 있습니다."[12쪽](민중이 되기[14])

이는 마키아벨리는 "민중 쪽"에 있으며, 군주들과 그들의 본성을 인식하는 것은 "민중"이라는 것을 의미한다!!!!

/// cf. 몽테스키외. 전체를 파악하기 위해 종루에 오르기! 그는 군주들 편에 있다![15] /// ◆16

◆ [알튀세르] 새로움
◆◆ 번역본에는 "다양한 소재와 진지한 주제"라고 되어 있다.
14 "민중이 되기"는 육필로 추가되어 있다.

『군주론』의 마지막 호소[17]

① **새로운 군주**가 "영광을 얻을" 수 있을 만큼 "때가 무르익었다."[168쪽]

때가 무르익다. "이탈리아에는 어떤 형상으로든 빚어낼 수 있는 좋은 질료가 결코 부족하지 않습니다."[171쪽]

질료: 상황, 인간들.♦♦

② 구원을 준비하기 위해서는 가장 커다란 굴욕 및 가장 커다란 비참과 예속이 필요하다.[168-69쪽]

"이탈리아는 현재처럼 절망적인 상황에 봉착해야 했습니다.

---

15 아마도 다음 대목을 가리키는 것 같다. "나는 어떤 도시에 도착하면 항상 제일 높은 종루나 가장 높은 탑에 올라 전체를 바라본 다음, 도시의 부분들을 살펴본다. 도시를 떠날 때에도 다시 똑같이 하는데, 이는 내 생각을 굳히기 위해서다." Montesquieu, "Voyages", in *Œuvres complètes*, Gallimard, "Bibliothèque de la Pléiade", t. I, 1949, p. 671.

♦ [알튀세르] → *cf.* 메를로 퐁티

16 메를로 퐁티의 다음 글을 가리키는 것으로 보인다. Maurice Merleau-Ponty, "Note sur Machiavel", in *Signes*, Gallimard, 1960. 메를로 퐁티는 이 글에서 마키아벨리의 같은 대목에 대해 다음과 같이 논평하고 있다. "권력은 그에게 후광을 비추고 있으며, 그의 불운은 (이는 자기 자신에 대해 더 무지한 민중의 경우도 마찬가지다) 그가 타인들에게 제시하는 자기 자신의 이미지를 보지 못한다는 점이다."

17 이는 『군주론』 마지막 장을 가리킨다. "야만족의 지배로부터 이탈리아의 해방을 위한 호소." 타이핑 원고 맨 위쪽에는 이 제목 위에 육필로 다음과 같이 쓰여 있다. "'16세기의 라마르세예즈.' 키네. 정치적 선언. 그람시."

♦♦ [알튀세르] 질료="운"(cf. 『군주론』, 142쪽)

이탈리아인들은 이스라엘인들보다 더 예속되어 있고, 페르시아인들보다 더 억압받고 있으며, 아테네인들보다 더 지리멸렬해 있는데다가 인정받는 지도자도 없고, 질서나 안정도 없으며, 짓밟히고, 약탈당하고, 갈기갈기 찢기고, 유린당해, 한마디로 완전히 황폐한 상황에 있습니다."◆

이탈리아가 새로운 군주에게 가장 위대한 영광의 행적을 제공하기 위해 … 최악의 상황, 가장 굴욕적인 상황에 도달했다는 것◆◆ … (그래, 하지만 또한 가장 커다란 부정에서 가장 커다란 긍정이 나오게 되리라는 생각? 청년 마르크스를 떠올리게 된다. 근본적인 사슬에 묶인 계급을 형성해야 한다. … 독일에서! 독일의 굴욕은 "인간적 해방"의 조건 … 이 역시 불균등 발전의 현상.◆◆◆)

③ 이 가장 굴욕적인 상황에서 모든 사람은 새로운 군주를 기다리고 있다.

　　　"저는 이 모든 감정을 이루 말로 형언할 수 없습니다. 이들 이방인들의 범람으로 고난을 겪던 이탈리아의 방방

◆　[알튀세르] cf. 같은 주제, 『군주론』, 142쪽.

◆◆　[알튀세르] 주기들의 이론, 퇴락.

◆◆◆　[알튀세르] cf. 『군주론』, 142쪽. "운명의 여신fortuna은 특히 신생 군주의 권력을 증대시키기를 원할 때 … 적의 성장을 지원하고 … 싸우도록 만드는데, 그 결과 그는 적을 격파하고, 마치 그의 적이 그에게 사다리를 제공한 것처럼 더욱 높은 곳으로 올라가게 됩니다."

곡곡에서 사람들이 얼마나 많은 흠모의 정을 가지고, 얼마나 많은 복수의 열망을 가지고, 얼마나 강건한 믿음을 가지고, 그리고 얼마나 많은 충성심과 눈물을 가지고 구세주를 맞이하겠습니까! 그때 어떤 닫힌 문이 그의 앞을 가로 막겠습니까? 어떤 백성들이 그에게 복종하기를 거부하겠습니까? 어떤 시기심이 그를 막아서겠습니까? 어느 이탈리아인이 그를 따르는 것을 거절하겠습니까?"[173-74쪽]◆

④ 시간, 사람들, 질료, 모든 것이 호의적이다. 어떤 **새로운 형상**을 채택해야 할지 알고 있는 한 사람의 새로운 군주로 충분하다. 마키아벨리는 『군주론』에서 그에게 이를 지적하고 있다. 군주는 영광을 얻고 민중은 행복을 얻을 것이다[168쪽]. 새로운 형상? 전쟁에서 이탈리아의 취약함은 "지도자의 유약함에서 비롯됩니다."[171쪽] … 이탈리아인들 자체는 좋다. 자신의 사람들로 구성된 군대, 국민 군대를 갖추고 그들을 이끌 우두머리가 필요하다. 외국인들을 몰아내고 국가의 통일을 이룩하기 위해서는 "무기를 적절히 쇄신하고 전투대형을 바꾸는"[173쪽] 것이 필요하다.

◆ [알튀세르] 대중들과의 관계.

우리는 이 간단한 분석으로부터 다음과 같은 점들이 부각된다는 점을 볼 수 있다.

(a) 몇 가지 이론적 주제

① 마키아벨리의 현실주의적인 방법론적 태도. 성찰된 유토피아 속에서 다듬어진 윤리적 외양이든 아니면 직접적인 외양(통속적 여론이 지닌 외양)이든 간에, 외양에 대한 거부. 요컨대 외양과 실재의 철학.

② 모종의 경험적 역사철학 및 그 전제들(경험은 역사에 대한 모든 진리를 포함하고 있다는 것. 과거의 경험은 그 본질상 현재의 경험과 동일하다는 것). 왜? 왜냐하면 사람들은 항상 똑같고 역사는 반복되기 때문(순환 이론).

③ 모종의 역사적 행동에 관한 철학. 운-비르투 쌍.

(이 주제들은 당분간 제쳐 두자)

(b) 동시에 몇 가지 정치적 주제. 이 주제들은 새로운 군주의 도래라는 한 가지 **중심적인 주제** 주위에서 일정하게 조직되고 모여 있다.

마키아벨리가 계속 반복하고 있으며 『군주론』 전체를 해명하게 해주는 집요한 주제.

그의 기획의 새로움, …『군주론』의 새로움.

『군주론』의 구도는 이 주제 및 그 귀결들을 부각시켜 준다.

cf. 구도[18]

① 1장에서 11장. 현존하는 상이한 군주국들. 공동체의 가능한 다른(모든 가능한) 형태들에 대한 성찰.

② 12장에서 14장. 군대.

③ 15장에서 23장. 다른 모든 방법.

④ 24장에서 26장. 결론.

- 역사적 토대

- 정치적 행동

- 역사적 목표

이 새로운 군주의 모델은 어떤 것인가?[19] 전제군주, 입헌군주 공화국 수령?

이는 마키아벨리의 신화들을 통해 아주 직접적으로 파악될 수 있다.

ⓐ 교회는 아님 …

ⓑ 폭군들은 아님(투르크, 카이사르)

ⓒ 하지만…

- 로마

---

18 "*cf.* 구도"는 육필로 추가되어 있다. 우리가 여기서 사용한 수강생 노트와 달리, 알튀세르의 타이핑 원고에는 『군주론』의 구도에 관한 어떤 언급도 포함되어 있지 않다.

19 타이핑 원고에서 이 문장 앞에는, 해석하기 어려운 "1."이 나와 있다.

- 프랑스와 스페인

- 체사레 보르지아

(*cf.* 별지)[20]

마키아벨리 자신의 지표 및 그 자신의 신화에 따라 판단해 본 마키아벨리의 상황

부정적 신화들
- 로마 **교회**
- **폭정** { 투르크

              카이사르[21]

① 고대 로마(과거).

② 프랑스와 스페인: 현재이지만, 이탈리아 외부의 현재.

③ 이탈리아 그 자체의 모델: 체사레 보르지아. 하지만 그 역시 실패. 이는 이탈리아 자신의 무기력한 상태를 알려 준다.

20 한 페이지에 담겨 있는 뒤의 분석이 여기서 말하는 "별지"에 해당하는 것으로 보인다.

21 이 세 줄은, 알튀세르의 타이핑 원고 맨 위에 육필로 추가된 부분이다.

각각의 신화-지표는 그 자체로 종별적이다.

로마: 이것은 인문주의자들의 로마가 아니며, 로마법, 로마 문학, 로마 철학도 아니다. 그것은 로마의 정치적-군사적 조직이며, 현재의 가능성에 대한 증거로서 로마의 존재다. 민족 부흥 운동Risorgimento … 통일된 이탈리아의 위대함의 부활.
하지만 대항 신화: 카이사르 … 왜 공화정 로마인지 살펴보기 … 공화주의자 마키아벨리? 로마에서 마키아벨리의 관심을 끈 것은 공화정인가?

프랑스와 스페인. 여기서의 모델은 정확히 말하면 프랑스적인 이상이다. 왕-제후-민중의 균형. 왕-귀족-민중. 세 개의 힘 … 공화국의 문제가 아니다! 반대로, 명백한 것은 ① 하나의 국민을 구성하기 위해서는 절대군주가 필요하다는 것, ② 최선의 통치는 세 개의 힘을 결합한다는 것.♦

체사레 보르지아. 정치적 영웅의 신화, 그의 행동의 조건. [마키아벨리의 분석을-옮긴이] 귀차르디니와 비교해 볼 것. 묘사는 근저에서 동일하지만, 귀차르디니는 보수주의적이고 마키아벨리는 혁명적인 정신을 지니고 있다.♦♦

♦ [알튀세르] 아라곤의 페르난도 왕

1장[1]

출발점: 군주국 개관

따라서 국민적 국가, 곧 이탈리아에는 존재하지 않는 정치적 통일체를 구성하기 위해 필요한 새로운 군주. 이런 정치적 통일체는 이탈리아 바깥에만 실제로 존재하든가(프랑스, 스페인) 아니면 과거의 이탈리아에만 존재했었다(로마의 신화).

　새로운 군주는 **실존하는 질료**에 새로운 형상을 부여하게 될 것인데, 그는 실존하는 질료에서 출발해야 하며, 그것의 형상을 빚어내야 한다. 마키아벨리의 반유토피아주의는 이런 현실주의적 관심에서 드

◆◆ [알튀세르] 대항 신화 ⋯ 1. 교회

　　　　　　　2. 폭군:- 투르크

　　　　　　　　　- 카이사르

1　타이핑 원고에서 이 부분은 선행하는 1장 없이 2장으로 지칭되고 있다. 수강생 노트에는 장의 구분에 대한 어떤 언급도 나와 있지 않다. 우리는 이 강의록 전체의 장 구분을 수정했다.

러난다. 국민적 통일은 존재하는 그대로의 사람들과 함께, 존재하는 그대로의 이탈리아라는 질료와 함께, 그 현실성 및 그 혼돈스러운 다양성에 입각해 이루어지게 될 것이다. 질료에 대해 유토피아를 투사하는 것이 아니라 질료 그 자체 속으로, 현존하는 정치 구조들 속으로 정치적 기획을 **삽입**할 수 있는 길을 모색하는 것이다.

하지만 이탈리아 소국들의 전반적인 무력함이라는 순수하게 부정적인 상태, 전반적인 퇴락의 상황(마지막 호소 부분에서 묘사된 것처럼 국가들의 취약함, 외세의 점령, 황폐화 등과 같은 온갖 모순이 누적되어 있는 절대적 부정성의 상태)은 한편으로는 새로운 국가 구성을 통한 국민 재생의 기획을 부과하게 되지만, 동시에 이런 상황은 이 과정에 대해 그 **적용점**, **그 출발점**을 지정하는 것을 **불가능하게** 또는 거의 불가능하게 **만든다.** 질료 전체는 새로운 형상을 요구하지만, 질료에 일체의 형상이 부재하고, 자신 안에 이런 형상의 소묘나 윤곽, 형상이 탄생하기 시작할 수 있는 중심점을 거의 아무것도 포함하고 있지 않을 정도로 무질서한 상태에 있어서, 질료 안에 미리 **형상의 탄생 지점**을 지정하는 것이 **불가능하다.** 마키아벨리가 이탈리아의 상황을 염두에 두면서 말하고 있는 정치적 "질료"는 아리스토텔레스적인 잠재태, 곧 형상은 결여하고 있지만 그럼에도 동시에 자신의 형상을 열망하며 미래의 형상의 윤곽을 포함하고 있는(조각가가 부여하게 될 형상을 시사하는 결을 지니고 있는 대리석 조각과 같이) 잠재태와 비교조차 될 수 없는 것이다. 그것은 헤겔적인 역사의 계기가 포함하고 있는 내적 형상(이런 계기는 자신도 모르는 사이에 그 속에 함축되어 있는 형상을 숙성시키는데, 이 형상은 일단 기존의 낡은 형상이 거부되고 난 뒤 새로운 시대의 도래와 함께 출현하게 될 것이다)과는 더욱더 비교 불가능하다. 그렇지 않다. 그런 질료는 형상의 순전한 공백이며, 형상에 대한 순수하게 무형적인 기대다. 이탈리아라는 질료는 공허한 잠재태로, 무엇인가가 **외부로부터** 자신에게 하나의 형상을 가져다주고 부과해 주기를 기다리고 있다.

질료에 대한 형상의 이런 근원적인 외재성이야말로, 범박함과 더불어 심원함도 지니고 있는 『군주론』 처음 11개 장의 유별난 분석을 정당화해 주는 것이다. 실로 왜 기존의 군주국들에 대한 이런 **일반적 개관**이 필요한 것인가? 왜 자신의 새로운 형상을 기다리고 있는 이탈리아라는 "질료"에 대한 이처럼 일반적이고 망라된 서술이 필요한가? 이런 질료가 새로운 형상을 기다리고 요구한다고 선언하면서도 마키아벨리가 이런 질료 자체에 입각해 새로운 형상의 탄생 지점, 시작점, 그 시작의 구체적 조건들을 예견할 수 있는 능력이 없기◆ 때문이 아니라면? 실존하는 부정적 형상들의 망라된 목록의 **필요성**은 실존하는 질료에 새로운 형상을 적용하는 일의 근원적인 **우연성**에 대한 인정과 다르지 않다. 달리 말하자면, 새로운 형상의 필요성은 그 시작 및 탄생의 근원적 우연성을 조건으로 지니고 있다.

◆ [알튀세르]　　　토포스$\tau \acute{o} \pi o \varsigma$가 아님
　　　　　　　　　장소 없는 공간
　　　　　　　　　cf. "상이한 국가들을 탄생시킨 것은 우연이다." 『로마사 논고』?

내 생각에는 이것이 『군주론』의 첫 번째 부분에서 상이한 군주국들을 검토하는 이유다.

열거를 정초하는 1장을 읽기
분석을 따라가자◆

1. 세습적 군주국

마키아벨리는 빨리 넘어간다. 보존하기 쉬운 국가들. "선조의 기존 질서를 바꾸지 않으면서 불의의 사태에 적절히 대처하는 것만으로도 충분"(p.291; 15쪽)하다. 이 국가들에서 군주는 "**자연스러운**" 것이며 사물의 질서의 일부를 이루고 있다. 그는 오래되었다는 것으로 인해, 그리고 기원의 망각에 의해 보호받는다. 변화할 이유가 없다. 그의 권력의 기원에 대한 망각이 권력의 역할을 한다. "군주 가문의 통치가 오래 지속될수록, **그 기원에 대한 기억과 더불어** 급진적인 변화의 이유들은 희미해지기 마련입니다."(p. 291; 16쪽) 흥미로운 언급. 오랜 습관이 군주를 **자연스러운** 것으로 만든다. 이런 오랜 습관은 **기원에 대한 망각**의 효과를 유발하고 (그 망각의 효과 위에 정초된다.) 군주의 이런 자연스러움은 본성이 된 습관에 불과하다. 기원의 발견 또는 기원의 환기는 변화를 초래하게 될 것이다(몽테뉴와 파스칼에서 나타나는 같

◆ [알튀세르] 여섯 가지 유형의 군주국

은 주제). 그 국가 자체를 통해서는 아무것도 기대할 만한 것이 없는, 잠들어 있는 국가.

2. 혼합 군주국(긴 장인 3장과 4장, 두 장을 할애)

마키아벨리에게서 중심적인 질문을 검토해 보자. 병합을 통한 **국가의 증대**라는 문제. 정확히 말하면, 일련의 확장과 병합을 통한 국민적 국가의 구성이라는 문제. *cf.* 프랑스. p. 292-293[『군주론』, 292-293-알튀세르]. "정복을 통해 본국에 병합한 국가 또는 영토가 본국과 동일한 언어를 사용하는 동일한 지역에 있는가 … [만약 그런 지역이라면-옮긴이] … 단순히 그곳을 지배하던 군주의 가문을 없애 버리는 것으로 족합니다. 왜냐하면 그 밖의 다른 일에 관한 한, 주민들은 예전의 생활양식을 유지할 수 있고, 관습상의 차이가 없는 한, 평온한 삶을 지속할 수 있기 때문입니다. 그 예로 프랑스에 오랫동안 병합된 부르고뉴, 브르타뉴, 가스코뉴, 노르망디를 들 수 있습니다. … 그렇게 하면 새로운 영토와 기존의 군주국은 가장 빠른 시일 내에 통합되어 한 몸처럼 될 것입니다."[2]

하지만 정복을 통해 병합된 나라들과 **한 몸**이 된다는 목표는, 만약 이 병합된 나라들이 동일한 관습과 언어를 갖고 있지 않다면, 까다

---

2 번역은 알튀세르가 약간 수정했다.

로운 문제를 제기한다.

언어, 관습, 통치가 다른 나라들을 정복할 때에는 운과 능숙함이 요구된다. 상이한 수단, 곧 그곳에 친히 정주하기. 식민지 건설(군사적 점령이 아니라). 주변의 약소국들에 의지해 강한 국가들을 약화시키기. 멀리 내다보기.

cf. 루이 12세가 이탈리아에서 범한 다섯 가지 잘못(p. 297; 29-30쪽). ① 약소국가들을 섬멸한 것 ② 이탈리아에서 이미 강력했던 군주(교황)의 세력을 강화시킨 것 ③ 이탈리아에 매우 강력한 외세(스페인)를 끌어들인 것 ④ 직접 그곳에 정주하지 않은 것 ⑤ 식민지를 건설하지 않은 것.

같은 언어와 관습을 지닌 나라들, 다른 언어와 관습을 지닌 나라들, 이 나라들의 정복 및 지속 가능한 병합이 제기한 종별적인 문제들, 루이 12세의 사례와 그의 잘못—이런 구별의 외관상의 역설. 이런 역설은, 두 번째 경우에도 역시 문제가 되는 것이 국민적 국가의 구성 기획인가 하는 질문을 낳는다. 프랑스 내에서 이루어지는 프랑스[의 병합-옮긴이]의 사례에서는 이를 분명히 볼 수 있다. 하지만 이탈리아 내에서 프랑스의 사례에서는 이것이 덜 분명하다. 하지만 마키아벨리의 생각에는 이 사례도 이탈리아의 문제와 분명히 관련된 것이다. 루이 12세의 잘못에 대한 검토를 비난하기 어려운 체사레 보르지아의 행동에 대한 검토와 연결해 보면 이 점을 충분히 납득할 수 있다. 이는 마키아벨리에게 이탈리아는 영토 전체에 걸쳐 **같은 관습**과 심지어 **같은 언어**를 지니는 하나의 국민이 아니기 때문이다. 나폴리 왕국(프랑스 노르만족의 침입을 받은 오래된 국가로, 노르만족은 여기에 아주 강력한 봉건 질서, 프랑스식 봉건 질서를 세웠다)의 경우는 나머지 이탈리아에 대해 **거의 외국이나 다름없는** 나라였으며, 북부 및 중부 이탈리아인들은 실제로 그렇게 느꼈다[cf. 이탈리아 남부라는 근대적 문제-알튀세르]. 따라서 이 경우에서 우리가 국민적 국가의 구성이라는 현실적인 문제의 지평에 대해 **비현실적**이거나 낯선 상상적인 문제와 관계하는 것은 아니다. 오히려 이것은 이런 구성이 지닌 종별적 문제들 중 하나다. 이런 구성은 국민에 대해 외국이나 다름없는, 하지만 그 국민 속으로 통합되어야 하는 지역들의 정복, 병합이라는 문제와 대결해야 한다는 점에 대한 의식.

3. "자신들의 법에 따라 살아온" 자유도시의 경우(5장)

자유로운 민족들peuples. 이들을 병합하거나 통치하는 것은 어렵다. 유일한 해결책. 이들을 제거하거나(도시를 파괴하기. "도시를 멸망시키는 것이야말로 지배를 확보하는 유일한 방법이었기 때문입니다."[1] p. 302; 39쪽) 아니면 그 나라에 가서 직접 살면서,[2] "그 시민들을 이용해" 다스리거나.

---

1 번역은 알튀세르가 약간 수정한 것이다.
2 문장의 뒷부분은 육필로 추가된 것이다.

만약 끝없는 반역을 감수하지 않을 생각이라면[이렇게 해야 한다-옮긴이]. 왜냐하면 공화국들은 "평화의 여지를 남겨" 놓지 않을 만큼 "자신들의 오래된 자유의 기억"을 계속 보존하고 있기 때문이다. … 공화국들은 **결코** 자신들의 자유를 잊지 않는다(pp. 302-03; 40쪽).

자유로운 도시들의 이 사례는 마키아벨리에게 극단적인 사례로 제기된다. 이것은 피렌체나 베네치아의 사례 또는 적어도 이탈리아 자치 시절의 자유도시에 대한 회상에서 명시적으로 영감을 얻고 있다. 새로운 군주는 자유로운 도시를 점령하거나 병합해야 하는 경우에 직면할 수 있다. 두 가지 방법이 존재한다. (도시와 함께 도시의 독립 정신을 파괴하기 위해) 도시를 멸망시키거나 아니면 도시를 파괴하지 않으려면, 그곳에 가서 살면서 "그 시민들을 이용해 다스리"(p. 302; 38쪽)거나. 하지만 이 극단적인 경우는 현재의 이탈리아 상황에서는 거의 배제되어 있다. *cf.* 『로마사 논고』 2권 2장. 자유로운 민족을 정복하고 복속시키는 데서 로마인들이 겪은 지독한 곤란. "오늘날 자유로운 도시를 가지고 있다고 말할 수 있는 곳은 오직 한 지방뿐이지만 《이곳은 바로 독일이지만, 독일 도시들의 자유는 국민적 국가와는 양립할 수 없다.》 고대에는 모든 영토에서 많은 민족들이 완전히 자유로운 상태에 놓여 있었다. 우리가 지금 말하고 있는 것은 당시 이탈리아에 살고 있던 사람들로, 오늘날 토스카나와 롬바르디아를 가르는 알프스 산맥에서부터 이탈리아 반도의 끝자락에 접한 시칠리아에 이르기까지 그곳에 사는 민족들은 모두 자유를 누리고 있었다. …"(pp. 516-17; 271쪽) 하지만 오늘날의 이탈리아는 그 어떤 자유도시도 존재하지 않는다. …

4. 개인들에 의해 정초된 국가들(6장에서 8장)

무에서 시작해서 모든 것을 자신의 역량(비르투)이나 타인의 호의 (운)에 힘입은 경우. "전적으로 새로운 군주국들 …"

세 가지 경우: 시초에 호의를 얻은 경우(보르지아)

시초에 역량을 지닌 경우(스포르차)

또는 순수하게 사악한 행위를 통해…(8장)

마키아벨리에게는 이것들이 기원의 전형적인 상황. 이것 역시 한계 상황이다. 어떤 개인이 이미 권력을 전혀 쥐고 있지 않은 가운데, 권력에 진입하기. 그리고 이로부터, 그가 창조해 낸(비르투) 또는 그에게 운 좋게 닥친(운) 이 상황에서부터 그는 자기의 힘의 토대를 놓는다. … 더 이상 타인에 의존하지 않고.

5. 사회적 군주국(9장)

이 상황은 일개 시민이 군주가 된 상황인데, 왜냐하면 그는 귀족에 의해서든 민중에 의해서든 이런 역할을 맡도록 불려 나왔기 때문이다. 이번에는 사회 세력들 안에 권력의 출발점이 존재하는데, 사회 세력들은 군주국을 확립하는 데 **직접 개입**하며 직접 **능동적인** 역할을 수행한다. 이 때문에 이 군주국은 **사회적**civile 군주국이라 불린다.◆ 이런 의미에서 군주의 권력은 그 자신이나 그의 비르투 또는 (익명적인)

운에서 나오는 것이 아니라 사회집단의 개입에서 나온다.

이 경우가 지닌 흥미로운 점은 다른 경우에는 다소간 익명적인 것으로 남아 있는 정치 세계의 **사회적 배경을 드러내 준다**는 점이다.

두 개의 "기질"humeurs(마키아벨리에서 자주 등장하는 의학 용어♦♦) 이론. 모든 도시는 두 개의 **"기질"**로 이루어져 있다. 민중과 귀족. "모든 도시에는" 계속 투쟁하고 있는 "이 두 개의 기질이 존재합니다."(p. 317; 68쪽) 왜 이런 투쟁이 존재할까? "민중은 귀족에게 지배당하거나 억압당하는 것을 원하지 않습니다. 그리고 귀족은 민중을 지배하고 억압하고자 합니다."(p. 317; 68-69쪽)

두 계급 사이의 이런 투쟁이 군주에 대한 호소를 촉발한다. 귀족은 군주를 원하는데, 왜냐하면 그들이 "민중의 압력을 감당할 수 없"으므로, 민중으로부터 그들을 보호해 주는 군주의 "그림자 아래에서 자신들의 욕망을 충족시키"려 하기 때문이다. 반대로 민중은 귀족들의 과도한 지배로부터 "그의 권위 아래 자신들을 보호"(p. 317; 69쪽)하고 귀족들에 맞서 자기를 지키기 위해서 군주를 원한다.

따라서 군주의 통치의 계급적 기원인 셈이며, 이 경우는 **가시적인**

♦ 『군주론』 9장의 이탈리아어 제목은 "Del Principato civile"이고 국역본에서는 "시민형 군주국"이라고 옮기고 있는데, 알튀세르는 이탈리아어 "civile"나 라틴어 "civilis"가 담고 있는 또 다른 의미, 곧 "정치의", "사회의"라는 뜻을 이용해 이 장의 제목을 "사회적 군주국"이라는 뜻으로 재해석하고 있다.

♦♦ 우리가 "기질"이라고 번역한 humeur는 "체액"이라고 옮기기도 하는데, 여기에 해당하는 마키아벨리의 이탈리아어는 "umóre"다.

기원이다.

하지만 이런 종류의 군주국에 대한 검토에서 흥미로운 것은 마키아벨리가 제기하는 질문이다. 어떻게 군주는 이런 조건들 속에서 불려 나왔을 때 권력을 가장 잘 유지할 수 있는가? 그의 논평에 따르면, **민중의 편에 있는** 군주가 가장 확실하고 가장 안정된 상황에 있으며, 귀족 편에 있는 군주는 불안정하고 항상 위협받는 상황에 있게 된다. "귀족의 도움으로 군주가 된 사람"은 더 위협을 많이 받게 되는데, 왜냐하면 그는 그와 대등하다고 생각하는 사람들 가운데 있는 군주로서, "그가 원하는 대로 명령을 내리거나 그들을 다룰 수 없고", 귀족들을 만족시키기 위해서는 민중에게 해를 끼쳐야 하기 때문이다. 반대로 민중의 호소를 받는 군주는 자신들이 군주와 대등하다고 생각하지 않는 민중에 의해 위협받지 않는다. … 그리고 다른 이들에게 해를 끼치지 않고서도 민중을 만족시킬 수 있는데, 왜냐하면 "약한 사람들을 괴롭히려고 하는 귀족들의 바람보다 민중의 바람이 더 명예로운 것이기"(p. 317; 69쪽) 때문이다. 이로부터 이중의 결론이 나온다.

ⓐ 민중의 군주는 민중의 우정을 **보존하기**만 하면 된다.

ⓑ 귀족의 군주, 곧 "민중에 맞서, 귀족의 호의에 의해 군주가 된 사람 … 민중을 보호함으로써 … 민중의 환심을 사려고 노력해야 할 것이며 …"[1] 이 모든 경우에서, 기원이 어찌 되었든 간에, "군주는 민중이 자신을 사랑하도록 만드는 것이 필

---

1 알튀세르가 번역을 약간 수정했다.

수적"이다.(p. 319; 71쪽)

6. 교회형 군주국

　이 군주국들은 자신들 스스로 통치한다. … 이 군주국들에는 운도 비르투도 필요가 없다. … "왜냐하면 이 국가들은 고래의 종교 제도에 의해서 유지되기 때문"이다. … 군주들은 신민들을 거느리고 있지만, 전혀 그들을 통치하지 않는다!! 마키아벨리의 아이러니. "이런 국가들은 인간의 마음이 감지할 수 없는 초월적인 권능에 의해서 다스려지므로, 논의하는 것을 삼가겠습니다. 이 국가들은 신에 의해서 세워지고 유지되기 때문에 그것들을 검토하는 것은 오직 오만하고 경솔한 인간의 처사가 될 것입니다."(p. 322; 79쪽) 이 기묘한 논의는 우리가 로마 교회의 정치에 대한 마키아벨리의 신랄한 규탄과 비교해 볼 때 비로소 이해될 수 있다. 로마 교회는 이탈리아를 통일할 수는 없었기 때문에, 다른 세력이 이탈리아의 통일을 이룩하는 것을 금지하는 일 말고 달리 할 수 있는 게 없었다. "그렇다면 교회는 이탈리아를 장악할 만큼 강력하지도 못했고 다른 세력이 장악하는 것을 용납할 만큼 허약하지도 않았기 때문에 교회야말로 이 나라가 하나의 우두머리 밑에 통합될 수 없게 만든 장본인이다."(『로마사 논고』 1권 12장, p. 416; 124쪽)[2] 왜냐하면 "프랑스나 스페인의 예에서 볼 수 있는 것처럼, 어

2　알튀세르가 번역을 약간 수정했다.

떤 지역이든 그 전체가 단일한 공화국이나 왕국으로 통합되어 있지 않으면 진정으로 단결되어 있거나 행복하지 못하기 때문이다. 이탈리아가 이들 나라처럼 단일한 공화국이나 왕국으로 조직되지 못하는 유일한 이유는 바로 교회 때문이다."(Ibid.; 123쪽)

실존하는 군주국의 상이한 형태들에 대한 이런 분석이 내가 시작하면서 이 분석에 대해 부여한 의미를 절대적으로 검증해 준다고 말할 수 있는가? 달리 말하자면, 이런 **질료**는 진정으로 **비어 있는** 것이고, 실존하는 형태들의 이런 열거는 그 자체로 절대적으로 **중립적**이며, 마키아벨리는 데카르트의 [『방법서설』에 나오는-옮긴이] 마지막 규칙을 선취하면서, 어떤 것에 대해서도 일체의 특권을 부여하지 않으면서 순수 가능태들의 공허하고 동질적인 공간을 이끌어 내려는 의미를 지니고 있는, **완전한 열거**를 실행하고 있다고 말할 수 있는가? 아니면 이런 가능태들의 순수한 공간의 내부 자체에는 몇몇 어두운 지대도 있고 좀 더 밝은 다른 지대, 따라서 이미 어떤 선호를 함축하고 있고 음각으로 이미 어떤 긍정적인 표시를 지니고 있는 지대도 존재하는 것이 아닐까?

이런 시각에서 보면 세 가지 논점이 관심을 끌 만한 것으로 보인다.

ⓐ 첫 번째 논점. **전혀 기대하지 않는 국가 유형들이 존재한다는 점**. 이는 낡은 세습적 국가들로, 이 국가들은 관습과 자연적 존재, 역사적 잠으로 환원된다. 그다음에는 교회형 군주국

들이 존재하는데, 이 국가들은 일정한 방식으로 정치를 넘어설 만큼 높이 고양되어 있어서(신의 활동에 의해 유지되는 …), 정치 너머, 정치의 수준 너머에 위치해 있다. 마지막으로는 순수하게 사악한 행동으로 정복되고 확립된 국가가 존재하는데, 이 국가들 역시 정치적인 것 자체의 바깥에 있는데, 왜냐하면 이것들은 역사적 괴물들이기 때문이다. 왜냐하면 이 국가들에서 군주의 방법은 잔혹성(이런 잔혹성은 전혀 정치적이지 않고, 진정한 정치적 목적에 따라 질서 지워지지 않으며 개인적인 것에 불과하다)을 통한 노예화 이외에 다른 목적을 갖지 않기 때문이다.

ⓑ 두 번째 논점. 운이나 비르투에 마주해 자신들을 정치적으로 격상시킨 인물들이 그 국가들을 구성했든, 아니면 하나의 사회 계급이 그 국가들로 하여금 권력을 잡도록 요구했든 간에, **새로운 국가들**은 반대로 이점들로 가득하다. 두 개의 경우(운-역량에 따른 국가 또는 사회 계급의 개입에 의해 형성된 국가)에 이 국가들은[…][1] 군주와 민중 사이의 화합이 국가의 역량 및 영속성의 진정한 "토대"를 이룬다는 점을 보여 준다.

ⓒ 세 번째 논점. **공화국**의 부재. 『군주론』 앞부분에서 마키아벨리는 양해를 구한다. "공화국에 대해서는 … 여기에서 다루지 않겠습니다."(p. 290; 15쪽) 그 이유는 그가 『로마사 논고』에서 공화국에 대해 말한 바 있다는 것이다. 하지만 그는 공화국

---

1 타이핑 원고에는 여기에 "안에"라는 말이 들어 있다.

에 입각해서는 국민적 국가의 도래가 가능하지 않다고 믿는
다. 여기에는 좋은 이유가 있는데, 이는 이탈리아에서 공화국
은 부패한 형태로만 실존하고 있기 때문이다. 그리고 부패한
공화국은 (cf. 『로마사 논고』 1권 18장, p. 431; 145쪽) "민중적 정부
보다는 군주제적 정부쪽을 지향할" 경우에만 장래성이 있다.

따라서 이 바탕 위에, 직설적이거나 배타적으로 표현되어 있지는
않다 해도 사실은 배제되는 것과 선호되는 것이 소묘되고 있다. 새로
운 국가의 가까운 미래를 소묘하고 있는 혼합 국가에 관한 장이 모든
것을 지배하고 있다. 국민적 국가를 구성하기 위해 다른 지역들을 정
복하고 병합하기.

2장

군대와 정치

마키아벨리의 강박관념으로서 군사 문제. *cf.* 군주에 대한 마지막 호소. 군주는 무엇보다도 전쟁의 사령관이 되어야 한다. 이탈리아인들에게 결여되어 있는 것은, 사람들이 부대를 이루고 있을 때나 고립되어 있을 때나 똑같이 용감하게 만들어 줄 수 있는 대장들이다. "자신의 사람들로 구성된 군대를 양성하는 것이 필수적"[『군주론』, p. 370; 172쪽]이며, 군사 조직에 새로운 형태를 부여하는 것이 필수적이다.

① 나쁜 군대(이탈리아에 우글거리는 군대)

ⓐ 용병. 이들은 싸우려고 하지 않는다.

ⓑ 외국 원군. 다른 국가에 속하는 군대. 프랑스 왕의 군대.

ⓒ 혼성군. 루이 12세 지휘 아래 있던 프랑스 군대(프랑스 기병과 스위스 보병).[1]

---

1 타이핑 원고에는 세 가지 유형의 군대에 대한 언급만 있고, 각각의 언급 다음에는 큰

② 좋은 군대. **자국군.**

체사레 보르지아의 사례. 그는 계속해서 용병에서 원군으로, 그다음 자국군으로 옮겨 갔다. 모든 신생 군주에게는 자국군의 구성이 필수 불가결하다.

"신생 군주들은 신민들의 무장을 결코 해제시키지 않았습니다. 반대로 신민들이 무장을 갖추지 않았으면, 그들은 항상 신민들에게 무기를 제공했습니다. 왜냐하면 당신이 그들을 무장시킬 때, 그들의 무기는 실상 당신 자신의 것이 되기 때문입니다. 당신을 불신하던 자들은 충성스럽게 되고, 원래 충성스러운 자들은 그대로 충성을 지키며, 신민들은 열성적인 지지자로 변모합니다."[139쪽]

"신생 군주국의 군주는 항상 신민들을 무장시켰습니다. …"[140쪽]

국민군은 독립의 조건이다. 무장한 민중. "로마와 스파르타는 오랫동안 자력으로 무력을 갖추었고 자유를 유지했습니다. 오늘날에는 스위스가 적절한 군비를 갖추고 있으며 완전한 자유를 유지하고 있습니다."[86쪽]

국민군은 또한 자유의 조건이다. 시민들이 무장되어 있을 때 전제 군주를 두려워할 필요가 없다.

마키아벨리의 기획. **도시민과 농민 민병대**를 만들어 내는 것. 도시의 시민들과 동일한 자격으로 농민들을 민병대에 등록시키기. 곧 군

공란이 남겨져 있다. 이 책에 수록된 논평은 수강생 노트에서 따온 것이다.

대를 미래의 자코뱅들의 기획과 유사한 어떤 것으로 만들기. 국민적 통합의 용광로, 도가니[*cf.* 그람시-알튀세르].

보병의 우위. 일종의 군사적 민주주의. 보병의 수를 줄이고 기병의 수를 늘리는 용병술에 대한 마키아벨리의 비판. 진정한 전투성은 보병들의 전투성이다. …

마키아벨리의 군사적 관점에 담긴 정치적 의미를 가장 잘 부각시켜주는 것은 전쟁술의 기술적 문제에 대한 그의 태도다. 그에게 모든 기술적 문제는 국민군으로 통합된 시민들이 구성하는 힘에 종속되어 있다. **포병대**의 사례. 그에게 포병대는 전쟁술을 변경시킬 만한 것이 못 된다. 문제는 동일하다.

요새도 돈도 그렇다(돈이 전쟁의 관건이 아니라 좋은 군인들이 관건이다. 『로마사 논고』, 2권 10장, pp. 538-40; 302-07쪽).

마키아벨리가 이처럼 군사적 문제에 사로잡혀 있다는 것이 일반적으로 의미하는 것은 무엇인가?

① 원대한 계획을 실현하기 위해서는 군사적 힘이 필수 불가결하다는 점에 대한 확신. 무장하지 않은 군주는 무장하지 않은 예언자에 불과하다. 사보나롤라처럼 일정 기간 동안 민중의

신뢰를 얻은 지도자조차 이런 신뢰를 상실할 수 있으며, 따라서 전적으로 여기에 의지할 수 없다는 점, 그리하여 민중이 더 이상 자생적으로 믿지 않을 경우에는 **민중으로 하여금 믿도록 강제할** 수 있어야 한다는 점에 대한 확신. 따라서 새로운 국가를 구성하고 확장하고 보존하기 위해서는 무력이 필수적이다. ② 이런 힘[무력] 자체는 국민적이고 민중적이어야 한다는 점에 대한 확신. 국민[형성-옮긴이]의 기획을 실현할 수 있게 해주어야 하는 힘[무력]은 그 자체가 외국으로부터 독립적이어야 한다는 점, 곧 **이런 힘**[무력]**이 실현시켜야만 하는 과업과** 그 힘[무력]은 **동질적**이어야 한다는 점에 대한 확신. 군대는 무장한 민중 자신이어야 한다는 점에 대한 확신. 군대는 자신의 효과를 미리 실현한다는 점, 곧 군대는 정치에 봉사하는 기술적 무력일 뿐만 아니라, 그 자체가 **정치적 힘**이어야 하며, 말하자면 그것이 획득할 수 있게 해주는 목적들을 숙고하여 미리 실현한다는 점에 대한 확신.

클라우제비츠와 레닌에까지 이어지는 근대의 장구한 전통에서 마키아벨리는 전쟁의 **정치적 본성**을 의식하고, 폭력의 형식 및 수단에 대해 **그 자체로 정치적인 내용**을 부여해야 할 필요성을 의식한 최초의 이론가로 간주될 수 있다.

③ 마키아벨리는 이런 함의, 곧 전쟁 및 군사 문제의 정치적 의의에 대해 직접적인 의식을 지니고 있다.

"모든 국가(세습 군주국이든 신생 군주국이든 복합 군주국이든 간에)의 주된 토대는 좋은 법과 좋은 군대입니다."[『군주론』, 83쪽]

… 하지만 법만으로는 충분치 못하며(무장하지 않은 예언자), 가장 중요한 것은 군대다.

본질적인 것은, 본질적인 것이 좋아야 한다는 점, 곧 **군대가 좋아야** 한다는 점이다. 좋은 군대는 **좋은 법**을 함축한다.

그리고 "좋은 군대가 없으면 좋은 법이 있을 수 없고 좋은 군대가 있는 곳에는 항상 좋은 법이 있기 때문에, 저는 법 문제는 제쳐 놓고 군대 문제를 논의하겠습니다."[83-84쪽]

마키아벨리에게는 군대에 대해 말하는 것이 법에 대해 말하는 것이다.

3장

통치 방법

만약 모든 법이 이미 좋은 군대 안에 맹아로 포함되어 있다면, 이는
이 군대가 본질상 정치적이기 때문이다. 정치는 다른 수단에 의해 추
구되는 전쟁인 것이다. … 그런데 이 수단들은 어떤 것인가?

마키아벨리의 통치 방법의 일반 이론에서는 세 가지 점이 본질적
이다.

    ① 폭력 이론

    ② 외양 이론

    ③ 민중과의 관계 이론

1. 폭력 및 그 수단에 관한 이론

바로 이 이론이 마키아벨리에 관한 스캔들을 불러일으켰다. 목적
은 모든 수단을 정당화한다는 이론(*cf.* 무녜은 카메네프 재판 및 비신스키의
비난을 환기시킨다.[1] 피고[카메네프]는 마키아벨리를 예찬했습니다. … 그리고 그[무

넹]는, 우리는 결코 마키아벨리가 체사레 보르지아의 조치, 곧 로마냐 지방의 평화를 회복하고 그 지역에서 약탈을 감행하던 영주들을 처치하기 위해 파견한 통치자인 레미로 데 오르코를 체세나 광장에서 처형한 것에 대해 예찬한 죄*를 씻어 줄 수 없노라고 선언한다.)

마키아벨리의 모든 이론은 이 문장에 집약돼 있다. "단죄되어야

---

1 Georges Mounin, *Machiavel*, Club français du livre, 1958, réédition, Seuil, 1966. *cf.* 이 신판의 pp. 177-78. "『군주론』이 마키아벨리주의의 강론이며, 마키아벨리는 이를 필요로 하는 사람에게 가르침을 주려고 했다는 점은 분명하다. 어떠한 논평도 17장을 감출 수는 없을 것이다. … 또한 어떠한 것도 마키아벨리의 정수로 유명한 [『군주론』 7장에 나오는-옮긴이] 레미로 데 오르코Remiro de Orco의 처형이 전형적인 희생양 정책이라는 점을 부인할 수 없을 것이다." 또는 p. 187의 다음 대목도 참조. "[1936년 스탈린이 정적들을 제거하기 위해 개최한-옮긴이] 모스크바 재판 당시 검사였던 비신스키는 … 또한 피고들의 이데올로기에 대해서도 기소하면서 카메네프의 마키아벨리 숭배를 비판했으며, 마키아벨리가 여전히 **현재적인** 가치를 지니고 있다고 간주하는 카메네프의 이론에 맞서 투쟁을 전개한 바 있다."

◆ 해당 대목은 다음과 같다. "따라서 그[체사레 보르지아]는 레미로 데 오르코라는 잔인하지만 정력적인 인물을 그곳에 파견하고 그에게 전권을 위임했습니다. 레미로는 단기간에 질서와 평화를 회복했으며, 가공할 만한 명성을 얻었습니다. 나중에 공작은 레미로의 너무 큰 권력이 반감을 살 염려가 있기 때문에 바람직하지 않다고 생각하게 되었습니다. (…) 그동안 취해 온 엄격한 조치로 인해서 공작 자신이 민중들의 미움을 사고 있다고 판단했기 때문에, 이런 반감을 무마시키고 민중들의 환심을 사기 위해서, 이제껏 행해진 잔인한 조치는 모두 그가 시킨 일이 아니라 그의 대리인의 잔인한 성격에서 비롯된 것이라는 점을 보여 주고자 했던 것입니다. 그리하여 적절한 기회를 포착해 어느 날 아침 공작은 두 토막이 난 레미로의 시체를, 형을 집행한 나무토막 및 피 묻은 칼과 함께 체세나 광장에 전시했습니다. 이 참혹한 광경을 본 민중들은 한편 만족을 느끼면서도 경악을 금치 못했습니다." 『군주론』, 53-54쪽.

하는 것은 복원하는 폭력이 아니라 파괴하는 폭력이다."[『로마사 논고』, 1권 9장, 108쪽] 그 자신이 방금 설립한 새 국가의 권력을 차지하기 위해 형제 및 그 협력자를 살해한 로물루스에 대해서는 다음 대목을 참조. "그러므로 신중한 지성인이라면 어떤 사람이 왕국을 조직하거나 공화국을 세우기 위해 사용한 부당한 행위에 대해 책망하지 않는다. 비록 그 행위가 비난받을 만한 것이라 할지라도 그 결과가 용서받을 만한 것이라면 여하튼 적절한 것이다. (…) 왜냐하면 단죄되어야 하는 것은 복원하는 폭력이 아니라 파괴하는 폭력이기 때문이다."

따라서 폭력을 통솔하거나 그 사용을 금지하는, 폭력 자체에 내재적인 법칙이 존재한다. 파괴적이고 부정적인 폭력이 아니라 정립적이고 구성적인 폭력만이 받아들여질 수 있다.

cf. 순전히 사악한 방법을 통해 국가를 탈취한 사람들의 경우. 아가토클레스의 사례. "그러나 동료 시민을 죽이고, 친구를 배신하고, 신의가 없이 처신하고, 무자비하고, 반종교적인 것을 덕이라고 부를 수는 없습니다. 그런 행동을 통해서 권력을 얻을 수 있을지언정 영광을 얻을 수는 없습니다. (…) 그렇지만 끔찍하게 잔인하고 비인간적인 행동 그리고 수없이 저지른 악행으로 인해서 그는 훌륭한 인물로 평가될 수는 없습니다."[『군주론』, 62쪽].

따라서 도덕과 상반되는 폭력 및 방법의 사용은, 정의로운 목적, 곧 국가의 정초나 보존이라는 **적법한 경우**에만 정당화될 수 있다.

이런 폭력 및 이런 정치적 냉소주의(원문 그대로)는 새로운 국가를 정초하는 경우에는 절대적으로 필수 불가결하다. "군주는, 특히 신생 군주는 좋다고 생각되는 방식으로 처신할 수 없다는 점을 분명히 명심해야 합니다. 왜냐하면 자신의 권력을 유지하기 위해서는, 그는 종종 신의 없이, 무자비하게, 비인도적으로 행동하고 종교의 계율을 무시하도록 강요당하기 때문입니다. 따라서 … 가급적이면 올바른 행동으로부터 벗어나지 말아야겠지만, 필요하다면 악행을 저지를 수 있어야 합니다."[120-21쪽]. 또는 좀 더 명료한 다음 대목. "군주들 중에서도 특히 신생 군주는 잔인하다는 평판을 피할 수가 없습니다."[2]

따라서 마키아벨리에게서 목적과 수단들이라는 문제는 극히 정확하고 구조적인 맥락에서 제시된다.

ⓐ 목적은 그것이 **좋은 목적**일 경우에만 수단을 정당화할 수 있다. 폭력, 잔인함, 냉소주의, 언행의 불일치 등은, 개인의 사적인 정념이 아니라 **그 자체로 좋은** 것인 역사적 과업에 봉사하는 경우에만 정당화된다. 무질서와 소군주들의 수탈, 외적의 침입에 따른 황폐화에 시달리는 이탈리아의 일반적인 폭력 속에서, 이탈리아의 질료의 현실 자체를 이루는 **폭력의 일반**

---

2 『군주론』, 113쪽.

적 요소 속에서, 우리는 폭력을 수단으로 해서만 폭력에서 벗어날 수 있지만, 이는 이런 폭력이 구성적·복원적이고, 정립적·해결적인 것이어야 한다는 것을 조건으로 삼는다. 다른 모든 것은 순전한 유토피아, 철학자 및 도덕가들의 유토피아이거나 사보나롤라 식의 구체적인 정치적 유토피아일 뿐이다. 사보나롤라의 비폭력은 그 자신에게 맞서 되돌아왔다. 또는 피사에 대한 피렌체의 인간주의적 유토피아도 마찬가지다. 이는 피하려고 했던 것보다 훨씬 더 잔인한 폭력을 낳았던 것이다. 따라서 모든 폭력 사용, 또는 도덕에 외재적인 모든 수단 사용의 암묵적인 내재적 규범을 이루는 것은 이런 목적의 **현실성**이다.

폭력의 이런 조건적 본성의 귀결은, 목적이 오직 적합한 수단만을 요구한다는 것, 곧 폭력적이고 비도덕적일 수 있지만 또한 비폭력적이고 도덕적일 수도 있는 수단을 요구한다는 점이다. 마키아벨리가 잔인함의 문제, 인색함, 약속에 대한 충실성이나 기만의 문제 등을 분석하는 『군주론』의 관련 장 전체는 이런 기준에 지배되고 있는데, 우리는 이를 다음과 같이 요약할 수 있다. 곧 정치적인 좋은 목적은, 모든 종류의 수단(그것이 폭력적이든 아니든, 도덕적이든 아니든 간에)을 요구한다. 그것이 나쁜 수단이라 할지라도, 그것이 좋은 수단이라 할지라도, 모든 수단을 요구하는 것이다.

ⓑ 따라서 이처럼 냉철한 폭력, 냉소주의 등의 기술은 다른 방법의 가능성에 사로잡혀 있다. 사람들은 항상 이런 방법으로 통치하는 것이 필수 불가결하게끔 똑같이 존재하는 것은 아니다. 사람들이 항상 잔인함, 기만 등에 의지해야 할 만큼 상황은 똑같은 것이 아니다. 사람들은 윤리적으로 선한 수단에 의해 통치될 수도 있다. 달리 말하면 이런 한계 바깥에서 폭력의 적용 조건들에 대한 규정은, 비폭력의 적용 조건들에서 도출된다.

cf.『군주론』 18장의 유명한 대목.

"그렇다면 싸움에는 두 가지 방법이 있다는 점을 알 필요가 있습니다. 그 하나는 법에 의지하는 것이고, 다른 하나는 힘에 의지하는 것입니다. 첫째 방법은 인간에게 합당한 것이고, 둘째 방법은 짐승에게 합당한 것입니다. 그러나 전자로는 많은 경우에 불충분하기 때문에, 후자에 의지해야 합니다. 따라서 군주는 모름지기 짐승의 방법과 인간의 방법을 모두 이용할 줄 알아야 합니다." [118쪽] 고대인들이 아킬레우스는 반인반수인 **켄타우로스 케이론**에게 양육되었다고 말하면서 에둘러서 가르친 것이 바로 이 점이다.

ⓒ 따라서 정치는 **법에** 사로잡혀 있으면서도 동시에 대부분의 경우에는 무력으로 떠밀리게 된다. 하지만 이런 무력은 맹목적인 것은 아니다. 짐승에 관한 마키아벨리의 신화. 곧 사자와 여우.◆
"단순히 사자의 방식에만 의지하는 자는 이 사태를 제대로 이

해하지 못합니다."[119쪽] 순수한 무력의 부질없음.

여우가 되기. 지성으로 무력의 사용을 지배하기, 무력을 그 목적에 합치시키기.

2. 외양 이론

하지만 다음과 같은 복잡한 점이 존재한다. 곧 수단과 목적은 인간적 총체, 곧 **외양**의 총체 속에서 작용한다는 점이 그것이다.

달리 말하면, 목적과 수단 관계의 현실성에 의지하는 군주의 활동은 그가 통치하는 사람들의 **여론**이라는 맥락 속에서 이루어진다. 이 여론은 덕과 도덕적 선, 윤리·정치적 자질이라는 관념에 지배된다.

사람들의 외양에 충돌하지 말아라. 사람들은 자생적으로, 도덕적·종교적 미덕이라는 외양 속에서 살아간다. 그들과 충돌하지 말아라.

cf. **외양**에 관한 독서 카드.

사람들은 눈으로 판단하지 손으로 판단하지 않는다. … 매우 스피

◆ [알튀세르]　　　인간
　　　　　　　　짐승 - 여우
　　　　　　　　　　　 - 사자

노자적인 상상 범주(cf. 데카르트주의자들에게 이미지와 상상의 모델은 시각적인

것, 무매개적으로 시각적인 것이다. 200피트 떨어진 태양 ⋯ cf. 구부러진 것처럼 보이

는 막대와, 구부러지지 않은 것으로 **만져지는** 막대 사이의 데카르트적인 대립 ⋯)

사람들이 가지는 자생적인 외양은 현재, 현재의 무매개성과 연결

되어 있다(cf. 또한 스피노자).

이차 수준의 외양으로서 **종교**(스피노자와 같은 스타일의 사고방식이지만,

숙고되고 있지는 않다. 스피노자에게 종교는 자생적인 상상계에 대한 이데올로기적

반영으로 나타난다).

정치가 작용하는 공간인 상상적 세계의 구조를 변경하지 말라. 정

치적으로 행위한다는 것은 계속해서 두 가지 지반에서 행위한다는 것

을 뜻한다. 한편으로는 객관적인 것들 및 현실적인 의도들, 현실적인

목적과 수단들의 지반이며, 다른 한편으로는 민중이 그 속에서 움직

이는, 상상적이고 윤리·정치적인 이데올로기적 요소의 지반이다. 정

치가는 이런 외양의 본질을 인식하고 있으면서도 이를 파괴하지 않는

가운데 그것을 활용하는 사람이다[「종교」 독서 카드 아래-알튀세르]. 대중

들의 의식에 기반을 둔(소수는 고려되지 않는다[「평판」 독서 카드 안쪽의 아래.

『군주론』, p. 343; 122쪽-알튀세르]) 이데올로기들의 존재에 대한 — 이데

올로기와 정치의 본질 사이의 유기적인 내적 관계에 대한 — 그리고

동시에 이런 자생적 의식을 개혁하는 것의 불가능성에 대한 이론화되

지 않은 의식. 정확히 스피노자의 경우에 볼 수 있는 지성 교정 기획
의 부재. 18세기에는 전혀 달라지게 된다.

3. 군주와 민중의 관계 이론

사랑과 미움 사이의 정확한 중간 ⋯

cf. 스피노자, 같은 주제.

사랑 ⋯ 외양의 수준
미움 ⋯ 구체적 현실의 수준

미움도 경멸도 존재하지 않는 두려움 ⋯ 상상과 정념을 잘 활용하기

(「두려움」 독서 카드)
(푸닥거리하기) *cf.* 스피노자³

부록: 기원으로의 회귀 이론.
cf. 스피노자, 『정치론』, 10장 1절
cf. 마키아벨리, 『로마사 논고』, 3권 1장[411-17쪽].⁴

3 윗줄은 육필로 쓰여 있다.

생명 원리로 되돌아가기

    - [기존의 부패한 질서에-옮긴이] 커다란 타격을 가하기

    - 위대한 인물을 보유하기

    - 시초로 회귀하기 위한 규제적 원리를 보유하기(매 5년마다 권력을 재탈환해야 한다) 국가의 기원을 감추기. 국가의 기원을 재발견해야 하는 것은 바로 우두머리다.

이로써 마키아벨리는 고전 정치 이론에 근접하게 된다. [하지만-옮긴이] 이런 회귀의 깊은 이유는 마키아벨리가 그것을 알지 못한 채로 계속해서 말하곤 했던 절대적 시작에 대한 환영fantôme이다. 곧 거기에서 정치의 어떤 것이 **시작하고, 탄생하는**, 절대적 시작. 이 점에서 이런 강박은 고전 정치학과 근본적으로 달라진다. 비존재를 사유해야 하는 것이다.

고전 사상은 단지 이미 확립된 동의의 가능성의 조건만을 사고할 뿐이다. 법의 문제. 마키아벨리에게 문제적인 것은 일어남avènement이다. 그가 부정 속에서 사유하는 것을, 다른 사람들은 생각조차 하지 못한다.

---

4   알튀세르의 타이핑 원고는 이 "기원으로의 회귀"에 관한 어떤 정확한 지적도 포함하고 있지 않다. 이 장의 말미는 수강생 노트에서 따온 것이다.

4장

운과 비르투: 행위 이론?

유명한 개념들.

이것들의 기원. 운 이론의 유행. 이탈리아의 사건들. "이런 견해는 지금까지 일어났던 그리고 매일 일어나는, 사람들의 모든 추측들을 벗어나는 대격변 때문에 우리 시대에 더욱더 설득력을 얻어 가고 있습니다."[『군주론』, 162쪽]

운에 직면해 있는 비르투. 곧 질서를 만들고, 운의 공격으로부터 기성 질서를 보존하는 등의 작용을 수행하는 의식의 모습.

운의 세 가지 모습

① 불가해하고 예견 불가능하며 부정적인 운명의 자생성의 모습. 강의 범람으로서의 운[cf. 『군주론』, p. 365-알튀세르].¹ 이런 부정하고 거

부하는 형태에 맞서기 위한 자원은, 바람이 잠깐 잠잠해졌을 때 둑을 높이는 것이다. 자연의 범람에 맞서 둑을 높이기 위해 평온한 시간을 활용하기.◆

『군주론』 25장, 163-64쪽.

(둑 없는 이탈리아)²

(*cf.* 본문 참조)

질서를 창설하기. 질서를 유지하기. 비합리적인 것에 맞서야 하는 인간적-정치적 필연성. 연속성. 안정된 시간 및 정치적 현실을 구성하기. 필연성을 구성하기. 그렇다면 비르투는 이런 기획에 의해 요구되는 심리학적-성격학적 등가물이다. 이런 기획에 상응하는 인간적 스타일. 역사적 필연성의 이런 창설에 상응하는 의식의 모습. 역사가 행

---

1 "저는 운의 여신을 험난한 강에 비유합니다. 이 강은 노하면 평야를 덮치고, 나무나 집을 파괴하며, 이쪽 땅을 들어 저쪽으로 옮겨 놓기도 합니다. 모든 사람들이 그 격류 앞에서는 도망가며, 어떤 방법으로도 제지하지 못하고 굴복하고 맙니다."[『군주론』, 163쪽]

◆ [알튀세르] "포르투나-자연?

  정치-문화?

      ↓

정치적 필요성은, 만들고 구성해야 할 문화다. — 만약 운이 자연이라면. ≪자신을 정화하는 자연의 이미지. 범람 등은 인간적 격변révolutions의 등가물. — *cf.* 루소 + 이후. 인간적 격변이 자연적 격변을 대체했다.≫

2 손으로 적은 행.

위와 예견의 인간적인 둑 사이로 흐르는 강물이 되도록 만들기. 역사적 필연성의 이런 질서를 구성하기 위한 가능성의 조건으로서 비르투의 의지주의.

하지만 마키아벨리가 운의 비합리적인 질료에 맞서 비르투의 소명 및 그 **기능**을 소묘하는 바로 그 순간에, 비르투의 숙명destin은 역사를 역사적 흐름으로, 곧 인간 행동에 의해 지배되기 때문에 인식 가능한 역사적 연속성으로 전화시키는 것이라고 그가 언표하는 바로 그 순간에, 그는 비르투 그 자체에 대한 **요구**의 추상적 성격을 지각한다. 그는 모든 필연성의 기원이 되어야 하는 이 비르투 자신이 이것의 담지자가 되어야 하는 인간 안에서 **근본적 우연성**에 종속되어 있음을 감지한다. 우리는 여기에서,◆ 마키아벨리의 문제와 의도가 집약되어 있는 추상적 개념들의 수준에서, 근본적 우연성에 달려 있는 어떤 필연성에 대한 모순적 감정이 **재생산**되고 있음을 보게 된다. 달리 말하면, 모든 것은 비르투에 달려 있으며, 비르투는 운명(운[명]은 여인이다. "운[명]의 여신")에 자신의 법을 부과하기 위해, 운을 자신의 인식 가능한 연속성에 종속시키기 위해 운에 대해 폭력을 행사해야 한다는 것을 전적으로 긍정하면서도 마키아벨리는 비르투의 효과들을 통해 비

◆ [알튀세르] 이중의 추상
      ⓐ 인간의 성격
      ⓑ 운 그 자체

르투 자체를 정의하는 것과 다른 식으로 비르투를 정의하지 못하는 것이다. 그는 행위 속에서의 해소, 행위 속에서의 연속성, 그의 기획을 끝까지 밀어붙일 수 있는 능력, 필연성 속에서의 근본성과 다른 식으로 비르투를 정의할 수 없는 것이다. 따라서 비르투는, 비르투 자체를 생산하게 될 필연성에 입각해서가 아니라 비르투가 생산해야 하는 것에 입각해서 전적으로 사고되는 것이다. 이렇게 되면, 우리가 역사적으로 이런 비르투를 발현했던 인간으로 되돌아가 볼 경우, 우리는 그가 **이런 비르투를 갖지 않았을 수도 있다**는 점을 확인하게 된다. 그리고 우리는 이런 비르투 이론 아래에서 성찰의 두 번째 층위, 곧 성격들의 다양성이라고 아주 간단하게 지칭될 수 있는 것과 관련된 층위를 발견하게 된다. 다시 말해 겁 많은 성격도 있고 대담한 성격도 있는데, 그렇다면 사람들은 그들의 본성에 따라 규정되어 있고 이를 변화시킬 수 없는 셈이 된다. 그리하여 그들의 성공은 **운 그 자체의 순전한 산물**이 되는 것이다. 달리 말하면, 운에 대한 비르투의 근본적인 외재성은 문제의 항들 자체를 전도시킨다. [비르투]³의 근본적인 의지주의 자체는 운의 비합리적 필연성에 종속되어 있다. *cf.* 체사레 보르지아의 상징적인 경우. 시작의 우연성을 역사적 필연성으로 전화시키려는 그의 노력에도 불구하고 운은 자신이 그에게 주었던 것을 그에게서 빼앗아 가버렸다. 따라서 이것이 뜻하는 바는, 둑이 결코 충분히 높을 수는 없으며, 둑을 처음으로 쌓은 사람의 작업은 오랫동안 비

---

3 알튀세르는 "운"이라고 쓰고 있는데, 이는 명백히 잘못이다.

합리적인 우연적 사건에 좌우되리라는 것, 이는 인간적인 역사를 구성하고자 하는 거의 절망적인 인간적인 작업이라는 것이다. 하지만 그의 기획이 전해 주는 교훈은 이것만이 아니다. 또 다른 교훈은, 보르자가 실패한 이후 운이 그에게 남겨 둔 모호한 숙명이다. 일단 권좌에서 밀려나게 되자 그는 싸움을 잘하는 한 명의 전사, 스페인의 국왕에게 봉사하게 될 부대의 일개 사령관에 불과한 존재가 되었으며, 보잘 것 없는 장소를 포위하다가 볼품없이 죽고 말았다. 그렇다면 그의 비르투는 제대로 사용될 기회를 얻지 못한 것인가? 그는 동일한 한 사람이었다. 변화된 것은 마키아벨리가 다른 사례들에 관해 말한 것처럼 시기와 운명이었다. 마치 운[명] 자신은 오직 한 시기에만 이 사람을 그 안에 잠재해 있는 비르투로 이끌어 올린 것처럼 보인다. 하지만 이 비르투는 아주 깊이 감춰져 있어서 사람들은 오직 그의 작업을 통해서만 그것을 알아볼 수 있으며, 너무 취약한 것이어서 그의 작업 자체 속에 매몰되어 있었다. 그렇다면 비르투 자체는 마치 그 안에서 운의 현상에 불과했던 것처럼 보인다.

② 운의 또 다른 모습, 이번에는 실정적이지만 은폐되어 있는 모습. 운의 감춰진 의도들. 앞의 1번의 경우 운은 의도 없고 목적 없는 순수한 비합리성이었으며, 무질서 속에 목적을 부여하는 것은 사람이었다. 둑을 쌓고 강물을 흐르게 만드는 것은 인간이었다. 두 번째 경우에는 운 자체가 자신의 목적들을 지니고 있다. 인간이 모르는 사이에 목적들을 추구하는 것은 바로 운 자신이다.

『로마사 논고』 2권 29장, 392쪽(본문).[4]

운은 자신의 의도들을 추구하는 진짜 섭리다. 자신이 필요할 경우 비르투를 촉발시키는 것도 운이다. 비르투가 운의 현상에 불과한 것이지, 그 역이 아니다. 필연성이 비르투의 산물인 것이 아니라, 비르투가 필연성의 산물이다.◆

감춰져 있는 필연성에 대한 관념. "사람들은 필연성의 목적이 무엇인지 모른다." … 사람들에게는 오직 **유덕하게**◆◆ 존재하고 **희망을 가지는** 것만이 남겨진다. 인간에게는 세계의 흐름이 불투명하기 때문에, 인간에게 남아 있는 유일한 자원은 그의 역량이 세계의 흐름과 부합하는 것인지 알지 못하는 가운데 유덕하게/강하게 존재하는 것뿐이다.

---

4 "운은 이 일을 교묘하게 수행하는데, 위대한 업적을 가져다주고자 계획할 경우, 그녀가 목전에 제시한 기회를 알아챌 수 있는 출중한 기백과 능력을 갖춘 인물을 선택한다. 마찬가지로 운은 엄청난 파국을 가져다주고자 할 경우, 동일한 방식으로 그런 파국을 촉진시키는 인물을 등장시킨다. 그리고 운명에 대적할 만한 인물이 있다면, 운은 그를 죽이거나 아니면 그 사람이 어떤 효과적인 대처를 할 수 있는 모든 수단을 빼앗아 버린다."

◆　[알튀세르] 하나의 전통 전체로 귀착되는 이론. 헤겔주의적 전통=**위대한 인물들의 필연성.**

◆◆　"유덕하게"의 원문은 "verteux"인데, 이것은 "역량을 갖추고"로 이해될 수도 있다. 마키아벨리가 사용하는 이탈리아어 비르투virtù나 라틴어 virtus는 "유덕한"이라는 뜻과 더불어 "역량 있는", "강한"이라는 의미도 갖고 있다. 현대 불어인 vertu나 형용사 verteux에는 이런 의미가 거의 담겨 있지 않지만, 알튀세르가 "verteux"를 강조한 것은 이 단어의 어근에 담긴 "역량 있는"이라는 뜻을 부각시키려는 의도로 보인다.

우리는 이 대립하는 두 가지 모습에서 마키아벨리가 한 대립물에서 다른 대립물로 넘어간다고 말할 수 있다. 필연성과 우연, 부정적인 것과 실정적인 것을 떠맡는 것은 때로는 비르투이고 때로는 운이다. … 불가능한 종합. 이는 마키아벨리가 처한 정치적 상황을 아주 정확하게 반영하고 있는데, 그는 새로운 군주를 고지하는 필연성과 그의 돌발의 우연성 사이의 연관성을 보여 주어야 하는 불가능한 상황에 놓여 있었다. 질서를 정초하고 역사가 둑 사이로 흐르는 잔잔한 강물이 되게 만들어야 하는 사람은, 한편으로는 상황에 의해 그리고 동시에 다른 한편으로는 역사의 맹목적인 필연성, 두 번째 의미의 운에 의해 그렇게 하도록 요구받는다. 하지만 동시에 시대의 무질서 속에, 운의 순수 부정성 속에, 자신의 비르투가 생산하게 될 필연성의 질서와 실정적인 것을 부여해야 하는 것 역시 바로 그다. 마키아벨리의 의식의 균열 전체는 이 개념의 균열 속에 반영되어 있다.

③ 하지만 운에 관한 새로운 관점이 지평선 위에 (하나의 희망으로서?[5]) 나타나는데, 이는 종합의 문제가 해결되었다는 것을 전제로 한다. *cf.* (『군주론』의 여러 대목을 재론하고 있는) 『로마사 논고』 3권 9장, 463-65쪽. "이미 수차례에 걸쳐서 나는 사람들의 불운과 행운의 원인이란 그들이 일하는 방법이 시대에 적합한지 아닌지에 달려 있다고 고찰한 바 있다. … 가장 덜 과오를 범하는 사람은 그 방법이 우호적인 상황에서

---

5 처음에는 마침표로 되어 있는데, 알튀세르가 육필로 물음표로 바꿔 놓았다.

적용되는 사람이다. … 이로 인해 운은 우리에게 불균등하게 작용하게 된다. 곧 시대는 변화하는데 우리는 변화하려 하지 않는 것이다. 또한 이로 인해 도시가 몰락하게 되는데, 왜냐하면 공화국은 시대에 따라 자신의 제도를 변화시키지 않기 때문이다."여기에서 (부정적인) 운은 시대의 필연성에 대한 인간의 이해 불가능성에 불과하며, 여기에서 우리는 인간에게는 원칙적으로 이해 불가능한 필연성 속에 위치해 있다. 일체의 인간적인 (불운한) 운은 시대의 전환에 대한, 곧 사회들의 증식 및 생성 현상에 대한 이해 불가능성 및 인간적인 맹목이다. 그리고 긍정적인 운은 기존 상황 및 그 전개에 적응할 수 있는 인간의 능력이다. 이렇게 되면 비르투의 의미 자체가 변화한다. 같은 장에서 마키아벨리는 다음과 같이 쓴다. "그러므로 군주국에 비교할 때, 공화국은 자국 내에 존재하는 시민들의 다양성을 활용해 시대적 조건의 다양성에 자신을 훨씬 잘 적응시킬 수 있다. 따라서 군주국보다 훨씬 더 오래 지속하며 행운을 더 오래 누릴 수 있다."『로마사 논고』, 3권 9장, 464쪽. 그리고 스키피오의 사례와 함께 파비우스의 사례를 인용하고 있다. 문제가 되는 것은 더 이상 역사적 필연성 자체를 창조하는 역량이라는 의미에서의 비르투가 아니라, 상황을 이해하고 필연성에 적응한다는 의미에서의 비르투다. **하지만 공화국들의 경우,** 비르투의 생산이라는 문제는 동시에 — 정확히 상황이 요구하는 **비르투를 갖춘 인간의 우연적인 돌발**이라는 해결 불가능한 형태하에서가 아니라 — **모든 상황에 대응할 수 있는 상이한 재능을 지닌 인간들의 저장고**라는 형태하에서 해결된 것으로 나타난다.[6] 하지만 동시에 여기에서 명시적으로 문제가 되는 것은 공화국들이지 군주국이 아니라는 것, 곧 현재가 아니라 과거에 속하며, 마키아벨리의 근본 문제를 해결하는 데 적절치 못한 정치 형식이라는 점은 주목할 만하다.

마키아벨리에게는 이런 공화주의적 유토피아가 정확히 운과 비르투라는 정치적 문제의 이율배반의 해결을 나타내는 것이었다고 말할 수 있다는 것이 내 생각이다. 이 체제는 자신이 산출하는 인간들의 자원 자체를 통해 구성되고 운을 피하기 위해 마련된 역사다. 정치가 한 사람이 아니라 공화국의 모든 사람의 문제가 될 때, 정치는 시민 다중 속에서 운명이 정치에 제기하는 문제들에 대한 해법을 스스로 산출함으로써 자신의 장래를 보증한다.

하지만 유일한 장애물은 새로운 국가라는 근본적인 이론적 문제를 해결하는 공화국이 이런 새로운 국가 자체일 수 없다는 점이다. 따라서 모순은 해결 불가능하다. 그리고 비르투는 조급하고 불가능한 어떤 계획의 소망에 불과하다.

6 이 문장은 육필로 추가된 것이다.

결론

결론을 맺기 전에 마지막 질문을 제기하고 싶다. 『군주론』이 이론에 관해 우리에게 제시하는 모든 것(이것은 운과 비르투에 관한 이론에서 절정에 이른다)은, 분명 마키아벨리의 현실주의적 기획만큼이나 무장하지 않은 이론이다. 고지되는 바로 그 순간에 부정되는 이론은, 그것이 표현해 주는 기획만큼이나 필수 불가결하면서도 불가능한 어떤 것이다. 하지만 이것이 우리가 마키아벨리에게서 발견하는 이론의 전부일까? 『군주론』의 분석들은, 마키아벨리의 정치적 분석과 결론의 **토대**를 이룰 한두 가지 보다 일반적인 이론에 암묵적이든 명시적이든(*cf.* 머리말) 준거하는 것이 아닐까? 달리 말하면, 우리는 마키아벨리에게서 "실천과 가장 잘 부합하는 것을 확실하고 의심할 수 없는 근거들에 따라 확립"[1]하고자 하는 스피노자의 기획의 등가물에 해당하는 것을 발견하게 되는 것 아닐까? 우리는 『군주론』의 실천적 이론들이 **정초된** 것으로 나타나는 성찰의 어떤 수준을 발견하게 되는 것 아닐까? 다른 식

---

1   스피노자, 『정치론』 1장 4절(아펭 번역).

으로 말하자면, 마키아벨리에게는 그의 정치사상의 토대로서, 하나의 인간 본성론과 하나의 역사 이론이 존재하는 것 아닐까?

① 마키아벨리적 **인간학**의 문제

마키아벨리의 텍스트들 대부분에는 인간 본성론의 현존을 시사하는 인간 행동에 관한 성찰들이 산재해 있다. 카시러(『국가의 신화』[2])는 심지어 마키아벨리가 갈릴레이의 이론 혁명과 비견될 만한 이론 혁명을 정치학에서 성취했다고 제시하기도 한다. 감각의 미망(이 경우에는 도덕적이고 종교적인 미망)에 대한 비판 및 모든 현상을 해명할 수 있게 해주는 항구적인 법칙의 발견이라는 점에서. 이런 보편적인 해명을 가능하게 해주는, 모든 현상 아래에 있는 항구적인 본질의 발견이라는 점에서. 갈릴레이의 경우 이는 운동이며, 마키아벨리의 경우에는 "인간 본성"이다. "인간 본성"은, 도덕적이거나 종교적인 의식의 일체의 미망들과 독립해, 모든 역사적 현상들의 다양성을 해명할 수 있게 해주는, 유일하고 보편적이며 감춰져 있는 본질일 것이다.◆

cf. 마키아벨리. "현재사나 과거사를 즐겨 고찰하는 자는 모든 도

---

2   Cassirer, *The Myth of the State*, Yale UP, 1946;『국가의 신화』, 최명관 옮김, 서광사, 1988.

◆   [알튀세르] 검증해 보기.

시와 모든 민중들이 **동일한 욕망이나 동일한 기질정념을 가지고 있고, 항상 간직해 왔음**을 이해하게 될 것이다. 따라서 과거의 사건들을 정확히 연구하고 잘 성찰하는 자는, 어떤 나라에서 일어나게 될 사건들을 쉽게 예견할 수 있다."(『로마사 논고』 1권))[3]

동일한 정념들에 변용되는 동일한 본성. 이것이 역사 인식(과거 역사와 현재 역사의 동일성)과 예견 및 정치적 행위의 토대일 것이다.

마키아벨리 정치학의 진정한 토대는 인간학일 것이다.
어떤?

분명히 **윤리적이거나 종교적인** 성격을 지닌 인간학은 아닐 것이다. 사람들은 도덕적 본능 또는 선과 악을 식별할 수 있는 의식을 갖추고 태어나지 않는다. 선과 악은 사회들 내부에서 태어나는 개념들이다. 사회적 인간의 범주들.

인간과 **욕망**을 동일시하는 세속적 인간학(*cf.* 스피노자-인간은 그의 욕망이다).

"인간의 욕망은 만족할 줄 모른다. 인간은 대자연으로부터는 모든

---

3 『로마사 논고』 1권 39장, 198쪽.

것을 갈망하는 능력을 부여받은 데 반해, 운[명]의 여신으로부터는 단지 조금만 얻을 수 있는 능력을 부여받았기 때문이다. 그 결과 인간의 마음속에는 불만이 끊이지 않고 이미 얻은 것에 대해서도 싫증을 느끼게 된다. 그래서 사람들은 으레 현재를 비난하고 과거를 찬양하며 미래를 동경한다. 어떤 합당한 이유에 의해 이런 방식으로 행동할 동기가 전혀 없음에도 불구하고 말이다."♦(『로마사 논고』 2권 「서문」, 264-65쪽)

인간은 욕망이다. 그리고 욕망은 무한하다(악무한).♦♦ "자연은 인간들4이 모든 것을 얻지 못하면서도 모든 것을 욕망할 수 있도록 창조했으며, 그리하여 욕망은 항상 획득 능력보다 더 크기 때문에, 자신이 소유한 것에 대한 불만이 생겨나고 소유하고 있는 이가 거의 만족을 얻지 못하는 일이 생겨나게 된다."(『로마사 논고』 1권 37장, p. 37; 189쪽)

욕망의 무한성. 욕망은 항상 소유될 수 있는 대상보다 더 크다. 획득할 수 있는 것의 영속적인 불충분성. 따라서 욕망은 그 자체로 변화에 대한 욕망, 새로운 것에 대한 욕망이다. "사람들은 새로운 것들을

♦ [알튀세르] cf. 스피노자.

♦♦ [알튀세르] - 무한한 욕망
　　　　　　 - 유한한 인간

4 여기에서 알튀세르는 마키아벨리의 원문을 스스로 번역하고 있는 것으로 보인다. 그가 보통 원용하고 있는 플레이아드판 번역본의 경우 (이 점에서는 오역을 범하고 있는데) 복수가 아닌 단수로 "사람"이라고 옮기고 있다.

욕망한다"(『로마사 논고』 3권, 21장, 501쪽).

그렇지만 마키아벨리의 정치적 분석의 토대로 자생적으로 나타나는 이런 인간학을 고려해 볼 경우 우리는 이 인간학이 제시하는 개념들(자신의 욕망과 동일한 인간, 변화를 갈망하는 인간, 자신의 조건에 만족하지 못하는 인간, 외양에 만족하는 인간. 이 모든 범주는 스피노자가 재개하게 될 범주들과 아주 가깝다)과 이 인간학이 정초한다고 주장하는 분석들 사이에는 **아무런 연관성이 존재하지 않는다**는 점을 깨닫게 된다. **연역**이나 **발생**이 존재하지 않는 것이다.[5] 마키아벨리에게는 홉스나 스피노자에게서 볼 수 있는 발생적인 인간학 이론에 상당하는 것이 전혀 존재하지 않는다. 가령 홉스에게 인간적 욕망의 무한성(죽음에 대한 공포, 언어, 미래 예견 능력과 같은 인간 본성의 다른 속성들과 결합된)은 사회 이론의 모든 범주가 그로부터 연역되는 원초적인 원리다. 홉스에게 인간학(인간 본성에 관한 이론)은 모든 정치철학 이론가들의 경우와 마찬가지로 발생적 원리로 사용되며, 이론 자체의 토대로 사용된다. 홉스가, 그 자신의 표현대로 하면, "사회를 해체된 것으로" 고찰할 때, 그는 사회를 그 궁극적인 요소들, 곧 인간들로 분해하며, 그다음 인간들의 본질, 따라서 인간 본성에 입각해 사회의 본질이 드러날 수 있도록 사회를 재구성한다. 마키아벨리에게 인간학은 한편으로는 그의 정치 이론의 토대를 이루면서도, 동시에 다른 한편으로는 그 이론에 **이질적인**[마키

---

5 "발생"이라는 단어에는 육필로 괄호가 쳐있다.

아벨리의 반심리학주의-알튀세르] 것이다. 마키아벨리적인 인간 본성론과 그의 정치 이론 사이에 존재하는 관계를 파악할 수 없다. 만약 어떤 연관성이 존재한다면, 그것은 명시적이지 않고 잠재적인 것에 머물러 있다.

사실대로 말하면 나는 마키아벨리의 인간학이 그의 정치 이론의 토대로 사용되지 않는다고 주장할 수 있다고 믿는데, 왜냐하면 그것은 진정한 인간학이 아니기 때문이다. 그것은 외양만 인간학일 뿐, 인간학으로서의 실재도 지위도 지니고 있지 못하다. 그것은 그 자신과 다른 어떤 것이다. 그것은 무엇을 감추고 있는가? 나는 다음과 같은 간단한 언급에서 시작해 보겠다. 마키아벨리는 "**인간**"이나 "**인간 본성**"에 대해서는 극히 드물게만 말할 뿐이다. 그가 사람들의 욕망에 관해, 사악함에 관해, 외양에 대한 취향에 관해 말할 때, 그는 대부분의 경우 복수의 **인간들**에 대해 말한다. 그리고 이런 복수는 일반화의 징표가 아니라 집합성[6]의 징표인데, 내 말은 복수의 표현이 사회정치적 관계 속에서 집단으로 고려되는 인간들을 지칭한다는 뜻이다. 인간 욕망의 무한성의 의미를 예로 들어 보자. 마키아벨리는 겉보기에는 이것이 인간 본성의 원초적 속성인 것처럼 말하고 있다. 하지만 실제로 그가 제시하는 사례들은 항상 구체적인 정치적 상황에서 도출된 정치적 사례들이다. 인민을 구성하는 두 가지 기질들 사이의 투쟁, 곧 귀족들과 서민들, 귀족들과 민중 사이의 투쟁에서 귀족들의 욕망의 무한성은 결코

---

6 원래는 "일반성"이라고 되어 있었는데, 알튀세르가 육필로 "집합성"이라고 수정했다.

민중에 대해 획득한 소유물에 만족하는 법이 없고 항상 더 많이 소유하기를 원하며 자신들의 지배력과 장악력을 더 확대하기를 원한다. 민중의 욕망은(이 욕망이 무한한 한에서), 예속과 착취를 당하는 데 만족하지 않으며, 좀 더 높은 수준의 권리들을 주장한다. 달리 말하면 인간 욕망의 무한성은 여기에서 출구 없는 갈등 상황, 지양 없는 변증법의 악무한과 혼용되어 있다[계급들-알튀세르]. 더욱이 다음과 같은 점을 깨닫기 위해서는 관계를 변화시키는 것으로 충분하며, 가령 마키아벨리가 두 개의 가능한 해결책, 곧 귀족들의 군주와 민중의 군주라는 해결책[7]과 더불어, 귀족의 편을 들어 군주가 되는 것과 민중의 편을 들어 군주가 되는 것의 각각의 이점을 검토하고 있는 **사회적** 군주국의 상황을 생각해 보는 것으로 충분하다. 곧 귀족들이 자신들의 편에 속하는 군주를 옹립했을 때, 그들의 욕망은 계속해서 자신의 무한한[8] 경주를 지속하는 반면(귀족들은 항상 더 많은 욕망을 원하며, 이 때문에 군주는 그들의 위협 아래 놓여 있고 존재의 불안정에 휩싸여 있다), 만약 옹립된 군주가 민중의 군주라면, 만족을 얻은 민중의 욕망은 승리를 쟁취한 귀족들의 욕망과 다른 행보를 보이게 된다는 것을 깨닫기 위해서 말이다. 이 동일한 이유 때문에 우리는 마키아벨리에서 민중의 이성에 대한 예찬을 볼 수 있는데[스피노자에게도 동일한 예찬이 존재한다-알튀세르], 민중은 마치 그들의 정념 자체가 자생적인 지성으로 지양된 것처럼, 취해야 할 조치가

---

7 『군주론』 9장[앞에 나온 1장 5절의 분석 참조-옮긴이].
8 "무한한"이라는 말은 육필로 추가된 것이다.

무엇이고 선출해야 할 행정관이 누구인지에 관해 확실한 본능적인 직감(거의 예지적인)을 지니고 있다는 것이다. 우리는 이런 인간학의 전도의 사례들을 여럿 들어 볼 수 있다. 가령 인간 욕망에 입각해서 인간 본성의 본질적 특징을 구성하는 것처럼 보이는 새로움에 대한 취향은 또한 사회적 상황과 정치적 관계에 따라 새로움에 대한 **공포**로 나타나기도 한다는 점을 보여 줄 수 있다. 이 때문에, 특히 국가의 정초에서 나타나는 급진적 혁신은 매우 불안정하고 취약하다. 마키아벨리가 분석하는 이 사례[9]에서 우리는 이런 역설적 전도의 참된 의미를 파악하게 된다. 새로움에서 이익이 생기지 않을까 희망하는 인간들은 새로운 것을 좋아하고, 새로움에서 자신들의 이익이 상실될까 두려워하는 인간들은 그것을 거부한다. 여기에서도 역시, 인간 욕망이라는 공허한 인간학적 개념에 주어진 내용은 인간 본성론과는 막연한 관계만 지니고 있을 뿐이지만, 현존하는 사회 세력들 간의 갈등적 평형상태와는 아주 긴밀한 관계를 맺고 있다.

따라서 나는 기꺼이, 인간 본성론에 입각한 사회정치적 형태들의 발생적 연역의 부재는 마키아벨리적 인간학의 **작위적** 성격을 드러낸다고 결론 내리겠다. 이렇게 말해 보자. 사실상 마키아벨리는, 일체의

---

9 타이핑 원고에는 여기에 빈 괄호가 존재한다. 이 괄호 안에는 『로마사 논고』 1권 37장에 대한 문헌 지시가 있었을 것으로 보인다. "그리하여 인간의 운명은 부침을 겪게 되는데, 이는 어떤 사람은 더 많이 얻기 위해, 다른 사람은 이미 얻은 것을 잃을까 두려워하면서, 사람들이 서로 불화나 전쟁에 빠지게 되기 때문이다. 이로 인해 어떤 지역은 멸망하고, 다른 지역은 번영하게 된다." 189-90쪽.

윤리적이거나 종교적인 인간학을 거부하기 위해 그에게 내용적으로 그리고 개념적으로 필요했던 것(무한한 욕망)을 정당한 인간학으로부터 스스로에게 부여했다. 반면에 마키아벨리는 자신의 정치 이론을 기초 짓기에 충분할 만큼의 개념들을 스스로에게 부여하지도, 또 그만큼의 노고를 기울이지도 않았는데, 이는 인간학(또는 인간 본성론)이라는 표면적인 외양 아래에서 사실 그는 **사회·정치적 행위들**을 묘사하고 있다는 근본적인 이유 때문이다. 그의 인간학은, 그것이 실존하는 한에서는, 부정적이고 비판적인 것에 머물러 있다. 그 이외의 것에 관해서는, 그의 인간학은 다만 그의 정치학의 외양으로서만 적극적일 뿐이다.

② 역사에 대한 **마키아벨리의 이론**에서는 사정이 다른가? 달리 말해, 만약 마키아벨리가 그의 정치학을 인간학 위에 정초하는 데까지 도달하지 못했다면, 또는 그것이 그의 의도가 아니었다면, 다른 수준, 곧 인간학의 수준이 아니라 역사의 수준(역사 이론)에 위치해 본다면, 그는 자신의 정치 이론을 역사 이론 위에 정초하는 데까지 도달한 것인가?

실로 마키아벨리 자신의 고백에 의거해 볼 때 우리는 인간학 이론이 자신의 배후에 더 심오한 다른 이론, 곧 역사 이론을 감추고 있다고 간주할 수 있다. 만약 인간 정념들에 관한 인간학 이론이 (17세기에 제시된 것과 같은) 인간의 정념들에 대한 이론이 아니라 도시국가들 및 민중들의 정념에 대한 이론이라면(그는 이 점에 관해 명시적으로 지적하고 있다. "현재나 과거를 즐겨 고찰하는 자는 모든 도시와 모든 인민들이 동일한 욕망이

나 동일한 정념을 가지고 있고, 항상 간직해 왔음을 이해하게 될 것이다."『로마사 논고』 1권[10]), 정념들과 분리될 수 없는 도시국가들의 생성의 수준, 정치적·사회적 정념들의 생성의 수준에서만 어떤 토대가 가능하다.

이 점을 살펴보자.

『로마사 논고』 1권 2장, pp. 384-87(77-81쪽)의 역사 이론은 플라톤과 폴리비오스의 순환 이론을 답습하고 있다. 3개 유형의 정부 및 그 퇴락 유형

cf. 독서 카드

국가들이 겪을 수밖에 없는 치명적인 순환. 『로마사 논고』, p. 386[80-81쪽].

군주정-참주정; 귀족정-과두정; 민중의 통치 → 무정부적 방종 → 군주정 …

무한한 순환. 하지만 …

ⓐ "이것이 모든 국가가 통치하는 과정에서 거치게 되는 순환

---

10 『로마사 논고』 1권 39장, 198쪽. 타이핑 원고에서 '도시국가들', '민중들', '욕망들', '정념들'에는 육필로 따옴표가 쳐있다.

이다. 그러나 단지 몇 차례만 국가들은 동일한 형태의 정부로 되돌아오게 되는데, 왜냐하면 어떤 국가도 이런 변천을 여러 번 거치면서 오래 지속될 만큼의 수명을 누리지는 못하기 때문이다. 또한 현명함이나 강력함을 늘 결여하고 있는 국가는 투쟁하는 과정에서 보다 잘 정비된 이웃 국가에 예속되는 것이 다반사이기 때문이기도 하다. 그러나 이런 일이 일어나지 않는다면, 국가는 끝없이 이런 정부 형태의 순환을 거듭하게 될 것이다."[81쪽]

따라서 이런 순환은 사태의 진행을 변경하는 국가들의 투쟁에 의해 전복된다. 상이한 질료 …

ⓑ 그다음, 이상적 정체. 3개의 다른 정체의 3개의 장점을 지닌 진정한 정체를 구성함으로써 **3개의 정체의 악덕을 소멸시키기**(요컨대 순환을 중지시키기??? 군주 + 귀족 + 민중…). 모두 나쁜 정체들인 다른 모든 정체들보다 "더 견고하고 더 안정적인"[pp. 386-87; 81쪽을 읽을 것-알튀세르] …
순환에서 벗어나는 정체를 만들기
요컨대 ① 정체들을 소멸시키는 정체들 사이의 투쟁이 정체들 외부에서 작용함으로써 순환 자체가 무너진다. ② 이런 혼합 정체를 조직함으로써 순환에서 벗어날 수 있다.
"세 가지 권력의 결합이 완전한 정체를 만들었다."[11] 로마의 경우(『로마사 논고』, 98쪽).

나는 우리가 여기에서도 역시 기묘한 현상을 목도하게 된다고 말하고 싶은데, 이 현상은 우리가 앞에서 언급했던 인간학적 환원의 수준에서 생산되는 것과 충분히 비교할 만한 것이다.

여기에서도 역시 우리는 무한한 과정과 관계하고 있다. 순환들의 과정, 순환들의 반복 과정(마키아벨리가 국가들에 대해 말하길, "우리는 혁명들의 동일한 순환 속에서, 국가들이 무한하게 되풀이되는 것을 보게 된다."). 하지만 마키아벨리에게는, 욕망의 무한성이 자기 자신의 수준에서 인간 정치의 실제 현실을 정초하지 못하는 것과 마찬가지로 폴리비오스의 순환의 무한성 역시 자기 자신의 수준에서 역사적 현실을 정초할 수 없다. 이런 무한성은 추상적 무한성이며, 이 추상성은 위에서 언급했던 두 상황 속에서 나타난다.

① 순환의 무한성은 앞선 국가의 순환 속에 다른 국가가 개입함으로써(정복-투쟁) 중단된다.

② 특히 모든 순환 이론은 세 개의 좋은 정체의 장점을 통합하는(군주 + 귀족 + 민중) 혼합정체의 구성에 의해 의문시된다. 세 개의 기본적인 정체가 지닌 종별적이고 이로운 원리들을 (이것들이 서로 중화되도록 만듦으로써) 결합하는 정체의 구성 속에서 무한성 자체의 법칙에

---

11 『로마사 논고』 1권 2장, 84쪽.

서 벗어날 수 있다는 희망을 품을 수 있게 해주는 종합이 아니라면, 이런 종합을 어떻게 해석할 수 있겠는가?

따라서 나는 역사의 순환의 무한성은 추상적이라고 말하고 싶다. 구체적인 것은, 아주 잘 구성되어 있어서 그 자체가 순환의 무한성에 대한 도전이 되는 혼합 국가가 생겨날 때까지 순환의 무한성을 중단시키는 국가들 사이의 투쟁이다.

인간학만이 아니라 순환적 역사 이론 역시 마키아벨리의 정치학을 정초할 수 없다. 단 이 역사 이론이, 마키아벨리가 묘사하는 현실(국가들 사이의 투쟁, 국가들의 상호 정복)과 혼용되고 또한 그 내적 구성(3개의 힘)을 통해 추상적 무한성의 숙명에서 벗어날 수 있는(이렇게 되면 순환의 추상적 무한성은 일체의 의미와 용도를 상실하게 된다) 새로운 국가에 관한 이상적 기획과 혼용되기 위해, 그 이론의 내용 속에서 스스로 제거된다면, 그렇게 할 수 있다.

결론을 내리자면, 마키아벨리가 고전 정치철학과 맺고 있는 종별적인 입장을 어떻게 특징지을 수 있는가?

우리는 이 강의록 서두에서, 정치적 행위 및 정치적 방법에 대한 마키아벨리의 묘사가 고전적인 정치적 성찰의 대상을 정의하는 범주들에 대해 낯설다는 이유로 마키아벨리가 **경험론자**라는 평판을 얻게 되었다고 말한 바 있다. 마키아벨리에게는 자연 상태나 사회계약, 사회 상태도, 연합 계약이나 복종 계약도 문제가 되지 않는다. 우리는 방금 전 그의 사상의 또 다른 특징을 살펴보았다. 그것은 그의 사상이 인간학 내에서든 순환적 역사 이론(그 자체로 인간학적인 성격을 지니고 있다)에서든 **자신을 정초할** 수 없다는 점이다.

정치철학의 고전적 대상 및 그 정치적 묘사와 결론의 이론적 정초 작용에서 이처럼 이중적으로 배제되어 있다는 것이 **마키아벨리의 고독**[12] 전체를 이루는 것이다. 하지만 이는 또한 아주 계발적인 것인데, 왜냐하면 이런 고독은 고전 정치철학에는 정치적 대상의 본성과 이 대상의 정초 작용 사이에 유기적 연관이 존재한다는 것을 우리에게 알려 주기 때문이다. 마키아벨리의 독특성과 고독은 대조적으로 고전적인 정치적 성찰의 종별성을 부각시켜 주는데, 그 종별성은 고전 정치철학이 자신의 정치적 대상을 범주들—이 범주들은 사실 고전 정치철학의 정치적 대상을 그 자체로 구성하는 것들이다—속에서 다음과 같은 조건하에서만, 곧 (순환적) 역사철학으로 나아갈 수 있는 철학적 인간학 내에 이 대상을 **정초하는** 경우에만 사고할 수 있다는 점이다.

그렇지만 이런 마키아벨리의 고독이 어떤 비판의 고독이라고 말할 수 없을 것이다. 마키아벨리는 고전적인 이론적 작용 및 그 토대를 넘어서 있는 것이 아니라 **그 아래에** 있다. 그리고 우리는 심지어 그의

---

12 알튀세르가 이후 1977년에 국립정치학재단에서 「마키아벨리의 고독」이라는 제목의 강연을 하게 된다는 점을 환기해 두겠다. "Solitude de Machiavel", in Yves Sintomer ed., *Solitude de Machiavel et autres essais*, PUF, 1998; 「마키아벨리의 고독」, 『마키아벨리의 고독』, 김석민 옮김, 새길, 1992.

인간학적 시도 및 역사적-철학적 시도의 실패는 진정한 비판적 의식을 입증해 주기보다는 오히려 **사실상의 무능력**, 자신이 말해야 하는 것을 관련된 철학적 개념들 속에서 표현하지 못하는 무기력함을 입증해 준다고 간주할 수도 있다. 정치적 대상을 철학적-인간학적으로 정초하려는 기획 자체가 의식적으로 거부되고 비판되기 위해서는 당시로부터 수 세기의 시간이 흘러야 한다. 그러므로 그가 그 자신의 무능력만이 아니라 그 자신의 거부(이것은 윤리적 인간학을 소묘하는 것에 대한 거부인데, 그는 심지어 그것의 난점을 확인하기 위한 목적에 따라 소묘하는 것조차 거부한다)에 의해, 스스로 의지한 것은 아니지만, 조야하게나마 비판적이었다고 말해 두자. 그는 정치철학 아래[그리고 이로써 그 위에-알튀세르], 특히 그것에 대한 의식적 비판 아래 위치해 있다.

하지만 이런 고립의 상황에 대해, 고전 이론에 의해 은폐되고 혼미하게 되어 버린 어떤 현실 또는 오히려 어떤 문제에 대한 **지각, 포착**이 상응한다. 사실 우리가 17, 18세기 고전 이론의 일반적 의미에 대해, 이 이론의 일반적 의미 및 그 변주의 의미에 대해 질문해 보면, 우리는 이 이론을 사로잡고 있던 것이 한 가지 **종별적 문제**였다는 점을 깨닫게 된다. 이 문제는 고대인들(플라톤, 아리스토텔레스, 에피쿠로스 등)의 정치 이론과 몇몇 특징 및 몇몇 개념을 공유할 수 있지만, 다음과 같은 종별성, 곧 이 문제는 **절대군주정**의 문제라는 것을 감안하지 않으면 이해 불가능한 것이다. 절대군주정의 원리와 투쟁하는 것이 문제이든(反군주정파나 중세적인 정신을 지닌 이론가들의 경우처럼) 반대로 절대군주정을 정당화하는 것이 문제이든(보댕의 경우처럼)(또는 홉스의 경우처럼), 아니면 개념들의 평형이나 상호 간섭과 관련된 추상적인 이론적 외양 아래에서 실제로 문제가 되는 것이 기존의 절대군주정의 내용을 제3신분의 부르주아의 방향이나 반대로 중세적인 요소들의 방향으로 굴절시키는 것이든, 아니면 마지막으로 로크나 이후의 루소의 경우처럼 절대군주정을 해체하고 계승하는 것을 준비하는 것이 문제이든 간에, 성찰에 포함된 정치적 문제는 **절대군주정의 존재라는 문제화되지 않은 영역** 안에 위치해 있다. 실존하는 사실적 상황이, 곧 구성되고 통합되고 안정을 유지하는 국민국가들의 존재가 문제인 것이다. 정치적 성찰 및 그것에 고유한 모든 문제(권력분립의 문제, 주권의 문제, 권력의 절대적 성격에 관한 문제, 시민들과 군주의 관계에 대한 문제, 봉기에 대한 권리 내지 비권리의 문제 등)를 지휘하는 것은 현재 존재하는 이 현실이다. 하지만 이런 현실이 주어져 있는 한에서 고전적인 성찰에게 이 현실은 문제가 되지 않았다. 달리 말하면 고전적 성찰은 사회의 발생이라는 외양 아래 국민국가들의 구성 및 절대군주정의 도래라는 문제를 제기하지 않는다.♦ 고전적 성찰은 이런 가짜 발생의 외양 아래 다음과 같은 기존의 권력정치적 관계들의 내적 본질의 문제만 제기했을 뿐이다. 권력에 대한 인민의 동의라는 문제 및 권력을 구성하고 그 권력의 평형상태를 유지하는 역량들 사이의 관계 개조라는 문제.

마키아벨리 자신은 정확히 고전적 성찰이 **망각한 문제**를 제기한다(이것이 바로 그의 독특성을 이룬다). 국민국가의 구성이라는 문제, 절대

♦ [알튀세르]?

군주정의 돌발이라는 문제가 바로 그것이다.♦ 나는 그가 이 문제를 해결했다고 말하지는 않을 것이며, 다만 그의 이론적 의식은 **이 문제를** 내용으로 지니고 있다고, 그에게 이런 도래는 **순수 상태의 문제가** 된다고, 그가 분석하는 질료 내의 그 어떤 것도 그에게 답변에 대한 예견을 시사하지 않기 때문에 더욱더 첨예한 문제가 된다고만 말할 것이다. 나는 그에게 이 문제가 순수한 문제가 된다고 말하는데, 이는 이 문제가 실제로 해결될 수 없는 상태에서 감지되는 한에서 그렇다. "나에 대해 말해 보자면, 이 중요한 준칙들에 대한 인식을 나에게 금지해야만 했던, 아니면 이 준칙들을 실행할 수 있는 수단을 내 스스로 제공하도록 해야만 했던 이 운명이, 나는 한탄스럽다."(『전쟁론』7권 17장)[13] 기존 국가들에서 이 문제는 그 해법을 통해서만 제기되었으며, 문제는 그 해법에 의해 은폐되어 왔다. 따라서 그 이후 성찰된 것은 문제가 아니라 해법이었다. 마키아벨리는 그 자신에게 외부에서 제기된 문제, 하지만 그가 이탈리아에 대해, 곧 문제를 해결할 수 있는 상태에 있지 못할뿐더러 진정으로 이 문제를 제기할 만한 상태에 있지도 못한 나라에 대해 제기하고 있는 어떤 문제에 직면해 있다. 이 때문에 마키아벨리는 현실적 사건에 대한 상상적 증인 또는 상상적 사건에 대한 현실적 증인이라는 특권적인 상황 속에 놓여 있다. 그의 이론 전체는 이 사건에 대한 사상으로 집약되며, 그의 이론 전체, 그에

♦ [알튀세르] 억압된 [문제-옮긴이](국가의 시초 축적)

13 Machiavel, *Œuvres complètes*, op. cit., p. 902.

게 고유한 개념들 전체(운[비르투], 시초[원칙]으로의 복귀, 가능태들의 열거 등)는 이 사건에 관한, 이 사건의 도래에 관한 무능력한 사상 바로 그 것일 뿐이다. 이 때문에 그의 이론은, 개념들의 수준에서 모순적인 지점에 놓이게 되며, 이론이 형성되는 바로 그 순간에 결정적으로 와해되고 만다. 이 때문에 그의 이론은 새로운 것의 도래 형태를 사유하는데 이르지는 못한 채, 새로운 군주 및 새로운 군주국에 대한 정의 속에서, 곧 **절대적으로 새로운 것**에 대한 신들림 속에서 소진되어 버린다. 이 때문에 그의 이론은, 그가 이런 순수한 사건의 조건들을 포착하려고 시도하는 개념들(운과 비르투)의 "회전문" 속에서 개념적으로 소진되어 버린다.

그렇지만 이런 이론적 무능력은 현실적 지각에 대한 증거 자체다. 곧 토대로의 모든 이론적 소급 및 모든 연역으로 환원될 수 없는, 근본적인 **시작**, 정치적 조직 및 그 실존의 새로운 형태에 대한 포착, 근대사의 불가역적인 사실[14]에 대한 포착. 마키아벨리는 이 사실에 대한 유일한 증인, 즉 이 사실을 하나의 문제로 사유하려고 시도했던, 그리고 기성사실에 관한, 곧 해법에 관한 이후의 모든 이론들로 인해 은폐되어 왔던 유일한 증인이다.

그렇지만, 그리고 바로 이런 이유 때문에[15] 그는 이후의 모든 이

14 "사실"이라는 단어에 육필로 따옴표가 쳐있다.
15 "그리고 바로 이런 이유 때문에"는 육필로 추가된 문구다.

론들에게 양심의 가책거리로 남아 있었다. 이는 그가 정치적 사실을 인간학적으로 정당화하려는 의도를 품지 않았기 때문이고, 그가 동의의 윤리적이거나 이성적인 기원이 아니라 동의를 촉발하고 보증하는 세력에 대해 말했기 때문이며, 그가 관련된 문제의 항들 및 개념들을 전복시켰기 때문이다. 그리고 그가 기원이 없다고 생각되었던 정치 조직의 실제 기원들을 환기시켰기 때문이다. 이 때문에, 모든 양심의 가책과 마찬가지로 그가 그의 계승자들의 이론적 양심 그 자체에 귀신처럼 달라붙는 일이 일어나게 된 것이다. 나는 두 개의 사례만 언급해 두겠다. 스피노자와 루소의 사례.

스피노자의 사례를 보면, 이는 정부가 시민들에게 증오의 대상이 되는 국가에서 민중 봉기의 역할에 관한 문제로 나타난다. 우리는 민주주의의 옹호자로 자처하는 이 인물(스피노자에게 민주주의는 모든 정체의 내적이고 원초적인 본질이며, 상이한 정체들은 이 규준의 변형태들에 불과하다)이 봉기는 (몇 년 뒤에 로크가 말하게 될 것처럼) 정부를 재생시킬 수 있으며 정부에 대해 시민들의 동의라는 [민주주의의] 내적 원칙을 환기시켜 줄 수 있다는 생각을 주장하지 않을까 기대해 볼 수 있다. 그런데 스피노자는 이런 결론으로 나아가기 전에 멈춰 서서 봉기는 국가에 해롭다고 선언한다. 여기에서, 이전의 소국들의 무질서에서 생겨나 다시 이전의 무정부 상태로, 곧 실제로는 국가 없는 상태로 전락할 수도 있는 국가의 불안정성, 새로운 국가의 불안정성에 대한 경험을 반영하는 마키아벨리적인 영감이 다시 불쑥 나타나는 것을 볼 수 있다. 네덜란드의 경험, 스페인의 침공, [17세기 네덜란드-옮긴이] 연합주 공화국의 위태로운 헌정 같은 조건은 내부의 봉기가 국가 그 자체의 단적인 소멸로 귀착될 수도 있다는 가능성을 완전히 배제할 수 없을 만큼 이탈리아의 경우와 아주 흡사했다. 로크의 경우는 이와 동일하지 않다. 국가는 존재하고 있고, 국가의 연속성은 의심의 여지가 없다. 그 형태가 변화될 수는 있을지언정 국가의 존재 자체는 확고하다. 파괴의 변증법이 아니라 쇄신의 변증법만이 국가 내부에서 일어날 수 있는 일이다.

루소의 사례. 루소는 마키아벨리의 경험이 멀리서나마 반향되고 있는 최후의 저자일 것이다. 사회계약의 **불안정성**에 관한 이론에서, 국가의 통일성 자체가 무너져 다시 전쟁 상태로 전락할지도 모른다는 가능성에 대한 첨예한 자각(『인간 불평등 기원론』, 『폴란드 헌법 구상』 및 더 나아가 『사회계약론』도 참조)에서 이를 엿볼 수 있다. 이런 의식을 그의 사회 구성 이론, 곧 **근본적으로 새로운** 사실에 관한, 인간들의 정치사회를 경유하지 않는 근본적인 새로움의 구성에 관한 그의 이론과 연결시켜야 할 것이다. 하지만 이 점에 관해서는 나중에 다시 말하게 될 것이다.

단상들[1]

홉스-마키아벨리

홉스와 마키아벨리의 차이점은 다음과 같다. 홉스의 기초 **요소**는 공포다. 마키아벨리에게 공포는 통치 **수단**들 가운데 하나다. 공포는 보편적인 것이 아니며, 인간들 사이의 유대가 아니다. 마키아벨리의 역설 가운데 하나는, 그의 개념들이 개인주의적인 정치 개념들이 아니고 그가 개인적 심리학이 아니라 사회적 집단의 심리학을 제시했다는 점이다. 그가 "인간들"에 대해 말할 때, 그것은 항상 **집단들**로 간주된 인간들이다. **고립된 개인들**의 분자적인 행동에서 출발해 이루어지는 사회적 관계의 연역은 존재하지 않는다. 모든 정치 이론이 지니고 있

---

1 우리는 알튀세르 유고에 보존되어 있는 마키아벨리에 관한 강의 준비 노트 사이에 포함된 몇몇 단편을 여기 싣는다. 수강생 노트가 때로는 아주 간략하기 때문에, 실제 강의 때 이 노트가 얼마나 활용되었는지는 알 수가 없다. 어쨌든 「마키아벨리의 상황」이라는 제목이 붙은 단편은, 우리가 「편집자 서론」에서 길게 인용한 바 있는 1962년 1월 26일에 프란카 마도니아에게 보낸 편지가 보여 주듯이, 활용된 것이 분명하다.

는 이런 전제가 그에게 부재하다는 사실은 극히 흥미로운 점이다.

　왜?

　마키아벨리의 기초 **요소**는 **폭력**의 정치적 사용인데, 폭력은 공포가 아니다. 그는 폭력을 활용하지만 그것에 의지하지는 않는다. 사회 구성에 관한 개인주의적 이론에게는 완전히 이질적인 측면.

　홉스의 요소는 공포이며, 이것은 경쟁과 정치 투쟁이라는 두 가지 차원을 지닌다. 하지만 이것은 이미 경제적 개인주의 문제들에 대한 해법으로 존재하는 어떤 유기체 내부에서 이루어지는 일이다.

　마키아벨리에게 개인은 국가를 구성하는 것이다. 인간들 및 그들의 삶, 그들의 갈등들 등이야말로 마키아벨리에게는 이런 질료[개인]의 형상인 것이다. 이를 홉스에서 군주의 독특한 상황과 비교해 보라 (더욱이 군주는 개별적인 개인이 될 수도 있고 의회 등이 될 수도 있다). 곧 홉스에게 군주는 작용의 바깥에 놓여 있으며, 그는 계약의 당사자가 아니다. 따라서 그는 이미 권력에 위치해 있는 것이다. 그가 권력에 오르는 것은 **문제가 되지 않는다.**

　홉스와 더불어 계약은 **각각의** 개인과 관련된다. 따라서 개인은 계약에서 법적 지위를 지닌다(이는 이미 획득된 개인의 경제적 지위를 반영한다). 탁월한 개인인 군주는 한 개인이 아니다. … 하지만 다른 모든 개인은 개인이다. 마키아벨리에게 군주는 유일하게 역사적인 개인이다.

다른 인간들은 **사회적 집단들**이며, 이런 집단들이 ─ 개인들로 해소되든 집단들로 해소되든 ─ 해소되는 일은 결코 일어나지 않는다.

홉스는 동의에 관한 이론적 철학이다. 마키아벨리는 정초의 철학이다. 정초의 권리[법]droit에 관해 질문하지 않는 정초의 철학.

왜 마키아벨리는 어떤 권리의 문제를 제기하지 않을까. 또는 왜 그가 제기하는 권리의 문제(공포, 악의 등의 한계)(폭력의 한계)는 사실적 상황, 곧 자기 자신의 명백한 긴급성 이외의 다른 권리는 갖고 있지 않은 상황 내부에서만 제기될까.
새로운 정치적 형태가 돌발하는 시기의[에 대한] 철학.

행위 이론?

마키아벨리에 대한 독해의 불편함. 모든 문제들이 마키아벨리에게서는, 인간 본성에 관한 가능한 어떤 이론(나중에 스피노자가 만들게 될?)에 의거하고 있는 행위 이론으로, 인간 행위 이론으로 번역된다는 또는 오히려 번역될 수 있다는 점.

마키아벨리 자신이 이와 동일한 번역을 신임한다. "사람들은 그렇게 생겨 먹었다" 운운.

그리고 마찬가지로 그가 묘사하는 정치적 행위는 항상 어떤 개인의 행위다. 적어도 대부분 그렇다.

마키아벨리의 균열. 이런 시도에 사로잡혀 있지만, 그럼에도 지속적으로 이 시도에 맞서 있는.

인간 본성 이론이 아니라는 것을 잘 이해하자. 분명 도덕 이론이 아니며 또한 인간 본성에 관한 심리학이라는 의미에서의 인간 본성 이론도 아니다.

그는 비록 그가 개별적 형태를 취하는 경우에도 사태가 위치해 있는 수준에서, 정치의 현실적 추상들의 수준에서, 대중 현상, 사회적 현상들의 수준에서 솔직하게 사태에 대해 말한다. 그는 이렇게 말하지만 자신이 말하는 것을 알지 못한다. 그는 자신이 말하는 것을 정확하게 알지 못한다. 그는 자신이 원하는 것을 알고 있지만, 자신이 말하는 것을 정확하게 알지 못하며, 그의 이론 자체가 어떤 장 안에 위치해 있는지 정확하게 알지 못한다. 심리학 이론? 정치 이론? 그는 이론을 정초하려고 시도하는 순간 주저한다. … 또는 우리가 그의 정치학을 인간학으로 간주하는 것일까? 그에게는 그가 묘사하고 보고 원하는 것에 관한 인간학만이 존재할 뿐이다. 정치학, 오직 정치학만이.

사람들이 마키아벨리에게서 발견하는 인간 본성 이론의 맹아는 그의 정치 이론을 신비하게 바꿔 놓은 것일 뿐이다. 그럼에도, 그에게서 한 이론, 인간 본성 이론에 대한 한 가지 맹아를 발견한다고 가정해 보자 … 하지만 이 맹아 자신은, 이후에 인간 본성 이론들에 대한 무비판적인 수동적 증거들에 함축돼 있는 수수께끼에 대한 한 가지 해법을 지시하고 있다. 이는 인간 본성 이론이, 사회·정치적 범주들의 토대로 사고되어 신비화된 투사물에 불과하기 때문이다. 그는 이후의 이론가들에 대해 눈을 멀게 만드는 빛을 던진다. 곧 이론가들은 자신들의 정치학을 인간 본성 이론에 정초하면서 그들 자신이 이런 투사의 희생자들이라는 것(저자이자 희생자)을 알지도, 보지도 못하며, 소위 그들의 인간학, 그들의 심리학은 그들의 정치학 범주들 자체의 원초적 토대로 사고되고 있지만 사실은 이 범주들을 추상화한 것에 불과하다는 것을 보지 못한다. 마키아벨리에게서 우리는 이런 투사의 불가능성과 동시에 그에 관한 가능한 유혹을 그 탄생의 상태 속에서 포착하게 된다. 조야한 형태 아래, 하지만 그 실패의 조야함 자체(또한 유혹의 조야함. 그의 유혹은 사실은 시도가 아니다)는 명료하고 시인된, 숨김없는 조야함이며, 고전 정치사상의 추상물들이 수행하는 모든 은폐보다 더 계발적인 것이다.

그렇다면 아마도 단 한 명의 저자만이 이런 유혹에서 벗어날 것이다. 스피노자가 바로 그 인물이다. 그의 인간 본성 이론은 사실 이 이론에 대한 스피노자 자신의 용법에 의해 거의 자기 논박된다고 할 수 있다. 정치를 상상에 속하는 것으로, 곧 이데올로기, 종교, 정치 조직의 외양들 사이에서 작용하고, 무의식적으로 사회적 형태들 — 진정한 인간학적 기원(계약)으로부터 연역하는 것이 불가능한 것 — 의 생산을 지향하는 것으로 간주하는 [스피노자의-옮긴이] 사상에서 인간 본성 이론이 무슨 쓸모가 있겠는가? 만약 상상이 **하나의 세계**라면, 만약 정치가 직접적으로 세계로서 파악될 수 있다면, 그리고 총체로서의 이 세계 속에서 정치적 행위들 및 효과들이 의미를 지니게 된다면, 원초적 인간학에서 무엇이 남아 있겠는가?◆

마키아벨리의 상황

마키아벨리에 대해 말하는 것의 어려움. 왜냐하면 그는 프랑스와 스페인에 대한 강박 속에서, 하지만 또한 고대 로마라는 회고적인 유령에 사로잡힌 채로 거리를 두고 있는 상황, 곧 뒤처져 있으면서 동시에 선취하고 있는 상황, 따라서 역사적 신기루의 상황, 비현실적인 상황

◆ 알튀세르는 스피노자의 '상상'이라는 개념을, 이성, 욕망, 지성 등과 구별되는 정신의 한 직능faculty이라기보다는 '생활세계'와 같은 것이라고 본다. 이런 스피노자의 상상 개념(또는 이에 대한 알튀세르의 재해석)은 알튀세르의 이데올로기론에 큰 영향을 미쳤다. 이 점에 관해서는 진태원, 「스피노자와 알튀세르에서 이데올로기의 문제: 상상계라는 쟁점」, 『근대철학』 제3권 1호, 2008 및 「변용의 질서와 연관: 스피노자의 상상계 이론」, 서강대학교 철학연구소 편, 『철학논집』 22집, 2010을 각각 참조.

에 놓여 있으면서도 동시에 그는 자각적인 불굴의 현실주의적 의지를 갖추고, 실현 가능한 것 그 자체로서 자처하기 때문이다.

이런 대조적 측면이야말로 그에 대해 말하는 것을 극히 어렵게 만드는데, 왜냐하면 그의 경우에는—마키아벨리 그 자신에게도—그의 사고들에 대해 말하는 것이 어려운 게 아니라, 그 사고들을 **사고하는** 것이 어렵기 때문이다. 마키아벨리의 주제들 대부분은 사고의 상태라기보다는 강박의 상태에 있다. 그는 이 주제들 주위를 선회하면서 그가 그 정확한 자리와 연결시키지 못하고 있는 중심적인 지점 한군데에 붙들린 채 머물러 있다. 그는 계속 이 지점에 대해 말하지만, 자신이 말하고 있고 자신이 말하고자 하는 것이 정확히 무엇인지 말하지 않는다.

그가 느끼고 있는 행위, 그가 예감하고 있는 문제, 그가 도래하기를 기대하는 구조, 그가 예견하고 있는 새로운 군주의 정치적 역할을 그는 이미 존재하는 개념들, 고대적인 개념, 생물학적·의학적·순환적 개념(폴리비오스의 오래된 순환 개념)과 결부하려 하거나 아니면 고대 이래로 서양 사상에서 지속되어 온 인간학적 개념들과 결부시키려고 한다. … 하지만 그는 진정으로 이런 시도에 진입하지 않는다. 그는 온전한 권리로 여기에 진입할 수 없다. 이 개념들은 그가 **느끼고 예감하는** 것에 잘 들어맞지 않는다. 그는 이것들과 접촉하자마자 그것들을 포기한다. 마치 그것들을 던져 버리기 위해 그것들과 접촉한 것처럼.

그는 다시 이 문제를 검토하지만, 확신은 없이 가능한 한 가지 참고 사항으로 삼을 뿐이다.

그의 의식에서 나타나는 모든 균열과 불분명한 점은, 그가 한 가지 유례없는 **사건의 도래**, 그 자신이 그 속에 사로잡히고 또한 그 속에서 분열되어 버린 유일한 사건의 도래에 대한 언표 불가능한 이론적 강박(이런 사건의 도래에 상응하는 개념들은 존재하지 않는다)으로 환원되어 버렸다는 점에서 기인한다. 그것은 어떤 정치적 장래의, 즉 현실에서는 소묘되지도 않고 예시되지도 않는 정치적 형태의 도래다. 고대적인 것이든 근대적인 것이든 간에 어떤 형태 아래에서도 정식화될 수 없고 개념화될 수 없는 도래. 그의 의지가 붙잡으려고 했고 그가 예감했던 현실 역사는, 그의 개념들의 부재 속에서 그를 사로잡은 것이다.

자신의 의식을 기존의 개념들에 위치시킬 수도, 기존의 개념들에 결부시키지도 못한 가운데 영위하고 있고, 모든 과학 바깥에서 한 가지 기획과 그 조건들을 영위하는 마키아벨리라는 맹목적인 사유.

과학 없고 또한 이론 없는 한 가지 의식

근본적 범주라는 문제의 도래에 대한 동시대적인 현상학적 의식, 이 의식은 이런 도래를 일종의 개념적 안개를 통해 포착하지만 그것에 [개념의] 위상을 부여하지는 못한다.

그 긍정들보다는 그 배제들에서 더 드러나는

잠재해 있지만 명시되지는 않는, 그리고 철학적인 이론적 형상들을 거부하는(또는 이런 형상들을 가지려고 시도할 때 실패하게 되는) 구조들과 이론적 형상들에 의해 사로잡혀 있는

3부

루소와 그의 선구들[1]
17, 18세기 정치철학

1965~66

1　수강생들의 노트에서 이 강의는 "루소 이전의 17세기 정치철학"이라는 제목이 붙어 있는데, 이 제목은 분명히 알튀세르 자신이 언급한 제목에 상응하는 것이다. 하지만 강의 마지막에서는 루소를 다루고 있기 때문에, 우리는 이 제목을 수정하지 않을 수 없었다.

루소가 자신의 선배들인 홉스와 로크를 처음에 거부한 것에 함축된 이론적 개념들의 핵심을 인식하는 것이 중요하다. 우리는 스피노자는 차치해 둘 생각인데, 루소의 저작에 스피노자가 부재한다는 사실은 주목할 만한 점이다.

방법론. 철학과 관련된 정치철학의 지위

우선 프랑스 철학에서 정치철학을 불신하는 태도가 지배적이라는 사실이 놀랄 만한 점이다. 데카르트는 [정치철학에 관해] 침묵을 지킨다. 그로티우스, 푸펜도르프, 홉스는 17세기 프랑스 철학에 낯선 존재들이다. 하지만 모든 정치 저작은 진정한 이론적 사유, 명시적인 철학함의 요소를 포함하고 있다. 정치 이론과 철학 이론의 관계는 근거를 갖고 있는 것으로 보인다. 변화하는 것은 역사적 소재와의 관계다. 가장 직접적인 관계는 정치철학의 관계다. 철학은 정치철학과 관련된 대상들을 통해 수행되는 이차 수준의 성찰이다.

정치철학의 대상들. 이 대상들은 소박하게 인식될 수 있다. 곧 정치철학의 대상들 자체와 성찰 주제들은 우리에게 동일한 것들로 간주될 수 있다. 이로부터 대상들을 주어진 것들로 간주하는 현실 판단이 나온다. 이렇게 되면 대상들과 관련된 상이한 사유들 사이의 변이, 상이한 사유들에서의 동일한 대상의 변이에 대한 연구가 가능하다. 이 길은 우리를 저자의 관점에 위치시키지만, 동일한 대상들의 지위는 상이한 저자들에 따라 변화하게 되며, 새로운 상이한 대상들이 출현할 수 있다. 어떤 저자의 상대적인 위치가 지닌 존재 이유는 이런 변이에 의해 정의될 수 있다. 새로운 대상들의 출현, 자리의 변이.

이로부터 이런 변이들의 체계를 제시하는 어떤 비판의 필요성이 나오게 된다. 바로 여기서 이 상이한 대상들을 지탱하고, 그것들 간의 접합 관계를 규정하고 그것들의 위치를 고정시키는, 이론적 내용이 분명히 밝혀져야 한다. 대상들의 배열을 유일하게 해명할 수 있는 이론적 문제설정을 도출해야 할 필요성이 존재하는 셈인데, 저자 자신이 이 문제설정을 반드시 명시적으로 표현하는 것은 아니다.

따라서 이중의 개념이 존재하게 될 것이다.

- 대상

- 이론적 문제설정

그런데 이렇게 되면 철학자들에게 고유한 근본적 관심사로서 현실 목표objectifs réel라는 개념이 출현하게 된다. 이 정치적 목표들 역시 변화한다. 주어진 이론적 문제설정이라는 일반적 증상 배후에서 이런 목표들이 현존한다고 진단을 내릴 수 있다. 이것이 가능한 이유는, 17세기와 18세기의 문제들 중 상당 부분을 우리가 잊고 있기 때문이다. 가령 비르투, 국가의 취약함이라는 문제는 마키아벨리에서 루소에 이르기까지 되풀이해서 나타나는 주제다. 사실 국가들의 완전한 소멸이라는 문제는 여기서 서구 유럽의 형성과 연결된다.

이렇게 되면 다음과 같은 전도 현상을 포착할 수 있다.

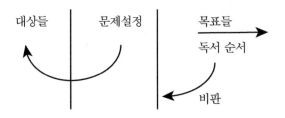

그렇다면 철학에게는 주어진 것, 주어진 대상으로 나타나는 것은 철학의 목표들에 답변하기 위해 문제설정에 따라 이론적으로 구성된 대상이라는 것을 알 수 있다. 그리하여 대상들 중 일부는, 원인의 필요에 따라 맞춤 제작된 허구적인 것이다(cf. 철학적 경험론의 대상으로서 콩디약의 입상立像♦, 입상이라는 대상에 대한 콩디약의 철학적 경험). 홉스는 그의 문제설정의 산물로 나타나는 어떤 심리학을 자기 자신에게 제시한다. 이로부터 어떤 문제설정의 이데올로기적 부산물로서, 대상들의 애매한 지위가 나오게 된다. 이로부터 정치철학의 불안정한, 명백하게 불

♦ 콩디약은 프랑스 철학자로서, 존 로크에게서 영향을 받은 경험론 철학을 발전시켰다. 대표작『감각에 대한 논고』*Traité des sensations*(1754)에서 콩디약은 감각의 기원과 작용을 설명하기 위해 인간과 마찬가지로 정신을 부여받은 입상의 예를 들어 사고실험을 진행한다. 이를 통해 그는 인간의 모든 지식은 감각 하나에서 유래할 뿐이며, 인간에게는 본유관념 같은 것은 존재하지 않기 때문에 인간은 그가 배우고 습득한 그대로 존재한다고 주장했다.

안정한 지위가 나오는데, 정치철학은 항상 자신이 치료하고 싶어 하는 병으로부터 옮은 병을 앓고 있으며, 자신이 해결하고 싶어 하는 문제들에 의해 변용되고 있는 것이다. 이렇게 되면 증상적인 성찰을 개시해 볼 수 있다. 곧 어떤 사상으로 하여금 자신을 인도하게 해주는 것—그 사상의 고유한 통사론과 의미론에 입각해—을 이끌어 내기.

1장

17, 18세기 정치적 문제설정의 기본 개념들

1. 이론적 체계는 세 가지 개념에 의거하고 있다.

- 자연 상태
  - 사회적·정치적 상태
  - 계약의 절단

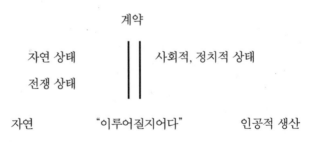

이 세 가지 개념이 하나의 전체를 이루고 있다.

또한 같은 시기에 다른 유형의 논변이 존재했는데, 비코, 몽테스키외에게서 나타나는 이 논변은 선형적 질서의 계약을 배제하는, 계약을 가정하지 않는 논변이다. 여기에서 우리가 관계하는 것은 아리스토텔레스의 정치적 동물 개념에 토대를 둔, 자연적 사회성 개념이다(스피노자는 전자의 계약론 체계 속에서 사고하지만, 실제로는 이 후자의 문제설정에 오염되어 있으며, 별도의 위치를 차지하고 있다).

외관상으로는 사회적 관계, 시민사회의 **발생**을 서술하는 것이 문제인 것처럼 보인다. 이런 기원은 우리를 사회의 아래쪽으로, 사회의 부재 상태, 자연 상태로 투사한다. 이처럼 자연 상태는 **기원**이라는 이론적 역할을 수행하며, 역설적이게도 **이상의 저장소** 역할을 수행한다(철학자들은 추정상의 기원 안에 자신들의 논증의 목적, 곧 정치적 이상을 맡겨 놓는다). 파스칼은 어떤 제도의 기원의 문제를 제기하는 것은 그 제도를 동요시키는 일이라는 것을 알고 있었다.♦ 국가의 기원으로 거슬러 올라가는 것에 대한 거부가 자연권 철학들 안에는 존재하지 않는다. 이

♦ 알튀세르의 말은 파스칼의 『팡세』에 관해 나오는 다음 단편을 지칭한다. "어떤 이는 정의의 본질을 입법가의 권위라고 말하고, 다른 이는 주권자의 편의라고 말하며, 또 다른 이는 현재의 관습이라고 말한다. 마지막 말이 가장 사실에 가깝다. 이성 자체만을 따른다면 어떤 것도 그 자체로 정당하지 않다. 모든 것은 시간과 더불어 변천한다. 관습이 모든 공정성을 만들어 내는데, 이는 오직 그것이 받아들여지고 있다는 이유에 의해서다. 이것이 그 권위의 신비한 토대다. 권위를 그 기원에까지 더듬어 올라가는 자는 그것을 파멸시키게 된다." 데리다는 『법의 힘』에서 파스칼의 이 단상과 몽테뉴의 단상을 실마리로 법의 신비한 토대를 탈구축하고 있다. 『법의 힘』, 진태원 옮김, 문학과지성사, 2004, 25쪽 이하 참조.

상의 저장소, 곧 정치적 환상계.

　이 자연 상태는 자연 상태의 전개의 산물인 전쟁 상태로 분할된다. 이로부터 전쟁 상태의 모순들을 종식시키기 위한 사회계약이 생겨나게 된다. 계약은 사회가 그 제도들과 더불어 구성되는 행위다. 계약 개념은 동등한 계약자들, 곧 동등한 법적 주체들, 법적 코기토들을 요청한다(스피노자는 계약의 가능성을 거부하는데, 왜냐하면 그는 코기토의 이론적 가능성을 거부하기 때문이다). 계약 개념은 또한 이런 행위가 새롭고 인공적인 어떤 것(홉스에게서는 언어와 더불어 주어지는)을 개시한다는 것을 상정한다. 이는 중세 전통의 토대였던 인간들 간의 자연적 불평등의 전통과의 공공연한 단절이다. 인공적인 것은 생산하는 인간 및 동의된 문화의 인간이다.

　그렇다면 이런 발생의 실재성에 관한 질문을 던질 수 있다. 이런 발생은 역사인가 아니면 본질 분석, 곧 사회적 질서의 본질에 대한 분석, 사회적 관계를 맺고 있는 인간들을 통치하는 법칙들에 대한 분석인가? 그렇다면 기원은 문제적인 것이 되고, 모든 것은 현재 속에 들어 있는 것 아닌가? 이렇게 해서 계약은 영속적인 것이 되고 자기 존립적인 것이 되어 모든 현재에 유령처럼 달라붙게 된다. 루소의 경우는 어떤가? 발생과 본질적 기원이 서로 중첩되어 있다.

2. 사회계약

이 동일한 문제설정 안에 계약 개념의 상이한 구조들이 존재한다.

ⓐ 인민과 군주 사이의 포괄적 계약. 인민/군주 쌍. 그로티우스. 이것은 극한에서 볼 때 자유주의화된 봉건 체제로서 절대군주 정 유형의 계약이다.

ⓑ 동등한 법적 주체들 사이에서 체결되는 계약. **홉스가 여기에 해당하는데, 단 이는 군주에게 권력을 부여하기 위한 계약이다.** 제3자에게 혜택이 돌아가는 증여 계약.

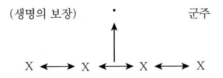

ⓒ 이중화된 계약. 법적 주체들의 집합적 주체인 인민으로의 연합 계약. 그리고 상호성을 지니고 있는, 인민의 복종 계약.

ⓓ 루소. 단 하나의 계약. 인민이 인민으로 되는 계약acte(복종
계약)은 또한 인민이 주권자가 되는 법적 질서에 속하는 계약
이기도 하다.

←—→

계약 대상을 둘러싼 이런 변형들이 일반적 체계성에 어떻게 반향
되는지 파악해야 한다.

2장

홉스의 『시민론』

『시민론』에서 홉스 성찰의 세 가지 본질적인 계기는 자연 상태, 사회 상태, 계약이 아니라 다음과 같은 것이다.

- 자연 상태
- 자연법
- 계약, 사회 상태, 주권

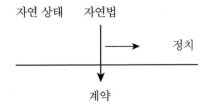

A. 자연 상태

ⓐ 자연 상태는 고립 상태가 아니라 인간관계의 한 상태다.

ⓑ 이것은 자유의 상태다.

ⓒ 이것은 평등의 상태다.

ⓓ 곧 자연권의 지배.

ⓔ 이는 만인에 대한 만인의 전쟁으로 귀결된다.

ⓕ 이 전쟁은 그 자체로 두려움, 비참, 보편적 죽음의 상태를 구성한다.

ⓐ 자연 상태는 인간관계의 한 상태다

(≠ 루소. 루소의 자연 상태에서 고립은 엄밀한 자신의 자리를 지니고 있다)

이 상태는 인간들이 법적·정치적 관계가 아니라 인간적 관계를 맺고 있는 상태다. 따라서 홉스는 자연 상태에서 내적 기계 상태에 이르는 것은 영속적이라고 간주한다. 그리하여 이런 후퇴의 애매성은 역사적인 것이 아니라 본질적인 것이다.

이 자연 상태는 곧바로 사회적인 상태로 간주되며, 사회의 고유한 내적 원리를 이룬다. 이 상태는 사회적인 것의 본질이며, 이미 사회적인 것 안에 주어져 있다. 곧 사회는 자신의 야생적 본질, 다시 말해 제도들 아래에 감춰져 있는, 구성적인 인간적 관계를 보여 준다.

자연 상태가 드러내는 이 구성적 관계는 두려움, 곧 "도래할 악에 대한 걱정"[1]으로, 홉스는 인간의 실제 행동에 대한 직접적 독해에 착수한다. 어떻게 이런 보편적 위협을 해명할 수 있을까?

ⓑ 자연 상태는 자유 상태다

자유는 "자기의 보존과 증진"으로 정의된다. **유물론적 정의**.

　　　 - 개인이 자신의 발전 역량에 의해 정의된다는 점에서
는 적극적.

　　　 - 자유가 "운동에 대한 장애물의 부재"²라는 점에서는
세계에 대해 부정적. "어떤 개인은 그에게 부여된 공간
에 따라 자유를 더 많이 누리거나 더 적게 누린다."³

자유는 장애물의 부재로서의 환경, 운동을 가능하게 해줄 비어 있
는 환경이라는 부정적인 정의를 요구한다. 홉스의 목표 중 하나는 환
경을, 자신의 유용성을 추구하는 개인의 역량과 발전에 맞서 있는 빈
공간으로 제시하는 것이다. 자연 상태의 자유는, 마치 자유의 실재가
자유의 개념에 상응한다는 듯이, 마치 환경이 비어 있다는 듯이, 자신
을 실현하려고 추구한다. 그런데 환경은 자유의 본질에 대해 하나의

1 　"내가 보기에 이 사람들은 두려움을, 공포 및 혐오감과 혼동하고 있는 것 같다. 나는
두려움을, 도래할 악에 대한 순전한 걱정 내지 예감으로 이해한다." *De cive*, I, 1, 2. 알튀
세르는 소르비에르(Sorbière) 번역본에서 인용하고 있다. 우리가 사용한 판본은 다음과
같다. Hobbes, *Le Citoyen ou les Fondements de la politique*, Garnier-Flammarion, 1982, p.
94; 『시민론: 정부와 사회에 관한 철학적 기초』, 이준호 옮김, 서광사, 2013 40쪽 각주 3.

2 　cf. *De cive*, II, 9, 9, p. 189; 166-67쪽. "자유는 운동과 대립하는 모든 장애물의 부재와
다르지 않다."

3 　Ibid., pp. 189-90; 167쪽.

한계를 이룬다(≠루소. 루소에게 환경은 본질적으로 자연적이다).

    ⓒ 평등 상태

이런 평등은 도덕적이지도 이념적이지 않으며, 물질적이다. 곧 물질적 역량, 다시 말해 신체와 정신의 직능들의 평등인 것이다.

홉스는 평등 개념을 경험론과 연결시킨다. 곧 인식에서 모든 사람이 지닌 평등한 기회, 이것이 그의 테제다.

마찬가지로 인간들은 그들의 물리적 불평등 자체에서도 평등하다. 곧 모든 사람은 모든 사람을 죽일 수 있는 것이다. 따라서 죽음이 평등의 척도가 된다(≠루소. 루소에게 죽음은 자연 상태에서는 존재하지 않으며, 사람들은 죽는다는 것을 깨닫지 못한 채 죽는다. 죽음은 인간이 걱정하지 않는 자연적 사실이다). 홉스에게 죽음은 모든 악 중에서 최악의 것이며, 인간의 근본적인 성향은 죽음을 피하는 것이다. 죽음은 인간의 한계 상황이다. 인간은 죽음 속에서, 거울에 비친 뒤집힌 모습의 자신의 본질을 마주하게 된다. 인간의 손에 주어진 죽음은 어떤 자유가 비어 있는 (인간적인) 환경을 위해 다른 자유를 제거하는 것, 곧 다른 자유의 소멸이다. 평등은 그 자체 내에 자연 상태를 극복하는 동력인 모순을 포함하고 있다.

    ⓓ 자연권이 지배하는 상태

자연권은 자신을 발전시킬 수 있는 개인의 권리다. 그것은 역량이다. 자연법은 도덕법과 동일할 것이다. *cf.* 스피노자. 자연권은 동일한 원칙에 의해 구성된다. 역량, 권리, 자유, 유용성 사이의 동일성. 개인이 유일한 척도다. 자연권에 따르면 권리는 모든 것에 관해 모두에게 평등하다.

원시 공산주의는 존재하지 않고, 모든 대상에 대한 모든 이의 형식적이고 추상적인 권리가 존재한다. 권리에 대한 도덕적 이론과의 단절.

이는 권리 이전의 권리, 법적 권리 이전의 권리다. 도덕적 통념들은 여기서 작동하지 않는다. 유용성을 규칙으로 삼는 이 권리는 무용하며, 자신의 반대물, 곧 타인이 지닌 권리에 의해 공격당한다. 이 권리는 이론적으로가 아니라 실천적으로 자신을 부정한다. 이 권리의 실패는 그 주장, 그 본질을 명시해 준다. 만인에 대한 만인의 전쟁은 이 권리의 본질인 동시에 이 권리의 실패다. 자연권의 실천적 부정은 자연권의 현상이다. 곧 자연권에 대한 긍정이다.

ⓒ 만인에 대한 만인의 전쟁

전쟁은, 자신의 부정 속에 존재하는 자유라는 모순의 실현이다. 전쟁은 권리의 실현이다.

전쟁의 주기. 홉스는 전쟁을 산출할 수 있는 세 가지 단계를 구별한다.

- 재화를 둘러싼 경쟁
- 불신
- 예방적 전쟁

이런 발생은 보편적 체계로 제시된다. 이는 누구도 벗어날 수 없는 상태로, 사람들에게 하나의 사건이 아니라 조건, 상태로서 닥치는 것이다. 전쟁은 자유의 결실이다. 이런 전쟁의 연역은 전환transformation이다. 전쟁은 결과처럼 나타날 수 있지만, 전쟁이 보편적이기 때문에 자신의 생산의 조건처럼 나타난다. 인류는 [각각의 개인들이 지닌] 자유들 사이의 텅 빈 공간을 채우고 있는 전쟁의 체계에 의해 사악해지도록 강제된다. 전쟁의 체계는 인간 본성의 결과라기보다는 인간관계들의 체계를 재현하는 것이다.

여기에 이 이론의 필연적인 애매성이 존재하는데, 이는 사악함의 문제 속에서 나타난다.[4](≠루소) 홉스는 스스로 이 문제를 제기하며, 비관주의자라고 규정되는 것을 거부한다. 그는, 나쁜 사람들보다는 좋은 사람들이 더 많으며, 실존의 조건이 전쟁이라고 주장한다. 홉스에게서 인간들은 동물적인 정념들을 갖추고 유용성을 추구하는 "동물들"로 태어나며, 이들이 그 자체로 나쁜 것은 아니지만 의무와 대립할 수도 있는 그 효과들로 인해 나쁜 것이다. 튼튼한 아이에 관한 이론에 따르면, 아이는 그 욕망이 모두 충족되면 얌전하게 있지만, 욕망에 거스른다면 떼를 쓸méchant♦ 것이다. 떼쓰기[사악함]는, 그것을 정

---

4 홉스의『시민론』「서문」참조[24쪽]. "나는 기꺼이 사악한 사람들은 튼튼한 아이와 같다고 또는 아이의 영혼을 가진 사람이라고 말할 것이며, 사악함이란, 본성이 좋은 교육과 경험을 바탕으로 더 잘 다스려져야 할 나이에 이성을 결여하고 있는 것과 다르지 않다고 말할 것이다. 따라서 우리가 사람들은 본성상 악하다고 말하는 이유가 단지 그들이 자연으로부터 교육과 이성의 사용을 얻지 못했기 때문일 뿐이라면, 우리는 인간들이 자연으로부터 욕망과 두려움, 분노 및 다른 정념들을 이끌어 낸다는 것을 인정할 필요는 있겠지만, 그렇다고 이것들이 지닌 사악한 효과를 본성 탓으로 돌려서는 안 된다."

신적 미발달 상태로 만드는 병리적인 것의 효과일 뿐이다. 사악함은 인간에게서 이성의 결핍이라고 부정적으로 정의된다. 이는 전쟁 상태에서 묘사된 사악함이 전쟁 상태 가운데 있는 인간적 관계들의 체계에서 기인한다는 점을 의미한다.

우리는 여기에서 소외 이론의 최초 형태를 보게 된다. 결국 선善이라는 목적과 상반되는 만인에 대한 만인의 전쟁이라는 보편적 체계를 산출하는 것은, 모두 자유롭고 평등한 존재자들이며 인간 상호 간의 관계 이외에는 아무런 관계를 맺지 않는 개인들 자신이다. 자신들의 본성을 성취하기를 원했지만 그 본성을 파괴하게 된 것이다. 그들 본성의 본질은 자신을 실현하면서 자신을 파괴하는 것이다. 개인들의 자유로운 활동은 인간관계들의 질서를 산출하는데, 이 질서는 그들의 본질의 산물이자 그 본질과 모순되는 것이며 개인들을 지배하는 것이다. 여기에서 인간 본성의 전제에 대해 덧붙여진 것은 아무것도 없다. 자유로운 주체들이 지닌 인간 본성들의 공존이 [전쟁을] 산출하는 것이다. 주어진 본질이 그 자신의 대립물로 전환되었으며, 주체들이 산출한 질서가 주체들 자신에 대립하게 되었다.

◆ "떼를 쓸"에 해당하는 méchant는 앞에선 계속 "사악한"으로 옮겼다.

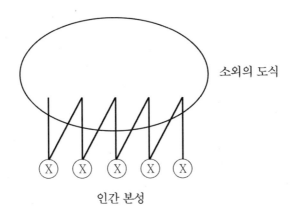

소외의 도식

인간 본성

　마르크스는 주체들을 특징짓는 이런 전제의 부재를 비판하게 될 것이다. 마르크스에 따르면 인간의 모든 활동은 그 활동의 전제들이 지배하는 세계 속에서 이루어지는 것이다. 생산하는 세계는 그것에 선행하는 세계 안에 위치해 있다. 주체들은, 그들의 행위 및 실존의 전제를 이루는 어떤 총체 속의 추상적 계기들이다.

　ⓕ 보편적 죽음의 공포 상태, 비참
　홉스에게 자연 상태와 전쟁 상태는 엄밀하게 합치한다(≠로크, 루소).
　이 상태 안에는 일반적 의미에서의 근면, 곧 문화와 경제를 위한 자리가 존재하지 않는다. 인간의 삶은 죽음에 종속되어 있다. 본성적 자유는 뒤집혀져 자유를 위협하고, 자연권의 모든 규정들 역시 뒤집혀져 자연권을 위협한다. 모든 것에 대한 모든 사람의 권리는 소유의 박탈인 것이다. 인간 자유의 실현은 그 자유에 대한 부정을 산출한다.

전쟁 상태는 치명적인 모순에 의해 부정된다.

이로부터 평화를 추구해야 할 필연성이 나오게 된다. 이런 모순 내부에서 구원에 대한 추구가 생겨난다.

이런 모순 속에서, 그것의 해소 속에서 실현되는 것은 자연권의 원리, 곧 인간의 선을 위한 추구, 인간의 유용성에 대한 추구다. 만약 평화가 선으로 정의된다면, 자연적 권리들의 진리성 자체를 변경할 수밖에 없는 것 아닐까? 만약 자유가 죽음으로 나타나는 이 텅 빈 환경을 실현하려고 함으로써 실패한다면, 환경을 조직해야 하며 어떤 세계의 충만함을 인정해야 하지 않을까?(이렇게 되면 자유는 이런 조직화에 종속됨으로써 바로 이 충만한 세계가 될 것이다)

이 이론은 그것이 거부하는 **자연적 사회성과 근저에서 대립적인 것으로 드러난다.** 홉스는 인간 본성에 대한 그릇된 사변에 기초를 두는 [아리스토텔레스주의적인] 정치적 동물 이론을 공공연하게 비판한다.

자연 상태 안에 현존하는 **이 이론의 목표는 자유주의 이론,** 곧 자유로운 발전으로서의 인간 자유에 관한 이론을 정초하는 것이다. 이는 텅 빈 환경의 신화 속에서, 공리주의적인 확장의 역량으로서 자유에 관한 학설 속에서 나타난다. 이는 개인주의적 자유주의의 테제다. 하지만 이 자유주의는, 자유와 그 환경, 자연 상태와 그 현실로서의 전쟁 상태 간의 특수한 모순 속에서 자신의 대립물을 산출한다. 전쟁 상태에 대한 묘사는 한 가지 현실을 겨냥한다. 그것은 발전하고 있는 개인의 활동과, 경쟁 속에서 이루어지는 이런 활동의 조건 사이의 대립이다. 발전의 조건 및 모순. 죽음은 경쟁의 효과이지만, 이는 알다시피 실제의 죽음이다.

죽음의 두 가지 개념
　- 은유적 죽음
　- 실제의 죽음

만인에 대한 만인의 전쟁 개념은 자유로운 발전으로서의 경쟁을 표상함과 동시에 내전으로서의—이렇게 말해 두자. 경제적 경쟁과 연결돼 있는 계급투쟁으로서의—정치적 투쟁이라는 통념을 표상한다. **더욱이 홉스는 개인주의적 자유주의의 원리를 보존하고 발전시키는 것을 목표로 삼고 있지만, 이는 전쟁 상태를 극복함으로써**, 곧 계급투쟁의 일시적인 폭력들을 지양함으로써, 심지어 그것들을 활용함으로써 그렇게 하려고 한다.

B. 자연법

"만약 사람들이 자기 스스로 다스릴 줄 알았다면, 그리고 사람들이 자연법에 따라 살아갈 줄 알았다면, 그들은 정치를 전혀 필요로 하지 않았을 것이다."[5]

계약과 함께 시작되는 자연법은 계약이 작동하기 위한 전제 조건이며, 사회적·정치적 상태 속에서 군림하게 될 것이다. 이런 자연법의 문제설정은 홉스에 고유한 것이다. 로크에게 자연법은 영역들 전체 (자연 상태를 포함하는)와 관련되며, 루소의 경우는 시민사회 이전에 자연법이 존재하는지 여부를 알 수 없다.

이 자연법의 내용은 법적·도덕적 행위들 사이의 상호성이다. 시민사회 내에서 권리들의 평등 및 이웃사랑의 법칙을 지령하는 것은 법적·도덕적 법칙이다.

ⓐ 자연법의 지위

자연법이 자연 상태에는 관여하지 않기 때문에, 문제는 어떻게 자연법이 새로운 무언가로 등장할 수 있는가 하는 것이다. 자연 상태는 전쟁 상태이며, 이 상태는 실제로 자기 자신과 모순을 빚는 것이다. 극단적인 악이 전개되는 와중에 전쟁 상태의 비참함에 대한 성찰이 이루어지게 되고, 여기에서 자연법이 나오게 된다. 자연법은 비참과 모순들에서 나오는 것이다. 전쟁 상태에 대한 성찰이 어떤 법, 이번에는 실정법, 곧 인간과 인간 사이의 관계의 재구조화의 가능성의 조건을 규정한다. 사실들에 대한 성찰의 산물인 자연법은 비참한 상태에 대한 성찰의 귀결이다. 이런 성찰에서 정념들이 이성으로 대체된다. 이는 의무의 지배를 통해 좋음의 주관적 추구인 자유를 극복하는 것이다. 자연적 평등의 종말이자 실질적 불평등의 시작인 셈이다. 따라

---

5 *De cive*, II, 16, 14, p. 158; 2부 6장 13절.

서 자연 상태를 극복하기 위한 조건들을 설립하는 것은 자연 상태 내부에서 이루어지는 반성의 계기다. 사람들은 평화, 곧 기본적인 자연법이 지배하게 하기 위한 조건들을 설립하게 될 것이다.

자연법의 기원과 발생. 홉스는 자연법을 성찰의 산물로 만듦으로써 이런 법을 의무로, 곧 본질상 자연법을 지휘하는 초월적 이성의 산물로 간주하기를 거부한다. 자연법은 사실들을 초월하는 이성의 원칙이 아니다. 그것은 신의 세속적인 발현이 아니며 만인의 합의의 산물도 아니다. 자연법은 사실들에 대한 추론의 결론만을 담고 있을 뿐이다. "올바른 이성이 우리에게 구술해 주는 준칙들."[6] 추론하기는 이성이 말해 주는 효용 계산이다. 자연법에 대한 일체의 침해는 그릇된 계산에서 생겨나는 것이다. 경험론적·주지주의적·공리주의적 정의.

하지만 이렇게 되면 이성이 출현하기 위해 복종해야 하는 조건들이라는 문제가 제기된다. 홉스에게 이성은 정념들에서부터 전개되는 것이다. "죽음에 대한 공포와 편의를 얻으려는 욕망"이 이성의 동력이다. 죽음의 새로운 개입. 곧 이성을 탄생시키는 행위로서의 죽음. 고전가들에게 죽음은 삶의 자연적 판관이며 이성의 원칙이다. 진리의 현존으로서 죽음은 신체에 대한, 현상에 대한 부정이며, 사건을 파괴하는 사건이다. 죽음은 진리란 사건을 넘어서는 것임을 보여 준다. 진리의 허무로서 죽음은 존재의 진리에 준거한다. 헤겔에게 죽음은 현상 속에서 자신의 법칙, 곧 사라짐이라는 법칙에 도달하며, 죽음은 저

---

6 『시민론』 서문. *De cive*, op. cit., p. 74; 24쪽.

너머[피안]가 아니라 저 아래쪽[차안]에 준거함으로써 현상을 그 자체로 밝혀 준다. 홉스에게 죽음은 현상의 진리가 아니라 생명[삶]의 부정으로서의 삶에 준거한다. 죽음은 현상으로서는 자연 세계에 속하고 본질로서는 다른 세계에 속하기 때문에, 죽음에는 전혀 애매성이 존재하지 않는다. 죽음은 삶의 현상이지만, 삶의 대립물 자체이며, 가장 커다란 악이다. 죽음은 중심적인 역할을 수행하는데,

　　ㅡ 왜냐하면 죽음은 절대 악이며, 모든 허무의 진실(진실의 허무가 아니라)이기 때문이다. 하지만 사람들은 이를 받아들일 수도 감내할 수도 없는데, 이는 죽음이 보존으로서의 삶[생명]에 대한 절대적 부정이기 때문이다. 따라서 존재론적 논증의 역전이 일어난다. 곧 가장 거대한 악은 존재하지 않아야 하는 것이다.◆ 죽음은 생명의 우선성을 드러낸다. 홉스에게서 철학한다는 것은 죽지 않는 법을 배우는 것이다.

　　ㅡ 왜냐하면 죽음은 결코 현존하지 않으며, 항상 도래할 것으

◆　알튀세르가 '존재론적 논증'argument ontologique이라고 부른 것은 서양 중세 및 근대 철학에서 신의 존재를 증명하는 논증 방법 가운데 하나다. 이 논증은 중세 스콜라 신학자였던 안셀무스 등이 처음으로 고안해 냈으며, 데카르트, 라이프니츠 및 몇몇 현대 철학자들이 그 나름의 방식으로 여러 변형된 증명을 제시한 바 있다. 따라서 논증의 구체적인 방식은 철학자들마다 다소 차이가 있는데, 알튀세르의 주장과 관련해 본다면 가령 "가장 완전한 존재자인 신은 필연적으로 존재한다"에 대한 증명이 존재론적 논증의 한 형태가 될 수 있다. 왜냐하면 신이 가장 완전한 존재자임에도 만약 존재하지 않는다면, 신은 존재함이라는 것을 결여하고 있을 텐데, 이는 신이 가장 완전하다는 전제와 모순되기 때문이다. 따라서 신은 필연적으로 존재한다고 할 수 있다.

로 남아 있기 때문이다. 죽음의 존재는 부재하는 사건의 존재다. 항상 존재할 것으로 남아 있는. 인간은 현존하는 정념의 직접성을 극복해야 하며, 이렇게 하여 새로운 정념, 미래의 정념**으로서 이성이 탄생한다. 죽음과 관련해 미래를 염려하는 것에서 이성이 탄생하는데, 이성은 미래의 좋은 것보다 현재 좋은 것을 선호하는 날것 그대로의 욕구를 포기한다. 홉스의 기획은 이런 죽음의 사유에 의거해 있다. 자연 상태 내부에 있는 법칙, 곧 죽음에 대한 공포를 활용함으로써, 자연 상태에 외재적인 일체의 심급에 의지하지 않고서도 자연 상태를 재구조화해야 한다. 이런 죽음은 항상 폭력적인 죽음이라는 점에 주목해야 한다. 인간의 선[좋은 것]은 인간들을 거쳐 가게 되어 있는 것이다. 인간의 운명을 진지하게 다루어야 할 것이다.

ⓑ 자연법의 내용과 계율

자연법은 인간 평화의 조건들을 자신의 내용으로 삼고 있다. 자연법과 더불어 우리는 자연 상태의 재구조화의 기획에 진입하게 된다. 전쟁을 피하기 위해 어떻게 비어 있지 않은 이 환경을 재조직화할 것인가? 더 이상 인간에게 장애물이 되지 않는 인간과 인간 사이의 유

**　알튀세르가 이성을 "미래의 정념"이라고 부르는 것은, 이성이 현재 존재하지 않으며 항상 도래할 것으로 남아 있는 죽음에 대해 염려하고 두려워하며 그것에 대비하려는 인간의 태도에서 생겨나는 것이기 때문이다. 이처럼 미래에 닥칠 죽음을 염려하고 두려워하는 것이 바로 미래의 정념이다.

대를 발견하기. 여기에서 20개의 법칙들의 목록이 나온다.

첫 번째 법칙. "평화를 추구해야 한다." 끝에서 출발함으로써 후행적인 분석을 수행해야 한다. 인간적 자유(수단들)는 인간적 자유를 장애물로 지니고 있다. 이런 자유가 무제한적인 것이어서는 안 된다. 사람들은 타인에 대한 그들의 자유 중 일부를 포기해야 한다. 자유가 내용을 지니고 있지 않기 때문에 이런 전이는 실정적인 것이 아니다. 그자체로는 부정적인[곧 아무런 실정적 내용을 지니지 않은] 권리를 포기해야 한다. "저항하지 마라"는 것이 첫 번째 법칙의 정식이다. 이는 상호 제한을 상정한다. 상호성은 특히 중요한 것이며, (두 개인들 사이의) 계약에 관여한다.

계약의 본질은 미래에 관한 것이라는 점이다. 여기에서, 미래를 가리키고 미래를 위해 사람들을 묶어 주는 추론과 언어, 기호들의 필요성이 나오게 된다. 이는 말하지 않는 것들, 곧 짐승들, 어린애들, 신과 계약을 맺어서는 안 된다는 점을 함축한다. 계약의 모든 형식은 두 개의 자유 사이의 형식적 제한인 이런 원초적 형식이 특수화된 것이다. 여기에서 다음과 같은 점이 따라 나온다.

- 계약은, 계약의 지주를 이루는 공포에 대한 복종 속에서 실행되는 순수한 추상적 의지 행위에 불과하다. 사람들은 ~에 대한 공포로 인해, 곧 또한, 좀 더 실정적으로 말하면, ~에 대한 이익을 위해 합의를 본다.
- 폭력하에서 체결된 계약 역시 타당한 계약이다(*cf.* 노예 계약).

노예는 자신의 생명을 구하기 위해 찬동한 것이다. 죽음의 강요의 직접적 효과인 노예 계약은 심지어 계약의 전형이다.

– 계약은 한계들을 지닌다. 계약은, 그로 인해 개인의 죽음이 생겨날 경우 중단된다.

형식적 상호성의 효과는 사람들 사이의 불평등을 낳게 될 것이다. 계약은 사람들이 더 이상 서로에게 장애물이 되지 않도록 하기 위해 사람들 사이에 이루어지는 타협이되, 이런 타협은 내용의 모든 평등성을 제거하는 형식적 합의에 의해 이루어진다. 평등의 형식이 계약을 정의하지만, 그 내용은 불평등한 것이다. 계약에 의해 설립된 평등은 비례적 평등이다. 여기에는 개인의 자유의 발전에 대한 옹호가 존재하지만, 이는 불평등에 대한 인정을 조건으로 하는 발전이다.

다른 법칙들은 계약이 실현될 수 있게 해주는 수단들이다.

– "이루어진 합의를 보존하라."

– "배은망덕한 행위를 피하라."

– "타협적인 태도를 지녀라."

– "관대한 태도를 지녀라."

– "오직 미래를 염두에 두고 처벌하라."

– "침해하지 마라."

ⓒ 자연법의 의미 작용

추론의 산물은 20개의 법칙으로 다변화되며, 이 법칙들은 인간적 평화의 조건들이 된다. 하지만 이론적으로 볼 때 이 법칙들은 개인적 자유의 승리를 위해 사용된다. 우리는 자생적 자유의 질서에서 이성이 빛을 밝혀 주는 자유의 질서로 이행한다. 따라서 이성-미래에 대한 생각-상호성 사이에는 동일성이 존재한다.

사회 상태로의 이행을 보증하는 이런 이성의 본질은 무엇인가? 이 이성은 자신을 의무로 제시하는, 보편적인 것으로 긍정되는 경험적 기원을 지니고 있다. 어떻게 이익이 도덕적인 것이 될 수 있는가? 어떻게 개별적인 것에서 보편적인 것으로 이행할 수 있는가? 여기에 홉스의 애매성이 존재하는데, 그는 자연법을 "신적인"[7] 법이라고까지 명명하게 될 것이며, 이것들에 영원성을 부여하게 된다.[8] 왜 이런 난관이 존재하는가?

이는 이 내적 변증법 전체의 대행자인 개인주의 때문에 생겨나게 된다. 이성은 개인적 사실로 나타난다. 곧 이성은 개인 안에서 탄생한다. 개인의 경험적 습득의 귀결로서 이성은 또한 우리가 그것에 대해 의무를 지니고 있는 것이기도 하다. 홉스는 인간들 대부분은 이성으로까지 고양되지 못한다는 사실을 강조한다. 이성은 개인 안에서 탄생해야 한다는 요청은 이성이 지닌 보편적 가치와 모순을 빚게 된다.

---

7 『시민론』 4장은 "자연법은 신법이라는 점에 대하여"라는 제목이 붙어 있다.

8 *De cive*, I, 3, 29, p. 126; 83쪽. "자연법은 불변하며 영원하다."

이성의 개인적 발생과 자연법의 보편적 가치 사이에 생겨나는 이런 모순은 이보다 더 커다란 또 다른 모순을 낳게 된다. 그것은 이성에 도달한 인간은 다른 인간들과 대립하게 된다는 점이다. 홉스는 다른 인간들이 자연법을 받아들이지 않을 때 이성적 인간이 그것을 받아들이는 것은 비이성적일 것이라고 생각하는데, 왜냐하면 이 경우 이성적 인간은 자연법[이 명하는 것]과 정반대되는 것을 얻게 될 것이기 때문이다. 자연법을 침해하게 되는 경우들이 존재하는데, 이는 생존을 도모하기 위한 것으로, 이것이 오히려 자연법을 보호하는 셈이 된다. 이로부터 현존하는 법에 대한 복종과 같은 실천적 냉소주의가 나오게 된다. 따라서 현존하는 관계들이 중요해진다. 법의 보편성과 법의 비현실성 사이의 이런 모순은 사실 "양심의 의무" 속에서 해소되는데, 여기에서 법은 항상 절대적 가치를 지니게 된다.[9] 도덕적 보편주의와 행위의 조건 사이의 모순이 도덕적 양심이 위치하게 되는 장소다. 도덕법이 양심 안으로 내면화되는 것은 규준으로 채택된 개인의 활동과 이 활동의 조건 사이의 모순 속에서, 그리고 그 모순에 의해서만 일어나게 된다. 이로부터 다음과 같은 결론이 나온다. 곧 도덕적 양심 및 그 대척점인 실천적 냉소주의의 진리성이 그것이다. 개인적 이익은 양심 속에서 이론적으로 옹호되고 냉소주의에 의해 실천

9　*De cive*, I부 3장, 27절. p. 125; 83쪽. "자연의 법은 항상 말하자면 내면의 법정 또는 양심의 법정에 서도록 강제하지만, 외적인 법정에 서도록 강제하는 것은 확실히 [잘못을] 범했을 때뿐이다."

적으로 실현되는 두 경우의 토대에 놓여 있다. 초월적 규범으로서의 법과 경험적 사실 사이의 아포리아는 근원적이다.

가장 심오한 모순은 개인의 활동을 이 활동의 조건과 대립시키는 모순이다. 자연법은 정언명령이 아니라 가언명령♦이다. 곧 모든 의무는 구체적 목적을 지니고 있다(만약 네가 평화를 원한다면 … 너는 그 수단에 의지해야 한다). 도덕은 인간적 관계 속에서 인간의 목적을 달성하기 위해 이용해야 하는 수완science이자 수단에 불과하다. 이런 가언명령은 그 자체로 무기력한 것인데, 왜냐하면

　　- 개인은 자신의 이성을 사용하지 못할 수 있으며

　　- 사람들 중 다수는 이성적인 방식으로 처신하지 않기 때문이다.

경험적 계산 및 그 실패에 대한 동시적인 긍정. 의무를 강제하기 위해서는 자연법은 모든 사람에게 의무를 부과해야 하며, 그들을 초월해야 한다. 자연법의 본성이 탈자연화되어야 하는 것이다.

따라서 자연법은 그것이 진정한 법,[10] 곧 인간 본성의 근원적 변화가 아니라, 경험성, 전쟁 상태에 내재적인 것이기 때문에 하나의 역설이다. 자연법이라는 가능한 질서는, 자연법 자신이 조직하려고 하는

♦ 정언명령이 아무런 조건 없이 수행되어야 하는 명령을 뜻한다면, 가언명령은 일정한 조건 속에서 수행되는 명령을 뜻한다.

10　*De cive*, 1부, 3장, 33절. p. 128; 87쪽. "하지만 나는 우리가 자연적이라고 명명한 법들이 자연에서 유래하는 것이며 그 기원 속에서 고려된다는 점에서 보면 고유하게 법이라고 말할 수 없다는 점을 인정한다."

[자연 상태의-옮긴이] 질서 내부에서 불가능한 어떤 가능한 것을 향해 나아가려고 하는 필연적인 결론이다. 홉스의 모순은 홉스를 그의 체계의 논리 속에 묶어 두고 있는 무능력에 대한 고백이다. 법의 내용이 가능한 것으로 성찰된다는 것은, 이 내용이 **텅 빈 공간** 속에서 순전히 가능태로서 묘사된다는 것, 곧 텅 빈 공간에게 부재하는 실재성을 부여해야 하는 의무로서 묘사된다는 것을 표시한다. 충만한 인간적 세계에 대한 성찰은, 충만한 것을 인정하도록 정해져 있는, [법적] 제재 없는 공백의 세계를 소묘한다. 의무의 이런 공백은 인간적 세계와 다른 곳에서 이런 의무의 토대를 찾는 것을 거부하는 것과 결합되어 있다. 어떤 것도, 신도 도덕적 양심도 개입할 수 없다. 일체의 초월성에 대한 거부인 셈이다. 의무의 공백은 이 세계에서 유일하게 충만한 것은 바로 이 세계라는, 곧 두려움, 공포, 폭력이라는 점에 대한 인정이다.

C. 사회적 상태

홉스는 이런 공백을 권력 이론으로 메운다. 이 공백은 해법이면서 동시에 가능성의 조건이다.

ⓐ 사회 상태
사회 상태는 자연법들의 실현 가능성의 조건을 실현하는 것을 목표로 삼는다. 성찰 속에서 순전한 가능태로 주어진 평화의 조건들과 이 조건들의 실행을 위한 현실적 조건들 사이의 모순을 해소해야 한다. 순수 가능태인 이성의 수준이 아니라 정념들, 곧 물질적 조건들 자체의 수준에서 인간들이 자연법을 준수하도록 강제하는 보증물을 발견하기.

이런 보증물은 개인적인 정념들이 작용하는 것을 어떤 정념, 곧 공포를 통해 금지하는 데서 성립한다. 인간들이 이성을 통해 이성을 찾도록 할 게 아니라, 공포를 조성하고 구조화해야 한다. 보증물에 대한 두 가지 가설이 거부될 것이다. 인간들 사이에 체결된 합의에 대한 거부. 사람들 사이의 자발적인 연합은 이런 보증물을 제공할 수 없다. 제한된 집단은 외부로부터 위협받고, 강대한 집단은 내부로부터 위협받는다. 사람들 사이의 합의의 수준, 곧 상호 동의의 수준에서는 내재적 해결책이 존재하지 않는다. 따라서

- 평화에 대한 참석자들의 합의가 있어야 하며
- 이들이 이런 합의를 위반하는 것을 제지하는 공포가 있어야 한다. 여기에서 절대 권력에 준거하는 계약의 필요성이 나오게 되는데, 절대 권력은 계약으로서는 그 자신의 가능성의 조건 속에서 파괴되고 만다.

ⓑ 정치적 계약과 절대 권력

사회계약 내지 법적 계약과 정치적 계약 사이의 관계가 문제가 된다. 홉스에게 사회계약은 정치적 계약에 의거하고 있다(≠ 루소 및 로

크). 정치적 계약이 존재하지 않는다면, 시민적 통제도 경제적 생활도 존재하지 않는다.

이런 복종의 정치적 계약은 군주와 인민 사이의 단순한 계약(중세적 계약)이 아니다. 군주/인민 유형의 계약은 무정부 상태로 이끌어 가는데, 왜냐하면 계약을 존중하게 해줄 수 있는 제3자, 외부의 판관이 존재하지 않기 때문이다.

이런 계약은 비대칭적인 것이며, 두 가지 수준에서 구조화된다. 우선 사회의 모든 개인들 사이에 계약이 이루어지는데, 이들은 저항하지 않겠다는 것을 약속한다. 그다음 이들은 자신들의 권리 중 일부를 군주에게 양도하기로 동의한다.

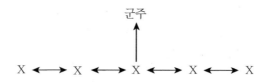

계약이 비대칭적인 이유는 (모든 개인들 사이의) 상호성은 계약 바깥에 있는 제3자를 내용으로 포함하고 있기 때문이다. 이 제3자는 권리의 증여를 받아들인다. 군주와 인민 사이에는 (계약 이후에는) 가역성이 존재하지 않는다. 군주는 아무것도 약속하지 않으며, 그는 받아들일 뿐이다. 이런 계약의 구조 안에는 자연법이 지니고 있는 모든 모순이 기입되어 있다. 개인들 간의 관계의 내재성은 일방적인 초월성 속으로 투사되는데, 이 초월성은 일방적인 관계들("타인 약정 계약"◆ 같은 유형의 계약) 속에서는 반영되지 않는다.

이런 양도의 내용은 부정적인데, 이는 사람들이 군주에 저항하지 않을 것에 대해 약속하기 때문이다. 총체적 양도는 저항권의 포기와 동일시된다. 개인 쪽에서 보면 권리의 증여는 이런 포기를 내용으로 포함한다.

여기에서 홉스는 의식하지 못한 한 가지 문제가 제기된다. 모든 계약의 가능 조건을 이루는 절대 권력의 창설이 사람들 사이의 계약에 달려 있게 되는 일이 어떻게 가능한가? 순환이 존재하는 것으로 보이는데, 계약이 가능하지 않은 상태에서 벗어나기 위해 필요한 조건은 다른 계약에 의해 표상되기 때문이다. 홉스가 해소하는 새로운 모순. 그는 "유사 계약"에 대해, 곧 실정적인 현실로서의 절대 권력의 존재에 대해 말한다. 발생적 측면은 모든 계약의 가능 조건들에 대한 본질 분석 배후에서 사라진다. 홉스에게는 더 이상 역사가 존재하지 않는다.

ⓒ 절대 권력

홉스는 급진적인 테제를 옹호한다. 곧 모든 권력의 본질(민주정으로서의 군주정)은 절대적이라는 점이다. 권력은 절대적이다. 곧 취소 불가능하다. 권리의 증여는 변경될 수 없다. 곧 군주는 어떤 의무도 지

◆ "타인 약정 계약"stipulation pour autrui은 계약 당사자들이 아닌 제3자를 수혜자로 설정하는 계약을 가리킨다.

지 않는다. 본질에서 절대적이고 지속에서 절대적인.

왜 이런 절대주의인가? 단지 계약이라는 이유 때문이 아니라, 계약이 불가역적이고 비상호적이기 때문이다. 그리고 이는 권리상으로 (원칙적으로)en droit 그렇다. 곧 주권자에게 양도된 것 — 그리고 주권자 안에서는 양도 불가능한 것 — 은 다시 돌려받을 수 없다. 이 테제의 심층적인 이유는 절대 권력이 인간적 삶의 모든 합리적 조직의 기본 전제로서 모든 계약에 선행한다는 점이다. 계약은 계약을 설립하는 정치권력 없이는 현실적이지 않다. 자연법의 가능 조건(그리고 자연법 자체를 명령하는 조건)은 자연법에 구체적인 의미를 부여하는 권력이다. 권력은 자연법의 표현이 아니라 자연법의 조건이다. 이런 절대적 특징은 칸트의 선험적 형식들의 선험성이 경험적 소여에 대해 지니고 있는 것과 같은 필요성에서 기인하지 않는다(칸트와 비교하자면, 자연법은 가능태의 감성론일 것이고, 권력은 가능태의 분석론일 것이다).◆

이 권력은 그것이 통일성에 의거하고 있는 한에서 구조화된다. 인민은 통치되는 다중, 곧 유일한 의지도, 고유한 인격성도 갖고 있지 않은 총합이다. 유일한 현실적 통일성은 정치권력이 부과한 통일성이다. 인민이 공동의 의지를 갖는다고 말하는 것은, 인민이 인격이 될 수 있다는 것, 그것도 인민을 명령하는 인격의 개인성 안에 인격이 될 수 있다고 말하는 것이다. 홉스는 다중을 통합하는 인격을 인민이라

◆ 알튀세르는 이 책의 마지막 강의인 1971-72년의 홉스 강의에서 이 점에 대해 더 자세히 논의한다.

고 부르는데, 인민은 **단 하나의 인격**, 곧 군주가 될 수도 있다. 군주는 그 자체로 인민이다. 주권의 본질은 일반의지가 아니라(홉스에게 일반의 지는 추상물이다), 만인의 의지가 그 속에서 정초되고 실행되는 군주의 의지다. 국가 전체는 군주의 인격 속에 포함되어 있다.

절대 권력 이론은 자연 상태 안에 있는 자신의 신민들에 대해 절 대적인 개인에 관한 이론이며, 한 사람과 만인 사이에서 자연 상태의 복원이다. 절대 권력은 만인에 맞선 한 사람의 전쟁이다. 하지만 이 전쟁은 발생할 수 없는 것인데, 왜냐하면 주권만이 권력 전체를 지니 고 있기 때문이다. 주권자는 한 개인이 자신의 직능들에 대해 지니고 있는 것과 같은 권력을 국가에 대해 지니고 있다.

귀결. 홉스는 모든 권력 분할(행정, 입법, 사법)을 거부하는데, 이 권 력들은 같은 사람 안에 혼융되어 있다. 입법과 행정의 혼융이 여기에 서는 특유한 것이다. 곧 군주는 법을 공포하고 권리를 행사한다. 왕은 모든 권력이다. 홉스는 소유권 및 그릇된 교리에 맞선 투쟁의 권리를 강조한다(홉스는 의견의 자유를 비난한다).

하지만 모든 것은 주권자의 의무에 관한 학설 속에 누적된 거대한 모순으로 종결된다.

> - 주권자는 자신의 신민들에게 보증을 제공해야 할 것이다. 자신의 이익이 인민의 이익이라는 것을 이해하고 있기 때문 에, 주권자는 인민에 대해 자연 상태에 있는 자신의 위치에 대 해 성찰해야 할 것이다. 그리고 이 사실로부터 그는 평화 및 생업을 보증해야 할 것이다.

- 그는 가능한 최소의 법을 언표해야 할 것이다. 절대 권력은 시민들에게 커다란 공간을 마련해 주기 위해서는 시민들의 삶에서 자신이 가능한 한 가장 작은 자리를 차지해야 한다는 것을 깨닫는다. 이렇게 되면 출발점에 있던 진공이 재발견된다. **일반적 역설.** 가능한 한 최소한으로 개입해야 하는 주권적 권력의 절대주의가 [시민들의 삶과-옮긴이] 공존하게 만들기. 자유주의적 절대주의. 문제는 해결 불가능하다. 절대주의는 자유주의, 곧 생업의 결과들의 향유를 목적으로 지니고 있다.

따라서 두 개의 수준이 존재한다.

- 정치적 수준(경제적 자유를 보장하기 위해 인간 집단들 사이의 대립을 극복하기)

- 경제적 수준

이런 수준의 이원성은 (내전 및 경쟁 안에 존재하는) 죽음의 이원성을 반복한다. 경쟁의 죽음을 보장하기 위해 전쟁의 죽음을 방지하기. 국가는 하나의 기능을 갖고 있다. 경제적 향유를 보장하기. 절대적 관점의 이론은 부르주아적 관점에서 소묘되지만(≠보쉬에), 이 부르주아지는 첫 번째 영국혁명의 내전을 체험한 부르주아지다(이는 이미 **이행기에 계급독재의 필요성에 관한 이론**이다).

홉스는 이 주제에 관해 로베스피에르·마르크스의 선구자였을 것이다.

3장

로크

로크의 이론은 홉스 이론의 대립물인 것처럼 보이는데, 이는 그 외관상의 결론—최소화된 국가, 다시 말해 자연법에 대한 침해만을 처벌하고 나머지는 그대로 내버려 두는, 무와 같은 국가를 지향하는 판사이자 형리刑吏인 국가를 지향하는 자유주의—때문이 아니라, 좀 더 심원하게 본다면 사회의 내적 본질과 관련된 것 때문에 그러하다.

홉스는 국가, 법적인 것, 윤리적인 것에 대한 모든 규정을 비법적이고 비윤리적인 원칙과 관련시키는 정치 이론을 원했다. 자연 상태에서 공포는 국가의 규정들의 내적 본질로 선언되었으며, 법과 도덕은 힘의 단순한 효과들에 불과했다. 공포에 종속된 공간의 재구조화가 정치 상태를 정의한다. 공포는 무한히 많은 신민들이 감내하는 것으로 간주되지 않고 하나의 점과 같은 중심으로 결집된다. 마찬가지로 자연법의 우선성에 관해서도 홉스는 혁명적인데, 이는 그가 자연법을 전쟁 상태에서 군림하는 필요의 질서에 내재적인 것으로 제시하기 때문이다. 자연법은 이런 필요의 산물이다. 곧 이런 필요의 교훈이며, 이런 필요에 대한 경험(이성의 계산, 이익의 계산에 의해 재구조화된 경험)에서 생겨난 가언명령이다. 자연법은 다른 심급(더욱이 이것은 자연법과 동질적이다)으로부터 자신의 전형을 얻게 된다. 곧 자연법을 유효하게 만드는 정치권력 역시 공포다. 초월적 심급(이성 내지 신)에 의해 부과된 순수 의무의 돌발을 우리에게 드러내 주는 것은 어디에도 존재하지 않는다. 인간에게 고유한 유일한 의식[양심]conscience◆은 필요에 대한 성찰이며, 이런 의식이 도덕적 양심이 되는 것은 그것이 무력하게 될 때뿐이다. 이런 이론적 의식은 실천에서는 각성된 공포감에 불과한 것으로 환원된다.

로크의 경우는 자연법을 보편적으로 군림하는 것으로 긍정한다. 자연법은 자연 상태에서 사회 상태에 이르기까지 모든 사회질서에서 군림한다. 실정법들(여기에는 이것들의 한계도 포함된다)은 이런 법의 현상에 불과하다.

하지만 홉스와 로크 사이의 이런 대립은 한 가지 형식적 유사성을 포함하고 있다. 곧 두 사람의 이론은 모든 규정들을 유일한 한 가지 원리와 관련시키려는 두 가지 시도다. [반면] 루소의 경우는 진정한 변동mutations을 통한 본성의 변화, 단절을 통한 전화轉化를 이룩하게 된다. 홉스와 로크의 경우는 동일한 내재성, 동일한 일원적 문제설정

◆ '의식'을 뜻하는 consciousness와 '양심'을 뜻하는 conscience가 구별되는 영어와 달리 프랑스어에서 conscience는 '의식'과 '양심'을 모두 뜻한다. 알튀세르는 이 대목에서 중의적 용법에 따라 conscience를 사용하고 있는 것으로 보인다.

속에, 동일한 유형의 해법 속에 머물러 있다. 더 정확히 말하면, 자연법의 지위는 유사성들을 보여 준다. 자연법은 학습된 것이며, 경험적 기원을 갖고 있다. 로크는 가부장 권력 이론 속에서 성인과 아이의 차이에 대한 테제를 전개한다(튼튼한 아이puer robustus◆ 참조). 아이가 아이이기를 그치게 될 때, 학습을 통해 아이에게 **이성**이 도래하게 될 때, 가부장 권력을 깨닫게 된다. 하지만 이성의 이런 경험적 기원은 두 사상가에게서 각각 상이한 맥락 속에 기입되어 있다. 로크 자신은 자연법 문제를 사고하지 않는다. 자연법 준수의 책무는 권력에서 나오는 것이 아니라 자연법 자체에서 나온다(반면 홉스는 자연법의 발생을 설명한 바 있다). 로크에게 자연법은 자연적으로 책무를 부과하는데, 자연법은 이성과 합치하기 때문이다. 자연법이 그 자체 내에 이런 준수의 책무를 포함하고 있지 않는 한, 책무의 기원을 이해할 길이 없다. 로크는 홉스의 문제를 피해 가고 있는 것이다.

◆ '튼튼한 아이'puer robustus는 홉스가 『시민론』에서 말한 "악인은 튼튼한 아이와 같다"Malus est puer robustus는 말에서 유래한 것이다. 루소는 『에밀』에서 홉스를 비판하면서 "모든 악함은 약함에서 나오기" 때문에, 아이를 튼튼하게 만들면 아이는 착해질 것이라고 주장한 바 있다.

A. 자연 상태[1]

1. 그 구조

로크는 자연 상태로 되돌아감으로써 시작한다.[2] 왜? 자연 상태에 대한 정의는 (홉스에 맞서는) 정치적 입장의 실천적 채택과 연결되어 있다. 불운을 피하기 위해 또 다른 기원을 찾는 것이다.

힘과 폭력의 양상 아래에 있는 관계들의 토대로서 동물성이 개입하게 된다. 마니교적 이원론. "그러므로 다음과 같은 생각, 곧 세상의 모든 통치는 흔히 주장되는 것처럼 오로지 **힘**과 **폭력**의 산물이고 인간의 공동생활은 다름 아닌 바로 가장 힘센 자가 지배하는 **야수들**의 법칙에 의해서 지배받게 되며, 이것은 끊임없는 무질서와 불행, 소요, 선동 및 반란의 원인이 된다(이런 사태는 상술한 가설의 추종자들이 시끄럽게 떠들어 대며 반대하는 상황이다)는 생각이 타당하다는 점을 부정하고자 하는 자는 로버트 필머 경이 우리에게 가르쳐 준 것과는 **다른 또 하나의 통**

---

1 로크에 대한 이 장의 나머지 내용은 알튀세르 자신의 타자 노트(때때로 삭제 표시가 되어 있고 그 자체로는 내용을 판독해서 편집하기가 쉽지 않은)와 수강생의 필기 노트를 대조해서 확립한 것이다.

2 알튀세르가 사용한 로크의 『통치론』 판본은 다음과 같다. *Essai sur le pouvoir civil*, traduction française de Jean-Louis Fyot, PUF, 1953; 『통치론』, 강정인·문지영 옮김, 까치, 1996. 알튀세르가 1960년 레몽 폴랭Raymond Polin의 『존 로크의 도덕적 정치학』*La Politique morale de John Locke*에 대한 서평을 썼다는 점을 언급해 두기로 하자. *Revue d'histoire moderne et contemporaine*, no. 9, avril-juin, 1962(*Solitude de Machiavel*, PUF, 1998에 재수록).

치의 **기원**, **정치권력**의 또 다른 원천, 그리고 정치권력을 소유할 인격 [사람이나 기관-국역본 옮긴이]을 고안하고 분별하는 방법을 필히 발견해야 할 것이다."3(pp. 61-62; 8쪽) 정치권력의 "원천으로 거슬러 올라가기"(p. 63; 4절, 11쪽) 따라서 기원 이론이 지닌 비판적이고 논쟁적인 성격에 대한 명확한 자각이 존재한다. 다음 대목 참조. 군주들이 참주가 되었을 때 "사람들은 정부의 기원과 권리를 좀 더 주의 깊게 검토하는 일이 필요하다는 점을 깨닫게 되었다. 그리고 그들은 [오직 자신들의 복지를 위해서 다른 사람의 손에 맡긴 권력이 그들을 침해하기 위해서 사용되는 것을 발견함에 따라] 권력의 과용을 억제하고 남용을 방지하기 위한 대책을 발견하는 것도 필요하다는 점을 인식하게 되었다"[111절, 108쪽].

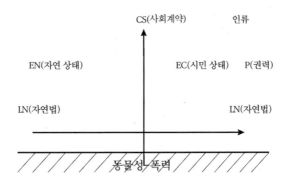

---

3 알튀세르는 인용문에서 로크의 문장 중 "로버트 필머 경이 우리에게 가르쳐 준 것과는"이라는 부분을 생략했다.

자연 상태에서 인간의 지위는 세 개의 범주 속에서 전개된다. 자유, 평등, 형제애.

ⓐ **자유**: "허락을 구하지 않고 자연법의 테두리 내에서"[4] 소유물과 인신을 처분할 수 있는 자유. 이는 자유가 독립 상태를 의미하는 소극적 정의인데, 이런 독립 상태가 고립 상태를 의미하는 것은 아니다(다른 사람의 권력하에 있지 않음=전쟁 상태에 있지 않음). 자연 상태는 본질상 전쟁 상태를 배제하는 것이다. 하지만 또한 적극적인 규정도 존재한다. 자연 상태에서 사람들은 궁핍하지 않다. 그들은 소유물을 갖고 있다. 소유는 사회 상태 이전에 이미 자연 상태에서 존재한다. 이런 자유는 자연권의 한계 내에서만 존재한다.[5] 자연 상태에서는 윤리적 질서가 지배한다.

ⓑ **평등**: 로크는 평등을 권리들의 호혜성으로 정의한다. 사람들은 "모든 권력과 [법적] 권한jurisdiction이 **호혜적**이며 무릇 어느 누구도 다른 사람보다 더 많이 가지지 않는 평등 상태"(p.

---

4 알튀세르의 노트에는 더 긴 로크 인용문이 나와 있다. 자연 상태란, "사람들이 타인의 허락을 구하거나 그의 의지에서 독립해, 자연법의 테두리 안에서 스스로 적당하다고 생각하는 바에 따라서 자신의 행동을 규율하고 자신의 소유물과 인신을 처분할 수 있는 완전한 자유의 상태이다."

5 알튀세르의 타자본 노트의 해당 대목은 전혀 다르다. "더구나 이런 자유는 자연법에 종속되어 있다(홉스와 스피노자의 경우처럼 자연권에 종속된 것이 아니라. [로크의 경우에는-옮긴이] 자연 상태 안에서(부터) 법적-윤리적 질서가 지배하고 있다)."

63; 4절, 11쪽) 안에 존재한다. 이런 정의는 홉스의 평등에 대한 정의와 아무 관련이 없다. 로크의 평등은 동일한 인간 본질에 대한 소속에 의거해 있다. 호혜성은 법적 권한의 권력과 관련된다. 모든 사람은 판사이면서 형리刑吏다.

ⓒ **형제애**: 정의와 자비는 사람들이 서로에 대해 갖는 의무들이다. 로크는 후커를 인용한다(p. 63).[6] 사람들은 자신들이 동일한 본성을 지니고 있음을 알고 있다. 그리고 각자는 다른 사람들에게 도움을 받고 싶어 하고 사랑받고 싶어 하기 때문에 그들을 도와주고 사랑해야 한다. … 호혜적인 상부상조의 명증함은 본성과 상황의 동일성에 토대를 두어야 한다.

이는 우리를 **자유**로 되돌려 보낸다. 자유는 **방종**이 아니다(p. 64). 곧 그것은 (홉스와 스피노자에서처럼) 욕망과 정념의 충동에만 의거해 내가 하고 싶은 것을 하는 것이 아니다. 자유는 **의무의 상호성**의 장에서만 의미를 지닌다. 사람들은 모두 평등하고 독립적이기 때문에 "어느 누구도 다른 사람의 생명, 건강, 자유 또는 소유물에 위해를 가해서는 안 된다."(p. 64; 6절, 13쪽) 그리고 이런 의무는 인간이 그 자신을 위해 욕망하는 것, 곧 자신을 보존하기, 건강, 자유, 재산, 생명 등을 보존하기의 역逆일 뿐이다. 다른 개인들에게 투사된 개인의 요구들이, **처음부터** 개인적 자유의 사용이 그 속에 기입되어 있는 원환을 구성한다.

---

6 형제애에 대한 논의에서는 알튀세르의 타자본 노트를 활용했는데, 이 노트가 수강생 노트보다 더 완전한 논의를 담고 있다.

2. 자연법

"이것은 우리를 늪과 절벽으로부터 보호하려는 것과 다른 목적을 갖고 있지 않다."(p. 29[7]) 곧 인간과 동물 사이의 경계선이다. 이런 의무는 자연 상태에서 자연법이 지배한다는 것에 대한 인정을 구성한다. "자연 상태에는 그것을 지배하는 자연법이 있으며 그 법은 모든 사람을 구속한다. 그리고 그 법 자체인 이성은 조언을 구하는 모든 인류에게 … 가르친다."[6절, 13쪽]

자연법은 이중화된다. 자기 자신을 보존하고 보호할 의무, 그리고 **다른 이들**을 보호하고 보존할 의무.

ⓐ 법률(실정법이고 성문법이며 제정법 등인) 이전의 법으로서의 자연법은 존재하기는 하지만 문자화되지 않은 법으로 존재한다. "자연법은 문자화된 것이 아니어서 사람들의 마음속 이외에는 어디서도 찾아볼 수 없는 것이므로…"(p. 64: 136절, 130쪽)

ⓑ 문자화되지 않았지만 자연법은 공포된 것인데, 왜냐하면 법이 법으로 존재하고 구속력을 갖기 위해서는 알려져야 하며, 이렇게 되려면 공포되어야 하기 때문이다(사회 상태 범주들의 자연 상태로의 투사). "어떤 사람도 그에게 공포되지 않은 법의 지배 아래 있다고 말할 수 없기 때문이다. 또한 이 법은 이성에 의해서만 선언되고 공포되기 때문에 …"(p. 98: 57절, 58쪽)

ⓒ[8] 이성과 자연법의 동일성. 자연법은 이성이라는 공통의 법이

---

7   타자본 노트에는 "p. 29 또는 98-99"라고 되어 있다.

다. 자연법은 본유적이지 않고, 이성의 학습과 연결되어 있다.

ⓓ 자연법이 이성과 동일한 것이기 때문에, 이성을 갖지 못한 존재들은 이를 알지 못한다. 짐승들, 아이들, 광인들, 백치들. 이런 동일성 덕분에 로크는 가부장 권력의 정치 이론[9](특히 로버트 필머의 신권에 관한 이론)을 논박하기 위해 아이들에 대한 아버지의 권력에 관해 독창적인 이론을 전개할 수 있었다. 요지: 아이들에 대한 아버지의 권력은 정치권력과 동일시될 수 없는데, 왜냐하면 아이들은 자유롭지 않으며, 그들이 이성 이하의 존재이므로 자유 이하에 머물러 있기 때문이다. 아이의 이성은 아버지 안에 존재하는데, 아버지는 이성적인 존재이며, 따라서 아이와 아버지 둘에 대해 자유로운 존재다. 하지만 이런 위임은 아이가 이성적이게 되는 나이에 이르면 중단되며, 이

---

8 이 절은 수강생 노트에 기반을 둔 것인데, 이 노트에 실린 내용은 아마도 알튀세르의 타자본 노트보다 실제 강의 내용과 더 부합하는 것 같다. 타자본 노트의 내용은 다음과 같다. "자연법과 이성의 동일성. 이런 법의 공포는 신의 계시이거나 이성의 사용일 수 있다. '이성이라는 공통의 법…'(p. 72; 16절, 23쪽) '그런 법이 있다는 점 그리고 그 법 역시 합리적인 피조물이나 그 법의 연구자에게는 국가의 실정법만큼이나 이해하기 쉽고 명백하다는 점은 확실하기 때문이다.'(p. 68; 12절, 18쪽) 이 법은 **본유적인 것이 아니다**. 이 법은 경험과 반성에 의해, 곧 인간 이성(이성이란 경험과 반성일 뿐이다)의 사용에 의해 발견된 것이다." 이 대목 여백에 알튀세르가 손으로 쓴 주석이 달려 있다. "사람들은 다음과 같이 말한 바 있다. 로크의 경험론과 모순되는 것이다! 하지만 이성이 배워서 획득되는 것인지는 확실치 않다."

9 수강생 노트의 내용인데, 알튀세르 자신의 노트("정치권력에 대한 가부장제 이론")보다 더 낫지 않은가?

때 아버지와 아이 사이의 (일방적인) 관계는 중지되고 더 이상 가족 내의 관계가 아닌 두 사람의 이성적인 존재자들 사이의 인간적 관계로 변화된다.

ⓔ[10] 법-이성-자유의 동일성. 이런 동일성을 정초하는 것은 동물-인간의 이원론이다. 이 법은 영원한 도덕법으로서 현시된다. 그리하여 로크는 홉스가 단지 사회 상태에만 도입했던 자연법(이성법)의 규정들을 자연 상태로 투사한다. 그 결과 그는 (자연법의 규정들을 필수적인 것으로 부과하기 위해 군주의 공포에 의지할 필요 없이) 이런 규정들을 자연 상태에서부터 **도덕법으로서** 사고하게 된다. 하지만 비윤리적인 무력 대신에 이런 자연법의 지배(홉스는 여기에서 자연권의 지배를 보았지만), 도덕적-법적 의무의 지배는 고전적인 개념들, 특히 전쟁 상태라는 개념의 의미를 뒤집게 될 것이다. 자연법 개념의 이런 확장은 [이론의] 장의 구조화를 변형시키게 될 것이다.

---

10 수강생 노트에 나와 있는 이 절은 역시 알튀세르의 타자본 노트에서 삭제 표시되어 있는 내용에 상응하는 것이다. 역으로 알튀세르의 타자본 노트에는 실제 강의에선 언급되지 않은 것으로 보이는 다음과 같은 대목도 포함되어 있다. "법이 자유를 한정하지 않으며, 반대로 자신의 이해관계에 일치하게 자유의 방향을 설정한다는 논지. 법은 자유를 그 진정한 본질에 따라 설립한다. 법 없는 자유는 자유가 아니라 방종이다. … 이런 방종= 비인간적 갈등, 동물적인 유형의 갈등(늪과 절벽). 동물성의 절벽과 경계를 두고 있는 인간의 자유 … 이 중요한 주제는 전쟁 상태에서 다시 논의될 것이다."

3. 자연법의 집행

이런 도덕법은 자연 상태에서 존중받는 것으로 현시된다. 어떤 조건에서 도덕법은 자연 상태에서 존중받는 것일까? 도덕법이 존중받기 위해서는 각각의 인간이 재판관이자 형리가 될 수 있는 능력을 갖추고 있어야 한다. 본질상 개인들에게 판단과 처벌의 권력이 속한다. 각자는 자신이 그 재판관인 법에 대한 각자의 해석을 존중하게 만들 수 있는 권리를 지니고 있다.

여기에서 다음과 같은 역설이 나온다.

- 자연법은 자연 상태에서 지배한다.
- 자연법은 집행된다.
- 이런 집행은 각자가 지닌, 타인의 행위에 대한 판단의 권력에 있다. 그리고 이런 권력은 정당한 권리인데, 왜냐하면 이성에 의해 작동하는 것이기 때문이다.

하지만 로크는 이런 역설을 해당 국가의 주민이 외국인(인디언)을 능히 처벌할 수 있는 권리의 필요성에 의거함으로써 근거 지으려고 한다! 자연법에 의해 외국인에 대한 처벌은 가능해진다. "만약 모든 사람이 각각 자연법에 의거해서 그 사건이 요구하는 바를 냉정히 판단한 바에 따라 위반 사항을 능히 처벌할 권리를 가지고 있지 않다면, 나는 어떻게 해서 어느 한 나라의 위정자가 다른 나라 사람인 외국인을 처벌할 수 있는지 이해할 수 없다. 왜냐하면 그 외국인에 관한 한 그 위정자는 모든 사람이 다른 사람에 대해서 자연적으로 가지는 것 이상의 권리를 가질 수 없기 때문이다."(p. 66; 9절, 16쪽)

4. 전쟁 상태

전쟁 상태는 사실은 거의 인식 불가능한 것이지만, 인간적인 질서 안에서 짐승과 같은 잔인성이 돌발한다는 사실로 인해 전쟁 상태를 인식하는 것이 필요해진다. 형벌 이론의 우회를 통해 전쟁이 출현하게 된다.

홉스에게 전쟁 상태는 총체적인 상태, 곧 공백이 존재하지 않는 영속적이면서 보편적인 상태다(이런 총체성은 사회적 관계의 본질, 곧 투쟁과 공포가 지닌 보편성의 모습 그 자체다). 인간 사회는 근본적으로는 결코 전쟁 상태에서 빠져나오지 못하며, 전쟁 상태는 정치적인 상태에서 평화를 확립하기 위해 활용될 뿐이다(평화는 전쟁의 산물이며, 자기 자신에 대한 공포에 의해 중립화된 전쟁, 만인에 대한 만인의 전쟁 대신 만인 대 한 사람의 전쟁이라는 형태로 승화된 전쟁이다). 로크와 더불어 준거 원리는 근본적으로 변화한다. 사회의 궁극적 본질을 구성하는 것은 평화, 곧 자연법의 지배다. (홉스만이 아니라 로크에게서도) 모든 정치적 문제는 이런 근본 원리의 이성적 개조에 놓여 있다. 하지만 로크에게 이런 원리는 바로 평화다. 이제 다음과 같은 것이 문제된다. 자연 상태 및 사회 상태의 보편적 본질로서의 평화의 요소 안에서 어떻게 전쟁을 사유할 것인가?

왜냐하면 우리는 이런 자연법이 침해될 수 있다는 것을 보았기 때문이다. 이런 침해는 미치광이이기 때문에 자연법을 모르는 사람들에 의해 침해될 수도 있고, 아니면 자연법을 알고는 있지만 정념의 방탕함을 더 좋아하는 사람들에 의해 침해될 수도 있다. 이들에게서 이성의 빛은 본능들의 뒤섞임에 패배한다. *cf.* p. 145[128절, 121쪽] "타락한 인간들의 부패와 사악함." p. 144[124절, 120쪽] "비록 자연법이 모든 이성적인 피조물들에게는 명백하고 이해 가능한 것이기는 하지만, 사람들은 연구를 하지 않아서 그 법에 대해서 **무지할** 뿐만 아니라 자신들의 이해관계로 인해서 편파적이기 때문에, 자연법을 자신들이 관련된 특정한 사건에 적용할 때 자신들을 구속하는 법으로 인정하지 않으려는 경향이 있다." 그리고 모든 사람이 [다른 사람들로 하여금] 자연법을 준수하게 만들 합법적인 권리를 갖고 있기 때문에, 여기에서 제재와 전쟁이 생겨나게 된다.

그리하여 이성을 저버린 범죄자는 로크에게는 극한적인 경우가 된다. 그는 인간성 내의 비인간성이다. 이성은 자신이 근본적으로 무화되어 버린 것, 곧 비-이성[이라는 유령]에 사로잡혀 있는데, 이것의 자연적인 형상이 바로 짐승과 같은 잔인성이다. 이것은 종種이라는 관념으로서, 이런 종은 자신의 내재적 법칙을 갖고 있지만, 또한 그런 종에 속하지 않는 것과 그것을 구별해 주는 피할 수 없는 경계선을 갖고 있다. 짐승의 성향은 처음부터 인간성 및 이성의 구조적 이면으로서 주어져 있다. 비인간성으로의 퇴락은 항상 가능하며, 공격이라는 형태를 띠고 있다. 범죄자는 그가 전락한 바로 그 상태를 지배하는 규칙, 곧 폭력과 비인간성의 규칙에 따라 처리되어야 한다. 전쟁 상태는 공격으로 정의되며, 모든 공격은 죽음을 종점으로 삼는다(로크는 홉스의 생각을 계승하지만, 그것을 "국지화"한다). 죽임의 의지는 짐승의 성향에 고유한 것이며, 범죄자에게 적용해야 할 처치 방법에서 다시 분출한다. 범죄자에게는 죽음을 내려야 한다. 죽음은 모든 징벌의 한계 지평이며, 비-인간성의 존재에 대한 확인이다. 인간성에 대한 치명적 위협으로서의 비인간적인 것은 무로 돌아가야 한다. 인간성[인류]은 비인간성이 목표로 삼는 것, 곧 죽음을 실현하며, 범죄자를 그의 본질 속으로, 곧 무, 죽음 속으로 밀쳐 버린다.

로크는 또 다른 사례로 강도의 사례를 든다. 비록 그가 내 목숨을 노리지 않았거나 그럴 욕망을 갖고 있지 않았다 하더라도 나는 그를 합법적으로 살해할 수 있는데, 왜냐하면 그는 내 지갑을 빼앗아 가기 위해 힘을 사용하기 때문이다. … 만약 그가 내 지갑을 빼앗는 데 성공한다면, 일단 그가 나를 자신의 권력 아래 두게 된 이상, 내 자유를 탈취한 뒤 나머지 모든 것(나머지, 곧 나의 목숨)까지 탈취하지 않으리라고 생각할 아무런 이유가 없는 것이다.

전쟁 상태 이론은 결정적인데, 왜냐하면 이 이론은 사회 상태 안에서 일어나는 것을 사고할 수 있게 해주기 때문이다. 죽음은 치명적인 공격에 대한 대응, 그런 공격 자체를 무화시켜 버릴 수 있는 권리에 대한 유일한 척도다. 자신의 폭력을 통해 스스로를 배제한 사람은 배제되어 마땅하다. 그는 자기 자신으로부터도 배제되는 것이다.

하지만 그렇다면 폭력은 두 사상가에게서 동일한 것이 아니다. 홉스에게 전쟁은 항상 전쟁이며, 결코 두 개의 전쟁, 곧 좋은 전쟁과 나쁜 전쟁, 정당한 전쟁과 부당한 전쟁으로 나뉘지 않는다. 이는 자연법이 전쟁에 후속하는 것이기 때문이다(그리고 전쟁의 진실이기를 원하기 때문이다). 로크에게 인간성과 비인간성 사이의 급진적인 적대는 폭력 내부에 반영되어 있다. 폭력은 이중적이다. 공격자의 (비인간적인) 폭력과 방어자의 폭력(이는 권리, 인간적인 권리다). 이런 구별은 노예제 및 좁은 의미의 전쟁을 이해하는 데 중대한 의미를 지닌다.

(a) 노예 상태

현실로서의 노예 상태는 공격과 방어의 결과다. 나를 공격한 사람(이런 공격이 어떤 형태로 이루어지든 간에, 내 물건을 빼앗기 위한 공격이라 해도)은 사실은 나의 자유와 나의 생명을 공격하는 것이다(나에 대해 모든 것을 할 수 있기 때문에, 그가 내 목숨을 노리지 않는다는 것을 그 어떤 것도 보장해 줄 수 없다. … 따라서 위협받는 것은 내 목숨이다). 폭력적인 관계 속에서 공격을 받았기 때문에, 역으로 나는 폭력을 통해 나를 방어하고 나를 공격한 사람을 죽일 수 있는 권리를 지닌다.

따라서 노예 상태는 폭력에 기초를 둔다(대항 폭력). 내가 살해할 수 있지만 목숨을 남겨 둔 사람이 나의 노예가 된다. 노예는 유예된 시체다. 나는 어떤 사람을 노예로 만들 수 있는 권리를 갖고 있는데, 왜냐하면 나는 그를 죽일 권리를 갖고 있기 때문이다. 노예로 만들 권리는 죽일 수 있는 권리를 지평으로 삼고 있다. 나는 어떤 사람을 죽일 수 있지만, 그를 죽이는 것을 지연시킨다. 노예 상태는 지연된 죽음, 유예된 죽음이다.

하지만 권리로서의 이 권리는 모든 폭력 관계에 개입하지 않는다. 이 권리는 단지 그 권리의 사용이 합법적일 때, 정복자가 정당한 전쟁, 곧 방어 전쟁, 권리 부정에 맞선 권리의 전쟁에서의 정복자일 때만 개입한다. 이로부터 노예 상태에 관한 로크의 역설적 이론, 일방적 이론이 나오게 된다. 노예는 죽을 만했던 사람, 곧 자연법을 침해해 그 대가로 죽을 만했지만 그 죽음을 면하게 된 사람이다. 따라서 정당하게 노예가 되기 위해서는 그는 죽을 만한 일을 범했어야 한다. 곧 "정당한 전쟁"(p. 116; 85절, 82쪽), "정의롭고 합법적인 전쟁"(p. 177; 164쪽)에서 "합법적인 정복자"(p. 78; 30쪽)에 의해 포로가 된 자들이다.

노예 상태는 "합법적인 정복자와 포로 사이에 지속되는 전쟁 상태와 다르지 않다."(p. 78; 24절, 30쪽) 만약 우연적이게도 공격자가 승자라면? 그 경우에는 노예로 만들 수 있는 순수 권리가 문제되지 않는다. 정복자 역시 패배자를 죽이는 것을 지연할 수 있지만, 법적·도덕적으로 볼 때 그가 죽일 수 있는 권리를 갖고 있지 않기 때문에(자연법은 그가 이 권리를 갖고 있다는 것을 부정한다) 그는 전적으로 죽일 수 있는 합법적 권리에 의존하는(노예로 만들 수 있는 권리는 죽일 수 있는 권리의 한정에 불과하다) 노예로 만들 수 있는 권리를 갖고 있지 않다.

따라서 노예 상태는 계약이 아닌데, 왜냐하면 계약에 의해 노예가 되는 것은 누군가의 절대 권력에 놓이게 되는 것이기 때문이다. 따라서 이는 제3자에게 자기 자신의 생명에 대한 전권을 부여하는 것인데, 이는 모순이다. "사람은 자신의 생명에 대한 권력을 가지고 있지 않기 때문에 계약이나 자신의 동의에 의해 다른 사람의 노예가 될 수 없으며, 또한 다른 사람이 기분 내키는 대로 그의 생명을 박탈할 수 있는 절대적이고 자의적인 권력에 그 자신을 내맡길 수 없다. …"(pp. 77-78; 23절, 30쪽)

(b) 좁은 의미의 전쟁

여기에서 역시 부당한 전쟁과 정당한 전쟁 두 가지 경우가 존재한다. 동물적인 것으로서 부당한 전쟁은 모든 전쟁의 기원이다. "다른 사람과 전쟁 상태를 도발해 부당하게 그 사람의 권리를 침해한 침략자가 그런 부당한 전쟁으로 정복한 자들에 대해서 결코 어떠한 권리도 가질 수 없다는 점에 대해서는 모든 사람들이 쉽게 동의할 것이다."(p. 179; 175절, 167쪽) 이런 폭력의 결과는 비록 승리를 가져오는 것이라 할지라도 아무런 권리를 부여하지 않는다. 그리고 전쟁 상태가 지속되고, 패배자들은 "하늘에 호소"해야 한다. 곧 호기가 도래하게 되면 모든 수단을 동원해서 싸워야 한다.

반대로 승리한 정당한 전쟁에는 권리의 원천이 존재한다. "그러나 승리가 정당한 자의 편을 드는 것으로 가정하고 합법적인 전쟁에서 정복자의 지위를 고려하면서 그가 어떤 권력≪함의는, 합법적인 권력이라는 것≫[11]을 누구에 대해서 가지는가를 살펴보자."(p. 181; 177절, 169쪽) 답변은 자명해 보인다. 곧 다른 인민에 의해 부당하게 공격당한 인민이다. 공격당한 인민은 공격자들을 파괴하기 위해 폭력을 사용할 권리를 갖고 있다. 따라서 그는 공격자들을 죽일 수 있는 권리를 갖는다. 그리고 이것을 한정하면, 그가 가할 수 있는 죽음을 지연할 수 있는 권리, 곧 공격자 인민을 노예로 만들 수 있는 권리를 갖는다.

하지만 로크는 (노예 이론에 의해 요구되는) 중요한 결과들에 변형들을

11   이것은 알튀세르가 타자본 노트에 육필로 추가한 부분이다.

도입한다. "그렇다면 합법적인 정복자가 피정복자에 대해서 어떠한 권력을 가지는가를 살펴보자. 그것은 순전히 전제적인 권력이라 할 수 있겠다. 그는 부당한 전쟁으로 생명에 대한 권리를 몰수당한 피정복자의 생명에 대해서는 절대적인 권력을 가지겠지만, 전쟁에 참가하지 않은 자의 생명이나 재산은 물론 심지어 실제로 전쟁에 참가한 자의 소유물에 대해서도 그런 권력을 가지지 못한다."(p. 182: 178절, 171쪽)

① 공격한 인민 전체가 죽어 마땅한 것은 아니다. 오직 공격하고 전쟁을 일으킨 사람들만이 그 대상이다. 다른 사람들은 아니다. 이는 어떤 인민을 공격할 때 오직 어떤 개인들만이 자연법에서 벗어나게 된다는 생각이다. "인민은 부정의한 전쟁을 일으키는 것과 같은 부정의한 일을 하라고 그들의 통치자들에게 권력을 부여할 수 없다. 왜냐하면 인민 스스로도 그런 권력을 갖고 있지 않기 때문이다(p. 182; 179절, 171쪽). 인류 전체는 자신의 본질에서 벗어날 수 없고 그것을 배반할 수 없으며, 자신의 종의 법칙에서 일탈할 수 없다는 심오한 관념이다. 이는 또한 어떤 사람이 자신의 죽음을 원할 수는 없는 것과 마찬가지로, 한 인민 전체는 불의를 원할 수 없다는 심오한 관념이다. 따라서 인간성과 비인간성의 분리는 다른 인민과 전쟁을 일으킨 인민 내부 자체에서 일어나게 된다. 그러므로 전쟁은 특정한 사람들과 관련된 사실이다. 그것은 결코 일반적이지 않다(그렇지 않으면 전쟁은 중립적인 것이 될 것이며, 내적인 규범을 갖지 않게 될 것이다). 죽어 마땅한 사람들, 따라서 노예로 전환될 수

있는 사람들은 인간 종 바깥으로 일탈한 이 몇몇 사람들이다 (전제정치).

② 하지만 정복자는 심지어 이 개인들로부터 그들의 재산들을 박탈할 수 없다. 왜냐하면 그들의 재산은 그들에게만 속하지 않고, 그 부인들 및 자녀들에게도 속하기 때문이다. 그런데 이 후자의 사람들은 죄가 없으며, 적어도 그들에게는 결백한 인간 종이 피신해 있다. 당한 피해를 보상받을 정복자들의 합법적 권리는 여성들과 아이들이라는 결백한 이들, 곧 인민 중에서 인간적인 부분을 이루는 이들의 권리의 문턱에서 정지된다. 이런 논리는 또한 극한적인 경우, 곧 "공동체의 모든 사람들이 동일한 정치체의 구성원으로서 그 부당한 전쟁에 가담한"(pp. 187-88; 188절, 179쪽) 경우처럼 극히 개연성이 없는 것으로 간주되는 경우에도 적용된다. 이 경우에 합법적인 정복자는 모든 이의 생명에 대한 권리를 갖지만, 무죄인 아이들에 대해서는 권리를 갖지 못한다. "그러므로 아버지에게 무슨 일이 일어나든 자식들은 자유인이고, 정복자의 절대적 권력은 그가 정복한 사람들의 인신을 넘어서까지는 영향을 미치지 않으며 그들의 죽음과 더불어 종식된다. 따라서 그가 그들을 그의 절대적인 자의적인 권력에 종속되는 노예로서 다스린다고 할지라도 그는 그들의 자식들에 대해서는 그런 지배권을 가지지 못한다."[189절, 179쪽] 따라서 이런 사실로 인해 그는 피정복자들의 재산에 대해서는 아무런 권리도 갖지 못한다(이런 재

산의 자연적 종착지가 아이들에게 예정되어 있는 한에서).

요컨대 전쟁의 일반적인 상황 속에서도 인간성에게는 항상 피신처가 존재한다. 자연법은 결코 인간성에서 배제되지 않는다(비록 자연법이 모든 인간에 의해 침해된다고 해도, 자연법은 그들의 아이들에게로 피신하며, 또한 그 영향으로 사람들의 재산에게로 피신한다).

(c) 전제정과 절대 권력

전쟁과 노예 상태의 이런 이중 이론으로 인해 절대(전제) 권력은 한 가지 경우에만 합법적이게 된다. 그것은 정당한 전쟁을 종식시키는 승리의 경우다. 그리고 이런 경우에서조차 절대 권력은 한계를 지니고 있다. 곧 절대 권력은 죄지은 사람들(부당한 전쟁을 일으킨 사람들)에게만 행사되며, 그들의 아이들 및 재산들에 대해서는 전혀 행사되지 못한다. 부당한 전쟁의 경우에는 절대 권력은 완전히 불법적인 것이다. 여기에서 절대 권력 이론이 나온다. 곧 절대 권력의 신민은 노예다. 절대 군주정에서 절대 권력은 전쟁 상태의 관계 유형 그 자체다. "타자를 자신의 절대 권력에 복종하게 만들려는 자는 이로 인해 타자와 더불어 전쟁 상태에 놓이게 된다"(달리 말하면 절대 권력=목숨을 노리기=근거가 없는 노예 상태). 이로부터 로크의 다음과 같은 관념이 나온다. 군주의 절대 권력(가령 절대군주정에서의)은 자연 상태에 속하는 것이 아니라(왜냐하면 자연 상태에서는 자유가 지배하기 때문이다) 자연 상태보다 더 나쁜 전쟁 상태에 속하는데, 왜냐하면 절대 권력은 사회 상태의 유익함을 제거해 버리고 짐승과 같은 상황으로 다시 전락하게 만들기 때문이다(이 주제는 도처에서 전개되고 있다 *cf.* p.119-24, 69-70, 151-53, 154, 172). 그리하여 비록 전쟁 상태가 사회 상태 속에서 전제정치의 형태로 변장할 수 있다고 해도, 그것은 결코 합법적이지 않다. 따라서 전제정치를 몰아내는 것은 사람들의 의무다. 봉기의 합법성.

따라서 노예 상태, 전쟁, 절대 권력이라는 세 가지 형태 아래에서 전쟁 상태는 자연 상태의 절대적 대립물이라는 점을 알 수 있다. 전쟁 상태는 인간들을 인간들로 정의하는 것, 곧 자연법의 이성적 자유의 절대적 대립물인 것이다. 자연법이라는 이 마지막 존재론적 근거야말로 다음과 같은 결과를 낳는다. ① 사람들이 자신의 대립물에 맞서, 폭력적인 무기를 동원해서라도 인간성을 방어할 권리를 갖게 해준다. ② 폭력은 결코 중립적인 것이 아니라 항상 인간적인 폭력(정당한) 아니면 비인간적인 폭력(부당한)으로 규정되며, 인간의 본질에 의해 항상 그 자체로 분할된다. ③ 전쟁은 결코 일반적이지 않다. 홉스에게서 전쟁의 일반성(만인에 대한 만인의 전쟁) 및 전쟁의 악순환은, 폭력적인 행위가 사악한 자에 의해 행사될 수도 있고 정의로운 사람에 의해서도 행사될 수 있지만, 전쟁의 기원이라는 문제[곧 누가 전쟁을 처음에 일으켰는가 하는 문제-옮긴이]는 폭력의 보편성 속에서 의미를 상실하게 된다는 것을 자신의 효과로 산출하며, 또한 자신의 조건으로 갖게 된다. 극한적으로 모든 사람은 다 공격자인데, 이것이 예방을 위해서 그런 것이라 해도 그렇다. 전쟁의 일반성 또는 오히려 전쟁의 일반화는 사건으로서의 전쟁, 전쟁 상태(나쁜 시기)로서의 전쟁의 종식을 표시한다. 전쟁은 시작 없는 전쟁, 명시적인 공격자 없는 전쟁, 옳은 편이 누구이고 나쁜 편이 누구인지 결코 판가름할 수 없는 전쟁이다. 전쟁 안에서는 정의도 불의도 존재하지 않는다. 폭력은 정의와 불의에 선행한다. 전쟁이 일반적이라는 것, 곧 전쟁이 인간 본질, 인간 종 전체를 포괄한다는 것은 로크에게는 이론적으로 불가능하다. 전쟁은 항상 인간 종 내부에서의 인간 종의 부정, 곧 인간 종에 내재한 비인간성의 국지화다. 인간들이 인간 종 바깥으로 일탈할 수 있는 가능성은 항상 현존한다. 이런 가능성은 항상 인간 종 자체 내에 위치해 있는 가능성이다. 이는 인간 종은 항상 전쟁에 맞서 피신처를 발견하게 된다는 것을 의미한다. 전쟁의 지속은 제한적이다. 로크에게서 전쟁 상태의 지속은 홉스에게서 전쟁 상태의 지속과 같지 않다. 로크에게 진정으로 지속하는 것은 (침해된 자연법의 복권에 대한) 자연법의 권리 요구이며, 이런 요구는 충족될 때까지 계속 된다. 전쟁 상태는 아무런 지속의 권한을 갖고 있지 않다. 지속은 권리를 지니고서 무력에 대항하는 반역의 지속이다.[12]

5. 소유 이론

자연 상태에는 인간들의 도덕적·법적 자유만 존재하는 것이 아니라 그들의 **재화**도 역시 존재한다. 사회의 설립 이전에도 소유가 존재

---

12 타자로 친 알튀세르의 노트의 이 부분에는 「정치에 선행하는 것, 정치 아래에 있는 것」이라는 제목이 붙은 한 장의 개요가 적혀 있다. 열두 줄 가량으로 된 이 개요는 타자 원고 위에서 삭제 표시가 되어 있으며, 수강생 노트에도 해당 부분은 전혀 나타나지 않는다.

한다. 소유는 사회계약이 아니라 **인간 본성**에 기초를 두고 있다. 인간 본성에서 소유를 연역하기.

로크가 제시하는 소유 일반에 대한 정의에서 이런 연역은 주목할 만하다. 개인에 관해 볼 때, 소유라는 것은 **그의 생명**과 **자유, 재화**를 포함하는 것으로 이해해야 한다. 소유 개념의 이런 확장은 어떤 인간의 소유의 현상으로서 재화의 소유를 그 인간 자신 위에 근거 지으려는 것을 목표로 삼는다.

해결해야 할 문제로서 전유appropriation의 문제. 신은 대지를 "모두에게 공유물로" 주셨다. "그러나 이 점을 가정하면 도대체 어떤 사람이 어느 사물에 대해서 어떻게 소유권을 가지게 되었는가는 사람들에게 매우 어려운 질문인 것처럼 보인다." 동일한 문제. "하느님께서 인류에게 공유물로 준 대지의 여러 곳에서 사람들이 어떻게 해서 소유권을 가지게 되었는가, 그것도 공유자들 간의 명시적인 협정도 없이 가지게 되었는가."(p. 80; 25절, 33-34쪽)

자연, 그 과실, 공유지. 전유는 어디에서 유래하는가? "모든 사람은 자신의 인신에 대해서는 소유권을 가지고 있다. 이것에 관해서는 그 사람 자신을 제외한 어느 누구도 권리를 가지고 있지 않다. 그의 신체의 노동과 손의 작업은 당연히 그의 것이라고 말할 수 있다."[27절, 34-35쪽] "그렇다면 그가 자연이 제공하고 그 안에 놓아둔 것을 그 상태에서 꺼내어 거기에 자신의 노동을 섞고 무언가 그 자신의 것을 보태면, 그럼으로써 그것은 그의 소유가 된다."[27절, 35쪽]

소유는 개인이 자기 자신 및 자신의 활동, 자신의 노동에 대해 갖는 소유의 확장에 토대를 두고 있다.

일종의 교환. 사물들에게 합체된 노동을 통해 개인은 사물들을 자신의 실체로 합체시키고, 이런 사실로 인해 그는 사물들을 자신에게 합체시킬 권리를 갖는다(사물들은 그의 신체의 확장이다. 자신이 전유하는 대상들로 확장된 일종의 신체로서 사물들). 전유에는 두 가지 계기가 존재한다.

① 채취는 열매(도처의 나무에 달린)를 그것을 채취한 사람의 소유가 되게 한다. 채취는 공동의 상태에서 열매를 떼어 내어 그것을 사적 소유의 상태로 이행하게 만든다. 이는 다른 사람들의 동의 없이 이루어진다. "만약 그런 동의가 필요했다면, 인간은 신이 모든 것을 충분히 주었음에도 불구하고 이미 굶어 죽었을 것이다."(p. 81; 28절, 36쪽) 로크의 말에 따르면, 이 시기에서 전승되어 온 관습이 여전히 존재한다(물고기는 그것을 낚은 사람의 것이다).[13]

② 농업. 소유는 노동이 수행된 땅으로 확장된다. 개간된 공간은 사람이 노동한 경계이며, 이런 경계가 울타리가 된다(인클로저 운동의 시대). 어떤 경우에도 개인들 상호 간의 관계는 존재하지 않으며, 개인적 신체의 확장만 존재한다. 이런 전유의 한계는 욕구 및 소유물 보존의 가능성에 의해 정해진다. 소비할 수 있는 것 이상을 독차지하지 말라는 것이 자연법의 요구다. 개인

---

13 알튀세르의 타자본 노트는 여기서 끝난다. 이 강의의 후속 내용은 수강생 노트에만 입각해 편집된 것이다.

들 사이의 관계는 존재하지 않는데, 왜냐하면 항상 빈 공간이 존재하기 때문이다(*cf.* 루소의 숲). "세계는 아메리카다."[◆](p. 93; 49절, 53쪽) 고갈되지 않는 공간.

인간들의 관계는, 인간들이 노동하는 재화들에 의해 매개된다. 화폐라는 발명품 이후 갈등이 생겨나는데, 로크는 화폐에 관해 별로 논의하지 않는다. 그에게 화폐는 규약적인 것이며, 특히 그것은 썩지 않는 재화다(≠자연적 산물). 화폐와 더불어 축재蓄財로 사고된 축적 현상이 도입된다. 화폐와 더불어 소유는, 자연법에 의해 인간 자신의 육체가 감당할 만한 영역으로 고정된 자연적 한계를 넘어서 확장될 것이다. 곧 대지는 노동하지 않는 사람들이 소유하게 될 것이다. 분배의 불평등은 화폐에 기초를 둔다. 화폐라는 이 자연적이고 합법적인 수단이 비합법적인 불평등의 원천이 되는 것이다.

이 모든 것은 계약에 선행하는 것이다. 사회질서의 범주들은 [자연상태에서 미리 그려진] 점선들에 따라 그려진다. 자연법은 근본적인 것으로서 연역된다.

◆ 더 정확한 문장은 다음과 같다. "이처럼 태초에 모든 세계는 아메리카와 같았다."

B. 사회계약과 시민사회 및 정치사회

범주들의 발생은 인간적·사회적·경제적·법적 관계들을 현존하게 해 준다. 정치의 토대를 이루는 것은 자율적인 것으로, 정치적인 것의 본질을 이루는 것으로 사고된다. 이렇게 해서 로크는 자연 상태에 불편함이 존재한다는 것을 발견하며, 이것이 사회 상태를 낳게 된다(p. 145). 이런 불편함, 결여로 인해 자연 상태에서 짐승적인 상황이 재발할 위험이 생겨난다.

- 자연 상태는 확립되고 인정된 법이 결여되어 있다. 자연법은 성문화되고 객관화되어야 한다.
- 자연 상태는 법을 존중하게 만들 수 있는 인정받고 무사 공평한 재판관, 단 한 명의 재판관을 결여하고 있다. 여기에서도 역시 재판관들 각자 안에 자리 잡고 있는 재판관을 대표하는 객관적 재판관이 필요하다.
- 자연 상태는 재판관의 판결을 집행할 수 있는 권력을 결여하고 있다.

자연 상태와 사회 상태 사이에는 변동이 존재하지 않는다. 사회는 자연법의 현상이 될 것이다.

1. 계약

pp. 129, 125-26[85쪽, 93-95쪽]을 보라. 계약은 상호 동의 및 다수의 결의에 있다. 로크는 계약 안에 결정은 다수결로 이루어진다는 점에 대한 인정을 포함시킨다(다수는 다수의 지도 아래 형성된 정치체를 이끌어 가는 물리적 힘에 동화된다).

계약은 공동체를 공고히 한다. 계약의 목적은 개인에게 속하는 두 개의 권력, 곧 입법권과 행정권을 공동체로 전이하는 것이다. 어떤 새로운 것도 생겨나지 않는다.

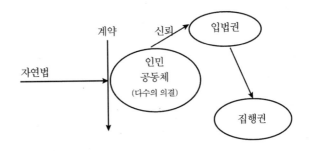

입법권은 자연법에 입각해 모든 범죄를 판단하는 권한이다. 시민 사회는 이전에 존재하던 현실의 현상적 표현이다.

사회는 이런 권력들의 물질적 수단을 스스로 제공해야 한다. 여기에서 권력들에 관한 이론이 나온다.

2. 권력들

계약이 발현되는 최초의 행위는, 자연법의 직접적인 구현물로서 공동체의 구성이다. 자연법의 이런 직접적 구현물은 최고의 권력이며, 나머지 모든 것은 이것의 현상에 불과하다. 여기에는 루소의 인민 주권 테제의 맹아가 존재한다(p. 203; 212절, 202쪽).

일반(다수)의지라는 형식 아래 자연법이 표현되는 이런 공동체는 입법권을 수단으로 삼는다. 입법권은 공동체의 다수 투표에 의해 산출되는데, 이런 권력은 전체나 소수 또는 한 사람에게 위탁될 수 있다. 만약 군주정이 존재한다면, 왕은 그에게 위임한 공동체에 의해 입법권의 중심으로 인정받는다. 신탁은 명시적 위임이다. 이 경우에는 더 이상 복종 계약은 존재하지 않고 단순한 결사만 존재할 뿐이다. 신탁은 일방향으로 이루어지는 권력 위임으로, 공동체는 자신의 본질을 이루는 권력, 곧 자연법을 언표하고 실행할 수 있는 권력을 부여한다. 자연법은 실정법의 형태 아래 입법권으로 이행한다. 따라서 인민은 신탁을 철회할 수 있는 권력을 소유하고 있다.

행정권은 관료들의 권력이며, 자신이 종속되어 있는 입법권을 집행하는 권력, 곧 행정부다. 로크는 왕이 두 개의 권력을 자기로 집중시키는 군주정의 경우를 검토하지만, 왕은 공동체에 의해 위임받은 두 개의 명령권을 수행하는 관료라는 점을 분명히 한다. 따라서 이전 시기의 논리로 후퇴할 가능성이 없는 연역이 이루어지게 된다. 모든 것은 입법부의 수준에서 행해진다. 입법부는 절대 권력을 갖고 있지 않으며, 자연법을 넘어설 수 없다. 입법권은 개인들의 생명과 소유를 존중해야 한다. 입법부는 자의적인 법령을 남발할 수 없으며, 인정받은, 곧 입법부에 의해 지명된 행정부가 수립하고 공포한 법들만 발포할 수 있다. 마찬가지로 입법부는 법을 제정할 수 있는 권력은 누구에게도 위임할 수 없다.

3. 귀결

로크는 이로부터 정부의 해체라는 문제와 관련된 귀결을 이끌어내는데, 이는 체계의 핵심적인 논점이다. 입법부는 공동체 전체로 자처해서는 안 되며, 행정부는 입법부로 자처해서는 안 된다.

만약 입법부가 자연법을 준수하지 않고, 자신을 행정부로 전환하고 자신의 본질에 합치하도록 처신하지 않는다면, 인민과 입법부 사이의 유대가 끊어지게 된다.

만약 행정부가 입법부의 권한을 침해한다면, 입법부와 행정부 사이의 유대가 끊어지게 된다. 가장 심각한 경우는 행정부가 입법권을 자기에게 통합시키고 자연법과 대립하는 법령들을 공포함으로써 입법권의 본질에서 벗어나게 만드는 경우다.

로크는 이런 타락에 대한 대응 방법을 검토한다. 인민은 입법부를 폐지하고 새로운 입법부를 임명할 권리를 갖고 있다. 마찬가지로 인민은 행정부에 맞서 항거할 권리, 곧 봉기의 권리를 갖고 있다.

루소는 주권자를 입법 권력의 집행자로 간주함으로써 이 이론에서 혁명적인 중요성을 지닌 교훈을 도출해 낼 것이다. 루소는 로크의 논리를 급진화할 것이다.

4장

루소와 『인간 불평등 기원론』의 문제설정[1]

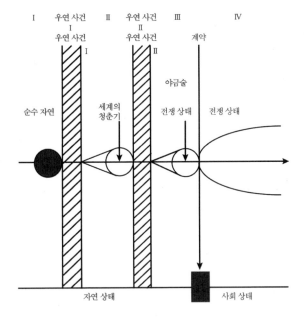

1 이 장은 알튀세르가 직접 작성한 타자 원고나 육필 원고가 존재하지 않아서, 수강생 노트에 입각해 편집되었다.

또한 『고백』◆을 보라.

　　– 8권 ("인위적 인간", "자연적 인간") [『고백』, 407쪽]

　　– 9권 ("『사회계약론』에서 대담하게 제기한 모든 것은 이전에 『인간 불평
등 기원론』에 들어 있었다.") [426쪽]

A. 계몽주의 이데올로기에서 루소의 위치

　　루소는 계몽주의의 이데올로그로 간주될 수 있으며 또한 계몽주
의 이데올로기 내부에서 그것과 대립하는 철학자로 간주될 수도 있
다. 이는 또한 국내법에 대해서도 타당하다. 그는 내부의 반대자다.
그의 입장 덕분에 그는 자신이 그에 입각해 사고하는 문제설정 전체
에 대해 커다란 비판적 통일성을 지닐 수 있지만, 또한 이 때문에 그
는 이데올로기 자체의 내부에서 자신의 비판을 제기할 수밖에 없다.
그는 자신이 비난하는 바로 그 모순에 사로잡혀 있다.

　　『인간 불평등 기원론』에서 루소는 자연권 철학자들과 동일한 문
제설정을 옹호하고 동일한 개념들을 사용한다.

　　– 동일한 문제설정: 사회의 토대를 발견하기 위해 사회의 기

◆ 장-자크 루소, 『고백』, 김붕구 옮김, 박영률 출판사, 2005.

원으로 거슬러 올라가기

    - 동일한 개념들: 자연 상태, 계약, 사회 상태

요컨대 루소는 본질 분석을 계획하는 것으로 보인다(「서론」). 하지만 이런 외양은 기만적인 것이다. 아주 심원한 차이가 존재하기 때문이다.

커다란 차이점은 발생이 두 개의 근본적인 불연속을 포함한다는 데서 기인한다. 순수한 자연 상태를 세계의 청춘기 상태와 분리시키는 첫 번째 불연속성과 이런 세계의 청춘기 상태를 계약 상태와 분리하는 두 번째 불연속성이 그것이다.

    - 첫 번째 우연적 사건들은 자연 재난, 황도경사 만들기, 사계절 현상이다.
    - 두 번째 우연적 사건은 야금술의 발견(우연적 발견)이다.

발생의 구조가 변화되었다. 이미 기원 속에 주어져 있던 것을 형식적으로 재분배하는 대신(홉스, 로크가 그렇듯이), 유일하게 주어진 하나의 본질 대신, 루소에게 불연속적인 것들은 비약들이다. 결과는 기원과 근본적으로 다르며, 동일한 본질이 시초에서 결말에 이르기까지 여러 시기에 걸쳐 존속하는 것이 아니다. 이는 시초의 자연[본성]이 탈자연화[탈본성화] 과정으로 인해 더 이상 결말에는 존재하지 않음을 의미한다.(본Vaughan의 편집본² t. I, p. 296, "도처에서 자연이 사라졌고, 도처에 인간의 기

예art humain가 자리 잡았다."◆) 이런 탈자연화, 자연의 상실은 또한 사회계
약의 모델이 될 것이다. 사회계약 자체가 탈자연화에 대한 탈자연화
다.(『에밀』 1권. 좋은 제도는 "인간을 가장 잘 탈자연화할 줄 아는"³, 인간 본성을 변
화시킬 줄 아는 제도다.) 이로부터 도식의 의미 및 개념들의 전복이 일어
나게 된다.

B. 순수한 자연 상태와 그 귀결들

더욱이 모든 것은 시초의 용어, "**순수** 자연"의 의미에 달려 있다.
루소는 어떤 철학자도 자연 상태의 "뿌리"까지 거슬러 올라가는 데
성공하지 못했다고 주장한다. 루소는 이 개념이 자신이 고안한 새로
운 개념이며, 잘 주제화되지 못한 것이라는 점을 인정한다.
루소는 사실 이런 순수 자연 상태를 근원적인 고립의 상태라고 서
술하며, 이는 이 상태를 자기 폐쇄적인 것으로 만든다. 이 상태는 주

---

2   *The Political Writings of Jean-Jacques Rousseau*, Cambridge UP, 1915. *cf.* 마찬가지로
Rousseau, *Œuvres complètes*, Éditions du Seuil, "L'intégrale", t. II, p. 82; 「전쟁 상태론」, 『
장-자크 루소와 국제정치』, 김용구 편역, 원, 2004, 105쪽.

◆   "nature"로 되어 있던 오기를 번역문에서 "인간의 기예"art humain로 바로잡았다.

3   Rousseau, *Émile*, I, in *Œuvres complètes*, Gallimard, "Bibliothèque de la Pléiade", t. IV, p.
249; 『에밀』, 김중현 옮김, 한길사, 2003, 66쪽.

기적으로 반복되는 상태이며, 역사도 갖지 않고, 발전도 없는 상태다.

이로부터 다음과 같은 귀결이 도출되는데, 이는 자연 상태의 문제 설정을 완전히 전복시키게 된다.

ⓐ 자연법은 문제적인 것이 된다(cf. 홉스). 그것은 자연 상태에서 지배하지 않는다. 문제는 자연법이 어떻게 구성되는지 아는 게 될 것이다. 이 문제에 대한 해법 역시 새로운 것이 될 것이다. 곧 해법은 반성의 원리에 기초한다. 그 반성은 한 사회 계급이 하는 반성이다(≠홉스).

ⓑ 전쟁 상태도 문제적인 것이 되는데, 이는 그것이 기원에 존재하는 것이 아니라, 자연 상태의 말미에 진정한 전쟁 상태로서 존재하기 때문이다. 전쟁 상태는 산출되는 것이다.

ⓒ 발생은 완전히 양상을 달리하게 된다. 발생은 여기에서는 현실적 발생(≠뒤르켐[4])의 의미, 인간 사회 발전의 현실적 역사의 의미를 갖게 된다. 이 사실의 징표 중 하나는 창조자인 시간의 역할이다. 이것은 (성서의 창세기를 대체하는) 구성적인 발생이다. 또한 [『언어 기원에 관한 시론』]을 보라.

더 정확히 말하면, 여기에서 문제가 되는 것은 현존하는 사상과의 구별 속에서 자기 자신을 정의하며, 다른 이들의 오류를 사유하는 어떤 정치사상이다. 루소는 **자신의 개념의 개념과 비개념의 개념, 곧 그**

---

4 . Emile Durkheim, "Le *Contrat social* de Rousseau, histoire du livre", *Revue de métaphysique et de morale*, janvier-février, 1918.

의 선구자들의 오류에 대한 이론을 제시하며, [이런 오류에 대한-옮긴이] 그 자신의 해법의 가능성을 정초하는 용어들 속에서 그 이론을 제시한다. 다른 철학자들의 오류의 원리는 그들이, 그들 자신이 원하는 것에 상응하는 자연 상태에 대한 서술을 제시하지 못하는 가운데, 자연 상태 속에서의 인간을 사고한다고 믿었다는 데 있다. 그들은 자연 상태 안으로 그 이후의 상태들을 회고적 투사 방법을 통해 투사한 것이다.

- 로크는 자연 상태 속으로 사회 상태를 투사했다.
- 홉스는 자연 상태 속으로 전쟁 상태를 투사했다.
- 푸펜도르프는 자연 상태를 빈곤 상태로 사고했는데, 이런 빈곤 상태는 오직 사회 상태 속에서만 사고 가능한 것이다.

요컨대 계몽주의 시기의 모든 이데올로기는 역사의 내적 본질이 이성의 발전이라고, 곧 인간들은 인간이기 이전에 철학자들이라고 생각했다. 만약 역사 전체가 최종적 산물로서 이성의 발전에 불과하다면, 발전이 존재했다는 것을 인식하지 못하게 된다. 이성은 산물로서 출현하는 것이다. 이로부터 철학에 대한 비판이 제기된다. 철학자들은 항상 현재에 대한 논평에서 시작했다. 곧 그들은 결국 현재를 **정당화**했다. 그들은 기존 권력, 현 사회의 하인들에 불과하다.

이런 원환은 객관적 원환, 곧 소외의 원환에 근거를 두고 있다. 단지 논리적 일탈만이 문제인 것이 아니라 현대 사회의 본질적 모순인 어떤 객관적 모순, 곧 자연적 인간의 탈자연화[변질]라는 모순 역시 문제가 된다. 자연 상태의 상실은 인간사회의 본질을 구성한다. 자연은 비자연, 인공물에 의해 은폐된다. 기원이 감추어지기 때문에 이론가들은 소외되어 가면 속에서 본질을 생각하게 된다. 루소는 인간 과학이 원환 속에 사로잡혀 있다고까지 말하게 된다. 곧 과학 저작들은 만들어져 있는 대로의 인간, 곧 자연 본성이 탈각된 인간을 보는 법만 알고 있다. 모든 인간 과학은 인간의 기원을 망각했으며, "모든 [이성적] 성찰에 선행하는", 곧 성찰 그 자체 속에서는 상실된 "자연의 순수 운동"을 상실했다. 성찰은 자연의 순수 운동의 새로운 출발을 이루는 것이지, 이 순수 운동을 산출할 수는 없다. 철학자들의 이론적 원환 속에서 이론적으로 반영되는[성찰되는] 것은 소외의 근본적 원환이다.

루소 자신이 이런 원환에 사로잡혀 있다. 그는 자연 상태로 나아가는 것의 필요성을 긍정하면서 순수 성찰에 의해 거기에 도달하는 것의 불가능성을 긍정한다. 그의 해법은 어처구니없는 것이다. 곧 기원과 직접 접촉하는 심정에 의지하는 것인데, 심정은 원칙적으로 성찰을 경유하지 않는 것이자 사회의 저편을 표현하는, 인간 속에 현존하게 된 상실된 기원이라는 것이다. 베른에게 보내는 1758년 2월 18일자 편지를 보라. "나는 자연, 곧 내면의 감성에 자문을 구했다네." 이 내면의 감성이 자연 그 자체의 감성이다. 내면의 감성 속에서 말하는 것이 분명 자연인 경우에만 내면의 감성을 신뢰할 수 있다. 내면의 감성에 대한 이런 의지를 통해 긍정적인 부분이 가능해진다. 하지만 주의할 것은 심정이 도처에 있는 것은 아니며, 심정은 진정한 기원, 곧 순수 자연에 의지함으로써 과학적 관찰을 새롭게 활용할 수 있게 해준다는 점이다. 『인간 불평등 기원론』은 심정에 매달려 있는, 곧 자연과의 직접적인 접촉 가능성에 매달려 있는 이성의 작품이다. 루소 자신이 자신의 논의를 추측적이고 이성적인 역사로 제시한다.

기원에 도달하기 위해 심정에 의지해야 할 필요성, 따라서 관찰 불가능한 것을 토대로 긍정하는 것과, 루소의 극히 이성적인 논변 사이의 모순을 해소하기 위해서는 "심정"이 발생의 과정 중에 규정들, 가령 연민에 매달려 있다는 점을 파악해야 한다. 이론 안에서 이성적 추론 자체 내에서 단락의 기능을 실현하는 것을 자신의 기능으로 삼고 있는 한 개념이 출현한다. 이 순수 자연 상태는 심정의 대표자이며, 근원적으로 관찰 불가능한 것이자 필연적으로 사고 가능한 것이다. 관찰 불가능한 이유는, 다른 국면의 잔여물들은 모두 관찰될 수 있는 데 비해 순수 자연 상태는 더 이상 존재하지 않기 때문이다. 순수 자연 상태의 이런 관찰 불가능성은 근본적인 특성이다. 가장 덜 문명화된 카리브인을 두고 모든 이야기가 진행되지만 그는 순수 자연 상태에 속해 있지 않다.

이하에서 우리는 공백들에 의해 분리되어 있는 관찰 가능한 사실들의 장면들을 보게 될 텐데, 루소의 추측은 이런 공백을 메우려고 한다. 인간 종에 관한 추측적인 역사는 두 번째 단계 이후의 역사 전체와 관련된 것이며, 첫 번째 단계, 곧 구조적이고 형식적으로 심정 및 그 대상이 개입하는 장소를 대표하는 단계는 배제한다.

C. "추측적 논법"과 원환들

　　루소는 교육과 환경의 특정한 조건들 속에서 탄생할 수 있는 것을 규정하기 위해 (모페르튀Maupertuis의 아이들과 같은) 야생 상태의 아이들에 관한 실험을 수행할 수 있는 가능성을 모색한다. 루소의 방법은 표시된 계열들◆ 사이에 빠져 있는 사실들을 검토하고 관찰하거나 그 사실들을 재구성하는 것이다. 루소는 자신이 이런 연역들을 종교적 전통에서 나온 역사적 진리로 제시하는 것이 아니라고 방어하면서, 이는 "오직 인간 본성에서만 도출된"[『인간 불평등 기원론』, 47-48쪽] 추측적 가설을 다듬어 보는 데 한정된 것이라고 말한다. 『언어 기원에 관한 시론』에서 루소는 성서 창세기에서 순수 자연 상태를 도출하는데, 여기에서 순수 자연 상태는 신에 의한 인간의 창조 이후에 다시 타락하게 된 상태로 제시된다. 성서의 이야기에 직면해 자신의 설명 도식을 유지하기 위해 루소는 신에 의해 창조되었고 이미 언어와 농업을 갖추고 있는 인간들이 순수 자연 상태로 다시 전락했다는 점을 보여주려고 시도한다.

　　마찬가지로 루소가 "권리를 통해 사실을 검토한다"[『인간 불평등 기원론』, 123쪽]고 말할 때, 우리는 구조적 요소들 속에서 경험적인 역사적 총체들을 분석하는 몽테스키외("사실에 의해 사실을 검토하기")와 달리 루소는 정당성의 장소, 정당성의 추상적 자리에 대해 질문하고 있다

◆ 4장 서두에 나와 있는 루소의 추측적 역사의 단계에 관한 도표 참조.

는 점을 이해할 수 있다.

루소에게서 원환이 다른 형태, 하지만 긍정적인 형태(이 장 앞의 도식을 보라) 아래 발현되는 것을 발견할 수 있다. 원환과 돌발 사이에는 상호 연관성이 존재한다.

도식의 원환들 이외에 다음과 같은 원환들이 존재한다.

- 언어의 원환
- 이성의 원환
- 발명의 원환

루소는 새로운 현상에 기원을 지정하는 것이 불가능하다는 점을 확인한다. 원환과 기원 사이에는 상호 연관성이 존재하는 것이다. 언어의 원환이 의미하는 것은, 언어라는 것은 인간들이 규약을 통해 설립한 기호들의 집합이지만, 인간들이 규약을 설립하기 위해서는 언어가 미리 존재해야 한다는 점이다. 곧 원인이 탄생하기 위해서는 결과들이 원인에 선행해야 하는 것이다. 이는 이성에 대해서도 마찬가지이며, 발명에 대해서도 그렇다. 루소는 인간이 순수 자연 상태 속에서 어떤 것을 발명할 수 있었겠는가라는 질문을 제기하면서, 인간이 지닌 욕구의 불안정성으로 인해 이런 발명은 불가능하다는 점을 보여 준다. 우리는 어떤 문제의 정립과 관계하면서도 항상 그 문제를 정립하는 것이 불가능함을 확인하게 되는데, 왜냐하면 이 문제에 의해서만 산출되는 현상들이 출현하기 위한 조건들은, 이 문제가 산출되기 위해 문제에 선행해야 한다고 언표해야만 하기 때문이다. 순수 자연 상태(I), 세계의 청춘 상태(II), 전쟁 상태는 그것들 내에 자신들의 모순을 해결할 수 있는 원리를 포함하고 있지 않으며, 따라서 이 모순들은 영구히 지속될 수밖에 없다. 그러므로 한 상태에서 다른 상태로 이행하기 위해서는 우연사건들이 일어나야 한다. 이와 같은 상태들이 바로 원환들이다. 루소는 세 가지 유형의 해법에 의해 이 모순들을 해결한다.

> - 외적인 우연사건에 의한 해결
> - 시간의 무한성에 의한 해결
> - 구성적인 창의에 의한 해결

1. 외적인 우연사건에 의한 해결

여기에 해당하는 것이 A1과 A2이다. 이것들은 자연적인 우연사건이거나 인간적인 우연사건이다.

- **자연적인 우연사건** (A1) : 해결되어야 할 것은 순수 자연의 원환이다. 우발적 사건들이 순수 외부로부터 개입하게 된다. 자연은 리듬과 실체가 변화하게 된다. 루소는 계절의 변화에 대해 말한다. 자연은 척박해진다. 루소는 이 사실에 대해 다수의 해석을 제시한다. [『언어기원에 관한 시론』]에서 루소는 세 가지 이유를 제시한다.

> - 지축의 황도경사를 만들기◆

◆ "인간이 사교적이기를 원했던 존재[신]는 손가락으로 지구의 축을 건드려, 그것을 우

- 계절의 순환

- 홍수, 지진, 화재

이 모든 것은 외부의 압력하에 인간들이 "서로 접근하게" 만든다
(닫힌 공간으로서 섬의 문제).

- **인간적 우연사건**(A2, 야금술). 이것은, 자연과 인간성의 경계 지점
으로서 인간 존재를 뒤집어 놓은 우연사건이다. 세 번째 국면의 개시.

2. 시간의 무한성에 의한 해결

이 해법은 가장 해결하기 어려운 문제를 위해 개입한다. 두 번째
국면에 있는 언어, 이성, 사회성의 요소들의 기원이라는 문제가 그것
이다. 두 가지 개념이 개입한다.

- 인간의 완전화 가능성이라는 부정적 개념, 공허한 개념

- 조건들의 유지라는 개념, 시간의 무한성(*cf.* "사물들의 완만한
연속 … 무한히 많은 문제들에 대한 해답"◆, "아주 사소한 원인도 끊임없이

주의 축 위로 기울였다." 『언어 기원에 관한 시론』, 주경복·고봉만 옮김, 책세상, 2002,
76쪽.

◆ 『인간 불평등 기원론』, 137쪽. 해당 대목의 온전한 내용은 다음과 같다. "이렇게 해서
인간을 자연 상태에서 사회 상태로 이끌었음에 틀림없는, 잊히고 잊어버린 행로를 발견
하고 추적한다면, 그리고 내가 조금 전에 보여 준 중간 단계의 상태들과 내가 시간에 쫓

작용하면 놀라운 힘을 갖는다는 점")[93쪽] 시간의 무한성은 언어의 원환, 이성의 원환, 사회 구조의 윤곽의 출현의 원환을 해결할 책임을 떠맡는다. 이는 18세기 문제설정의 근본적인 개념이다(*cf.* 칸트).

3. 인간의 구성적인 창의에 의한 해결: 계약

계약의 난점은 다른 해법들과 동일한 지위를 갖고 있지 않다. 전쟁 상태(Ⅲ)는 전쟁 상태를 해소할 책임을 맡고 있는 사회 상태(Ⅳ)에서도 지속된다. [전쟁 상태의] 위협은 항구적이다.

D. 귀결들

이 원환들 및 그 해법들에 대한 검토를 통해 발생의 보편적 구조에 관해 주목할 만한 이론적 귀결이 생겨나게 된다.

ⓐ **이것은 구성적·생산적 발생이다.** 각 단계마다 새로운 어떤

겨 생략했거나 미처 상상하지 못한 상태들을 복원한다면, 세심한 독자는 누구나 이 자연과 사회의 두 상태를 가르는 광대한 공간에 놀라지 않을 수 없을 것이다. 독자들은 바로 사물의 이런 완만한 연속 속에서 철학자들이 해결할 수 없는 무한히 많은 도덕적·정치적 문제의 해답을 찾을 수 있을 것이다."

것이 일어나며, 이것은 전체를 변용시키는데, 왜냐하면 사회가 부재하는 상태에서 사회 상태로 넘어가게 되기 때문이다.

ⓑ **이것은 변증법적 발생**인데, 왜냐하면 구성은 불연속적으로 비약들에 따라 이루어지며, 근본적인 차이들이 나타나게 하기 때문이다. 비약들의 구조는 각 단계마다 상이하다. 각각의 비약은 각 단계에 종별적이다.

ⓒ **이것은 차이들의 발생이다.** 이 도약들의 기원을 그 결과와 비교함으로써 다음과 같은 사실을 확인할 수 있다.

　– 루소에게 모든 발생은 우연을 필연으로 전환하는 것이다. 우연적인 것으로 도래하는 어떤 것은 불가역적인 새로운 필연을 산출한다. 역으로 모든 필연은 어떤 우연성을 기원으로 갖는다(II단계와 III단계에서, 그리고 부분적으로는 4단계에 대해). 이렇게 해서 필연은 모종의 불안정성을 품게 된다.

　– 각각의 필연의 질서는 종별적이며, 다른 질서들과 상이하다(1, 2, 3, 4단계는 종별적이다). 종별적인 법칙이 각 단계를 지배하며, 이것이 단계들 각각의 구조의 법칙이다.

　– 이런 변증법은 불가역적인 것이다. 이전 상태로의 가능한 회귀는 오직 4단계에서 3단계로만 가능하다. 어떤 경우에든 순수 자연 상태로의 회귀나, 가장 행복했던 2단계로의 회귀가 문제가 되지는 않는다. 만약 어떤 다른 곳으로 가고 싶다면, 앞으로 갈 수밖에 없다. 『사회계약

론』은『인간 불평등 기원론』의 자연적인 후속 작품이 될 것이다. 루소의 잠재적인 논리는 전진적인 논리다.

ⓓ **네 번째 단계에 있으며 결과 속에서 성찰하는 우리에게 발생은 우리가 복종할 수밖에 없는 필연의 발생으로 나타난다. 루소의 모든 작업은 이런 필연성에서 시작한다.**

3단계에서 4단계로의 이행은 특별한 이행인데, 왜냐하면 이런 절단은 특별한 구조를 갖고 있기 때문이다. 우리가 4단계에 있기 때문에, 우리를 규제하는 필연을 주제화하는 것이 중요하다. 인간들의 공동의 결정에 의해 실행된 절단이 문제가 된다. 이것은 계약에 의해 사회를 구성하는 유형의 절단이다. 이것은 선행하는 필연을 제거하지 않으며, 자신의 토대로서 그것에 의거한다. 선행하는 필연의 내재성에 바탕을 둔 초월성의 생산인 것이다. 필연의 내부에 필연과 우연 사이의 관계가 존재한다. 루소는 여기에서 홉스와 로크를 만나게 되지만, 곧바로 그들과 자신을 구별한다. 루소는 로크에 맞서 사람들은 항상 전쟁 상태로 다시 떨어질 수 있다고 생각한다. 루소는 홉스와 마찬가지로 전쟁 상태에 대한 성찰이라는 주제를 제시하지만, 루소의 경우 성찰은 모든 사람의 성찰이 아니며(이는 모순적이다), 이런 성찰을 산출하는 데 이해관계를 갖고 있는 부자들의 성찰인데, 왜냐하면 부자들은 가장 위험에 많이 노출되어 있기 때문이다.

ⓔ **이런 발생은 두 가지 규정적인 요소들을 각각의 단계에 본질**

적인 계기로서 출현시킨다. 인간들 사이의 관계 및 인간들과 자연의 관계가 그것이다. 인간들 사이의 관계는 인간들과 자연의 관계에 의해 지배되는데, 이는 일종의 인간들 사이의 비非관계라고 할 수 있는 순수 자연 상태에서도 마찬가지다. 인간들 사이의 관계는 인간들과 자연의 관계 위에 근거하고 있다.

E. 출발점: 순수 자연 상태

루소의 특징은 사회의 무의 상태, 기원=0인 지점으로까지 거슬러 간다는 점이다. 그는 사회의 근본적 무화 상태 속에서 인간의 기원을 사고한다. 순수 자연 상태는 이론적 목표인 이런 무의 상태의 구체적 형상이다.

1. 인간의 동물성과 비동물성

인간은 동물이면서 동시에 동물이 아니다. 루소는 인간이 동물이라는 점을 그가 순전히 물리적인, 곧 무매개적인(이성의 매개도 상상의 매개도 없는) 욕구를 지닌다는 점에서 찾는다. **인간은 본능과 관련을 맺을 수밖에 없다.** 이런 욕구는 인간이 자신의 신체(도구가 될 수 있는 성질을 지닌)와 맺는 무매개성의 관계에 상응한다. 무매개성은 욕구들의 충족을 겨냥한다. 욕구가 채워지면 잠을 자게 된다. **잠의 특별한 한 경우**인 죽음을 인간은 자각하지 못한다. 인간은 언어도 이성도 도덕도 소유하지 못한다는 점에서 보면 동물이다. 그는 또한 연민을 경험한다는 점에서도 동물이다(동물들은 연민의 정서를 지닌다).

인간은 우선 동물들에 비해 열등하다는 점에서 동물이 아니다(순수 자연 상태에서 인간은 말을 하지 않고 아무런 독립적인 언어 기관도 갖고 있지 않은 반면, 동물들에게는 언어적 본능이 존재한다). 인간은 동물들에 비해 우월하다는 점에서 동물이 아니다. 곧 **그는 정해진 본능을 갖지 않는다.** 인간의 본능은 규정되거나 특정한 본능을 지니지 않았다는 점이다. 이런 본능 없음은 인간을 동물-이상sur-homme으로 만드는 완전화 가능성perfectibilité과 연계되어 있다. 하지만 순수 자연 상태에서 이런 완전화 가능성은 아무 쓸모가 없다. 마지막으로 인간은 자유, 곧 비기계성을 부여받고 있다. 상태 I에서 자유는 아직 아무 쓸모가 없다. 오직 본능의 비규정성만이 인간으로 하여금 그의 환경에서 커다란 공간적 이동성을 가능하게 해준다.

그렇다면 연민, 완전화 가능성, 자유는 무슨 쓸모를 지니는가? 이것들이 존재하는 것은 나중의 쓸모를 위해서다. 자유는 인간을 계약의 시민으로 만들어 줄 것이며, 완전화 가능성은 기술적 진보를 가능하게 할 것이고, 연민은, 이 수준에서는 아직 산출되어야 할 것으로 남아 있는, 자연법을 재발견할 수 있게 해줄 것이다. 이 세 가지 요소가 심정cœur을 표상한다. 곧 동물성을 초월하는 것이며 앞으로 점차 회복하게 될 특징들이다.

2. 인간의 인간적 고독

인간은 인간을 필요로 하지 않는다. 이는 욕구 이론을 가정한다. 물리적 욕구는, 인간관계를 함축하는 사회적·도덕적 욕구와 구별된다. 물리적 욕구는 인간들을 결집하기는커녕 인간들을 분산시킨다. 이렇게 되면 성적 욕구의 문제가 제기된다. 성적 욕구와 사회적 욕구는 서로 관계가 없다. 순수 자연 상태에서 성적 욕구는 순전히 물리적일 뿐이다. 곧 일시적인 것이고 채워지는 것이며, [성적 관계를 맺은] 사람들은 공간의 구조 때문에 두 번 다시 마주치지 않는다. 남자에겐 성관계 이후 여자를 가까이할 이유가 아무것도 없다. 하지만 그렇다면 엄마와 아이는 어떻게 되는가? 인간 암컷은 자신의 아이와 함께 다닌다. 이 점에서 엄마/아이 관계에는 연속성이 존재한다. 루소는 아이가 말을 재잘거리게 되지 않는가라고 스스로 질문한다. 공리주의 이데올로기를 받아들이게 될 위험이 나타나는데, 이런 이데올로기에 따르면 물리적 욕구가 사회와 언어의 기원에 존재한다. 루소는 애가 말을 한다고 해도 아이의 언어는 그가 엄마를 떠날 수 있게 되는 순간부터 사라지게 될 것이라고 말하면서 이런 이데올로기에서 벗어난다. 따라서 성적 욕구는 마주침의 일시성으로 환원된다.

우연적 마주침의 형태로 인간은 다른 인간을 만나게 되는데, 이런 마주침은 일시적이며 또한 기억을 남기지 않는 것이다. 존재의 무매개성은 무로 전도된다(*cf.* 헤겔)◆ 인간은 다른 인간에 대한 아무런 욕구

◆ 알튀세르는 여기에서 헤겔의 『대논리학』 1권 1장에 나오는 '순수 존재'와 '무'의 상호

를 지니지 않는다. 이 모든 것은 루소의 이론적 요구를 드러내는데, 이런 요구는 자연적 사회성에 대한 거부로 요약된다.

3. 인간의 절대 고독의 구체적 가능성의 조건

이는 숲의 이론이다. 세계는 거대한 숲이다. 숲의 자연적 현실은 요구되는 이론적 조건들에 부응한다.

– 숲은 충만한 공간이다. 이는 손으로 잡을 수 있는 것/명백한 것Handgreiklichkeit이다. 숲은 인간에게 그가 필요로 하는 대상들, 곧 음식물, 잠잘 곳, 피할 곳을 제공해 준다. 이것은 인간의 비규정된 본능의 보완물이다. 곧 인간은 자기 주위의 모든 것을 사용할 수 있는 것이다. 숲은 이런 무매개적 관계 속에서, 풍요로운 어머니 숲으로 나타난다. 변동은 존재하지 않는다. 자연은 법칙과 동일시된다. 무매개성 범주가 지배한다.

– 숲은 텅 빈 공간이다. 숲은 공백의 무한이다. 이는 사회의 무라는 조건에 부응한다. 인간들이 서로 마주치도록 강제되지 않기 위해서는 숲이 무한한 공간이어야 한다. 이것이 마주침의 인간적 비–관계의 가능성의 조건이다. 이 공간은 장소 없는 공간, 데카르트적인 공간이다.

이행의 변증법을 시사하고 있다.

4. 자연적 사회성에 대한 거부

이런 거부는 급진적인 것이다.

　－ 아리스토텔레스에게 인간은 정치적 동물이다. 사회성은, "모임들의 끈"lien des sociétés으로서 언어와 함께 주어지는 것으로 자연 본성의 상실aliénation naturelle이며, 이는 유용한 것이다. 사회성은 유용성과 미덕의 장소로서의 사회를 향한 자연적 성향이다. 욕구는 물질적 욕구와 도덕적 욕구 두 종류가 존재하며, 사회는 이 양자를 모두 충족시켜 준다.

　－ **모든 정치철학자들**은 이 이론을 다시 취했다. 우선 유물론적 공리주의의 흐름이 있는데, 디드로, 중농주의자들, 벤덤 등이 여기에 속한다. 이 경우에 인간들은 이런 욕구들을 충족하기 위해 사회를 필요로 하는 존재자들로 간주된다(『백과전서』의 「사회」 항목) 사회의 욕구는 욕구들을 충족하기 위한 도구들의 욕구다.

　－ **그다음 윤리적 측면을 강조하는 흐름이 존재한다.** 사회는 사회성◆의 욕구, 곧 미덕, 친절의 욕구다. 푸펜도르프◆◆가 이쪽에 속해 있다.

루소는 사회성을 윤리적 욕구를 충족시키기 위한 공리주의적 도

◆　이런 의미에서는 sociabilité를 '사교성'이라고 번역하는 것이 더 적절할 수 있다.

◆◆　독일의 법학자로, 근대 자연법사상을 체계화한 사상가다. 주요 저작으로는 (여덟 권으로 된) 『자연법과 국제법에 관하여』*De Jure Naturae et Gentium Libri Octo*(1672)가 있다.

구이자 윤리적 성향으로 간주하는 것을 거부한다. 이런 이중적 비판
은 두 가지 계기로 이루어져 있다.

　　　　　- 물리적 욕구 이론
　　　　　- 연민 이론

5. 이중 이론: 물리적 욕구와 연민

ⓐ 물리적 욕구

물리적 욕구는 인간들을 서로 접근하게 하는 대신 멀어지게 만든
다. 루소는 욕구들의 사회화하는 능력을 거부하면서 또한 사회를 욕
구 충족을 위한 수단으로 간주하는 관점도 거부한다. 이런 주장은 한
가지 문제를 제기하는데, 이는 아리스토텔레스 이론과 일치했던 [『언
어 기원에 관한 시론』]의 테제와 모순을 빚는 것처럼 보인다. 루소에게서,
사람들을 서로 근접시키는 것은 자연의 지형이다(가령 샘).

미간행 단편 하나가 결정적이다(Vaughan, t. 1, *Discours politique*, p. 351)[5]

---

5 *The Political Works of Jean-Jacques Rousseau*, op. cit. "우리의 욕구에는 다수의 종류가 있
다. 첫 번째 부류는 생존과 관련된 것으로, 우리의 보존은 이 욕구들에 달려 있다. 이 욕
구들을 충족시키지 못하면 모든 인간은 소멸하게 되어 있다. 이 욕구들은 물리적 욕구
라고 불리는데, 왜냐하면 이것들은 자연에 의해 우리에게 주어지며 그 무엇도 우리를
이로부터 벗어나게 해줄 수 없다. 이 욕구에는 두 가지 종류가 있다. 곧 음식과 잠이 그것
이다. 다른 욕구들은 우리의 보존보다는 우리의 안락bien-être과 관련된 것이며, 욕구라
기보다는 욕심appétit과 같은 것이다. 하지만 때로는 이 욕구들이 아주 격렬하게 일어나
서 진짜 욕구들보다 훨씬 더 인간을 괴롭힌다. 그러나 이 욕구들을 충족시키는 것이 절

루소는 세 종류의 욕구를 구별한다.

  - 물리적 욕구는 우리의 보존과 관련된 것이다. 음식물과 잠이 여기에 해당한다.

  - 편안함을 추구하는 욕심 또는 잉여의 욕구에는 욕망, 성적 삶, 성욕 같은 것이 있다. 우리는 여기서 사회의 싹을 본다.

  - 의견에서 생겨나고 사회 속에서 무한하게 발전해 나가는 욕구. 인위적 욕구들.

후자의 두 욕구는 첫 번째 욕구들이 충족된 이후에만 전개된다.

루소는 결코 물리적 욕구들의 분리하는 미덕을 증명하지 않는다. 물리적 욕구들은 사람들을 근접시키지 않기 때문에 그들 사이를 벌려 놓는다. 물리적 욕구의 지위는 순수하게 부정적인 것이다. 이는, 물리적 욕구들 내에는 인간적 욕구가 부재하며 이로 인해 인간들이 서로

대적으로 필요한 것은 아니며, 우리들 각자는 산다는 것이 안락하게 산다는 것은 아니라는 것을 너무나 잘 알고 있다. 두 번째 종류의 이 욕구들은 감성과 편안함의 향락, 성적 결합 및 우리의 감각을 즐겁게 하는 모든 것을 대상으로 한다. 세 번째 부류의 욕구는 다른 두 부류의 욕구들 이후에 태어나는 것으로, 다른 것들이 자신에 우선하는 것을 용납하지 않는 것인데, 의견에서 생겨나는 욕구들이 바로 그것들이다. 명예, 평판, 지위, 고상함을 비롯해 사람들의 평가 안에서만 존재할 수 있지만, 이런 평가를 통해 (그것이 없이는 획득할 수 없는) 실제의 이익으로 인도할 수 있는 모든 것이 세 번째 부류의 욕구에 속한다. 이 모든 상이한 욕구들은 서로 연결되어 있다. 하지만 두 번째와 세 번째 욕구의 경우에는[원문에는 첫 번째와 두 번째 욕구라고 되어 있는데, 내용을 고려해 수정했다-옮긴이], 첫 번째 욕구가 충족되었을 경우에만 사람들에게 감지될 수 있다. 사람이 사는데 급급한 경우에는 편안함을 염두에 둘 여력이 없으며, 자랑거리를 찾을 여력은 더욱더 없다. 명예에 대한 사랑은 굶주리는 사람들에게는 전혀 고민거리가 아니다." 이 단편은 Jean-Jacques Rousseau, *Œuvres complètes*, III, pp. 529- 30에도 실려 있다.

분산된다는 사실에 대한 확인이다. 인간들이 분산되는 적극적인 원인은 자연의 풍부함이다. 자연은 인간들이 다른 인간들을 욕구하지 않아도 될 수 있게 만든다. 인간들 사이의 관계의 부재는 자연과의 모종의 관계 유형을 경유한다. 하지만 무엇 때문에 도덕법에 관해 아무 테제로 포함하고 있지 않은 18세기의 공리주의를 거부하는 데 그렇게 열정적인가? 두 가지 이유 때문이다.

- 원칙적인 이유. 공리주의적 테제는 욕구들을 충족하기 위한 수단이 되기 위해 구성된 사회를 가정한다. 이는 설명되어야 할 점이다.

- 실천적 이유. 이 테제는 사회에 관해 완전히 부조리한 주장인데, 그것은 낙관주의적이고 유토피아적이기 때문이다. 그 테제는 목적과 수단의 예정조화에 관한 테제다. 루소는 사회가 인간의 현실적 욕구들을 충족시켜 줄 수 없다고 생각한다. 여기에서 루소에 고유한 비판적 테제가 모습을 드러낸다.

루소는 18세기의 테제들과 관련해 볼 때 인간과 그의 욕구들의 관계에 대해 독창적인 사상을 제시한다. 홉스는 욕구들의 무한함이라는 테제를 표명하는데, 그에게 인간은 **무한성**을 지니고 태어난다. 반면 루소는 인간이 **완전화 가능성**으로 특징지어진다고 생각한다. 이는 같은 게 아니다. 홉스의 무한성은, 만물에 대한 만인의 권리 속에 현존하는 욕망의 무한한 특징을 뜻한다(파스칼은 홉스의 부정적인 분신分身이다). 루소에게 완전화 가능한 인간은 완전화 가능성의 내적 동력을 갖고 있지 않다. 완전화 가능성은 자신 안에 그 동력을 소유하고 있지 않은 단순한 가능성이다. 악무한惡無限의 경로는 외부로부터 개시된다. 인간은 원칙적으로는 정지 상태(순수 자연 상태와 잠)에 머무르도록 형성되어 있다. 이런 정지는 욕구들과 힘들의 동일성을 본질로 삼고 있다. 욕망이 힘들의 한계 내에 머물러 있는 한에서 모든 것은 좋다. 만약 욕망이 이 한계들을 넘어서면 파국이 닥친다. 이로부터 욕망들과 힘들 사이의 분열이 생겨나는데, 이런 분열은 일단 생겨나게 되면 욕구들의 무한한 경로를 작동시킨다.

자연 상태 내에서 루소는 정서적 유한성, 인간의 자기 자신에 대한 일치의 모델(루소가 『사회계약론』에서 재발견하려고 추구하는)을 무한성에 대한 표상 너머로 드리우고 있지 않은가? 이렇게 질문이 제기된다. 이 관념은 『에밀』에서 전개된다. 모든 존재자의 행복을 이루는 것은 욕구와 힘 사이의 일치다. 욕구와 힘이라는 두 항 중 하나에서 생기는 일체의 변화는 균형을 파괴한다. 자연 상태가 실현하는 것과 꼭같이 "역량과 의지를 완전히 동등하게 만들기."[6] 상상은 불균형의 주요 원천 중 하나가 될 것이다. 루소에게 힘이란 무엇인가? 힘이란, 욕구들에 대한 직능들의 과잉이다. 더욱이 불일치는 순환적이며 무한정하다. 인간은 홉스에게서처럼 무한한 욕망을 계속 밀어붙이는 존재자가 아니며, 그는 자기 자신도 모르게 우연사건에 의해 욕망을 추구하게 되는 존재자인 것이다. 외적 사건들에 의해 산출된 사회는 진정한 무한이 된다. 루소의 목표는 이 무한, 사회라는 이 악무한을 규제하는

6 *Emile*, op. cit., p. 304; 『에밀』, 139쪽.

것이다. 루소의 분석은 비판적 분석이며, 사회계약과 교육이 실현해야 하는 욕망과 힘의 현행적 유한성 그리고 그 양자 사이의 일치에 맞춰져 있다.

ⓑ 연민 이론

연민이라는 주제는 루소가 자연법을 문제 삼는 것을 구체적으로 보여 준다. 자연법의 발생을 어떻게 설명할 수 있는가? 루소에게 연민은 자연 상태에서 일종의 장래를 위한 포석으로 모습을 나타내며, 나중에 사회계약이 이루어질 때 바로 이것으로부터 자연법이 전개될 수 있게 된다. 자연 상태에서 인간들을 도덕으로 이끄는 것이 바로 연민인데, 연민은 이성의 발전의 결과로서 자연법에 의해 점점 억눌리게 될 것이다. 자연법은, 연민이 추구하는 것과 동일한 목표, 하지만 연민 자신은 달성하지 못하는 그 목표를 달성한다. 자연법의 발전은 연민의 억제와 상호 연관되어 있다.

순수 자연 상태에 현존하는 이런 연민은 본질적으로 자기 보존과 관련되어 있다. 자존심 또는 허영은 위신 투쟁에서 탄생하며, 사회의 도약과 함께 점점 발전한다. 자존심은 자기애와 모순을 빚는다.[7] 연민

---

7 "자기애amour de soi는 일종의 자연스러운 감정으로, 모든 동물로 하여금 자기 보존에 관심을 갖게 한다. 인간의 경우에는 자기애가 이성에 따라 인도되고 연민에 따라 변용되면서 인간애와 미덕을 낳는다. 그에 반해 자존심amour propre은 사회 안에서 생기는 상대적이고 인위적인 감정에 지나지 않는다. 그것은 각 개인이 자기를 누구보다도 우선시하며 사람들이 서로 간에 행하는 모든 악을 일깨우는 동시에 명예의 진정한 원천

은 "자연적 감정" 또는 "유일한 자연적 미덕"으로 규정된다. 어떻게 이 세계 이전의 순수 자연 상태에 미덕이 존재할 수 있는가? 연민은 "성찰에 선행하는 자연의 순수 운동"이다. 이런 성질은 인간들과 짐승들에 공통적이다. 자연 상태에서 연민은 자연법의 기능을 보유하며, 그것의 대체물로 작용한다. "연민으로부터 모든 사회적 미덕이 흘러나온다." 연민은 이성이 나중에 재발견하게 될 미덕들의 토대다. 연민을 억누르는 이성은 연민의 전개에 대해 적대적이지만, 그렇다고 해서 연민이 완전히 소멸하지는 않는다. 연민이라는 미덕은 어딘가에서, 가령 "위대한 세계시민적 영혼"◆에서 다시 돌발한다.

『에밀』에서 이 이론은 중심을 이룬다. 도덕의 진정한 시작은 사랑에 의해 이루어진다. 하지만 자세히 살펴보면 연민이, 성적인 물리적 욕구의 승화물로서의 사랑에 선행한다. 연민은 도덕의 진정한 기원이며, 이 연민은 원초적으로 정념으로서 규정된다. 연민은 타인과의 동일시 현상으로 서술된다. 하지만 『인간 불평등 기원론』과 달리 동일시는 상상(수동적 종합 속에서 [다수의 상들을] 비교하는 변이 작용) 속에서만 가능한 것으로 나타난다. 『인간 불평등 기원론』에서 상상은 순수 자

· 이 되기도 한다." 『인간 불평등 기원론』, 195쪽.

◆ "이로써 자연법은 국제법이라는 명칭으로 암묵적인 약속에 따라 교류를 가능하게 하고 자연적 연민을 대신하는 것으로 약화되었다. 따라서 자연적 연민이 인간과 인간 사이에서 행사하던 모든 힘이 사회와 사회 사이에서는 거의 상실되고 말았다. 이 때문에 자연적 연민은 이미 여러 민족을 갈라놓고 있는 상상적 장벽을 초월해, 그들을 창조한 지고의 존재를 본받아 인류 전체를 박애를 통해 끌어안으려는 몇몇 위대한 세계시민적인 인간 영혼 속에서만 존재할 따름이었다." 『인간 불평등 기원론』, 117쪽.

연에서는 현존하지 않는다. 고통 받는 존재와 동일시하는 것은 고통의 원초적 경험의 기초 위에서만 가능하다. 연민은 고통 받는 것들의 작용이다. 무엇에 대해 연민을 갖게 되는가? 루소는 『에밀』에서 연민의 본질을 파악하기 위해 시기심에 대한 분석과 대비하는 추론을 진행한다.[8] 루소는 선언하기를, 우리가 시기하는 이들은 우리보다 더 높은 곳에 있는 이들뿐이다. 연민의 감정은 이와 역관계에 있다. 사람들은 오직 우리보다 낮은 곳에 있는 사람들에 대해서 연민을 지닐 수 있다.[9] 아래쪽에 있는 사람들은 또한 더 많은 고통을 겪는 이들이다.

그리하여 루소는 자연 상태 안에 연민의 자연적 감정과의 접촉을 설립한다. 왜 루소는 도덕을 연민 위에 정초하는가? 이렇게 하는 심층적 이유는 도덕을 고통과 동일시하고, 도덕에 대한 이런 밑그림의 형태 아래 고통의 선행조건으로서 사회적 구조 속에 기입된 한 가지 그림(강한 이들과 약한 이들)을 그려 넣으려는 것이다. 모든 인간이 도덕의 지지자는 아닌 것이다.

---

8 "연민은 기분 좋은 것이다. 왜냐하면 고통을 겪는 사람의 입장에 자신을 두어 보지만, 자신은 그 사람처럼 고통스럽지 않다는 기쁨을 느끼기 때문이다. 시기심은 고통스러운 것이다. 행복한 사람의 모습은 질투하는 사람을 행복한 사람의 자리에 놓이게 하기는커녕, 그 사람과 같은 처지에 있지 못한 것을 아쉽게 느끼도록 만들기 때문이다. 전자는 그가 느끼는 아픔을 우리가 면하게 해주는 것 같으며, 후자는 그가 향유하는 행복을 우리에게서 빼앗아 가는 것 같다." *Émile*, IV, op. cit, p. 504; 『에밀』 4부, 395-96쪽.

9 아마도 "불러일으키다"라는 단어 대신 실수로 "지니다"는 단어가 사용된 것 같다[프랑스어 문법상으로는 잘못된 문장이지만, 본문에서는 우리말 어법에 맞게 수정해서 번역했다-옮긴이].

F. 순수한 자연 상태에서 세계의 청춘기로의 이행

이런 이행은 한 가지 모순에서 비롯되는데, 왜냐하면 순수 자연 상태 내에는 발전의 원리가 존재하지 않기 때문이다. 따라서 [이행의] 동력이 되는 것은 자연을 변용하는 우연사건들인데, 왜냐하면 순수 자연 상태 내에는 인간과 자연 사이에 무매개성의 관계가 존재하며, 인간의 자연[본성]은 이차적으로만 변용될 것이기 때문이다.

루소에게 자연은 재앙 이후에는 더 이상 명백하지handbegreiflich 않으며, 풍요롭지도 않다. 이렇게 되면 동물은 위험으로, 경쟁자로 나타난다. 그것들은 "[자연의] 어려움들" 내지 "자연의 장애물들"이다[96쪽].

이렇게 되면 인간들은 자연 및 동물들에 대한 자신들의 행위 방식을 변경해야 한다. 수렵과 채집이 출현한다(주석이 지닌 의미가 이것이다. 원시적인 식인 풍습은 존재하지 않는다). 이는 매개의 절차, 도구, 함정, "일종의 성찰"[97쪽]의 시작, 달리 말하면 이성과 언어의 시작이다.

출현하는 것은 "일종의 자유 연합, 일종의 소유, 일종의 유대"[99, 100, 102쪽], 곧 매개의 필요성에 토대를 둔 실천적 수준의 수동적 종합으로서 전前성찰적인 사회적 유대들이다.

그리고 이는

- 이성
- 소유
- 계약
- 통념들notions의

발생 속에서 이루어진다.

이런 우연사건들은 물리적 효력을 지니고 있다. [사람들 간의] 강제된 상호 접근이 그것이다. (고독의 장소를 강제된 사회의 유대와 대립시키는 18세기의 논의 전체 참조)

이런 상호 접근은 3중의 이론, 곧 시선, 유대, 오두막집 이론으로 명료하게 제시된다.

1. 시선 이론

순수 자연 상태에서 인간은 자기 자신을 스스로 보지 못한다(매개도 없고 성찰도 없다). 사회 상태에서 사람들은 "[자신을 제외한] 세계의 나머지 시선"에 주의를 기울인다.

시선 전개의 두 가지 계기.

　　ⓐ 인간은 다른 동물들과 자신을 비교하며, 자신에 대해 거만함의 시선을 던진다.

　　ⓑ 그는 그가 활용할 수 있는 사람들에 대해 시선을 던진다.

이 이론 전체는 『사회계약론』에서 긍정적인 것으로 전환된다. 시민으로 존재한다는 것은 "공중의 시선 아래에서 살아갈 줄 안다는 것"이다.

2. 유대 이론

이제 루소는 "일종의 자유 연합"에 대해 말하게 된다. 하지만 처음에는 상호 합의가 무매개성의 재발로 인해 침해를 당하게 된다(사슴 사냥 도중에 나타난 토끼).[10]

새로운 시간성이 탄생한다. 사냥의 일화는 두 가지 유형의 시간성의 대립을 보여 준다.

3. 오두막 이론

이 시기는 세계의 청춘기의 종별적인 계기다. 오두막은, 장소 없

---

10 "인간은 안락의 추구가 인간 행동의 유일한 동력임을 경험으로 배웠다. 이제 그는 공통의 이해관계 때문에 동포들의 도움에 의지해야 하는 드문 경우와, 경쟁을 위해 그들을 경계해야 하는 더 드문 경우를 구분할 수 있게 되었다. 전자의 경우, 그는 무리를 지어 그들과 함께 하거나 고작해야 아무도 구속하지 않고 일시적인 요구가 있을 경우에만 존속하는 일종의 자유 연합 형태로 결합했다. 후자의 경우, 각자는 만약 자기가 할 수 있다고 생각되면 폭력을 사용하기도 했고 또는 자기가 약하다고 느끼면 재주나 계책을 써서 이득을 얻으려고 노력했다.

이렇게 해서 사람들은 자신들도 모르는 사이에 상호 간의 약속과 그로 인한 이득을 깨닫게 되었다. 그러나 그것은 다만 현재 눈앞에 보이는 이득이 그것을 요구하는 경우에만 국한되었다. 당시의 인간들에게 앞일을 내다본다는 것은 무의미했기 때문이다. 그리고 그들은 먼 장래의 일을 걱정하기는커녕 당장 내일의 일도 생각지 않았다. 가령 사슴을 잡으려고 할 경우 각자가 자신의 위치를 잘 지켜야 한다고 생각했지만, 만약 토끼 한 마리가 그들 중 어떤 사람의 손이 미치는 곳을 지나가기라도 하면 그는 조금의 망설임도 없이 토끼를 쫓아가 붙잡아 버렸다. 그 때문에 자기 동료가 사슴을 놓치게 된다는 사실은 분명 아랑곳하지 않았으리라." 『인간 불평등 기원론』, 98-99쪽.

는 무한한 공간이 존재했던 순수 자연 상태와 단절한다. 이제 장소들이 출현한다(마찬가지로 샘터도 출현한다). 오두막은 어떤 도구들을 가정하며, 소유를 소묘한다.

하지만 최초의 오두막은 더 강한 이들에게 속했으며, 약한 이들은 이 오두막들을 훔치기보다는 그들 역시 따로 만들었다. 자연은 여전히 존재하고 있고 충분히 풍요로웠으며, 근본적인 논점이지만, 자연의 나머지는 누구에게도 속하지 않았다.

→ **마을들, 모종의 사회,** 시선의 출현과 연결되어 있는 "최초의 도덕 규칙"**의 탄생**

하지만 폭력의 무매개성은 복수 행위에서 존속하는데, 이는 이전에는 발현될 수 없었던 어떤 자연 상태의 재발이다. 이런 복수 행위는 법에 대한 선취(로크)이면서 동시에 자연적 폭력의 발현이다.[11]

이로부터 인위적 욕구들이 탄생한다. 인위적 시간성이 분업에 의거해 출현하며, 극단적인 경우에는 수단과 목적의 관계를 시야에서

11 "그리하여 저마다 남을 주목하고 자신도 남에게 주목받고 싶다는 생각을 하게 되면서 공중의 평판이 하나의 가치를 지니게 되었다. … 사람들이 서로 상대방을 평가하기 시작해 존경이라는 관념이 마음속에 형성되자 누구나 자기가 존경받을 권리가 있다고 주장했다. 그리고 그것을 거부하면 누구도 무사하지 못하게 되었다. 그리하여 예의범절의 의무가 미개인들 사이에도 생겨나게 되었으며 고의적인 범행은 모두 모욕으로 간주되었다. 왜냐하면 피해자는 그 범행으로 인해 초래되는 손해보다는 인격을 모욕당했다는 점 때문에 더 감정이 상했기 때문이다. 따라서 누구나 자기가 받은 모욕만큼 상대에게 벌을 가했으므로 복수는 더욱 끔찍해지고 인간은 살생까지 저지를 정도로 잔인해졌다."『인간 불평등 기원론』, 103-04쪽.

놓치게 된다.

→ **공간은 두 번째로 전도된다.** 숲은 점차 사라지고 이와 더불어 숲이 지닌 모든 신화적 효과들도 사라진다.

ⓐ 만약 길을 가다가 중간에 멈추게 되면, 거대한 개간지를 얻게 된다. 이는 영토의 보증을 요구한다(유사 소유). 이런 보증은 역설적이게도 아직 남아 있는 숲에 의해 확보된다. 개간해야 할 것이 남아 있는 것이다. 자연은 가난한 이들에게 전유할 무언가를 허락해 준다.

이 단계에서는 두 개의 영역, 곧 농업과 숲이 존재한다.

ⓑ 숲이 사라지게 됨에 따라 "우주 전체에서 사람들은 세상 어디를 가나 속박에서 벗어날 수 없게 되었으며, 누구의 머리 위에나 매달려 있는 검이 잘못되어 떨어질 때 목을 움츠려 피할 수 있는 단 하나의 구석 자리도 찾아내기가 벌써 불가능하게 되었다."[116쪽] 이렇게 되면 인간의 문제들은 인간들 사이에서 해결하게 되며, 여기에서 우리는 홉스의 전쟁 상태를 재발견하게 된다.

욕구의 문제는 더 이상 자연과의 직접적 접촉에 의해서는 해결할 수 없게 되었다. 이렇게 되면 인간관계에서 보편적 소외(의존, 오만, 무시)가 나타나게 된다. 홉스 참조. 비록 사람들이 외롭다고 해도 그들은 체계에 사로잡혀 있다.

이 과정은 세 가지 계기에 걸쳐 드러난다.

　　　－ 부와 빈곤의 계기

- 힘과 약함의 계기

- 지배와 예속의 계기

이 모든 것은 전쟁 상태에서 정점에 이른다. 여기서 루소는 홉스의 원환, 곧 주인-노예 관계의 원환에 직면하게 된다. 원초적 도약, 곧 성찰에 의해 이 원환에서 벗어나게 된다. 하지만 **홉스에게는 성찰하는 것이 인간 경험 일반인 반면**(경험론적 원환), **루소의 경우에는 이해관계에 의해 고취된 부**富**에 관한 규정된 성찰이 문제다.**

4. 계약과 정부

당시 통용되던 공리주의적 주제는 논외로 한다면, 성찰이 피억압자들이 아니라 부자들에게서 나온다는 것은 결정적인 논점이다. 부자들만이 잃을 게 있기 때문이다.

여기에서 계약의 의미가 나온다. 부자들은 자신들은 빠져나갈 수 있는 메커니즘을 작동시킨다. [계약의] 계획programme이 동기부여를 제압하게 된다. 이런 사회계약은 형식적으로는 한 가지 가치를 지닌다. 이것은 보편적 의존으로부터 새로운 공간, 법률성의 공간을 열어 놓는다. 따라서 새로운 요소는 존재하지 않는다. 변화하는 것은 구조다.

따라서 이런 계약은 개인들의 의지 자체가 구성의 책임을 떠맡고 있는 어떤 것을 대상으로 삼는 의지의 행위로 나타난다. 개인들의 의지는, 이런 의지가 설립하게 될 법률들 자체에 종속된다. 그리하여 [가난한] 타자들의 결속에 맞닥뜨린 부자들의 발의에서 비롯된 계약은 상이한 동기부여들 간의 교차로에 위치한다. 계약은 객관적 오해에 의거하고 있다.◆ 계약의 실정성은 특수한 동기들이 축적되어 형성된 의지들 사이의 이런 수렴에서 기인한다. 이런 의지에 입각한 동의 이론은 다른 모든 이들과 루소를 구별시켜 주며, 법률성의 영역을 열어 놓는다.

두 가지 연속적인 계기(여기서 루소는 로크를 따른다).
ⓐ 소유권을 설립하는 시민법, 일반 합의의 계기
이 법들은 정치법이 아니며 빈자와 부자 사이의 기본적 구별과 관련되어 있다.

◆ "이리하여 부자는 자신의 입장을 정당화할 유효한 이유나 자신을 방어할 충분한 힘도 없고, 한 사람 정도는 쉽게 짓누른다 해도 강도떼에게는 오히려 짓밟힐 수밖에 없고, 상호 간의 질투심 때문에 약탈의 공통된 희망으로 결집된 적들에 대항해 자기의 동료들과 결합할 수도 없어서 만인에게 홀로 맞서게 되었다. 마침내 부자는 절박한 필요에 따라 인간의 정신 속에서 일찍이 스며든 적이 없는 가장 교묘한 계획을 생각해 냈다. 그 것은 바로 자신을 공격하는 자들의 세력 자체를 자신에게 유리하게 사용하고, 자신의 적대자들을 자신의 방어자들로 만들고, 그 적대자들에게 다른 준칙을 불어넣어 자연법이 자신에게 불리했던 것과 마찬가지로 자신에게 유리한 다른 제도들을 그들에게 부여하는 것이었다. … 그는 그들에게 다음과 같이 말했다. '약자를 억압에서 보호하고 야심가를 제지하며 각자에게 소유를 보장해 주기 위해 단결합시다. 정의와 평화를 가져다주는 규칙을 정합시다. 그것은 모든 사람들이 지켜야 하며, 어느 쪽도 차별하지 않고 강자와 약자를 평등하게 서로의 의무에 따르게 하는, 말하자면 운명의 변덕을 보상하려는 규칙입니다. 요컨대 우리의 힘을 우리에게 불리한 방향으로 돌리지 말고 하나의 최고 권력에 집중시킵시다. 현명한 법률에 따라 우리를 다스리고, 사회의 모든 성원을 보호하고 방위하며, 공동의 적을 물리치고, 영원히 우리를 단합시키는 권력에 집중시킵시다!'" 『인간 불평등 기원론』, 114-15쪽.

이 법들은, 로크와 관련해 보면 일종의 혼합적 상태[자연 상태와 사회 상태가 섞인]인 "공동체"에 의해 언표된다.

루소는 로크가 사회 상태로의 이행을 위해 채택했던 논거들을 정치권력의 설립을 위해 받아들인다. 정부는 부정적 경험에서 벗어난다.

ⓑ 정부의 설립

이는 루소가 정치와 사회의 구별을 정초하면서 차후에 검토할 것으로 유보해 둔 계기다. 루소는 여기에서 자신의 모든 선배들을 논박하면서 이 점에 관한 한 로크에게 찬동한다.

사실 진정한 계약은 로크의 계약이다. 이것은 상호적인 의무이면서 동시에 몇몇 기본법에 대한 의무이기도 하다. 인민은 시민법을 보증하게 될 자신의 헌정에 관해 결정을 내려야 하며, 이는 근본적인 계기다. 이런 의무는 예외 없이 의무를 부과한다.

행정관은 오직 "계약 주체들의 의도에 따라" 권력을 사용할 뿐이다. 그는 입법부의 대리인으로, 시민법을 준수하게 만들 책무를 지니고 있다(로크 참조). 그가 이런 책무를 넘어서게 되면, 그에게 허락된 [시민들의] 복종은 와해되어 버린다(여기에서 봉기의 권리가 정초된다).

이는 정당성의 영역과 전쟁 상태로의 귀착을 규정한다(봉기의 권리와 관련한 루소의 신중함을 분명히 엿볼 수 있다).

하지만 또한 정부의 타락이 존재한다. 이런 타락은 행정관들이 정당성의 경계를 위반하는 데서 생겨난다.

사람들은 긍정적인 자연 상태로 다시 돌아가지 못하는데, 왜냐하면 사람들은 정부의 타락 효과들에 구속되어 있기 때문이다.

전쟁 상태를 일으킬 수 있는 전제들이 가중된다. 정당성을 확립하는 것이 불가능해진다. 사람들은 모두 노예들이며, 현재 상태보다 더 나쁜 상태로 회귀하게 되며, 로크에서처럼 이전 상태로의 이런 회귀는 구원을 가져다주는 회귀가 아니다.

하지만 p. 138 참조.[12]

---

12   해당 대목은 『인간 불평등 기원론』 「머리말」 마지막에서 두 번째 페이지[39-40쪽]다.

루소의 『두 번째 논고』*에서
세계의 청춘기에서 사회계약으로의 이행[13]

1. 세계의 청춘기

세계의 청춘 상태는 자연적 변화 이후에 나오며, 야금술의 발명에 이르기까지 전개된다. 이런 자연의 변화는 인간들을 상호 접근시킨다. 자연은 더 이상 무매개적이지 않으며, 거리가 도입된다. 새로운 리듬이 자연으로 하여금 그 자신과 거리를 두게 만든다. 나무들의 크기가 증대하고, 이로부터 동물들에 대한 인간들의 태도가 변화한다. 식물의 부족을 해결하기 위한 방편으로 수렵과 채집이 출현한다. 요컨대 경쟁의 시작이다. 청춘기 상태는 함정의 상태다. 인간은 "타자에 대한 감각 작용을 자기 자신에게 되돌림"으로서 자기 자신과 동물 및 동류 인간들을 비교하는 관념을 갖게 된다. 이는 시선의 도래를 뜻한다. 인간은 시선으로 바라보고, 바라보는 자기 자신과 바라보이는 것을 서로 비교할 수 있게 된다. 시선은 사회적 관계의 매개다.

◆　『두 번째 논고』란 『인간 불평등 기원론』을 가리킨다. 첫 번째 논고는 『학문·예술론』이다. 알튀세르는 이 강의에서 계속 『인간 불평등 기원론』에 준거하기 때문에, 『논고』라고 표시된 것은 항상 이 책을 가리킨다.

13　이 절은 앞선 F절의 분석의 일부를 다시 제시하고 있다. 수강생 노트의 페이지 순서에서 이 절은 F절의 분석 바로 다음에 나타나는데, 두 절 사이에는 한 페이지가 빈 칸으로 남겨져 있는데, 이는 상이한 두 강의의 구별인 것처럼 보인다.

여기에서, 인간-자연 관계의 무매개성(이 관계는 이전에는 자연 대 자연의 관계였다)의 종식에 의해 생산된, 이성의 발전이 시작된다. 이런 이성의 발전은 추상적 작용의 능력으로서 언어의 발전에 의해서만 가능하게 된다. 언어는 더욱이 사회적 운동을 지시한다. 이렇게 되면 의식에 대해 대상들이 증식하게 된다. 언어를 통해 인간은 다양한 대상들을 불러올 수 있게 된다. 대상들이 증대하는데,

> - 왜냐하면 자기 자신과 거리를 둔 자연은 차이, 부정성이 되기 때문에
> - 왜냐하면 설립되는 사회는 욕구들, 따라서 욕구들의 대상을 증대시키기 때문이다.

사실 인간들 사이의 최초의 잠정적인 연합이 탄생한다. 이 연합의 구체적 모습은 사슴과 토끼의 사례가 제시해 준다. 다른 이들과 함께 사슴을 사냥하는 이에게 사슴을 사냥하리라는 기대에 대한 이해관계는 결정적인 게 아닌데, 왜냐하면 그에게는 토끼들로 생계를 유지할 수 있는 여지가 남아 있기 때문이다. 그렇지만 오두막의 설립은 체험 공간 및 연합을 변형시키게 된다. 오두막과 더불어 공간은 좁아지고 구조화된다. 언어, 가족, 가족 내 분업, 습속 공동체는 민족을 예고한다.

이런 상태에서 약자들과 강자들의 관계는 어려움을 겪지 않는데, 왜냐하면 약자는 강자들로부터 오두막을 빼앗으려고 시도하지 않고 자신의 오두막을 세우려고 하기 때문이다. 인간들의 상호 관계는 평

화롭다. 사실 사람들은 서로 관계를 맺기는 하지만 다른 이들 없이도 살아갈 수 있다. 이는 "독립적인 교류"의 상태다. 이는 경제적 종속에 의해 훼손되지 않는 경제적 자율성의 상태다. 사냥감이 풍부한 숲을 고려해 보면, 경제적 경쟁의 토대는 아직 존재하지 않는다.

2. 전쟁 상태

우연사건에 의해 세계의 청춘기가 끝나고 전쟁으로 드러나게 될 것이 개시된다. 이는 야금술이라는 우연사건이다. 이는 우연사건인데, 왜냐하면 인간이 스스로 야금술을 발명한다는 것은 불가능하기 때문이다. 그 이유는 인간은 금속을 생산할 줄 모르며, 생산 절차를 유지하거나 전달할 줄도 모르기 때문이다. 따라서 사건은 근본적으로 새로운 것이며, 그것은 단절이다.

야금술은 분업을 도입하고 인간관계의 본성을 전복시킨다. 돈에 의해 소외가 생겨나는 게 아니라 철과 곡식을 둘러싼 투쟁에 의해 소외가 생겨나는데, 왜냐하면 농업은 야금술에 의존하기 때문이다. 이처럼 불평등은 기술적-경제적 기원에서 비롯된다.

야금술의 진전 효과

① 인간적 시간의 변경이 이루어지며, 이는 구조화되고 가속화된다.

② 분업의 설립. 야금공, 대장장이가 출현하고, 이들은 땅을 일구는 사람들에게 식량을 받고 농부들에게 장비를 제공해 준

다. 상호 의존 관계의 무한한 과정.

③ 사실 이는 자기 자신에 의해 전개되는 보편적 과정, 욕구와 기예의 순환적 과정이다. 분업의 무한한 운동에 대해 새로운 욕구의 무한한 운동이 상응한다.

④ 상상, 언어, 이성, 자존심 같은 인간 직능들의 후속적 발전

⑤ 법률 이전의 어렴풋한 규정들과 더불어 정의의 최초 규칙이 솟아나게 되는데, 특히 최초 소유자의 권리가 여기에 해당한다.

→ 그 결과 새로운 본성[자연]이 존재하게 된다. 실로 자연에서 경작된 자연으로 이행하게 된다. 경작된 자연과 숲 사이의 관계는 승화된다. 경작된 밭은 인간에게 숲이 주었던 것을 제공해 준다. 밭은 인위적인 숲이다. 이런 관계는 승화된 관계이지만 또한 전위된 관계인데, 왜냐하면 이 최초의 순간에 숲은 부분적으로만 경작되고 밭으로 전환되었기 때문에, 두 부문, 독립적 소생산자 부문과 분업 부문이 공존하기 때문이다. 하지만 두 번째 계기, 숲이 사라지는 계기가 도래한다.

전쟁 상태는 숲의 종식에서 비롯된다. 루소는 전쟁 상태를 보편적 분업 과정에서 연역한다. 이에 따라 전쟁 상태를 인간의 본성 속에, 그의 본질 속에 기입하면서 그것을 진지하게 받아들였던 홉스(≠로크)와 달리 전쟁 상태는 문제적인 것이 된다. 전쟁이 중지하게 될 아무런 이유도 존재하지 않는다는 점에 주목하자. 전쟁은 인간들의 성찰로 인해 중지되며, 이로부터 사회 상태가 나오게 된다.

3. 사회계약과 사회 상태

홉스의 경우와 마찬가지로 성찰을 통해 자연 상태에서 벗어나지만, 루소의 해법은 독특하다.

- 성찰을 행하는 이성은 규정되어 있다. 곧 그것은 작은 사회적 집단인 부자들의 이성이다.
- 부자들은 아주 공들여 성찰된 기획을 만든다. 복종하는 이들이면서 그들을 위협하는 이들에게 그들의 자유를 보존하기 위해 예속을 법적 양도[소외]로 전환할 것을 요구한다. 그리하여 계약은, 부자들의 명제, 따라서 차별적인 이성의 명제에 대한 객관적 오해로부터 탄생한다.

그렇지만 이성의 간지에 의해 생겨난 그 결과는 합리적인 것인데, 왜냐하면 계약은 합리적 형식을 지니고 있기 때문이다. 이는 계약이 자유의 징표 아래 실행된 자발적 동의에서 비롯된 것이라는 점에서 그렇다. 목표로 추구되는 것은 자유다.

더 정확히 말하면 [『두 번째 논고』]의 루소에게 계약은 이중적인 것이다. 실제로

- 연합 계약, 시민법이 있고
- 복종 계약 또는 통치 계약, 정치법이 있다.

이런 이중 계약론은 신탁 이론인데, 행정부는 대리인, 수임자(로크의 경우처럼)이며, 따라서 통치 계약은 취소될 수 있다는 점에서 그렇다.

하지만 일단 정부가 설립되면, 부자 대 빈자의 균열은 강자와 약자의 균열로 바뀌며, 이는 항상 주인 대 노예의 균열로 바뀔 위험을

자의 균열로 바뀌며, 이는 항상 주인 대 노예의 균열로 바뀔 위험을 지니고 있다. 전제정은 집행부의 도착倒錯에서 생겨나며, 사회 상태 안에서 전쟁 상태의 재발을 표시하는 것이 이것이다.

루소에서 역사의 지위[14]

이 모든 것은 역사 및 그 지위라는 문제를 촉발한다. 루소에게는 세 가지 수준이 존재한다.

1. 두 번째 『논고』에서

루소는 여기서 역사의 문제를 제기하는데, 왜냐하면 『논고』는 뒤르케임이나 레몽 아롱이 말하듯 사회의 본질에 대한 단순한 분석이 아니기 때문이다. 사실 루소가 자연 상태에 대한 전통적 문제설정을 고발하는 방식은 문제로서의 역사에 관한 새로운 장을 열어 놓는다. 기본 개념들을 문제화하는 것은, 사회의 본질이라는 물음에 대해 직접 답변하는 것이 가능하지 않다는 결과를 낳는다. 그리고 마침내 문제적인 것이 되는 것은 사회의 본질이라는 개념이다.

루소 이전에는 "인간 본성"이 사회의 본질이라는 물음에 대해 직접적인 답변을 제시하는 데 충분했다면, 루소에 이르게 되면, 전제된 또 다른 물음인 사회의 생산이라는 물음, 곧 역사 이론 및 역사의 본질이라는 물음에 대해 간접적인 답변만이 존재하게 된다. 하지만 항상 문제가 되는 것은 오직 역사의 개념이다.

14 이 부분은 수강생 필기에서 쪽의 건너뜀 없이 바로 앞선 부분에 이어지고 있다.

2. 『사회계약론』에서

이 새로운 텍스트는 『논고』와 관련해 물음을 다시 제시하는 것처럼 보인다. 뒤르케임[15]은 『사회계약론』이 사회의 본질이라는 물음에 대해 직접 답변한다고 생각했다. 하지만 『사회계약론』에 대해 그 본질과 그 분석의 양상이라는 물음을 제기해야 한다. 그것은 관념적인가? 이상론적인가? 이는 현실 역사와 어떤 관계를 맺고 있는가?

"관념적"idéelle? 『사회계약론』은 우리에게 사회들을 그 자체로 구성하는 개념만을 제공해 주지 않는가? 이것은 모든 사회의 본질인가? 이 개념은 『사회계약론』에서 우리에게 주어진 개념과 동일한가 아닌가? 『사회계약론』에서 사회의 본질이라는 개념 자체는 두 번째 『논고』에서처럼 역사 개념을 경유하는 것을 상정하지 않는가?

"이상적"? 이는 『사회계약론』에는 순수하고 완전한 "좋은 사회" 개념이 존재하며, 역사 개념과의 관계라는 물음은 더 이상 제기되지 않기 때문이다. 하지만 새로운 질문이 제기된다. 그것은 『사회계약론』의 이상성과 역사적 사회들의 현실성 사이의 관계라는 질문이다. 달리 말하면, 『사회계약론』은, 그것이 역사와 맺고 있는 관계와 관련해 두 가지 질문을 포함하고 있다.

---

15 Émile Durkheim, «Le *Contrat social* de Rousseau, histoire du livre», *Revue de métaphysique et de morale*, janvier-février 1918.

3. 여러 편의『헌정 구상』에서

이 질문들에서 루소는 현실 역사와 마주치게 되며, 우리는『사회계약론』과 관련된 여러 가지 고찰을 통해 사회계약의 이상성 및 관념성이라는 물음에 대해 답변할 수 있게 된다. 그렇지만 한 질문은 여전히 유예된 채 남아 있다. 사회의 본질 개념과 역사 개념 사이에는 어떤 관계가 존재하는가?

그렇다면『에밀』과『신엘로이즈』로 거슬러 가보자. 이 텍스트들은 우리에게 이상적 모델들을 제시하는가 아니면 관념적인 것들이 문제인가? 질문은 결국 다음과 같이 귀착된다. 루소의 사상은 어떤 요소 안에서 운동하고 있는가? 그것은 유토피아적 관계인가? 개념적인 비판적 관계인가?

4.『에밀』에서

이 책의 이곳저곳에서 답변의 요소를 얻을 수 있다.

  - p. 248.[16] 인간과 시민 사이의 모순 또는 분할
  - p. 524.[17]

---

16 *Émile* I, op. cit., p. 248; 65쪽. "자연/본성과 싸우든지 아니면 사회제도와 싸우도록 강제되기 때문에, 인간을 만드는지 시민을 만드는지 둘 중 하나를 택해야 한다. 왜냐하면 둘을 동시에 만들 수는 없기 때문이다."

17 *Émile* IV, op. cit., p. 524; "자연 상태에는 현실적이며 파괴될 수 없는 사실적인 평등이 존재하는데, 왜냐하면 이 자연 상태에서는 인간들 사이의 차이가 너무 거대해 한 사

- 사회적 인간의 불가피한 모순. 법적 평등은 공허하고 환상적인 것에 머물러 있다.

- 법적인 것은 약자에 맞선 강자에게, 특수한 이익에 봉사한다.

- 현실 사회는 사회적 관계의 현실성과 법적 외양 사이의 모순에 의해 약화된다.

- p. 858. 법의 그릇된 성격. 하지만 이성의 간지에 의해, 법질서는 그 도착에도 불구하고 어떤 긍정적인 것을 보존하고 있다. 법질서는 실제로 폭력에 맞서 인간을 보호한다. 법의 실존 자체가 교육적 효과를 지니게 된다.[18]

람이 다른 사람에 종속되는 일은 존재하지 않기 때문이다. 사회 상태에는 공허하고 환상적인 법적 평등이 존재하는데, 왜냐하면 평등을 유지하기 위한 수단 자체가 평등을 파괴하는 데 사용되며, 또한 약자를 억압하기 위해 강자에게 주어진 국가 권력은 양자 사이에 자연이 부여했던 균형을 파괴하기 때문이다. 이런 최초의 모순으로부터 사회질서 속에서 눈에 띄는 외양과 실제 사이의 모든 모순이 흘러나온다. 언제나 다중이 소수를 위해 희생될 것이며, 공공의 이익은 개인의 이익을 위해 희생될 것이다. '정의'라든가 [공익에 대한 사익의] '종속' 같은 허울 좋은 명사들은 언제나 폭력의 도구로, 부정의 무기로 사용될 것이다. 그러므로 자기들이 다른 계층 사람들에게 유익하다고 주장하는 그 특별한 계층 사람들은 실제로는 그 다른 계층들을 희생시켜 그들 자신에게만 유익할 따름이다. 정의와 이성이라는 생각으로 그 특별한 계층 사람들에게 바치는 존경에 대해서도 그 점에 유의해 판단하지 않으면 안 된다." 『에밀』, 421-22쪽.

18 *Émile* V, op. cit., p. 858; 857쪽. "따라서 언제나 정부와 법의 모방물simulacres이 존재하며, 시민은 그 아래에서 평온하게 살아왔던 것이다. 만약 개별 이익이 마치 일반의지가 하듯이 그를 보호해 주었다면, 공적 폭력이 개별적 폭력들로부터 그를 지켜 주었다면, 그가 보았던 악이 그로 하여금 선을 좋아하도록 만들었다면, 그리고 우리의 제도

- p. 484. "에밀은 … 도시에 거주하도록 만들어진 야생인이다."[19] 이는 현실 사회의 주요 모순에서 생겨난다.

달리 말하면, 다음과 같은 동시대 사회의 비변증법적 모순의 본성에서 출발해야 한다.

- 개인은 경쟁 및 자아 중심주의 속에서 자신의 자연 상태[본성적 상태]를 보존해 왔다.
- 하지만 개인은 법적 지위 아래 살아가고 있다.

이런 병치로 인해 어떤 개인들은 법을 자신들을 위해 활용할 수 있다. 달리 말하면 보편적인 합법적 상태는 형식적인 것에 머물러 있으며, 현실 상태는 아직까지 경쟁의 발전이라는 형태 아래 자연 상태에 머물러 있는 것이다. 각각의 개인은 자기 자신을 전제로 간주하며, 법질서를 포함해 모든 것을 자신을 위해 활용한다.

이런 병치가 특별히 부정적인 것은 아닌데, 왜냐하면 대립 관계는 법에 의해 제한되며, 전쟁 상태의 파괴적 효과에서 벗어나기 때문이다. 따라서 비록 도착적인 것이기는 하지만 여전히 계약의 형식이 존속하고 있다. 도착은 만인이 계약을 인정하고 있음을 가정한다. 그리하여 이성의 간지에 의해 법질서는 실현될 것이다. 계약은 항상 얼마

그 자체가 그로 하여금 그 제도 자체의 부당함을 알게 해주고 증오하게 했다면, 사회계약이 지켜지지 않았다 한들 그게 무슨 문제인가?"

19   *Émile* III, op. cit., p. 484; 367쪽.

간은 사기 내지 도착으로 존재하겠지만, 본질적인 것은 계약이 법의 형식을 보존한다는 점이다. 이론적으로 보면 동시대 사회의 현행적 상태가 가능하며, 이는 두 번째 『논고』의 분석으로 다시 들어가게 된다.

『사회계약론』의 지위라는 물음에 답변할 수 있다. 계약의 본질은 계약의 순수성에 있지 않고 그 비순수성에 있다. 『사회계약론』은 그 것 내부에, 계약의 비순수성을 사고할 수 있게 해주는, 계약을 노리고 있고 동시대 사회에서 실현되고 있는 죽음과 퇴락을 사고할 수 있게 해주는, 어떤 개념의 순수성을 지니고 있을 터이다.

5장

『사회계약론』[1]

A. 『사회계약론』 독서에 대하여

『사회계약론』을 읽는 두 가지 방식이 있다.

1. 고전적 테제(볼라봉)[2]

『사회계약론』은 모든 시민 정부의 가능성의 조건에 관한 선험적 분석을 수행하고 있으며, 법적 정치적인 것에 대한 선험적 구조를 구

---

1 앞의 강의와 구별되는 『사회계약론』에 대한 이 강의는 앞선 강의의 논리적 연장을 이루고 있으며 앙드레 토젤의 수강 노트에서는 앞선 강의 바로 다음에 나오지만, "루소 이전의 17세기 철학"이라는 제목이 붙어 있는 수강 노트 전체와 연속해 번호가 붙여져 있지는 않다. 우리는 이 강의록을 별개의 강의로 출판하기보다 앞선 강의에 후속하는 5 장으로 간주해 여기에 위치시키기로 했다.

2 특히 조르주 볼라봉Georges Beaulavon이 편집한 『사회계약론』의 「서문」을 참조. *Contrat social*, 5ᵉ édition revue et corrigée, Paris, F. Rieder et Cⁱᵉ, Éditeurs, 1914.

축한다. 이는 칸트의 해석이다.

사실 칸트는 루소와 자신의 관계를 성찰하면서 이를 초월론적인 양식에 따라 사고한다. 칸트에게 루소는 자신이 도덕의 질서에서 성취했던 것을 정치적 도덕에 대해 성취한 인물이다.

『실천이성비판』에서 칸트는 도덕의 선험적 조건들을 선의지에 대한 모든 경험 바깥에서 정의함으로써 이 조건들을 다시 다루고 있다.

루소는 『사회계약론』에서 모든 사회는, 비록 계약이 실제로 언표되거나 인정된 적이 없다고 해도, 그 가능성의 조건에서 계약에 의해 정의된다는 점을 보여 준다. 칸트와 루소 둘 모두에게 "병리적인 것" 내지 폭력의 현존은 법과 모순되기는커녕 그것의 필연적 현존을 입증한다.

이 테제를 루소의 텍스트 자체에 근거 지을 수 있다. 1부 1, 2, 3, 4장에서 루소는 명시적으로 자연, 가족, 힘, 노예제와 거리를 두고 법적-경험적 질서의 토대를 탐구하는 데 전념하며, 이런 환원을 통해 이런 질서는 어떠한 경험적 요소에도 근거할 수 없다는 점을 보여 주는 것으로 보인다. 마찬가지로 칸트는 도덕은 어떠한 정념에서도 연역될 수 없다는 점을 보여 준다. 그리하여 칸트와 루소에게 사실은 법에 대한 반박이 되지 못하며, 사실은 부정적인 방식으로 법의 실존 및 그 종별적인 본질을 입증한다. 그러므로 환원 불가능한 법적 또는 정치적 정당성의 "사실"Faktum이 존재하는데, 이것의 사실성은 경험적 사실성이 아니다. 이런 사실은, 그것을 포함하고 은폐하면서 동시에 자신의 대립물로서 그것을 드러내 주는, 경험적인 것을 초월하는 겨냥 대상이다.

하지만 칸트와 루소 사이에는 차이가 존재한다. 이런 사실들 각자는 루소에게는 정치적 세계를 열어 주고 칸트에게는 도덕적 세계를 열어 주는 것이며, 모든 것은 마치 다음과 같은 점을 함축하는 것 같다.

- 도덕과 법은 환원 불가능한 주체성, 인간의 주체성에 의해 체험된다.
- 도덕과 법은 경험적인 것으로 환원될 수 없다.
- 이런 윤리적-정치적 체험의 본질은 어떤 공간을 열어 놓는 주장이다.
- 이런 체험의 가능성의 조건들의 해명은 이런 주장의 본질을 구성한다.
- 이 겨냥된 세계는 정확히 그것이 겨냥되는 한에서 겨냥되지만-명중하지 못하는 것인데, 왜냐하면 어떤 것을 겨냥할 때에만 그것을 명중하지 못할 수 있기 때문이다.

이런 해석은 『사회계약론』의 규범성 및 비순수 형식들이라는 문제를 해명하는 것처럼 보인다.

하지만 이 해석은 근본적인 반론에 부딪히게 된다.

- 이 해석은 『논고』와 『사회계약론』 사이의 관계를 완전히 해소시켜 버린다.
- 이 해석은 법적 주장을 이미 구성된 것으로 확증하며, 이런 사실의 재생산이라는 문제, 이런 [법적-정치적] 장場의 구성이라는 문제를 제기하지 않는다. 실로 도덕, 법 등의 돌발이

라는 문제를 제기해야 한다.

2. 두 번째 해석

이 해석은 『사회계약론』이 『논고』의 모든 분석을 전제한다는 [『사회계약론』] 서두의 긍정에 의거해 있다. 『사회계약론』은 사실 『논고』가 이미 가설적 역사를 통해 추적했던 변화에 대한 확인에서 출발한다. "인간은 자유롭게 태어나 어디에서나 쇠사슬에 묶여 있다."◆ 『사회계약론』은 따라서 인류가 더 이상 그 이전으로 돌아갈 수 없는 어떤 상태, 여기에 기반해 이후에 돌발하게 될 모든 것이 뚜렷하게 드러나게 되는 그런 상태, 따라서 환원 불가능하고 반박 불가능한, 토양이자 토대가 되는 상태에 도달했다고 제시한다.

만약 어떤 해법이 가능하다면, 그것은 필연적으로 이런 토양 위에서 구성되어야 한다. 모든 해법의 실패는 인간을 이 토양으로 되돌려 보낼 것이다. 모든 소외의 복잡한 실마리는 모두 이 토양과 결부돼 있으며, 모든 해법의 시도의 운명도 마찬가지다. 이런 필연성의 본성은, 바로 이 필연성 자체로 인해 이 필연성을 벗어나는 것이 불가능하다는 점이다. 따라서 루소는 그가 성찰하는 어떤 모순 내부에서 사고한다.

이는 홉스와 로크의 이론들을 거부하는 것을 설명해 준다.

   - 로크 이론의 거부: 그의 해법은 불가능한데, 왜냐하면 이는

◆ 장-자크 루소, 『사회계약론』, 김영욱 옮김, 후마니타스, 2018, 11쪽.

해법이 이미 문제를 대체한다고 가정하기 때문이다. 실제로 자연 상태 안에 이미 [해법으로서의] 자연법이 존재해야 한다. 로크에게는 결코 현실적인 문제가 존재하지 않는다.

- 홉스 이론의 거부: 홉스의 해법은 전환시켜야 할 질서 속에 머물러 있다. 이 해법은 문제를 이동시키는데, 왜냐하면 홉스의 해법인 절대 권력 안에서 문제가 다시 한 번 제기되기 때문이다.

루소에게 문제를 구성하는 것은 자연법인데, 왜냐하면 자연법은 역사의 내재적 진리로서 역사 안에 기입되어 있지 않으며, 마찬가지로 전쟁 상태도 자기 자신 안에 자신의 문제에 대한 내재적 해법을 포함하고 있지 않기 때문이다.

직접적인 출구가 남아 있는데, 그것은 이전의 해법이 지닌 의미를 변화시키는 것 또는 초월과 내재 사이의 관계들을 변화시키는 것이다. 내재성의 기초 위에서 초월성을 생산해야 한다. 곧 두 개의 선행하는 변동과 비교 가능한 어떤 변동의 등가물을 구성해야 한다. 문제는 첫 번째 질서 위에 그것을 초월하고 그것과 구별되는, 하지만 그럼에도 첫 번째 질서를 제거하지는 않는 그런 질서를 구성하는 것이다. 두 번째 질서는 첫 번째 질서 및 그것의 실패가 지속적으로 노리는 대상이 되며, 자기 내부에 실패의 영속적인 위협을 품고 있다. 이것이 심연 이론이다. 루소는 이런 실패가 절대적이라는 점을 통찰한다. 그리고 해법의 불가능성은 법의 소멸과 같은 것이다. 칸트에게서는 그럴 수 없다. 이것이 인간의 탈자연화[탈본성화] 테제다.

B. 『사회계약론』 독서의 요소들

1. 심연 이론

질서의 토대는 질서가 그 위에서 구성되는 것이지만, 그것은 또한 원초적이고 최종적이며 현행적인 심연이기도 하다.

(a) 원초적 심연

계약의 원초적 필연성이 존재한다. 사실 루소는 "자유의 문턱"에 대해 말한다. 계약이 항상 가능한 것은 아니고, 노예 민족은 자유를 주장할 수 없다.

그리하여 농노들의 국가인 폴란드에 대해 루소는 농노를 해방할 것을 자문하지 않고 오히려 농노들의 해방 시기를 늦추기를 원하는데, 이들은 스스로 자유로운 인간으로서 처신할 수 없기 때문이다.

따라서 아무 시기에게나 아무 집단에 대해서든 법을 부여할 수 없는 것이다. 정치 질서의 창설은 인간관계의 질서와 관련해 우연적이다. 해법 없는 문제, 출구 없는 상황이 존재한다. 이런 창설은 일정한 조건들 속에서만 가능하다.

(b) 최종적 심연

『사회계약론』 2부 8장을 보라.

결국 정부 안에는 주권자와 정부 사이에 끊이지 않는 갈등이 존재한다. 정치체의 죽음은 단지 늦추는 것만 가능하다. 루소의 정치는 이런 늦춤의 계기를 관리해 그것을 늦추는 데서 성립한다.

(c) 현행적 심연

사실 정치 체제를 위협하는 영속적인 심연이 존재하는데, 이는 내적 퇴락이라는 영속적 위협이다.

이런 심연은 인간 자신의 내면적 심연이다. 이런 내면적 심연을 극복하기 위해서는 인간의 영웅적이고 영속적인 노력이 필요하다.

이렇게 되면 사회계약의 영구적인 이론적 취소 가능성이라는 테제를 이해하게 된다. 정치 질서는 결코 단번에 확립되지 않으며, 취약하기 때문에 취소될 수 있다. 마찬가지로 사회계약의 지속은 충만한 지속이 아니라 순간적 지속이다. 계약은 연속적인 또는 영원히 현재적인 창조물이며, 매 순간마다 새롭게 조인되어야 한다. 계약은 매 순간마다 계약의 승인을 상정한다.

여기에서 파스칼과의 차이가 생긴다. 법들은 [...]¹ 왜냐하면 매 순간 법들의 기원을 다시 떠맡게 되어, 법들은 계속적으로 현행적이기 때문이다. 사회계약은 매 순간 경험 속에서 재창설되어야 하는데, 왜냐하면 그것은 계속해서 타락의 위협을 받기 때문이다.

---

1 판독하기 어려운 단어.

2. 사회계약(『사회계약론』 1부 6장)[2]

6부로 이루어짐.

① 문제의 정립

② 문제의 해법. 사회계약

③ 계약의 메커니즘. 첫 번째의 관련된 괴리décalage. 공동체의 지위 및 그 귀결들

④ 계약의 메커니즘. 두 번째의 관련된 괴리. 총체적 양도[소외]와 교환.

⑤[3] 일반의지와 법. 세 번째의 관련된 괴리. 일반 이익.

⑥ 세 가지 마지막 괴리들

    - 습속 이론

    - 시민 종교 이론

    - 계약의 경제적 조건

---

2 강의록의 이 지점부터 알튀세르 문서고에는 52페이지로 된 타이핑 원고가 존재하는데, 이것은 실제로 행해진 (적어도 수강생 노트에 나타난 것을 감안하면) 강의와 아주 근접하지만 이따금 다른 내용을 담고 있다. 이 타이핑 원고에 입각해 알튀세르는 「"사회계약론"에 대하여」Sur le "Contrat social"라는 논문(*Cahiers pou l'analyse*, n. 8, 3e trimestre 1967에 발표되고, 이후 알튀세르 정치철학 논문 모음집인 *Solitude de Machiavel*, PUF, 1998에 재수록)을 작성했다. 책에 수록된 이 마지막 판본에서는 편집자 주의 형태로 출판된 논문과 타이핑된 강의록 원고 사이의 주요한 차이점들을 제시하고 있는데, 우리는 이 책에서 수강생 노트의 판본을 중심으로 삼았다.

3 알튀세르의 타이핑 원고는 손으로 추가된 ⑤번 항목이 수강생 노트에 존재하는 ④번과 ⑤번 항목 사이에 삽입되어 있다. "⑤ 막간극: 제도들의 설립"

괴리라는 통념

우리는 일련의 괴리들이 연쇄를 이루는 것을 볼 수 있다. 주어진 괴리는 선행하는 괴리(이 괴리 자체는 또한 그 이전의 괴리에 대한 해법이다)가 제기하는 문제를 해결할 과제를 맡고 있다. 이로부터 괴리의 사슬들이라는 개념이 나온다.

이는 루소의 문제설정 및 그 이론적이면서 또한 특히 기술적인 효과들(국가 헌법의 법적 조항들)을 이해할 수 있게 해준다.

이는 『사회계약론』에 대한 가능한 해석들, 특히 칸트와 헤겔의 해석들을 이해할 수 있게 해준다. 사실 칸트의 해석은 괴리 1에 토대를 두고 있으며, 헤겔의 해석은 괴리 2와 3에 토대를 두고 있다. 이 모든 것은 괴리를 괴리 아닌 것으로 독서하는 데, 괴리들의 연쇄의 절단에 의거해 있다. 이 해석들은 괴리를 해법으로 생각할 뿐, 새로운 괴리를 새로운 해법을 향해 열어 놓는 것으로 생각하지는 않는다. 이 해석들은 루소의 사상을 절단하며, 그것을 포착하는 데 실패한다.

서론. 1부 6장은 어떤 위상을 지니는가?

6장은 『사회계약론』 전체를 떠받치고 있는데, 왜냐하면 6장은 "정치적 심연"이라는 문제를 제기하고 해소하기 때문이다. 문제는 **"연합체 구성원 하나하나의 인신과 재산을 공동의 힘을 다해 지키고 보호할 수 있는, 그리고 이로써 각자가 전체와 통일을 이루지만 자기 자**

신에게만 복종해 이전과 마찬가지로 자유롭게 남게 되는, 그런 연합의 형식을 발견하는 것"[24쪽]이다.

- 1장. 해법의 예고

- 2장. 정치사회는 가족을 기원으로 삼지 않는다.

- 3장. 정치사회는 "최강자의 권리"에 토대를 두지 않는다.

- 4장. 정치사회는 폭력 효과에 의거한 동의에 토대를 두지 않는다.

계약을 자연적 요소 위에 정초할 수 없다.

- 5장. 최초의 합의로 거슬러 올라가야 하는데, 이것은 원칙적으로 인민이 왕을 선출하는 일체의 복종의 계약(그로티우스)에 선행하는 것이다. "인민이 인민이 되게 해주는 행위"[22쪽]가 중요하다. 그리고 루소는 자연권적인 다수결 원리에 대한 로크의 반론을 거부한다. 로크에게 다수결 법은 중력의 지위를 갖고 있으며, 중력의 정치적 유비에 해당한다. 그리고 중력처럼 다수결 법은 자연적 힘을 지닌다. 루소에게 이것은 합의의 효과다. 여기에서 다음과 같은 두 가지 결과를 얻게 된다.

- 다른 모든 (복종의) 계약에 앞서 원초적 계약이라는 질문을 해명해야 한다.

- 인민이 인민이 되게 해주는 행위인 이 계약은 만장일치일 수밖에 없는데, 왜냐하면 다수결 법은 어떤 합의에 기초해서만 작용할 수 있기 때문이다.

(a) 문제의 정립

① 문제 정립의 전제 조건

6장 첫 번째 문단을 보라.

ⓐ 단절 "지점"[4]: 원시 상태는 존립할 수 없다. 역사 속에는 위기의 지점이 존재하는데, 전쟁 상태의 치명적 모순이 그 지점이다.

ⓑ **"장애물"**, "인간들의 힘". 이 장애물은 외재적인 것, 곧 자연적인 것이 아니며, 외부 인간의 것도 아니다. 그것은 실존하는 관계들에 순전히 내재적인 것이다. 그것은 역사의 결과로서 전쟁 상태의 모순, 보편적 소외의 효과들이다. 이 장애물은 인간들의 보존, 곧 자기애 원리를 약화시킨다. 장애물이라는 개념은 **힘들**이라는 개념과 짝을 이룬다. 사실 장애물은 "저항한다"고 언급되며, 인간들의 힘을 압도한다. 이런 "인간들의 자연적 힘"은 각자가 자연 상태 속에서 존속하기 위해 사용하는 힘이다. 자연 상태 속에서 인간은 인신人身(신체, 물리적·지적 속성)+욕구(최강자의 권리에서 기인하는 소유)+자유(1

---

4 "나는 자연 상태 속에서 인간의 보존을 위협하는 장애물들이 저항을 통해 인간들 각자가 자연 상태에 머무르기 위해 사용할 수 있는 힘을 제압하는 지점에 인간들이 이르게 되었다고 가정한다. 그렇다면 이런 원시 상태는 더 이상 존립할 수 없다. 그리고 인간 종이 자신들의 존재 방식을 바꾸지 않는다면 멸망하게 될 것이다." 『사회계약론』, 23쪽.

부 9장을 보라[5])로 구성된다.

장애물 대 힘의 갈등이 존재하며, 장애물이 승리를 거둔다. 전쟁 상태 내지 갈등 속에서는 어떠한 해법도 존재하지 않는다. 그리고 여기에 "위기의 지점"이 존재하며, 이 지점에서 인간 종은 존재 방식을 바꿔야 한다. 이런 위기는 그 자체로 치명적인 것이며, 종 전체를 위협한다. 전쟁 상태는 선택의 여지가 없는 보편적 경쟁의 체계다. 이 상태를 "바꿔야" 한다.

ⓒ 존재 방식의 변화. 세 번째 개념. 전쟁 상태는 개인들의 인간적 힘을 직접 변용한다. 개인들의 힘은 전쟁 상태에 의해 약화되어 아래쪽에 놓인다. 모순은 인간의 힘들을 약화시킨다. 2부 4장을 보라. 자연적 힘들은 불안정한 상태로 귀착된다.[6] 만약 힘들의 구성소들을 융합하면 특수 이익이라는 개념 및 이 이익들 간의 대립이라는 개념을 얻게 된다(2부 1장). 사회들의 설립을 필수적이게 만드는 것이 특수 이익들 간의 대립이다. "특수 이익들의 대립"[35쪽]이라는 범주는 전쟁 상태를 사고할 수 있게 해준다. 장애물과 힘 사이의 모순은 특수 이

---

5   예컨대 "공동체가 형성되는 순간, 각 성원은 지금 있는 그대로, 가진 재산을 비롯한 자신의 모든 힘과 자기 자신을 공동체에 내준다." 31쪽.

6   "양도[소외]가 아니라 득이 되는 교환을 하는 것으로, 불확실하고 불안정한 존재 방식이 더 낫고 더 확실한 존재 방식과 교환되며" 44-45쪽.

익들이라는 형태 아래에서의 개인들에게 내재적이라고 제시될 수 있다.

"특수 이익"이라는 범주는 인간의 역사 속에서 자기애의 발전이 가질 수 있는 형태를 해명해 준다. 곧 자기애는 그것의 소외된 형태인, 자존심으로 전환된다. 특수 이익들에게 의미를 부여하는 것은, 갈등 속에서 특수 이익들 간의 일치 가능성이다. 이 문제는 자연 상태에서는 제기되지 않는다. 특수 이익은, 최초의 사회적 연합들(토끼 대 사슴 참조)이 구성되는 시기에 자신의 개념적 의미를 드러낸다. 전쟁 상태=특수 이익들 간의 갈등. 이런 등가성은 핵심적이다.

② 문제의 정립

문제의 정립에 앞서 문제와 그 해법의 절대적 한계들에 대한 정의가 제시된다. 1부 6장의 두 번째 문단.[7] 문제가 제기되어야 하는 장 자체가 해법이 주어진 여건 바깥에서 찾을 수 없게 [만든다]. 기존 관계의 여건을 변경해야 한다. 루소는 제3자에 의지하는 모든 초월적 해법을 배제한다(이것은 홉스의 해법인데, 이 해법은 관계 바깥에 있는 인물에게 권력을 부여한다). 유일한 길은 세력들 간에 존재하는 기존 관계, 곧 이 힘들의 "존재 방식"을 바꾸는 것이다. 이 힘들을 통일시켜야 하며, "힘

7 "그런데 사람들은 새로운 힘을 만들어 내지는 못하고 다만 존재하는 힘들을 합하고 지휘할 수 있을 뿐이기 때문에, 응집을 통해 저항을 제압할 수 있는 힘들의 총합을 형성해 이것들을 유일한 운동체로 작용하게 만들고 협력해 행위하도록 만드는 것 이외에 자기 보존을 위한 다른 수단을 갖고 있지 못하다." 23쪽.

들이 협력해" 연합을 형성하도록(한낱 힘들의 누적된 응집이 아니라), "저항을 제압할 수 있는 힘들의 총합"을 형성하도록 해야 한다. 2부 7장의 입법에 관한 논의를 참조하라.[8]

루소는 "인간 본성을 변화시키기"에 대해, 곧 인간에게서 그 자신의 힘을 제거하고 낯선 힘을 부여하는 것에 대해 말한다. 힘들과 인간에 입각해 하나의 해법을 제시해야 한다.

새로운 항, 곧 **자유라는** 결정적인 **항의 개입**.[9] 절대적인 한계를 지닌 해법의 장 안에는 주어진 여건에 적합한, 또한 자유의 현실에 적합한 해법의 필연성이 존재한다. 해법은 힘-이익의 이원성과 동시에 자유-의무의 이원성도 존중해야 한다.

8 "감히 인민을 설립하려고 시도하는 사람이라면 다음 능력들이 있음을 자각해야 한다. 그는 말하자면 인간의 본성을 변화시킬 수 있어야 하고, 그 자체로 완전하고 고독한 전체인 각 개인을 더 큰 전체의 부분으로 변형시켜 어떤 의미에서 그가 자신의 생명과 존재를 이 큰 전체로부터 부여받도록 만들 수 있어야 하며, 인간의 구성을 변질시켜 그것을 견고하게 만들 수 있어야 하고, 우리 모두가 자연에서 받은 물리적이고 독립적인 존재를 부분적이고 도덕적인 존재로 대체할 수 있어야 한다. 한마디로, 그는 인간에게서 그 자신의 힘을 제거하고 나서 타인의 도움 없이는 사용할 수 없는 낯선 힘을 주어야 한다. 자연적 힘이 없어지고 소멸될수록, 획득한 힘이 크고 지속적일수록, 제도는 그만큼 더 견고하고 완전해진다. 그러므로 각 시민이 다른 모든 시민들을 통하지 않고는 어떤 것도 될 수 없고 어떤 것도 할 수 없다면, 그리고 전체를 통해 획득한 힘이 모든 개인의 자연적 힘을 합한 것과 동등하거나 우월하다면, 입법은 도달 가능한 최고의 완전함에 이르렀다고 말할 수 있다." 53-54쪽.

9 『사회계약론』 1부 6장 세 번째 문단[23쪽]. "각자의 힘과 자유는 자신을 보존하기 위한 일차적인 도구들인데, 어떻게 그가 자신에게 해가 되지 않게 하면서 그리고 자신에게 쏟아야 하는 보살핌도 등한시하지 않으면서 이 도구들을 투입할 수 있을 것인가?"

문제의 정립은 네 번째 문단에서 언표된다.[10] 다섯 가지 항을 거쳐 해법에 도달해야 한다.

- 연합, 통일 형식
- 연합의 힘
- 각 개인의 재산
- 각 개인의 자유
- 각 개인의 이익

여전히 절대적 한계들 내에 머물러 있다.

(b) 문제의 해법

문제가 되는 것은 특수한 계약이며, 루소는 이 계약이 아주 특수하다는 것을 알고 있다. 『에밀』 5부를 보라.[11]

"잘 이해된 이 조항들은 모두 단 하나의 조항으로 귀착된다. 곧 연합체의 각 구성원은 자신의 모든 권리와 함께 공동체 전체에 **총체적으로 양도한다**는 것이 그것이다." 여섯 번째 문단의 핵심적인 정의.

10 "연합체 구성원 하나하나의 인신과 재산을 공동의 힘을 다해 지키고 보호할 수 있는, 그리고 이로써 각자가 전체와 통일을 이루지만 자기 자신에게만 복종해 이전과 마찬가지로 자유롭게 남게 되는, 그런 연합의 형식을 발견하는 것." 24쪽.

11 "사회계약은 그 자신에게만 고유한 특수한 본성을 지니고 있는데, 이는 인민이 자기 자신하고만 계약을 맺는다는 점 …", op. cit., p. 841; 『에밀』, 835쪽.

이것은 사회계약 전체를 그 모든 효과에 더불어 포함하고 있다.

정의의 중심은 **양도**[소외] ◆ **개념**이다(노예제에 대한 장을 보라).[12] 양도한다는 것, 이는 자신을 준다는 것이다.

– 자신을 준다=아무것도 교환받지 않고 자신을 무상으로 준다.

– ≠ 자신을 판매한다=자신을 어떤 대가에 따라 준다, 교환한다.

여기에서 양도는 무상의, 대가 없는 자기 선사의 행위다. 다음 두 항 사이에 대립이 존재한다.

– 교환에 따른 양도

– 교환 없는 양도

여기서 고려되는 것은 오직 이 후자다. 인민이 자신의 자유를 포함해 자신의 모든 것을 주고 있는 1부 4장을 보라. 그리고 이는 이성에 반하는 범죄인데, 자유는 영원히 "자신의 인간으로서의 특성을 포

◆ 앞에서 말한 것처럼 "aliénation"은 '양도'를 뜻할 수도 있고 '소외'를 뜻할 수도 있다. 알튀세르의 논의를 이해하려면 이 점을 명심해야 한다.

12 『사회계약론』 1부 4장. "그로티우스는 이렇게 말한다. 만약 어떤 개인이 자신의 자유를 양도하고 스스로 노예가 되어 주인을 갖는 것이 가능하다면, 왜 인민 전체가 그들의 자유를 양도하고 스스로 왕의 신민이 되는 것은 가능하지 않단 말인가? 여기에는 설명이 필요한 여러 양의적(兩意的)인 말이 있지만, **양도하다**aliéner라는 말을 살펴보기로 하자. 양도한다는 것은 주는 것이거나 파는 것이다. 그런데 스스로 타인의 노예가 된 사람은 자신을 그냥 주는 것이 아니라, 자신을 팔아서 적어도 자신의 존속을 유지하려는 것이다. 하지만 인민이라면 왜 그들이 자신을 팔겠는가? 왕은 신민들에게 존속 수단을 제공하지 않으며, 오히려 자신의 존속을 신민들에게서 구한다. … 그렇다면 신민들은 재산을 내놓는 조건으로 그 인신까지 내준다는 것인가? 나는 그들이 무엇을 보존하려고 하는지 모르겠다." 16-17쪽.

기한다는 것"이다. 총체적 양도는 용어 모순이며, 인간의 본성과 관련된 범죄다. 그런데 『사회계약론』이 요구하는 것이 바로 이것이다. 모든 인신, 모든 재산, 모든 자유.

우리는 하나의 양도가 다른 양도를 쫓고 있는 상황에 처해 있다. 사회계약은 소외aliénation의 문제에 대해 양도[소외]aliénation를 통한 해법이다. 여기에서 소외라는 개념은 전쟁 상태 및 그 과정의 효과들을 지칭한다. 이것은 루소에게 고유한 개념이다. 인간들은 전쟁 상태의 고유한 효과에 종속되어 있으며, 자신들의 행위의 산물의 노예가 되어 있다. 사람들은 비자발적인, 비의식적인 소외의 요소 안에 있다(그러면서 사람들은 여전히 자신들이 자유롭다고 믿는다). **이런 총체적 소외에 대해, 단 하나의 해법만이 존재하는데, 그것은 또 다른 양상을 지닌 하나의 총체적 양도다.**[13] 우리는 해법에서 해법의 절대적 한계의 조건을

---

13 타이핑 원고는 다음과 같은 부연 설명을 포함하고 있다. "분명히 루소는 알리에나시옹aliénation이라는 용어를 우리의 의미에서 사용하지 않는데(그렇다!), 하지만 소외라는 의미는 그의 문제설정 및 그의 용어법에서 비롯되어 헤겔과 포이어바흐를 거쳐 이런 효과들이 생산하는 과정을 지칭하게 되었다. 알리에나시옹이라는 용어를 이렇게 사용하는 것은 우리 자신이다. 하지만 우리가 이렇게 사용하는 것은 전혀 근거가 없지는 않은데, 왜냐하면 이런 양도에서 우리는 **아무런 대가 없이 자신들이 만들어 낸 효과에 자신들 전체를 내맡기고 그것에 자신들을 종속시키는** 인간들과 관계하고 있기 때문이다. 전쟁 상태에서 인간의 노예 상태는 **비자발적이고 비의식적인** 진정한 소외이며, 인간들은 비의식성 속에서, 곧 여전히 그들이 자기 자신을 소유하고 있다고 믿으며, 실제로는 노예인데도, 자신들이 원하지 않았으며 또한 자신들도 모르는 사이에 자신들의 행위로 인해 노예가 되었는데도 여전히 **자유롭고 독립적**이라고 믿고 있는 인간들이 겪는 소외다. 만약 그렇다면 이런 총체적 소외에 대해서는 **총체적 양도**라는 또 다른 해법 말고는 다른 해법이 존재하지 않는다. 하지만 이번에는 의식적이고 자발적인 양도다." 논문 「사회계

재발견하게 된다. 사실 해법은 외부에서 올 수는 없으며, 소외의 존재 양식에 대해서만 작용할 수 있다. 이는 비자발적이고 비의식적인 소외를 자발적인—하지만 반드시 의식적인(암묵적인) 것은 아닌—양도로, 하지만 그 역시 총체적인 양도로 전환할 수 있는 가능성이다. 자발적인=자유로운. 소외의 존재 양식의 변형 작용은 소외를 자발적이고 자유로운 것으로 전환시킴으로써 소외의 양상에 대해 작용하게 된다. 우리는 해법에서 해법의 절대적 한계의 조건을 재발견하게 된다. 사실 해법은 외부에서 올 수는 없으며, 소외의 존재 양식에 대해서만 작용할 수 있다. 이는 비자발적이고 비의식적인 소외를 자발적인—하지만 반드시 의식적인(암묵적인) 것은 아닌—양도, 하지만 이것 역시 총체적인 양도로 전환할 수 있는 가능성이다. 자발적인=자유로운. 소외의 존재 양식의 변형 작용은 소외를 자발적이고 자유로운 것으로 전환시킴으로써 소외의 양상에 대해 작용하게 된다.

하지만 어떻게 총체적 소외가 자유로울 수 있는가? 이는 절대적 모순 아닌가? 사회계약의 조항들은 이런 모순 속에서 운동한다. 루소는 이 모순을, 그 내재성의 원리를 존중하면서, 유지될 수 없는 역설의 형태로까지 밀어붙인다. 치료법을 악에서 이끌어 내야 하는 것이다. 오직 병리적인 것의 악화만이 새로운 정상성을 설립할 수 있게 해 준다.

약론에 대하여」에서 (헤겔과 포이어바흐에 대한 준거는 빠진 채로) 사용된 것이 이 판본이다.

자유로운 총체적 양도는 문제를 엄격하게 정립하는 데 의거해 있다. 우리는 소외에 의해서만, 소외를 자유롭고 총체적인 양도로 전환함으로써만 소외에서 벗어나게 된다.

(c)『사회계약론』의 메커니즘
첫 번째의 관련된 괴리. 공동체의 지위. 두 번째 당사자.

또 다른 당사자인 공동체 및 공동체가 개인들의 총체적인 양도의 대가로 제시하는 것에 관해서는 제쳐 두었다. 계약을 맺을 때는 두 당사자 및 한 가지 교환물이 존재하게 된다.

계약은 서로 주는 두 당사자를 전제한다.

다음과 같은 점에 주목해 보자.

- PP 1: 1번 당사자. 개별적으로 포착된 개인들
- PP 2: 2번 당사자. 공동체
- 교환의 1번 측면: PP1이 총체적 양도에서 주는 것
- 교환의 2번 측면: PP2가 계약 체결 행위에서 주는 것.

다음과 같은 계약의 등식이 존재한다.

- PP1은 모든 것을 준다.
- PP2는?

우리는 PP2가 누구인지, 그가 교환의 대가로 무엇을 주는지 모른다. 사회계약의 역설 전체는 PP2의 본성에서 기인한다. 만약 PP1이

정의된다면("연합체의 각 구성원은 자신의 모든 권리와 함께"), PP2는 모호하게 남아 있다. 계약의 역설은 두 당사자를 현시하는데, 그중 한 당사자는 계약에 앞서 그리고 계약 외부에 존재하는 반면, 다른 당사자는 계약 이전에는 존재하지 않으며, 계약이 생산하기로 예정된 대상 자체라는 점에 있다. PP2는 계약 주체가 아니라 계약의 산물인 것이다.

사실 공동체는 동일한 개인들이기는 하되, 계약이 생산해야 하는 새로운 형태 아래에 있는 동일한 개인들이다. "인민은 오직 자기 자신하고만 계약을 맺을 뿐이다." PP1이 PP2와 계약을 맺을 때, 이는 동일한 개인들이 동일한 개인들과 계약을 맺는 것이며, 이 개인들은

① 응집의 형태 아래

② 연합, 통일체의 형태 아래

실존한다.

이것은 결과(PP2)가 원인(PP1)에 선행하는 순환성이다. 그리고 루소는 이를 알고 있었다. "결과가 원인이 될 수 있도록 해야 한다."[14]

두 당사자의 이런 동일성은 무엇을 의미하는가? 사회계약은 두 당사자 사이에 체결되는 합의이며, 이중 두 번째 당사자는 계약의 효과로 구성된다. 두 당사자 중 하나가 계약 이전에 존재하지 않는다고 해도, 여전히 계약에 대해 말할 수 있는가? **계약은 구성되어 있는 두 당**

---

14 "태동하는 인민이 건강한 정치 규칙을 평가하고 국가이성의 기본 원리를 따르게 만들려면, 결과가 원인이 될 수 있도록 해야 한다. 즉 제도의 결과인 사회정신이 제도 자체를 앞장서 이끌어야 하며, 법에 의해 변화되어야 할 인간이 법이 있기 전에 그렇게 되어 있어야 한다." 2부 7장, 54-55쪽.

사자 사이의 교환 행위가 아니라 두 번째 당사자, 곧 공동체의 구성이다. 교환은 두 번째 당사자를 구성하는 이런 행위에 후속한다. 모든 것은 모든 교환의 가능성에 선행하는 이런 구성 행위에서 기인한다. 이것이 첫 번째의 **관련된 괴리**이다. 계약은 교환 개념 아래에서 사고되지만, 그 내용은 교환 개념에서 성립하는 게 아닌데, 왜냐하면 계약은 교환하는 두 항 중 하나의 구성이기 때문이다. 칸트의 테제는 이런 첫 번째 괴리에 객관적으로 토대를 두고 있다.

칸트의 입장. 만약 계약이 계약의 외양일 뿐이라면, 이는 개인들이 "자기 자신들하고만 계약을 맺기" 때문이다. 이는 개인과 그 자신 사이의 계약이다. 구성되어야 하는 것은 공동체적이고 일반적인, 도덕적인(≠자연적·특수한, 감성적) 개인이다. 이는 도덕적 개인의 자기 구성이다. 계약을 도덕으로의 전환(자연성에서 도덕성으로의 전환) 행위로 해석할 수 있다. 이는 루소의 몇몇 텍스트, 특히 「정치경영론」◆에 근거를 둔다("심정 안에서 말하는 의무의 목소리").[15] 이런 해석은 다음과 같이 일반화된다. 사회계약은 정치 공동체의 외양 아래 도덕적 주체들

◆ 루소의 「정치경영론」Discours sur l'économie politique은 1755년 『백과전서』의 항목으로 집필된 글인데, 제목의 "économie"는 이후에 사용된 의미에서 경제 또는 경제학이 아니라, 가정의 관리 내지 통치와 비교될 수 있는 국가의 관리 내지 통치에 관해 논의하는 글이다. 따라서 「정치경제론」이 아니라 「정치경영론」이라 옮겼다.

15 "이렇게 되면 심정 안에서 더 이상 말하지 않는 의무의 목소리 대신에 통치자들은 공포로 인한 울부짖음이나 그들이 피조물들을 현혹하는 외관상의 이익의 미끼를 사용하도록 강제된다." *Discours sur l'économie politique*, in *Œuvres complètes*, op. cit., t. III, p. 253; 「정치경제론」, 『사회계약론 외』, 박호성 옮김, 책세상, 2015, 246쪽.

의 공동체, 목적들이 지배하는 공동체에 불과한 어떤 공동체를 창설하도록 되어 있는 것이다(카시러를 보라).[16]

하지만 사회계약을 감성에서 이성으로의 전환으로 인식하기는커녕 루소는 유용성과 의무를 통합하려고 하는데, 칸트의 경우는 그렇지 않다. 사적 이익은 계약에서 사라지지 않으며, 도덕의 동력을 이룬다. 정념들을 지닌 인간들은 루소에게는 불변적인 현실이다. 더욱이 **루소에게 자유의 개념**은, 정치체 안에서 사람들을 자유롭도록 강제해야 하는 바의 것이다.[17] 폭력은 자유 실현의 수단인데, 이는 칸트적인 도덕의 영역이 아니다.

객관적으로 가능한 칸트의 해석은 이론적으로는 유지될 수 없다. 이런 해석은 우리가 여기서 『사회계약론』을 끝마칠 경우에만, 곧 이런 답변이 확정적일 경우에만 유지될 수 있는데, 이는 괴리가 자기 자신 안에 해법을 포함하고 있다고 가정하는 것이다. 그런데 이런 물음

16　Ernst Cassirer, "L'unité dans l'œuvre de Jean-Jacques Rousseau", in *Bulletin de la Société française de philosophie*, avril-juin 1932.

17　"그러므로 사회계약은 그것이 헛된 서식이 되지 않기 위해, 유일하게 다른 약속들에 효력을 줄 수 있는 다음과 같은 약속을 암묵적으로 포함한다. 그것은 누구든 일반의지에 복종하길 거부하면 단체 전체가 그를 강제로 복종시킨다는 것이다. 이것이 뜻하는 것은 다음과 다르지 않다. 우리는 그를 강제로 자유롭게 만들 것인데, 왜냐하면 이 계약 조건으로 인해 시민 각자는 자신을 조국에 바치면서 모든 인신적 의존에서 보호받기 때문이다. 바로 이 조건이 정치 기계의 기교와 운동을 만들어 내고, 이 조건만으로 시민들의 약속은 정당한 것이 된다. 이런 조건이 없는 약속은 부조리하고 전제적일 것이며, 엄청난 폐단에 직면할 것이다." 『사회계약론』, 1부 7장, 29쪽.

은 후속하는 논의에서 자신의 확정적인 비-답변을 받기 이전에 다시 제기될 그런 물음이다.

그렇지만, **루소는** 공동체의 **이런 애매한 지위에서 무언가를 얻게 된다.** 그는 계약에서 개인들의 총체적 양도가 제기한 경악스러운 문제에 대해 답변할 수 있게 된다. 그는 고전 정치철학의 아포리아들에서 벗어나면서 홉스가 제기한 반박과 난점을 해명할 수 있게 된다.

루소는 총체적 양도라는 문제에 답변한다. 계약에서 두 차례에 걸쳐 나타나는 것은 동일한 개인들이다. 총체적 양도는 가능하고 비모순적인데, 왜냐하면 그것은 내적인 것으로 남아 있기 때문이다. 가능하고 필연적인 것은, 인간이 자기 자신을 자신에게만 주기 때문이며, 이 사실로 인해 이는 무상의 선사가 아니기 때문이다. 이런 양도는 양도의 주체들이 성원을 이루고 있는 공동체의 이익을 위해 이루어진 것이다. 고전적인 계약들에서 두 당사는 서로 다른 이들이며, 이는 진정한 의미의 교환 계약이다. 더욱이 이 교환은 항상 부분적인 교환이지 총체적인 것이 아니다. 개인은 자신의 권리들 중 일부만을 포기한다. 루소에게 역설을 이루는 것은 개인이 교환으로 무언가를 받기 위해서는 모든 것을 주어야 한다는 점이다. 교환으로 무언가를 받기 위해서는, 교환이 아니라 총체적 양도가 존재해야 한다. 교환의 배후에, 그 가능성의 조건으로서 총체적 소외가 필연적으로 존재하게 된다. 교환 없는 총체적 계약의 수준에서 모든 교환의 가능성 및 필연성의 선험적 조건이 발견된다. 그리고 여기에서 루소는 홉스와 가까워진다.

홉스 또한 사회계약의 비교환적 성격을 분명히 드러낸다. 그는 사회계약이 또한 두 번째 당사자(이는 실제로는 당사자가 아니다)를 생산하며, 이런 생산은 또한 총체적 양도에 의해 이루어진다는 것, 양도는 모든 교환의 선험적 조건이라는 것(이는 권력의 절대적 본질로서 절대 권력에 대한 이론이다)을 파악했다. 하지만 홉스의 비극은 그의 급진적인 시도가 그에게는 모순적이라는 점이다. 곧 사회계약은 외부로의 양도에 의거해 있는 것이다. 만약 군주가 계약에 의해 구성된다면, 그는 계약에서 혜택을 보는 제3자이며, 계약에 대해 **외재적인 효과로서 구성되는** 것이다. 군주, 두 번째 당사자, 세 번째 수혜자는 현실적으로, 그리고 물리적으로 PP1과 구별된다. 여기에서 해결할 수 없는 일련의 문제들이 따라 나온다.

- 군주와 인민 사이의 관계, 그리고 가능한 갈등의 문제. 두 항 사이의 이런 갈등에서 하나의 항은 당사자가 아닌데, 이는 군주가 인민에 대해 아무것도 약속하지 않았기 때문이다.

- 군주의 의무라는 문제.

이 모든 것은 루소와 다르다. 계약의 고유성은 모든 양도를 외부로, 계약 바깥으로 밀어낸다는 점이다. 계약은 두 번째 당사자하고 이루어지는데, 이 두 번째 당사자는 계약에 의해 구성되는 존재이며 PP1에 대해 외재적이지 않으며, 정반대로 그것과 동일하다. 따라서 인간들은 내적 양도에 의해 자기 자신에게 자신을 양도하는[자기 자신들로 소외되는] 것이다. 사회계약의 행위는

- 자연적 질서를 초월하는 질서를 구성하며

- 초월성에 의지하지 않고서 이를 구성한다. 양상의 변화가 존재하는 것이다. 내재성에 기반을 둔 초월.

- 그 결과는 자연적 개인들의 모든 속성을 지니고 있는 통일체의 창조다. 계약의 산물인 이런 공동체적인 "나"는 홉스가 군주에게 부여하는 모든 범주를 소유한다. 하지만 여기서 문제가 되는 것은 현실적 개인(이런저런 군주로서의 개인, 이런저런 의회)이 아니라, 개인들의 총체적 양도에 의해 구성되는 도덕적 인격이다. 이 범주들은

- 주권적 권력의 절대적 특성. 이것은 다른 개인과의 다른 약속이 아니라 자기 자신과의 약속에서만 유지된다. 개인은 자기가 되어야 하는 바의 존재다.

- 권력은 양도 불가능하다. 그것은 무상으로 주어질 수 없다.

- 그것은 분할 불가능하다.

- 그것은 오류를 범할 수 없다.

루소는 계약의 보증이라는 문제와 관련해 홉스와 자신을 구별한다. 갈등이 생기면 인민과 군주 사이에서는 누가 중재를 하는가? 이는 사실에 관한 문제가 아니다. 루소에게 중재의 문제는 사라진다. 홉스는 문제를 제기할 줄은 알았지만 해결을 하지는 못했는데, 왜냐하면 양도가 외재적이기 때문이다. 그리고 그는 이 문제를 군주라는 개인에게 이동시켰다. 루소는 문제의 이동은 해법이 아니며, 문제의 해법은 문제의 제거라는 것을 간파했다. 두 당사자들에 대한 제3의 중

재자를 가정하는 것은 시민사회가 존재하지 않으며, 사람들은 여전히 계약에 선행하는 요소(여기에서는 사실에 의해 권리의 문제를 해결한다) 안에 머물러 있다고 가정하는 것이다. 제3의 인물의 문제는 시민사회의 본질이 잘못 정립되었다는 점의 징표이며, 법적-정치적인 것을 명료하게 밝히는 데 실패했다는 표시다. 이는 사람들이 자연적 폭력의 영역 안에 머물러 있다고 가정하는 것이다. 루소에게는 중재자, 제3의 인물이 필요하지 않은데, 왜냐하면 두 번째 인물이 존재하지 않기 때문이다. 곧 개인들은 자기 자신들하고만 계약을 맺으며, 양도는 내재적인 것이다. 주권자는 동일한 개인들일 뿐이지만, 이들은 통일체의 형식 안에서 실존한다.

(d) 『사회계약론』의 메커니즘
두 번째의 관련된 괴리. 총체적 양도와 교환

여기에서 우리는 아직 도덕의 현행적 실존으로서 인식되는 도덕의 영역 안에 존재하지 않는 것으로 나타난다. 총체적 양도는 교환이 아니지만 교환을 생산하는데, 이렇게 생산된 교환은 부분적인 교환이다. 이것은 첫 번째의 괴리, 곧 PP2의 지위라는 괴리의 질문에 대한 답변을 포함하고 있는 두 번째의 관련된 괴리이다. 이 새로운 괴리는 새로운 질문의 형태 아래, 곧 세 번째 괴리의 형태 아래 하나의 답변을 포함하고 있다.

1부 9장을 보라. "이 양도에는 특이한 점이 있는데, 공동체는 개인들의 재산을 수용하지만 그것을 빼앗는 것이 아니라 오히려 그들의 정당한 점유를 보장함으로써 침탈을 진정한 권리로 용익을 소유로 바꾼다. … 말하자면 그들은 내준 것 전부를 획득한다"[33쪽]. 계약을 맺은 사람들은 자신들이 준 것을 획득하며, 더욱이 점유가 소유로 변경된다. 그들은 자신들이 가진 것을 보존하지만, 더 이상 점유의 형태가 아니라 소유의 형태로 보존한다.

2부 4장에 다음과 같은 대목이 나온다. "보통 다음이 인정된다. 각자는 사회계약을 통해 자신의 모든 힘과 재산과 자유에서 오직 공동체에 중요하게 쓰이는 부분만을 양도한다. 하지만 오직 주권자만이 이 중요성을 판단한다는 것도 인정해야 한다"[41쪽].

사회계약의 절대적 조건, 유일한 조항으로서 총체적 양도는, 재산들의 경우에는 총체적인 비양도이고 자유의 경우에는 부분적 양도가 된다는 역설적 결과를 생산한다. 그리고 총체적 양도가 자신의 결과로서 어떤 교환을 생산한다. 또는 더 정확히 말하면, 총체적 양도가 나의 "존재 방식"에서 생산하는 변화는 어떤 교환이다. 1부 8장 「사회 상태에 대하여」 참조. 특히 교환의 명세 참조. "이 저울질 전부를 쉽게 비교할 수 있는 항목들로 환산해 보자. 사회계약을 통해 인간이 잃는 것은 자연적 자유와, 그를 유혹하고 그의 손이 닿는 모든 것에 대한 무제한적 권리다. 그가 얻는 것은 시민의 자유와, 그가 가지고 있는 모든 것에 대한 소유권이다. 이 보상에 대해 잘못 생각하지 않으려면, 개인의 힘에 의해 한계가 정해지는 자연적 자유와 일반의지에 의해 제한되는 시민의 자유를 잘 구별해야 하고, 힘의 결과일 뿐이거나 최초 점유자의 권리일 뿐인 점유와 확실한 명의로만 정당화될 수 있는 소유권을 구별해야 한다"[30쪽].

이렇게 생산된 교환은 존재 방식의 변화이며, 이로운 것이다. 어떻게 교환이 아닌 총체적 양도가 무매개적으로 교환의 형식을 띨 수 있는가? 어떻게 이런 교환이 변화일 수 있는가? 여기 계약의 조항들에 대한 신중한 존중에 의해 생산된 양도의 자기 조절 및 자기 한정 메커니즘이 존재한다. 조항들에 대한 존중은 이런 자기 조절을 보증한다.

— **"각자가 자신을 전부 주기에 계약 조건이 모두에게 평등하며, 조건이 모두에게 평등하기에 어떤 사람도 계약 조건이 타인에게 부담이 되도록 만드는 데 관심을 갖지 않는다"**[1부 6장, 24쪽]. 평등은 각자가 자신의 모든 것과 자신이 소유한 모든 것을 내놓는 전면적 양도[소외]에서 비롯한다. 교환은 가장 많이 소유한 이, 전쟁 상태에 머물러 있으면 가장 많이 잃을 것으로 위협받는 이에게 정확히 유리한 것이다. 이런 형식적 평등의 바탕 위에서 이익이 그 조건이자 귀결로서 개입한다. 만약 누군가가 이런 평등을 다른 이들에게 부담이 되게 만들고자 한다면, 그는 자동적으로 그것을 자기 자신에게 부담이 되도록 만들게 될 것이다. 사회계약의 평등한 상호성을 보장하는 것이 바로 각 개인의 이익이다. 사회계약의 내용이 이런 평등한 상호성이다. 모든 결정은 계약의 평등에 따른 상호적인 것이다. 전면적 양도는 평등의 토대의 역할을 수행한다(홉스에게 실제 죽음에 대한 두려움이 수행했던 역할). 이런 상호성은 각 개인의 개별 이익에 토대를 두고 있으며, 이것이 심층의 규제 원리로 작용한다. 권리의 평등과 정의의 관념은 각자가 선호하는 것, 곧 자기애, 특수 이익에서 파생된다.

- 이 평등의 내용은 약속의 본성 안에 남아 있다. 상호성의 지주는 특수 이익이다. 보편적 상호성의 조건에 종속되어 있는 특수 이익의 작용은 전면적 양도의 결과에 대해 자신의 내용을 부여한다.[18]

  - 일반의지 또는 일반 이익의 생산
  - 전면적 양도가 부분적 양도, 유리한 교환으로 자기 한정되는 것.

전면적 양도 속에서 개별 이익이 탁월하게 능동적이기 때문에, 자기 규제가 존재하게 된다. 특수 이익의 도덕적 전환은 존재하지 않는다. 특수 이익이야말로 각 개인이 자신이 소유한 것을 보존하기 원하게 만드는 것이며, 각 개인으로 하여금, 자기가 이렇게 할 수 있도록 다른 사람들도 각자 그들이 소유한 것을 보존하기를 원하게 만드는 것이다. 특수 이익은 전면적 양도를 부분적 양도로 한정한다. 전면적

---

18 『사회계약론』 2부 4장[42쪽]. "사회체와의 결합을 만들어 내는 약속이 의무가 되는 것은, 그것이 상호적으로 부과되기 때문이다. 그래서 이런 약속들의 본성상, 그것을 완수하면서 타인을 위해 일하는 것은 결국 자신을 위해 일하는 것과 같다. 일반의지는 왜 언제나 올바른가? 왜 모든 사람이 그들 각자의 행복을 서로 지속적으로 원하게 되는가? 바로 각자chacun라는 말을 자기 것으로 삼지 않는 이가 없고 모두를 위해 투표하면서 자기 자신을 염두에 두지 않는 이가 없기 때문이다. 이로써 다음이 증명된다. 권리의 평등과 여기에서 생기는 정의의 관념은, 각자가 자신에게 부여하는 선호préférence에서, 따라서 인간의 본성에서 유래한다. 또한 일반의지가 진정으로 일반적인 것이 되려면 본질뿐만 아니라 대상에서도 일반적인 것이어야 한다. 그리고 일반의지가 모두에게 적용되기 위해서는 모두에서 나와야 한다. 끝으로 일반의지는 개별적이고 특정한 대상에 관계될 때 본래의 곧음을 상실한다. 왜냐하면 그때 우리는 우리와 무관한 것에 대해 판단하게 되어, 우리를 인도할 그 어떤 참된 공평함의 원리도 갖지 못하기 때문이다."

양도의 내용은, 부분적 교환과 동시에 상태의 변화를 함축하는 개인들의 자연권 속에 남아 있다.

이로부터, 각자는 누구에게도 자신을 주지 않는다는 결과가 따라 나온다. 계약은 하나의 교환을 생산하는데, 왜냐하면 계약 자체는 교환이 아니기 때문이다. 계약은 자신을 무상으로 주는 것은 인간 본성과 대립한다는 불굴의 규칙에서 벗어난다. 이런 전면적 양도는 인간 본성과 상반되지 않는데, 왜냐하면 인간은 자신을 제3자에게 주는 것이 아니며, 자신이 주는 것을 넘어서는 결과들과의 교환으로 자신을 주기 때문이다. 그리고 그가 자기 자신에게만 자기 자신을 주기 때문에, 그는 자신이 주는 것보다 더 많은 것을 얻는 것이다. 하지만 여기에서 관련된 세 번째 괴리가 시작되었다. 이런 괴리는 특수 이익과 일반 이익의 문제, 곧 법의 문제와 관련되어 있다.

(e) 사회계약의 대상들로서 정치적 현실들[19]

여기서는 개념들의 위치 설정이 문제가 된다.

① 구성적인 정치적 실재들: 계약 그 자체

이것은 유일한 계약으로 인민의 인민됨을 구성하는 계약이다. 이

---

19 이 부분에 포함된 분석은 「사회계약론에 대하여」에서는 나타나지 않는다. 텍스트 확립은 주로 알튀세르의 타이핑 원고에 입각해 이루어졌다.

것은 명시적일 수도 암묵적일 수도 있지만, 항상 만장일치다. 반대자들은 정치체에서 벗어나며, 만약 그들이 남아 있겠다면, 그들은 자신들의 투표를 부인한다고 고백하는 것이다. 이는 모든 정치체의 행위의 내적 본질을 구성하는 것이다(이것은 로크에게서 자연법과 같은 역할을 수행한다). 이것은 취소될 수 있다.

계약은 계약자들 사이에서는 정치적 신체를 구성한다. 이것은 도덕적이기는 하지만 객관적인 실재다. 이것은 영혼, 지성, 머리(주권자, 공공의 지혜, 정부)를 갖춘 신체다. 수동적인 것으로 간주될 경우 이 신체는 국가이며, 능동적인 것으로 간주되면 주권자이고, 다른 국가들과 비교되면 역량이다.

② 주권자

이는 신체로 결집된 인민으로, 사회계약의 원초적 상황을 존중하고 자신의 의지를 언표하는 결정을 내린다. 이것은 일반의지와 혼융된다. 주권자는 입법적 권력으로, 행정부, 그것의 장관, 사무관들과 대립한다(로크 참조). 주권자의 활동은 일반의지의 영역인 법을 공포하는 것이다.

여기에는 로크의 개념화의 본질적 요소들이 존재한다. 인민의 동일성, 일반의지, 입법권, 그리고 정부의 종속적이고 도구적인 특징 등이 그것이다. 하지만 루소와 로크를 구별 짓는 것은 입법권 또는 주권을 결집된 인민과 동일시하는 것, 이런 권리상의 동일시를 주장한다는 점이다. 로크에게는 인민에 의해 입법권을 자격을 지닌 이들에게 위임하는 것이 존재하는데, 이들은 선출된 대표자들의 의회일 수도 있고 소수의 사람들의 집합일 수도 있고 아니면 단 한 사람일 수도 있다. 입법부는 인민과 구별된다. 하지만 루소에게 모든 권력은 공화국의 것이며, 입법권은 결집된 인민과 하나를 이루고 있어서 주권적 권력은 누구에게도 위임될 수 없다.

이런 중요한 차이점은 또 다른 귀결을 낳는데, 이는 상이한 정부 형태들이라는 유명한 고전적인 문제가 로크와 루소에게 동일한 수준에서 제기되지 않는다는 점이다. 로크의 경우 입법권의 귀속 수준에 따라 민주정과 귀족정 내지 과두정, 군주정 사이의 차이를 해명할 수 있다. 구별을 내리는 것은 입법권의 보유자들의 본성이다. 반대로 루소에게 입법권은 어떠한 위임이나 귀속의 대상이 될 수 없다. 모든 권력은 공화국의 것이다. 구별은 정부의 수준에서 작동하며 토대를 갖는다. 행정권이 인민 전체에게 속하는지(민주정), 일군의 사람들에게 속하는지(귀족정 내지 과두정) 아니면 단 한 사람(군주정)에게 속하는지 또는 혼합된 통일체(혼합정)에 속하는지에 따라 구별이 존재한다. 루소에게 모든 정치적 신체는 인민에 의한, 인민을 위한 인민의 입법을 함축하지만, 모든 정치적 신체가 인민에 의한, 인민을 위한 정부를 함축하지는 않는다. 오직 민주정만이 이런 요구 조건을 충족시킨다.

③ 기본법이라는 문제

주권자로 구성된 인민의 통일성이 살아 있는 것이기 위해서는 하나의 구조, 곧 기본법의 정치적 구성[헌정]constitution이 필요하다. 이 법률들은 정치법, 시민법, 형법이다. 이 법률들은 주권자에 의해 자유롭게 결정되고 수용되어야 한다.

　루소의 해법은 역설적이다. 기본법의 내용을 결정하는 것은 주권자가 아니라, 신비스러운(왜냐하면 인간들에게 법률을 선사하기 위해서는 그는 인간 이상의 존재여야 하기 때문이다[20]) 제3의 인물인 입법자다. 주권자는 입법자가 제안한 법률들을 검토하고 수용함으로써 자신의 기능을 충족한다. 이 법률들을 제정하는 것은 입법자다. 입법자라는 루소의 발명품은 실천적·이론적 근거들을 지니고 있는가?

　이와 같은 입법자의 도입은 이 인물이 루소의 전형적 문제, 곧 원환과 단절하는 아포리아적인 문제를 해소하는 과제를 맡고 있다는 데서 생겨난다. 여기에는 역사의 난입이 존재한다. 여기에서 질문은 역사 속에서 새로운 현실의 개입과 관련된다. 법을 선사한다는 것은 돌발이다. 불가능한 필연성이다. 역사(어떤 필연의 장을 구성하는 우연이라는 형태 아래 – 여기에서도 우리는 『두 번째 논고』의 친숙한 구조로 반송된다)는 어떤 인민에게 법을 선사할지 선택해야 하는 정확한juste 순간, 정확한 상황이라는 형태를 띠고, 기본법의 결정이라는 문제 속에서 모습을 드러낸다. 인민은 이런 순간에 법률들을 받아들일 수 있는가? 모든 인간 집단이 모든 순간에 인민이 되기, 법률들을 수용하기라는 소명 및 운명을 지니도록 예정되어 있는 것은 아니다. 루소는 이런 예외적 조건들이 충족될 때까지 야생의 상태 속에 머물러 있을 수밖에 없는 동시대

20　『사회계약론』 2부 7장[52쪽]. "인간들에게 법을 주려면 신들이 필요할지 모른다."

의 사례들을 인용한다.

가장 유명한 것이 러시아의 사례다. 사람들은 러시아를 너무 일찍 인민으로 만들려고 했다. 따라서 러시아는 이중의 사례다. 다수의 사람들을 야생의 상태로 유지시켜야 할 필요성의 사례이면서, 이들에게 법을 선사하려고 시도했던(표트르 대제) 조급하고 나쁜 순간의 선택이 가져온 재앙 효과의 사례이기도 하다[『사회계약론』 2부 8장, 59쪽 이하 참조]. 이와는 정반대로 코르시카, "언젠가 유럽을 놀라게 할 작은 섬"[21]은 폴란드와 마찬가지로 법률들을 수용할 수 있을 만큼 성숙했다. 그러므로 인민의 설립, 법률들의 선사(와 수용)을 통한 한 민족의 인민으로의 구성은, 루소가 개념화한 바의 역사와 직접 관련되어 있다.

입법자는 인민이 입법 정신을 가지기 위해 필요한 법률들을 선사함으로써 인간들의 역사를 선취한다. "태동하는 인민이 건강한 정치 규칙을 평가하고 국가이성의 기본 원리를 따르게 만들려면, 결과가 원인이 될 수 있도록 해야 한다. 즉 제도의 결과인 사회정신이 제도 자체를 앞장서 이끌어야 하며, 법에 의해 변화되어야 할 인간이 법이 있기 전에 그렇게 되어 있어야 한다"[2부 7장, 55-56쪽]. 여기에서도 여전히 외부로부터의 해법이 나온다. 이는 입법자가 외재성을 띤 가능한 모든 속성, 곧 인간 이상의 존재, 유사-신, "기계를 고안하는 역학자"[22] 같은 속성을 지니기 위해서는 외재성에 의지하는 것이 필수 불

---

21 『사회계약론』, 2부 10장, 66쪽. "나는 이 작은 섬이 언젠가 유럽을 놀라게 할 것이라고 예감한다."

가결하기 때문이다. 그는 인간 본성 바깥에 있다. 게다가 입법자는 그가 설립하는 기계 바깥에 머물러 있어야 한다. 그는 정부 속에서도 주권자 속에서도 모습을 나타내지 않는다! 그가 자신의 법률을 통일체에게 선사하기 위해서는 그 통일체 바깥에 존재해야 한다. "국가에서 입법자는 모든 면에서 특출한 인간이다. 타고난 재능도 그래야 하지만 그가 맡은 일 자체가 그렇다. 그의 일은 행정관의 것도 아니고, 주권자의 것도 아니다. 입법자의 일을 통해 공화국이 구성되지만, 이 일은 공화국의 헌정 속에 포함되지는 않는데 … 왜냐하면 인간을 지휘하는 이가 법을 지휘해서는 안 되는 것처럼, 법을 지휘하는 이도 인간을 지휘해서는 안 되기 때문이다"[54쪽]. (사례. 리쿠르고스는 "자신의 조국에 법을 줄 때 우선 왕위를 내려놓았다.")

이런 외재성의 마지막 모습은, 종교와 입법자의 동시적 개입이다. 종교는 두 번째 원환을 해소하기 위해 기입하는데, 이 원환은 이번에는 인민 자신의 수준에서 첫 번째 원환을 반복하는 것에 불과하다. 두 번째 원환은 다음과 같은 것이다. 곧 어떤 인민에 속하는 사람이 그 법률들을 사고하는 것을 금지하는 것은 사회적 정신의 부재인데, 왜냐하면 이 사회적 정신은 법률의 산물일 뿐이기 때문이다. 오직 바깥의 인물만이 이런 법률들을 사고할 수 있으며, 정확한 순간에 법률들을 선

---

22 『사회계약론』 2부 7장[53쪽]. "그런데 위대한 군주감이 정말로 드물다면, 위대한 입법자는 어떻겠는가? 군주는 입법자가 제안하는 모델을 따르기만 하면 된다. 입법자는 기계를 고안하는 역학자이고, 군주는 기계를 조립하고 작동하는 일꾼일 뿐이다."

사할 수 있다. 하지만 동일한 이유로 인해 종교가 개입하게 된다. 이는 법률들을 사고하기 위해서가 아니라 그것을 수용하기 위해, 이 법률들이 좋은 것이라는 점을 알아보기 위해, 이 법률들에서 자신의 일반의지를 인지하기 위해 인민은 정확히 이런 사회적 정신, 이런 시민적 미덕과 지혜, 요컨대 우리가 말한 원환에 따르면 바로 이런 법률들이 생산하기로 되어 있는 이 습속을 소유하고 있어야 한다. 제안된 법률들을 주권자가 수용하고 자유롭게 승인하기 위해서는 마찬가지로 자신의 정치적 도야를 선취하고 있어야 한다. 이런 선취를 제공해 주는 것이 바로 종교의 특권이다. 이것은 이미 두 번째 『논고』에서 루소의 해법이었지만, 그때에는 문제가 정립되지 않은 가운데 주장되었을 뿐이다. 여기에서는 문제의 항목들이 명확하게 정립되고 정의되어 있다.

또 다른 어려움을 주목할 만하다. 현자들이 대중에게 대중의 언어가 아니라 그들 자신의 언어를 말하려고 하면, 대중은 알아듣지 못한다. 그런데 인민의 언어로 옮기는 것이 불가능한 수많은 관념들이 있다. 관점이 너무 일반적이거나 대상이 너무 멀리 떨어져 있으면 둘 중 무엇이 더하다고 할 것 없이 인민의 능력으로는 이해되지 않는다. … 따라서 입법자는 힘도 논증도 사용할 수 없기에, 폭력 없이 이끌고 입증 없이 설득하는 다른 차원의 권위에 필연적으로 의지할 수밖에 없다.

이 때문에 예로부터 국민의 창시자들은 하늘의 개입에 의지하고 그들 자신의 지혜를 신의 영광으로 돌려, 인민의 자연의 법에 복종하듯이 국가의 법에 복종케 하고, 인간과 도시국가가 동일한 힘에 의해 발생된다고 인정하도록 만들었다. 이를 통해 인민은 자유로운 행위로 복종하게 되고, 온순하게 공적 행복의 굴레를 지게 되는 것이다[56-57쪽].

두 개의 원환이 같은 결과에 이르는 것, 또는 오히려 동일한 수단에 의해 외재성 속에서 해소되는 것은 우연이 아니다. 곧 입법자는 일종의 신이며, 그는 인간들이 알아듣게 만들려면 신을 환기시켜야 하는 것이다.

④ 정부의 설립

주권자는 입법자가 제안한 법률들을 수용한다. 하지만 정치체는 법률을 집행하는 머리를 갖고 있어야 하는데, 이것이 정부다. 이런 정부의 설립이라는 물음은 루소에게는 미묘한 물음이다. 왜냐하면 계약에 의한 설립이 문제가 될 수 없기 때문이다.

그렇다면 정부를 설립하는 행위를 어떤 관념에 따라 이해해야 할까? 나는 우선 이 행위가 복합적이며 두 가지 다른 행위, 즉 법의 제정과 법의 집행으로 구성된다는 사실을 지적하고자 한다.

첫 번째 행위를 통해 주권자는 정부 단체가 이런저런 형태로 설립될 것임을 규정한다. 이 행위가 하나의 법이라는 것은 명백하다.

두 번째 행위를 통해 인민은 설립된 정부를 담당할 지도자들을 임명한다. 그런데 이 임명은 특수한 행위이므로 두 번째 법이 아니라 단지 첫 번째 법의 후속 조치이고 정부의 한 가지 직무일 뿐이다.[23]

루소는 일반적 대상과 관련된 법과 특수한 대상과 관련된 정부 행위를 구별한다.

그리고 우리는 여기에서 다시 하나의 원환에 직면하게 된다! "어려운 것은, 어떻게 정부가 존재하기도 전에 정부의 행위가 있을 수 있는지 … 이해하는 일이다." 루소는 이런 아포리아(다시 한 번 발생의 문제)에서 다음과 같은 단서를 통해 벗어나려고 한다. "또한 여기에서 겉보기에 모순적인 활동들을 조정하게 해주는 정치체의 놀라운 속성 하나가 드러난다. 이 속성은 주권에서 민주정으로의 갑작스러운 전환을 통해 발생한다. 그 결과 어떤 지각 가능한 변화 없이 오직 모두의 모두에 대한 새로운 관계를 통해, 행정관이 된 시민들은 일반적인 행위에서 특수한 행위로, 법에서 집행으로 이행한다"[123쪽].

하지만 만약 그렇다면, 만약 모든 정부 지도자들의 임명이 행위를 통해, 더 정확히 말하자면 민주정이라는 이 특수한 정부 형태에 의해 공포된 시행령에 의해 이루어진다면, 이는 두 가지를 의미한다.

- 단지 모든 권력은 공화적이고 모든 체제는 주권자, 곧 결집된 인민의 입법 권력에 의거할 뿐만 아니라, 모든 정부의 지도자들의 임명은 적어도 민주정의 일시적인 기원적 존재를 가정하게 된다. 비민주정에 속하는 모든 정부가 자신의 통치 자격을 얻기 위해서는 매우 짧은 순간이라 할지라도 민주적 정부의 원초적 실존을 가정하게 된다. 그러므로 비록 다른 모든 정

23 『사회계약론』 3부 17장, 122-23쪽.

부 형태가 대립적인 외양을 띠고 있다고 해도, 민주정(민주적 정부로 이해하자)의 본질적인 우선성이 존재하는 것이다.

- 그다음, 그리고 역으로 이는 민주정이 행정관들에게 권한을 부여하기 위해 자신에 선행하는 어떤 정부를 필요로 하지 않는다는 것을 의미한다. 민주정은 구성되었고, 그 직책들은 동일한 행위에 의해 제공된다. 민주정의 경우 민주적 정부를 결정하는 법률과 행정관들에게 그 권한을 부여하는 시행령은 일반의지의 단 하나의 동일한 행위 속에 융합되어 있다. "일반의지의 단순한 행위를 통해 실제로 설립될 수 있다는 것이 민주정의 고유한 장점이다"[같은 곳]. 민주정의 설립에서 사람들은 법률로서의, 곧 일반 대상을 갖는 것으로서의 시행령을 갖게 된다. 이런 합치가 가능한 이유는 주권자의 민주정으로의 "급작스러운 전환" 속에서 주권자의 구성원들과 행정관들 사이에 동일성이 존재하기 때문이다. 주권자의 각 구성원들은 즉석에서 행정관이 된다.

우리는 여기에서 루소의 주요 관심사를 알아볼 수 있다. 무슨 대가를 치르더라도 결집된 인민의 주권적 권력의 유일한 역할을 보존하고, 시행령과 대립해, 일반 대상과 관련된 입법의 행위로서 법에 대한 정의를 유지하는 것이 바로 그것이다. 아주 엄밀하게 받아들인다면, 이 두 가지 요구는 특수한 정부 형태인 민주정에 다른 모든 정부 형태와 비교할 때 절대적으로 특권적인 역할을 발견하는 것으로 귀착된다. 곧 민주정에서는 입법권과 행정권이 일치하는 것이다.

⑤ 또 다른 제도들

그리하여 입법부와 정부가 확립되었다. 나는 이제 우리가 뒤에서 다루게 될 한 가지 기술적 문제는 넘어가겠다. 그것은 행정관(통치자)의 수와 시민의 수 사이의 적절한 비례와 관련된 문제다. 루소는 (3부 1~2장에서) 비례 이론을 개진하고 있는데, 이는 인간 집단들의 특수 이익과 국가의 일반 이익에 관한 이론에 전체적으로 의거하고 있다. 나는 마찬가지로 인민 의회에서 이루어지는 투표 양식에 관한 문제도 제쳐 둘 텐데, 왜냐하면 이 문제 역시 특수 이익과 일반 이익 사이의 관계라는 문제와 관련이 있기 때문이다. 나는 그저 정치체에 고유한 세 가지 제도만 간단히 언급해 두겠다. 호민관, 감찰관, 시민 종교가 그것이다.

호민관은 루소에 따르면 본래 헌정에 속하는 이가 아니며 그 바깥에 있는데, 왜냐하면 그는 법을 공표하지도 않고 집행하지도 않기 때문이다. 이는 법을 보호하기 위해 만들어진 제도다(4부 5장).

감찰관은 "공적 판단을 표명하기" 위해(4부 7장; 156쪽), 곧 습속을 형성하는 여론을 감시하기 위해 만든 제도다. 여론은 정치적 헌정의 효과로서 이 헌정에서 기인하기 때문에, 감찰관은 최초의 좋은 상태 대로 "습속을 보존"[157쪽]하고, 그것이 타락하지 않는지 감시하는 것만을 유일한 목표로 삼는다.

마지막으로 시민 종교가 있다(뒤에 나오는 논의 참조).[24]

---

24 알튀세르의 타이핑 원고나 수강생 노트에서 "시민 종교"에 대한 표시가 나오지만,

(f) 세 번째의 관련된 괴리

: 특수 이익과 일반 이익; 특수 의지와 일반의지; 법이론

따라서 두 가지 실재의 질서가 존재한다.

– 기초 질서로서 계약과 주권자

– 부차적이고 종속적인 질서로서 정부와 그 행위들

기초 실재들의 본질은 일반성이며, 부차적 실재들의 본질은 특수성이다.

법loi이란 무엇인가?[25] 그것은 그 형식(일반의지의 행위)에서 일반적이고 그 내용에서는 일반적 대상을 지향하는 주권의 행위다.

하지만 인민 전체가 인민 전체에 대해 명령할 때 인민은 오직 그 자신만을 고려한다. 이때 어떤 관계가 형성된다면, 그것은 전체의 어떤 분할도 없는, 한 관점에서 본 대상 전부와 다른 관점에서 본 대상 전부 사이의 관계다. 이때 명령의 대상인 질료는 명령하는 의지처럼 일반적이다. 이 행위를 나는 법이라 부른다.

내가 법의 대상이 언제나 일반적이라고 말할 때 뜻하는 것은, 법은 단체로서의 신민과 추상적 행위를 고려하며, 개인으로서의 어떤

여기에 관한 더 이상의 분석은 보이지 않는다.

25 수강생 노트에서 현재의 분석은 "1. 주권자의 삶. 법"이라는 제목으로 도입되고 있다. 이 1번 항목 다음에는 2번 항목이 전혀 나오지 않고 있어서 우리는 이를 제거하는 편을 택했다. 텍스트의 내용은 주로 알튀세르의 타이핑 원고에 기반해 확립되었다.

인간이나 특수한 행위는 결코 고려하지 않는다는 것이다.[26]

    – 법의 형식: 법의 일반성은 그 형식의 일반성이다. 인민 전체는 법 안에서 자신의 의지를 표현한다. 법의 일반성=일반의지=일반 이익.

    – 내용: 일반성은 또한 그 대상의 일반성이다. 인민은 자기 자신만을 고려한다. 대상의 일반성=일반 이익

두 경우에 결과가 되는 것이 일반 이익이다. 하지만 이 개념을 언표하는 것은 동시에 그것이 가정하는 개념, 곧 특수 이익 개념을 언표하는 것이다. 따라서 우리는 다음과 같이 쓸 수 있다.

    – 한편으로, 특수 의지, 특수 이익 (…) 시행령

    – 다른 한편을, 일반의지, 일반 이익 … 법.

모든 것은, 등식의 작용 속에서 하나가 다른 하나를 대체하는 이 개념들을 이해하는 데 달려 있다. 여기서는 일반 이익이라는 개념을 살펴보자. 이 범주는 『사회계약론』의 모든 개념들의 안감 같은 것이다. 사회계약의 토대는 사회의 정치적 삶의 토대와 동일하다. 일반 이익은 모든 특수 이익에 공통적인 것이다. "만약 특수 이익들 사이의 대립이 사회들의 설립을 필연적인 것으로 만들었다면, 그 설립을 가능하게 한 것은 특수 이익들 사이의 일치. 이렇게 각기 다른 이익들에 공통으로 속해 있는 것이 사회의 유대를 만들어 낸다. 모든 이익이 일치

---

26 『사회계약론』 2부 6장, 49-50쪽.

하는 어떤 지점이 있지 않다면, 어떤 사회도 존재할 수 없을 것이다. 그렇다면 사회는 오직 이런 공통 이익을 기준으로 통치되어야 한다."[27]

특수 이익과 일반 이익 사이에는 어떤 관계가 있는가? 우리가 계약의 양도와 관련해 이미 원용한 바 있는 한 대목이 우리에게 기본 원리를 제시해 준다. "일반의지는 왜 언제나 올바른가? 왜 모든 사람이 그들 각자의 행복을 서로 지속적으로 원하게 되는가? 바로 **각자**라는 말을 자기 것으로 삼지 않는 이가 없고 모두를 위해 투표하면서 자기 자신을 염두에 두지 않는 이가 없기 때문이다. 이로써 다음이 증명된다. 권리의 평등과 여기에서 생기는 정의의 관념은, 각자가 자신에게 부여하는 선호에서 유래한다."[28] 또는 이런 선호는 『주네브 수고』의 한 대목에서는 특수 이익과 동일시된다. "의지가 항상 의지하는 이의 평안을 지향하고 특수 의지는 항상 사적 이익을 대상으로 삼고 일반 의지는 공통 이익을 대상으로 하기 때문에 공통 이익이야말로 사회적 신체의 유일한 진정한 동력이며, 또 그래야 마땅하다는 결론이 나온다. … 왜냐하면 사적 이익은 항상 선호들을 지향하는 반면 공공 이익은 평등을 지향하기 때문이다."[29]

두 텍스트의 비교가 제기하는 역설은, 선호 또는 사적 이익이 일반 이익의 토대이자 동시에 그 대립물로 제시된다는 점이다. 이로부

27　『사회계약론』 2부 1장, 35쪽.

28　『사회계약론』 2부 4장, 42쪽.

29　*Œuvres complètes*, op. cit., III, p. 295.

터 선호의 두 가지 존재 형식이 존재하며, 그중 하나는 일반 이익으로의 길을 열어 놓는 반면 다른 하나는 그 길을 닫는다는 결론을 이끌어 낼 수 있다. 달리 말하면 좋은 특수 이익과 나쁜 특수 이익이 존재하는 것이다. 양도에서 일반 이익을 제시하는 것이 좋은 특수 이익으로, 자기애를 뜻하는 이것은 나쁜 특수 이익, 곧 자존심과 대립한다.

이런 차별이 이루어지려면 어떤 작용이 필요한가? 일반의지가 공표되고, 따라서 정치체에서 일반 이익이 지배하기 위해서는 어떤 작용이 필요한가? 이 문제는 루소의 성찰에서 중심적인 위치를 차지하고 있으며, 정치체 구성[헌정]의 다수 조항들과 관련해 여러 가지 수준에서 모색되고 검토된다. 투표만이 아니라 행정관 수와 시민 수 사이에서 준수되어야 할 비례에 관련해, 호민관 및 감찰관 등과 관련해 다루어지고 있다. 우리는 이중에서 투표의 예만 살펴보겠다.

법으로 공표되는 일반의지를 인식하기 위해서는 어떻게 진행해야 하는가? 기본 원리는 4부 1장에 나와 있다. "집회의 공적 질서를 위한 규칙은 여기에서 일반의지를 유지하는 것보다는 일반의지에게 묻고 일반의지가 답하게 하는 것이다"[129쪽]. 루소는 말하기를, 일반 의지는 항상 순수 형식 아래에서 존재하지만, 항상 공표될 수는 없다. 이것이 바로 공표의 문제다.

일반의지를 공표하기 위해서는 다음과 같은 세 가지 조건이 필요하다.
- 일반의지에 대해 적절한 질문이 제기되어야 하는데, 이 질문은 일반의지에 속하는 질문, 더 정확히 말하면 특수한 대상

과 관련된 것이 아니라 일반 대상과 관련된 질문이다.

　– 이런 질문은 일반의지에 대한 심문이라는 적절한 형식(이것
이 바로 투표의 규칙이다) 아래 제기되어야 한다. 의지 및 그 대상
의 일반성에 대한 존중.

　– 일반의지는 이 질문에 답변할 수 있어야 한다. 곧 일반의지
는, 가령 "사람들의 심정 안에서 사회적 유대가 끊어질"[128
쪽] 때, 존재하고 있음에도 침묵하면 안 된다.

이 세 가지 조건은 전제된 한 가지 문제, 곧 일반의지의 파괴될 수
없고 순수한 존재라는 문제로 되돌아온다.

의지의 일반성을 보증하는 조건들은 2부 3장에서 성찰된다. 문제
가 되는 것은 인민의 숙의 조건들, 사소한 차이의 제거를 통한 일반의
지의 도출 메커니즘이다.[30] 일반의지는 특수 의지들의 공통의 잔여이
며, 일반 이익은 특수 이익들의 공통의 잔여다. 이런 잔여의 메커니즘
이 작용하기 위해서는 조건들을 준수해야 한다.[31]

　– 인민은 계몽되어 있다. 정치적·사회적·도덕적·종교적 교육

30　Ibid., "이 특수 의지들에서 서로 상쇄되는 더 큰 것들과 더 작은 것들을 빼면, 차이들
의 합계로 일반의지가 남는다."(39쪽)

31　"만약 인민이 충분한 정보를 가지고 숙의할 때, 시민들 사이에 어떤 의사 교환도 없
다면, 엄청나게 많은 수의 작은 차이들로부터 언제나 일반의지가 도출될 것이고, 숙의
는 언제나 좋은 결과를 가져올 것이다. 하지만 인민이 큰 연합에 피해를 주면서까지 술
책을 부리고 작은 연합들을 만들면, 이 연합 각각의 의지가 그 안의 구성원들에게는 일
반적인 것이 되고 국가에 대해서는 특수한 것이 된다. 이때 우리는 투표자가 더 이상 사
람 수가 아니라 단지 연합들의 수만큼 있다고 말할 수 있다."(39-40쪽)

의 문제.

－ 국가 안에는 어떠한 특수한 "술책"도 존재하지 않아야 한다. 약소 집단, 당파의 제거와 같은. 각각의 시민은 자기 스스로 의견을 말해야 한다. 일반의지는, 다른 이들과 어떠한 의사소통 없이, 그를 다른 인간들(계급, 당파, 부족, 신분)과 연결해 주는 이해관계에 대한 고려 없이, 각각의 개인 안에서 심문되어야 한다. 특수 이익의 표현은 작은 사회들의 표현과 상호 연관되어 있다. 그리고 이는 일반의지, 일반 이익을 벗어날 위험이 있다. 이 특수한 집단에 사로잡혀 있는 사람에게는 더 이상 일반적이지 않으며 그 집단에 특수한 대상과 관련된 질문을 제시할 위험이 있다.

이제 우리는 루소의 사유 내부와 관련되어 있는 세 번째 괴리를 분명히 할 수 있게 되었다.

－ 일반의지 또는 일반 이익 공표의 메커니즘은 일반의지, 곧 일반 이익의 파괴될 수 없고 변질될 수 없는 존재에 전적으로 의존하고 있다. 그리고 우리는 모든 사회의 설립은 이런 존재에 의거해 있음을 알고 있다. 따라서 일반 이익의 존재는 모든 국가, 우선 사회계약 그 자체, 그다음은 뒤따르는 일반의지의 모든 공표, 곧 자신의 정신 또는 주권자 내지 입법 권력을 지닌 정치적 신체의 삶 자체가 존재하기 위한 절대적 가능 조건이다. 그러므로 첫 번째 논점은, 일반의지, 곧 일반 이익의 존

재 및 절대적 올바름에 대한 절대적 긍정이다.

- 일반의지가 존재하기 위한 가능 조건이 아니라 그것의 공표, 그리고 그 공표의 올바름의 가능 조건은 두 조항으로 집약된다. 인민은 계몽되어 있으며, 아무런 이익집단도, 결사체도, 술책 등도 존재하지 않는다.

괴리는 첫 번째 논점 속에 존재한다. 괴리는 오직 일반 이익의 절대적 존재에 대한 이런 공표에서 기인한다. 일반 이익의 존재가 필연적이라는 것은 루소에게는 절대적인 요구 사항이다. 하지만 이런 존재가 절대적이라는 것은 루소의 바람으로 남아 있다. 루소가 일반 이익의 존재를 믿고 있다는 이데올로기적 사실을 간파하는 데는 특별히 전문적인 식견이 필요치 않다. 그리고 이런 일반 이익은 하나의 신화로서, 또 다른 신화, 곧 특수 이익을 용어의 강하고 엄밀한 의미에서 고립된 개인의 이익과 동일시하는 신화의 정확한 상관물이다.

일반 이익이 하나의 신화라는 사실에 의한 증거는 단지, 일반의지가 침묵으로 환원되고 회피될 위험이 있을 때에도 그 절대적이고 순수한 존재를 긍정한다는 데, 따라서 그것의 파괴 불가능성, 비존재의 불가능성을 긍정하고, 비존재라는 개념을 침묵과 회피 개념으로 바꿔치기한다는 데 있을 뿐만 아니라, 또한 동시에 특수 이익 및 일반 이익이라는 상호 거울 반영적인 개념들 아래에서 회피되고 있는 현실에 대한 이데올로기적 부인에서도, 이익집단의 존재에 대한 부인에서도 찾을 수 있다. 일반의지의 엄격성에 대한 심문의 엄격한 조건들을 상세히 해명한다는 외양 아래 사실 문제가 되는 것은 어떤 부인이며, 이는 곧 어떤 실재가 비존재한다고 또는 그것은 관련성이 없다고 긍정하면서도 사실 그 실재를 인지[인정하는 것]reconnaissance이다. 경제적·정치적 또는 다른(가령 종교적) 이익 집단들 속에서 루소는 이중의 처리를 해야 할 실재와 마주친다. 첫 번째는 이것을 일탈적이고 변칙적인 것으로 제거하는 실천적 처리이고, 두 번째는 특수 이익-일반 이익이라는 상호 거울 반영적인 쌍의 범주들 속에서 이 실재를 사고하는 이론적 처리다. 모든 인간 집단, 또는 정치체 내부의 모든 하위 인간 집단은 일반 이익을 지닌 것으로 사고되며(이것은 유비적으로만 일반 이익이다. 왜냐하면 루소는 이것이 파괴될 수 없고 순수한 일반의지의 자리라고 긍정하는 것을 피하기 때문이다), 감히 말하자면 또한 아주 특수한 이익을 지니고 있는데, 왜냐하면 이 특수 이익은 앞서 나온 특수 이익 개념에 따라 사고되지 않고(이 개념은 개인에 대해서만 의미를 갖는다), 이번에는 집단에 적용되는, 또 하나의 유비적인 특수 이익 개념에 따라 사고되기 때문이다!! 따라서 루소가 이런 이익집단들, 국가 내부의 인간 집단들이라는 실재들의 지위에 대해 사고하려고 시도할 때, 그는 한편으로 이 실재들의 장과 이론적 대상을 정의하는 거울 반영적인 개념들, 곧 일반의지와 특수 의지, 일반 이익과 특수 의지 같은 개념들을 이 실재들에 적용하며, 다른 한편으로는 이 개념들에 대해 이론적으로 독특한 꼬임 작용을 실행하도록 강제되는데, 이론적으로 볼 때 이런 꼬임 작용에서 가장 취약한 지점은 정확히 말하면 이익집단들이라는 사고 불가능한 현상을 지칭하기 위해 특수 이익 [개념]을 사용하는 수준에 위치해 있다.

일반 이익이란 이론적 신화라고, 일반 이익과 특수 이익이라는 거울 반영적 범주들은 거울 속에서 서로에게 응답하는 이데올로기적 신화들이라고, 루소는 일반 이익과 일반의지의 절대적이고 순수한 존재에 대한 긍정이라는 형태 아래 사실은 자신의 믿음의 절대적 존재를 긍정하는 것이라고 말함으로써, 나는 동시에 모든 이데올로기적 관점의 경우처럼 루소가 자신의 미망적인illusoire 이론 속에서 무언가 현실적인 것을 암시하고 있다allusion고 말하고 있다. 그것은 이익집단이라는 인간 집단의 존재인데, 이를 사회 계급 또는 정치적이거나 이데올로기적인 또는 다른 식의 당파들이라고 말해 두자. 하지만 그의 사고에서 이처럼 지칭되는 이 현실적인 것은 그의 사고 속에서는 일반 이익과 특수 이익이라는 거울 반영적인 쌍둥이 범주 아래에서 사고될 수밖에 없다. 겉보기에는 이 범주들은 별다른 피해 없이 그럭저럭 잘 전개되는 것 같다. 하지만 사실 외관상 아무런 손상 없는 이 범주들의 존재 아래에서 우리는 한 가지 내적인 꼬임 및, 개념들과 그것이 겨냥하는 실재들 사이의 부적합성, 특히 종속된 인간 집단의 이익의 존재를 사고하는 데서 특수 이익이라는 개념이 지닌 근본적인 부적합성을 간파할 수 있다.

이런 이론적 몰인식은 내가 앞에서 언급했던 실천적 부인으로 이중화된다. 이익집단들, 달리 말하면 사회 계급, 정치적·이데올로기적 당파들은, [일반 이익과 특수 이익이라는] 쌍둥이 범주들과 양립 불가능한 것으로, 이들 사이의 관계 맺기 놀이와 양립 불가능한 것으로 사라지고 파괴되어야 한다. 이론적인 것과 실천적인 것은 ≪도처에서 이론과 실천의 통일을 설교하는 이들에게, 바라건대, 가장 만족스럽게도≫[32] 하나를 이룰 뿐인데, 왜냐하면 특수 이익과 일반 이익의 이론적 관계는 입법 행위, 투표 절차(이를 통해 일반 이익은 특수 이익들 사이의 마찰들을 갈아 냄으로써 탄생하게 된다)와 동일한 것이기 때문이다.

결론을 내리자면, 관련된 이론적 괴리는 여기에서 처음으로 그 모든 함의와 더불어 우리에게 나타난다. 이런 괴리는 이론의 이런저런 지점, 이런저런 모순과 관련되지 않고, 계약에서 두 번째 당사자의 독특한 지위와도 관련되지 않으며, 어떤 교환의 비교환적 조건의 역설과도 관련되지 않는다. 이 괴리는 이번에는 우리에게, 이론이 그것을 부인하면서 지칭하는 현실과의 관계 속에서 이론이 지닌 포괄적인 괴리로 나타난다. 이런 괴리는 아주 단순하게도 토대가 되는 이론적 개념들 자체의 신화적 존재이며, 그것은 또한 이론이 특수 이익이라는 신화와 연관되어 있는 일반 이익이라는 신화에 의거해 있다는 사실을 뜻한다.

이 지점에 이르게 되면, 우리는 모든 것을 거꾸로 뒤집어 볼 수 있으며, 자연히 그렇게 해야 할 것이다. 곧 이런 신화적 공간 속에 루소가 이런 신화적 개념들[일반 이익, 특수 이익-옮긴이]과 결부시킨 개념들, 가령 의지=자유 개념, 자기애 개념 등을 위치시켜 볼 수 있는 것이다. 그

---

32 이 강의록을 작성하던 시기에 알튀세르는 "이론과 실천의 통일"에 관한 책을 쓰고 있던 참이었는데, 이 책은 미완성으로 남게 된다. 이 유고는 알튀세르 문서고에서 열람할 수 있다.

리고 특히 『두 번째 논고』를 생각해 보면 아주 흥미로운 사실을 발견하게 된다. 가령 『두 번째 논고』에서는 자유 개념이, 『사회계약론』에서 특수 의지로부터 일반의지가 탄생할 때 자유가 수행하는 역할과 비견될 만한 아무런 역할을 수행하지 않으며, 역으로 그 책에서는 사회집단 개념이 사회계약의 도출의 중심에 있는데, 이는 부자들의 집단이 사회계약에서 주도권을 지니고 있기 때문이다 등등. 우리는 『두 번째 논고』의 이론적 장과 『사회계약론』의 이론적 장을 비교해 볼 수 있으며, 양자 사이의 간극을 루소의 사유 자체가 그 속에서 운동하는 간극으로 측정해 볼 수 있을 것이다. 하지만 나는 지금 이 문제를 다룰 수 없다.

이 지점에 이르러, 나는 단지 다시 한 번 세 번째 괴리의 고정이 촉발하게 된 새로운 이론적 전이를 명료하게 보이고 싶은데, 이런 이론적 전이는 우리가 알아채지 못하는 가운데, 우리에게 현재의 괴리를 드러내는 것 속에서 새로운 괴리를 생산하게 될 것이며, 생산한다. 나는 이런 전이가 두 번째 논점과 관련되어 있다고 말한 바 있다. 곧 이익집단들의 존재 또는 존재 효과에 대한 실천적 제거가 바로 그것이다. 바로 여기에 새로운 괴리가 위치해 있다. 그리고 주목할 만한 점은, 이것이 필연적으로 실천적 형태를 띠게 될 것이라는 점인데, 왜냐하면 이것은 이번에는 직접적으로 현실과 관련되기 때문이다.

(9) 새로운 괴리

: 이데올로기에서 앞으로 밀어붙이기, 경제에서 뒤로 물러나기[33]

문제는 매개적 집단, 계급, 당파를 제거하는 조건들을 창조하는 것이다. 루소에게는 두 가지 해법이 존재한다.

- **첫 번째 해법**(『백과전서』에 수록된 「정치경영론」, 『에밀』). 이것은 이데올로기에서 앞으로 밀어붙이는 것이다. 루소는 집단들의 존재의 원인이 아니라 그 결과를 공략한다. 그는 특수한 집단들의 존재가 촉발한 이 효과들을 파괴하는 것을 목표로 삼는 교육학을 조직한다. 여기에서 일반화된 교육 이론이 나온다. 여론을 형성하는 것은 법이고, 습속을 형성하는 것은 여론이다. 하지만 특수 집단들은 법을 어지럽히면서 모든 절차를 어지럽힌다. 법의 순수성을 [보증하기 위해][34] 세 가지 유형이 개입이 존재할 수 있다.

- 직접적인 개입은 법에 대한 입법가의 개입이다

- 의견에 대한 개입(교육, 사적·공적 의례, 시민 종교)

- 습속에 대한 개입(감찰관)

---

33 알튀세르의 타이핑 원고는 "현실에서의 퇴보"라고 말하는데, 「사회계약론에 대하여」에서는 "경제에서의 후퇴"라고 말한다.

34 판독이 어려운 단어.

입법가   교육   감찰관
시민 종교
감찰관

법   여론   습속

- **두 번째 해법**: 집단들의 존재를 낳은 현실적 원인들의 수준
에서의 개입. 이것은 경제의 수준이다. 이는 뒤로 물러나기,
과거로 퇴행하기이다. 곧 시민들의 부를 제한해야 한다(부자들
의 경우에는 재산에 대한 절제, 가난한 이들의 경우에는 탐욕의 절제). 경
제적 불평등의 효과를 제거해야 하며, 루소는 『사회계약론』
에서 모든 분업 효과, 곧 역사의 모든 효과를 무효화함으로써,
『두 번째 논고』에서 중심적이었던 경제적 독립의 몽상을 복
권시킨다. 루소 자신도 알다시피 이것은 절실한 소원이다. 그
는 사태의 도도한 물결을 거슬러 감으로써 사태의 세력을 규
제하고 싶어 한다. 루소는 관념 속에서, 봉건제 생산양식이 해
체되던 당시에 존재하던 어떤 생산양식(소규모 수공업)으로의
경제적 퇴행을 진행하고 있다.

이런 괴리의 증거는, 루소가 현실로 지칭하는 것 속에 주어져
있다.

     - 기존의 종교

- 경제 및 그 제도

이렇게 되면 더 이상 가능한 도피가 존재하지 않는다. 우리는 모든 괴리의 끝에 와 있다. 루소는 자신의 모순들을 사고해야 하는 과제에 도달했다.

루소는 이런 결정적인 괴리의 공허함을 의식할 수 있는 자원을 지니고 있다. 루소가 『사회계약론』에서 인민을 그 자체로 설립할 수 있는 예외적 조건들(시간, 장소, 습속)에 대해 성찰하는 것이 바로 그것이다. 우리는 역사와 입법자, 그리고 루소의 역사 개념을 재발견하게 된다. 인민을 설립하는 것은 어려운 일인데, 왜냐하면 조건들의 통합은 기적에서 비롯하기 때문이다. 이는 입법가의 기적이면서 또한 인민을 유지하는 기적이기도 하다. 사회계약 및 헌정의 근본적인 불안정성을 루소는 의식하고 있었다. 루소의 정치관은 그의 역사 개념에 의해 완화되는데, 루소는 그의 역사 개념에서 자신의 가장 첨예한 자각 능력을 보여 주었다. 역사 개념과 동일한, 역사의 불안정성은 이런 불안정의 역사에 대한 첨예한 의식과 다르지 않을 것이다.

4부

홉스

1971~72

1장
서론

갈릴레이가 물리학과 맺는 관계를 홉스는 정치학과 맺고 있다. "그는 [정치 현실에] 접근할 수 있는 망원경을 가져다준다."

A. 홉스의 방법

"정치체를 뒤덮고 있는 모래더미를 벗겨 내야 한다." *cf.* 독서의 은유 "인간은 자기 정념들의 책을 읽어야 한다." "너 자신을 읽어라." 문제 는 진리를 발견하기 위해 감각적 성질들에 대해 "판단중지"하는 것이 다. *cf.* 데카르트 1643, AT IV¹, p. 66

---

1 이것은 신원 불명의 예수회 신부에게 보내는 편지로, 이 편지에서는 특히 홉스에 관 해 논의한다. 우리가 준거하는 데카르트의 저작집은 애덤·태너리Adam&Tannery가 편 집한 데카르트 전집이다[데카르트 전집은 관례적으로 두 편집자의 성의 약자를 따서 AT로 표시하며, 로마자 숫자는 권수를 나타낸다-옮긴이].

B. 인간학

cf. "인간은 인간에게 이리다.", "인간은 인간에게 인간이다.", "물질적이고 인공적인 인간"(『리바이어던』) 같은 정식들. 여기에는 영혼 이론에 대한 비난이 존재한다. 이는 사람들을 경악시켰고, 본Vaughan의 경우도 그러했다.[2] 홉스는 사회계약론을 그것의 목적인 민주주의로부터 이탈시켰는데, 이는 홉스의 유물론이 절대주의적인 군주정의 전망을 정초했기 때문이다. 반면 절대주의 사상가들은 그로티우스와 푸펜도르프와 결부되었다. 이는 다음과 같은 문제를 제기한다. 어떻게 절대주의와 유물론, 개인주의(자유주의)를 조화시키는 것이 가능한가?

C. 권리

cf. 『독일 이데올로기』[3] "슈티르너는 … 힘을 권리의 토대로 제시했으며, 이것이 그를 도덕으로부터 해방시켰다." 여기에는 권리가 의지에 기초를 둔다는 이론의 전도가 존재한다. **마르크스에게 권리를 사적 권리로**

---

2 루소의 정치 저작에 관한 자신의 편집본에 본이 붙인 「서문」 참조. Charles Edwyn Vaughan, "Introduction", in *The Political Writings of Jean-Jacques Rousseau,* Cambridge, 1915.

3 Karl Marx, *Œuvres philosophiques*, t. VII, édition Costes.

환원하는 것은 권리를 의지 및 도덕에 정초하는 것과 관련되어 있다.

두 개의 계열이 존재한다.

     ⓐ 사적 권리 – 의지 – 도덕

     ⓑ 힘 – 역량 – 정치. 권리는 현상에 불과하다.

이것의 두 핵심은 다음과 같다.

     ⓐ 사적 소유

     ⓑ 정치권력

이런 의미에서 볼 때 홉스는 정치사상의 역사에서 급소에 해당한다.

D. 인공물

홉스에게서 **"인간의 고유성은 무엇인가?"라는 인간학적 질문**과 관련된 일련의 주제들의 매듭을 발견할 수 있다. 이 질문에 대한 답변은, 그것은 **인공적**이라는 것이다(*cf.* 『리바이어던』 앞부분) 국가는 "인공적 동물", "인공적 몸체[물체]"일 뿐이다. **인간은 그 자체로 인공물을 가질 수 있다. 인간을 특징짓는 유형의 인공물은 무엇인가? 그것은 언어, 말이다. 이것은 인공적 표시들을 사용하는 자의적 능력이다.◆** 이 주제는

◆ 우리가 '인공물'이라고 번역한 원어는 artifice인데, 이것은 그리스어의 techne와 관련해 '기교', '기법'의 뜻도 지니고 있다. 따라서 이하의 논의는, 인간이 자연적 본능에 묶여

소피스트적인 계보를 지니고 있다(*cf.* 이소크라테스). 아리스토텔레스 역시 자연은 인간에게 언어를 주었으며, 언어는 모든 인간에게 있는 좋음이라고 말한다(『정치학』, 『니코마코스 윤리학』). 하지만 아리스토텔레스에게 언어와 사회성은 자연적인 것인 반면, 홉스에게 언어는 모든 인공물의 원형이다. 이런 의미에서 홉스는 기호의 자의성에 관한 최초의 이론가다. 기호의 자의성에는 두 측면이 존재한다.

> ⓐ 자연 상태에 존재하는 측면(이차적 측면): 기의와 기표 사이에는 아무런 자연적 연결도 존재하지 않으며, 단어와 지칭된 사물 사이에는 아무런 관계도 존재하지 않는다.

> ⓑ 주요 측면: [기호적-옮긴이] 표시들이라는 물체의 설립의 자의성. 이로부터 언어의 기원이라는 문제를 제기하는 것에 대한 거부와 기의 안에서 기표들의 기원을 발견하는 것에 대한 거부가 나온다.

인간은 사물들을 기호 표시로 이중화하고 이것을 [기호 표시를 통해-옮긴이] 재발견하고-재인지하는 반면, 동물들은 그런 능력이 없다. 여기에서 다음과 같은 두 가지 주제가 나온다.

> ⓐ 언어는 실용적 목적을 지닌다. 대상을 잃어버리지 않고, 되찾을 수 있는 능력(*cf.* 공리주의)

> ⓑ 언어는 무매개성과 단절한다. 표시하는 것은 과거 속에서

있는 동물들과 달리 인공적인 기교, 기법 등을 갖고 있으며, 그 대표적인 것이 바로 언어라는 의미로 이해할 수 있다.

자신을 재발견할 수 있게 해준다. 인간은 자신을 현재로부터 떼어 놓음으로써만, 장래에 대한 생각을 통해서 표시할 수 있다. 과거는 예견된 미래 속에서만 재발견된다. 인간은 미래의 견지에서 표시를 한다. **그리하여 인간의 장래는 그 언어의 인공물이다.** 예술[기예]arts, 과학, 산업 등이 그것이다. 이로부터 다음과 같은 연관성이 나온다, 인공물-언어-장래의 인공물

기예는 단어들에 기초를 둔다. 인간은 미래의 견지에서 표시한다. 인공물과 언어의 장은 이성을 정립한다. 따라서 이성은 **초월적 빛**[지혜]lumières이 아니며 **자연적 빛**[지혜](데카르트)도 아니다. **이성은 "단어들에 대한 계산calcul", 정확한 단어들에 대한 정확한 계산이다. 이성= 계산하기.**✦ 단어들의 계산(빼기, 추상하기 …)이 과학을 가능케 해준다. 과학의 언어적 담론은 환상이 아니다. 그것은 단어들의 계산과 마찬가지로 원인과 결과에 대한 인식을 획득할 수 있게 해준다. 과학은 [원인과 결과의-옮긴이] 연쇄들conséquences의 과학이다.

단어들의 표시 만들기démarquage✦✦는 생각을 표시하기marquage와는

✦ 여기에서 '계산하기'는 ratiocination의 번역인데, 이 단어는 보통 '추론'을 의미하기도 하고 '궤변'을 뜻하기도 한다. 그런데 이 단어의 라틴어 어근인 ratiocinor(계산하다, 추론하다, 주장하다)나 ratio(이성, 계산, 방식, 비율 등)에는 '계산'이라는 뜻이 담겨 있다. 알튀세르는 이런 어원적 뜻을 염두에 두고 등식을 사용하고 있다. 참고로 홉스는 reckoning이라는 용어를 사용한다.

✦✦ 'démarquage'에는 '표절하기', '상표를 떼기' 등의 뜻도 담겨 있다. 알튀세르의 논점은 홉스가 『리바이어던』에서 제시한 '표시'mark의 용법을 고려할 때 다음과 같은 것으로 보인다. 표시는 한편으로 물체의 이런저런 성질을 나타낸다. 그래서 가령 '하양'이라

다르다. 단어들의 표시 만들기에서 표시는, 그 표시를 하는 단어의 독특성과 독립해 보편적인 것에 이르게 된다. 과학은 보편적 단어들에 의한 과학이다. 표시의 본성은 장애(기만과 사기의 장소)를 조건 짓는다. 곧 언어 속에서만 과학이 존재하지만, 문제는 표시에서 실수를 범하지 않는 것이다. 빼기나 더하기에서 오류를 범하지 말아야 한다. 가령 비물질적 물체라든가 자유의지 같은 식으로. 표시의 표시 만들기는 일체의 사기를 가능하게 해주는데, 이는 언어적인 것에 불과한 것이다. 오류는 말하는 인간의 고유성이다. 그리하여 홉스는 일체의 거짓된 형이상학적 학설, 종교적 미신, 거짓된 정치적 관념들에 맞서게 된다.

이로부터 다음과 같은 연쇄가 나온다. 인간 → 인공물 → 언어 → 장래 → 과학 → 기만

어떤 발생이 문제되는가? 언어는 자연[본성]을 괄호 속에 넣는다. 이것은 계열이라는 의미에서 발생의 문제가 아니다. 장래에 대한 생각은 예견하는 계산을 가정하며 언어를 가정한다. 이로부터 다음과 같은 순환이 생겨난다. 언어는 장래에 대한 예견하는 계산을 가정하는 것이다.

는 표시는 하얀 구름을 가리키는 것으로 쓰이지만, 또한 북극곰이나 눈 등을 가리킬 때도 쓰인다. 따라서 '하양'은 특정한 대상을 지칭하는 용법을 넘어서 일반성을 표현하게 되는데, 이것은 동시에 착각과 기만의 원천이 된다. 왜냐하면 실제로 존재하는 것은 사물들뿐인데, 일반성을 표현하는 표시 또는 언어는 이런 일반성이 객관적으로 실재하는 (또는 자연적인) 것이라고 착각하게 만들기 때문이다. 더 나아가 일반적인 표시 또는 단어들이 함축하는 유사성의 분류 역시 기만이나 오류의 원천이 될 수 있다. 가령 하얀 구름과 눈 사이에는 아무런 자연적 연관성이 없는데, 언어적 표시에서 비롯한 인공적 유사성으로 인해 양자 사이에 모종의 연관성이 존재한다고 착각할 수 있기 때문이다.

이런 순환의 철학적 효과는 무엇인가?

  ① 이런 순환에 의해 정의된 장에서 모든 자연성에 대한 부정

  ② 이 장이 구성하는 집합의 기원에 관한 일체의 물음 거부하기

  ③ 정의된 장의 자율성에 대한 긍정

  ④ 요소들의 발생에 입각한 자연성의 일체의 재발에 대한 거부.

이는 모든 인간학의 가능성 자체를 문제 삼는 데로 귀착된다.

2장
홉스의 정치 이론

두 상태, 곧 자연 상태와 사회 상태가 계약에 의해 분리된다.

A. 자연 상태

두 계의 계기.

① 고유한 의미의 자연 상태=전쟁 상태

② 자연법. 이것은 "현실"[실재성]**을 포함하는 계기가 아니며,**
자연 상태에 대한 **성찰**의 한 단계다.

1. 자연 상태의 여섯 가지 속성

ⓐ 이것은 루소에서처럼 고립된 상태가 아니라, 인간 상호관
계의 상태다

아무런 법적·도덕적·정치적 의무도 존재하지 않지만, **인간 상호관**

계는 존재한다. *cf.*『시민론』「서문」.[1] 여기에서 홉스는 현재의 정치체를 어떤 시대에 위치시켜 본질적인 성분을 드러내려고 한다. 이런 본질은 역사적으로 선행한 것이라는 의미로 이해되어서는 안 된다. **자연 상태는 순수한 상태에 있는 현재의 인간적 자연[본성]을 가리킨다.** *cf.*『리바이어던』 13장, 173쪽.[2] 따라서 공포는 사회 상태와 자연 상태에 현존한다. **문제는 현상을 본질로 환원하는 것이다.**

ⓑ 이것은 자유 상태다(『시민론』 1부)[3]

자유는 특별히 인간적인 특징이 아니다. 이것은 방해물에 의해 간섭받지 않고 자신을 전개하는 생명체의 자유 운동으로 또는 자유 공간에서 움직이는 물체의 자유 운동으로 정의된다. 반대로 [이렇게] 운동할 수 없는 것은 자유롭지 않다. 따라서 자유는 운동의 필연성이다. 이는 모든 자유의지를 거부하는 유물론적 이론이다. "의지적" 자유는 정념들과 욕망의 전개 및 만족에 불과하다. 자유는 존재자들에게 귀속된 공간과 관련을 맺는다. 자유롭다는 것은 장애물이 부재한 공간

---

1 『시민론』은 소르비에르 번역본에서 인용한다. Hobbes, *Le Citoyen ou les Fondements de la politique*, Garnier-Flammarion, 1982. 알튀세르는 주로 다음 대목에 준거한다. "국가의 권리와 신민들의 의무를 탐색하기 위해서는, 시민사회를 와해시켜 버려서는 안 되겠지만, 그럼에도 마치 시민사회가 해체된 것처럼 간주해야 한다."(p. 71); 『시민: 정부와 사회에 관한 철학적 기초』, 21쪽. 국역본에는 시민사회가 국가로 번역되어 있다.

2 『리바이어던』, 진석용 옮김, 나남, 2008[프랑스어판 편집자는 프랑스어판 『리바이어던』의 쪽수를 표시하고 있는데, 이 번역본에서는 국역본 쪽수를 표시하겠다-옮긴이].

3 『시민론』 1부의 제목이 「자유」다.

속에서 움직이고 운동하고 전개한다는 것으로, 이는 공리주의적 개인주의의 주제다. 하지만 자유는 그 본질의 한계에 부딪히게 되는데, 왜냐하면 환경은 자연적으로 비어 있지 않기 때문이다. 자유 공간을 만드는 것은 인간들의 현존인데, 이는 환경이 각자 빈 공간을 원하는 평등한 사람들로 가득 차 있다는 의미에서 그렇다.

ⓒ 이것은 평등 상태다

평등은 이상적이지도 도덕적이지도 않다. **그것은 능력, 역량의 평등이다. "같은 것을 할 수 있는 이들은 평등하다."** 다른 한편 이런 신체와 정신의 역량의 평등은 봉건제 이데올로기에서 말하는 인간들의 본성적 불평등과 모순된다. **이것은 정신과 신체의 직능의 평등이다. 평등은 치명적인 모순, 자기 자신을 부정하는 모순을 포함하고 있다. 곧 가장 약한 이가 가장 강한 이를 살해할 수 있는 것이다.** 이는 인간의 손에 의해 주어진 죽음 앞에서의 평등이며, 죽음은 비어 있는 환경의 실현이자, 나를 제거하려고 하는 또 다른 자유의 현실성이다. 이는 두 개의 양립 불가능하고 평등한 자유의 경쟁이다.

ⓓ 이것은 자연권이 지배하는 상태다

다음 두 가지를 구별해야 한다.

- 자연권=개인적 정념들
- 자연법=자연권의 파괴적 효과들에 대한 성찰에서 생겨나는 귀결, 신조

자연권은 물질적 효용 원리하에서 권리와 역량의 동일성이다.

① 각자는 자신의 존재를 보존한다.

② 이런 목적은 모든 수단을 정당화하며 개인은 이 수단들에 대한 유일한 판관이다.

③ 각자는 그를 기쁘게 하는 것을 소유할 수 있다.

따라서 다음과 같은 연쇄가 나온다. 역량 → 권리 → 정념. **그리하여 이 권리는 법적 규칙이 아니라 역량의 효과다.** 모든 도덕적 개념들은 오직 사회 상태와 함께 출현한다. 자연권의 "권리"라는 요소는 허구적인 것에 머물러 있으며 무익한 것인데, 왜냐하면 안전이 보장되지 않기 때문이다. 그것은 평등으로서의 자기 자신에 대한 부정이다 (*cf.* 루소, 『사회계약론』 1부 3장).[4] **이 권리는 역량에 불과하다.** 또는 만인에 대한 만인의 전쟁에서 비권리로서의 자신의 실상을 드러내는 것은 이런 결함, 이런 자기-부정이다. **자기 자신을 부정하는 자연권의 이런 파국적인 관점은 로크의 관점과 대립한다.**

홉스는 권리의 진정한 토대를 다시 보증하기 위해 권리의 모순에 준거한다.

---

4 이 장의 제목은 「최강자의 권리」다.

ⓔ 이것은 일반화된 전쟁 상태다

경쟁 ⟶ 재산

[전쟁 상태를 낳는-옮긴이]   불신 ⟶ 능력   전쟁 상태의 쟁점들
원인들

공명심 ⟶ 위신

cf. 『리바이어던』 13장. 171쪽.

① 경쟁: **이익 확보**를 위한 공격, **경합**. 이 수준에서 갈등의 쟁점은 물질적 재화다. 두 개의 욕망이 충돌한다.

② 불신: **안전**. 경쟁에서 불신으로 나아가는 것은 모든 전쟁, 갈등의 일반적 형태 (말하자면 그 동물성)에서 2차적이고 파생된 형태인 전쟁으로 나아가는 것이다. 불신에서는 쟁점이 물질적 재화에서 투쟁하는 이들의 능력[권력]pouvoir이라는 쟁점으로 이동한다. 이렇게 되면 투쟁의 형태가 변화한다. 문제는 공격하는 것이다. **불신하는 인간은 공격하는데, 왜냐하면 그는 장래를 선취하기 때문이다. 그는 스스로 공격하면서 타자의 공격을 선취한다.** 전쟁은 인간적인 것이 되었다. **따라서 모든 인간적 전쟁은 본성상 예방적인 전쟁이다.** 이렇게 되면 더 이상 재화가 쟁점이 아니며 인간들은 지배하기 위해, 적수를 굴복시키기 위해 싸운다. 물질적 재화는 유보되는데, 왜냐하면 진정한 전쟁의 쟁점이 아니기 때문이다. 장래의 계산이 쟁점으로서의 재화에서 적수의 능력으로 이동하게 만든다.

③ 공명심: 규제. 새로운 이동. 위신 투쟁. 문제는 더 이상 의식들 간의 투쟁이 아니라 권력의 외적 징표들 사이의 투쟁이다. 모든 것은 여론(평판 등)에 입각한 권력의 외적 징표들 사이의 비교라는 수준에서 작용한다. 결국 최강자로 인정받으려는 공명심으로 인해 전쟁을 벌이는 것이다. 이 허구적인 전쟁이 현실적인 전쟁이 되는 것이다.

문제. 이런 연쇄의 지위. **허구적 발생**이 문제가 된다. 첫 번째 계기에서 두 번째 계기로, 두 번째에서 세 번째 계기로 나아가는 인과작용은 존재하지 않는다. **이것은 분석이지 발생이 아니다.** 모든 계기에서 어떤 쟁점을 둘러싼 경쟁이 존재하며, 쟁점은 변화해도 항상 경쟁은 남는다.

　　- 갈등의 무매개성. 일차적 형태들
　　- 인정. 이미 첫 번째 형태 속에 기입되어 있는 요소(계산의 매개라는 요소). 우리가 발견하는 것은 예방적 전쟁의 무매개성일 뿐이다.
　　- 그다음 위신 투쟁을 발견하게 된다. 이는 두 번째 계기의 추상이다.

이것은 헤겔의 논리와 아주 가까운 형식이다. **추상적인 것에서 구체적 보편으로.** 보존과 극복. 아무것도 제거되지 않으며, 경합은 보존된다. **이런 가짜 발생에서 미래의 역할에 주목해야 한다. 형태 I에서 뒤따르는 형태로 이동하게 하는 것은 미래를** [의식적으로-옮긴이] **고려하는 것이다.** 이런 미래의 계산은 표시들의 설립과 연계되어 있다. 그리하여 모든 욕망의 변증법은 물질성에 의거해 있다. 물질적 경합의 전쟁이 다른 모든 전쟁을 조건 짓는다.

이런 전쟁의 특징은 **보편적**이고 **영구적**이라는 점이다.

① **보편성. 어떠한 예외도 존재하지 않는다.** 전쟁은 본질적으로 **공격적**이고 **예방적**이다. "누구라도 예상되는 위협으로부터 자기 자신을 안전하게 보존하기 위한 합리적 조치를 강구하게 된다."[5] 앞날을 내다보는 것은 전쟁 자체다. 누구도 전쟁에서 벗어날 수 없다. 이로부터 다음과 같은 결론이 나온다. 곧 발생은 전쟁의 귀결의 최초의 현존 내에서 곧바로 폐기되는데, 사람들은 **항상 이미 존재하는 전쟁**에서 결코 벗어날 수 없으므로, 실제의 발생은 존재하지 않기 때문이다.

홉스에게 전쟁 이론은 **모든 심리주의에 대한 거부**를 표시한다. 전쟁은 선한 이들과 악한 이들 사이의 분열이 아니다. 개인들의 특수성은 전쟁에서 아무런 역할도 수행하지 않는다. 전쟁을 설명하는 것이 정념이 아니다. 정념은 오직 전쟁의 **형태**만 설명할 수 있을 뿐이며, 정념은 그 자신을 설명하지는 못한다. 정념은 자신의 호전적인 성격을 해명하지 못한다. **홉스적인 의미에서의 정념은 심리적인 위상을 지니지 않는다.**

② **영구성**. 전쟁은 하나의 **상태**, 항상 돌발할 수 있는 "나쁜 시

---

5 Léviathan, p. 122; 170쪽.

기"⁶다. 전쟁을 지속하게 만드는 것은 예방[적 전쟁]이다. **전쟁은 시작도 끝도 없는 것이다.** 인간들은 **전쟁 상태를 국가로 전환시키지 않고서는,** 존립할 수 없을뿐더러 전쟁 상태에서 탈출할 수도 없다. 홉스의 정치적 학설은 국가로서의 전쟁의 생산을 다루고 있다(*cf.* 루소, 『사회계약론』 1부 4장. 인간들은 "결코 자연적으로는 적들이 아니다." 전쟁은 국가 대 국가의 관계다). 홉스에게 **전쟁 상태는 항구적인 관계이며, 이것은 모든 규정들에 자신의 인장을 표시하는 법령, 보편적 법이다.** 이는 모든 인간이 사로잡혀 있는, 바깥이 없는 체계다. **기원도 없고 종말도 없는 내재적** 체계, 피신처도 없는 체계다. 인간은 전쟁의 자유, 전쟁 속의 자유를 지니도록 운명지어져 있다. 인간은 전쟁 속에서 전쟁의 관계를 재구성하고, 이 연관들을 재결합하는 수밖에 없다. 그것이 바로 국가일 것이다.

그런데 국가는 초월적일 수도 종교적일 수도 도덕적일 수도 없다. 국가는 항구적 관계인 전쟁 상태와 동일한 체계 내에 위치해 있다. 루소에게 모든 전쟁은 국가들 사이에서 일어난다. 전쟁은 소유를 전제하며, 소유에 의해 시작된다. 홉스에게는 소유 이전에도, 항구적 관계들 내부에서 전쟁 상태가 존재할 수 있다.

---

6 Ibid., p. 124; 172쪽.

ⓕ 이는 비참과 공포의 상태다

전쟁은 비참과 공포를 가져온다. 산업을 위한 여지는 존재하지 않는다. *cf.* 『시민론』, "쓸모없는 자유". 자연 상태의 관계들 및 그 결과가 바로 이것이다. 자연 상태 내에서 자연권의 결과는 자연권 그 자체를 산출한다. 원리와 그 실현 사이의 이런 모순은 구원을 가져오게 된다. 비참에 대한 성찰이 그것인데, 인간은 자신의 안녕을 원하며 전쟁 상태에 대해 "성찰해" 평화를 발견한다. 성찰의 단계. 만인에 대한 만인의 전쟁에서 자유는 끊임없이 모순에 처하고 한계에 부딪힌다. 자유의 본질에 무엇이 도래하는가?

홉스에게서 자연 상태의 지위:

① 자연 상태는 자연적 사회성이라는 아리스토텔레스의 테제와 완전히 대립한다. **인간들은 우연에 의해 서로 결합한다.** 연합은 공포의 산물이며, 따라서 아무런 도덕적 토대도 갖지 않는다. 자연 상태라는 통념은, 사회적 불평등의 토대를 이루는 모든 자연적 불평등 이론과 대립한다. 이 통념은 자연 속으로 도덕을 투사하는 것에 맞서 기입된다.

② 자연 상태 이론은 경제적 자유주의에 대한 이데올로기적 보증이다. 장애물 없는 환경이라는 신화는 진공 속의 운동으로서의 자유의 주제로 재발견되며, 이는 개인의 무한한 발전 의지를 표현하는 것이다. 홉스의 공리주의는 보편적 자유주의다. 자연 상태는 자유주의와 개인주의를 표현한다.

왜 자연 상태와 일반화된 전쟁 상태의 동일시가 존재하는가? 그것은 개인의 자유와 그 환경 사이의, 개인의 발전과 그가 움직이는 공간 사이의 모순이 보편적 시장 관계의 모순의 반영이자 투사이기 때문이다. 경쟁은 자유의 공간이자 조건이다. 인간 삶 속의 경쟁이라는 주제. 경쟁의 은유는 죽음이다. 실패는 전쟁에서의 죽음이다. 그리하여 죽음은 동시에 다음과 같은 두 가지 것이다.

- 경제적 경쟁의 은유
- 폭력적인 투쟁. 내전, 계급투쟁.

경제적 경쟁 및 계급투쟁은 집단들 사이의 정치투쟁 이론, 인간관계의 조건으로서 만인의 전쟁 이론이라는 형태로 제시된다. 이로부터 다음과 같은 문제가 나온다. 홉스는 계급들의 폭력적 투쟁에 대한 해법을 발견함으로써, 경제적 지반 위의 개인적 자본주의를 보존하려고 의도한 것이 아닌가? 어떻게 계급투쟁을 해소할 수 있는가?

2. 자연법

홉스에게 자연법은 전혀 현실적인 것을 표상하지 않는다. 그것은 성찰적인 계기다. 전쟁 상태의 악의 과잉이 비참에 대한 성찰을 불러일으키게 된다. 자연법의 계율은 전쟁 상태에서 벗어나기 위해 필수적이다. 홉스는 자연법의 조건들을 탐색한다.

   - 자연법은 초월적이지 않다.

   - 자연법은 자연적 지혜[빛]가 아니다.

   - 자연법은 스토아학파 식의 합의가 아니다.

   - 자연법은 표시들, 단어들에 대한 추론에서 이끌어 낸 결론
   들의 집합이다.

   - 이는 올바른 이성이 우리에게 명하는 준칙들이다.

   정념에서 이성으로 이동하게 만드는 운동은 무엇인가? "그것은
어떤 정념들과 이성 그 자체다."[7] 이는 내부로부터, 곧 죽음에 대한
공포와 평화에 대한 추구에서 온다.

   ⓐ 죽음

   죽음은 생명 너머의 어떤 것도 지시하지 않는다. 죽음은 생명 그
자체에 준거한다. 죽음은 현상에서 본질로의 이행이 아니다. 죽음은
생명 안에 있는 나쁜 것이다. "나쁜 것 가운데 가장 나쁜 것." 이는 허
무의 진실이지, 진실의 허무가 아니다. 여기에는 죽음에 대한 플라톤
주의적 관점 및 존재론적 논거의 전도가 존재하는데, 왜냐하면 **철학
한다는 것은 죽지 않는 법을 배우는 것**이기 때문이다. 철학은 생명 그
자체의 호소다. **미래에 대한 연구와 계산을 통해 죽음에 맞서는 투쟁.**

7   Ibid., p. 127; 174쪽.

죽음은 도래할 사건이며, 죽음을 떠맡는 것은 **예견하도록 강제한다.** **그런데 예견한다는 것은 사유한다는 것이다.** 죽음에 대한 두려움이라는 가장 강력한 정념의 사실에 입각해 정념들의 무매개성으로부터 한 걸음 물러나는 것이다. 죽음은 이성, 미래와 연결돼 있다. 죽음은 폭력적인 것이다. 죽음이 인간들을 매개로 하여 도래하는 만큼, 개인의 보존 가능성 역시 다른 인간들을 통해 일어나게 된다.

ⓑ 계약

자연법의 계율은 평화의 조건을 제시해 준다.

- 평화의 추구
- 인간적 자유의 인간적 내용의 인정. 이런 인정은 그의 자유의 일부를 포기하고 이를 타인에게 넘겨주는 것을 함축한다. 타인은 내가 포기하는 어떤 것들에 대한 권리를 갖고 있다. 여기서 문제가 되는 것은 나의 자유를 형식적으로 제한하는 것이다. 이는 나의 것과 너의 것의 구별을 도입한다.

이로부터 계약의 형식적 필연성이 나오는데, 계약 행위는 두 의지의 협력을 함축한다. 계약은 추론, 언어, 표시를 수단으로 하여 장래를 대상으로 삼는 것이다. 말하지 않는 존재자들(돌, 갓난아이, 신)과는 계약을 맺을 수 없다. 이런 인지는 형식적이며 내재적인 것이다. 계약은 사적 이익과도 두려움과도 분리되지 않는 추론 행위다. 사적 이익 -두려움이라는 쌍은 비도덕적인 쌍이다. 계약은 사적 이익의 효과이며, 이는 두려움의 영역에서 드러난다. 이 때문에 홉스는 계약은 폭력에 의해서도 맺어질 수 있다고 주장한다. 죽음에 대한 두려움으로 인해 노예는, 루소의 주장과는 반대로, 계약을 맺은 것처럼 기능할 수 있는 것이다. **죽음은 모든 두려움의 한계 진리다. 죽음의 두려움이 계약을 정초하는 것이다.**

여기서 계약은 순수하게 형식적인 본질을 소유한다. 문제는 **계약의 공평함보다는 관계를** 보증하는 것이다. 이로부터 계약 내용의 불평등이 따라 나온다. 평등의 형식적 조항이 준수되어야 하는 한에서, **형식적 평등은 내용의 불평등과 상응하는데, 이는 경쟁적 자유주의의 형식을 이룬다.** 다른 법들은 계약의 형식들 내에서 계약의 형식적 타당성을 보증한다. 약속을 지키기, 배은망덕하지 않기, 공손히 잘 따르기 같은 것들이 그것이다. 이로부터 갈등을 해결하기 위한 중재자의 필요성이 나온다. *cf.* 계약에 대해서는 『리바이어던』 17장, 232-33쪽, 『시민론』 6장 20절, 134-36쪽.

이런 자연법은 자신의 대립물로 전도된다. "자신을 포기하는 데 동의하기." 문제가 되는 것은 계약 속에서 등재된 권리를 상호 포기하는 것이다. **권리는 주어지지 않는다. 모든 인간은 모든 권리를 소유하고 있다. 사람은 각자의 권리를 포기할 수 있다.** 더 이상 타인의 자유에 방해가 되지 않기 위해, 타자에게 장애가 되는 것을 상호 포기하기. 3자들에서 비롯된 장애물들이 존재하며, 이는 자연법에 대한 위협을 이룬다.

　　－ 『시민론』에서는 자연법이 사회의 조건이다.

　　－ 『리바이어던』에서는 자연법은 이성의 처방에 준거한다. 자

연법은 결론 또는 정리들에 불과하다. "자연법은 고유한 의미의 법이 아니다."[8] "법"이라는 용어는 순수한 것이 아니다.

① 법은 자연적이지 않다. 자연법은 사실 자연에서 비롯하지 않는다. 그것은 **인공적인 활동, 곧 죽음에 맞선 투쟁을 위해 표시들에 대해 수행된 계산**의 결과다.

② **이것은 법이 아니다.** 그것은 초월적이지 않으며, 어떠한 제재도 행사하지 않는다. 이것은 도덕법과 다르다. 홉스는 로크와 대립한다. 자연법은 전쟁 상태 속의 관계들에 대한 계산이다. 문제는 전쟁 상태의 요소들을 재분배하는 것이다.

이것은 이성의 보편적 계산이다. 이 계산은 제재가 없는 권리의 조건들을 대략적으로 묘사한다. 홉스에게 자연법은 정언명령의 역에 해당한다. 곧 그것은 다음과 같은 형태의 가언명령이다. 만약 네가 평화를 원한다면, 그것을 위한 수단을 가져야 한다. 존중은 비도덕적인 목적의 실현에 할당된 수단이다.

도덕은 개인과 그의 역량의 발전에 종속된 한 계기다. 홉스는 **도덕을 수단의 과학**으로 간주한다. 이것은 **전혀 초월적인 것이 아니라 내재적이고 계산된 도덕**이다. 이것은 투쟁과 경쟁의 효과다.

하지만 두 가지 유형의 이성이 이 가언명령을 무기력하게 만들 수 있다.

---

8 *cf.* 『리바이어던』 26장, p. 285; 350쪽.

- 사람들은 모두 이성의 능력을 갖고 있지는 않다.

- 다른 사람들은 전쟁을 벌일 만큼 충분히 이성적이다.

제재의 최소 근거도 존재하지 않는다. 의무를 부과하기 위해서는 자연법은 초월적이어야 한다. 하지만 루소에서와 같은 자연의 모방은 존재하지 않는다. 자연법은 전쟁의 내재적 진리다. 이로부터 인간들은 가능한 질서에 대해 성찰하게 된다. 자연법은 가능한 것과 불가능한 것 사이의 관계다. 자연법에는 제재의 역량이 결여되어 있다는 사실은 홉스의 체계의 역량을 정초한다. 법의 형식인 **강제가 부재한다.** 홉스에게는 현실 세계 바깥에서 의무의 토대를 찾는 것이 거부된다. 이는 곧 도덕법 및 신에 대한 거부다. 유일한 지반은 이 세계의 지반이다.

B. 사회 상태

1. 주권

자연법에 대한 성찰은 선행적인 보증을 요구한다. 곧 인간들이 법을 침해하려고 할 터이므로 **정념들** 자체의 수준에서 보증물을 발견해야 한다. 자연법을 구제하는 것은 **공포**인데, 이는 전쟁 상태의 본질 자체다. 공포는 상이한 정념들의 작용에 장애가 된다. 보편적인 한 정념에 의해 특수한 정념들에 대한 억압이 이루어지는 것이다. 인간들이 공포에 의해 이성적으로 되도록 강제해야 한다. 보증물을 가질 수 있는 두 가지 가능성이 존재하는데, 이는 인간들 사이의 자발적인 합일과 다른 것이다.

　　– 작은 단체는 적들에게 분쇄될 것이다.

　　– 큰 단체는 충분치 않다. 사람들은 단체 내부에서 서로 다를 것이다. 수단이 아니라 목적에 합의해야 한다.[9]

　　모든 동의는 모순을 포함하고 있다. 합의에 내재적인 해법이란 존재하지 않는다. "개별적인 사람들을 공포 속에 묶어 둘 … 어떤 역량이 필요하다."[10] 이는 루소적인 계약과의 근본적인 차이점이다. 합의는 전쟁 상태로 다시 떨어진다. 그러므로 이런 합의를 초월하는 것이며, 합의를 침해하지 못하도록 가로막는 어떤 공포가 필요하다.

　　이로부터 개별적인 인간들 사이의 계약이 나오는데, 이 계약은 절대 권력을 내용으로 지닌다.

　　복종 계약이라는 테제는 거부된다(*cf.* 제3의 인물의 논변). 그 대신 전쟁 상태에 의거하게 된다.

2. 홉스의 계약에 대한 준거

　　cf. 『리바이어던』 "만인이 만인과 맺는 결합"[11]

9　*cf.* 『시민론』 2부 5장 3-4절; 106-08쪽.

10　불어판 『시민론』, 2부 5장 5절, p. 143; 109-10쪽.

11　『리바이어던』 17장, 232쪽. "이것은 동의 혹은 화합 이상의 것이며, 만인이 만인과

ⓐ 이 계약의 당사자들. 이는 하나씩 취해진 특수한 개인들이다. 각각의 개인들은 각 개인과 계약을 체결한다. 이는 **동시적인 다수의 계약**이다. "인간적인, 이루어질지어다." 이는 한순간에 이루어진다. 이런 규정은 **주권의 계약**을 배제한다. **군주는 계약의 당사자가 아니며 계약 바깥에 있다.** 그는 아무것도 준수하지 않는데, 왜냐하면 그는 준수할 게 아무것도 없기 때문이다. 주권자는 계약의 목적[끝]이다. 주권자는 "죽는 신", **말하지 않는 이, 타자**다.

ⓑ 조항

두 가지 의무가 있다. 하나는 두 개인에게 구속력을 지닌 조항을 준수할 의무로, 이는 상호적인 의무다. 다른 하나는 주권자에게 권리를 부여하는 내용상의 의무에 따라야 하는 형식적 의무다. 계약은 교환 계약이다. 개인들은 계약의 수혜자가 아니다. 따라서 연합 계약의 가능성은 배제된다. 왜냐하면 각자는 **제3자**와 관련해 의무를 지기 때문이다. 또는 [제3의 인물인 주권자에게 주권을 부여하도록-옮긴이] 스스로 의무를 질 것에 대해 [개인들 각자에 대해-옮긴이] 스스로 의무를 지기 때문이다. 계약은 개인들 사이에서 의무를 지는 것이 아니다.

이런 권리의 부여는 어떤 사람 또는 어떤 의회로 전이된다. 이는

상호 신의 계약을 체결함으로써 모든 인간이 단 하나의 동일 인격으로 결합되는 것이다. 이것은 마치 만인이 만인을 향해 다음과 같이 선언한 것과 같다. '나는 스스로를 다스리는 권리를 이 사람 혹은 이 합의체에 완전히 양도할 것을 승인한다. 단 그대도 그대의 권리를 양도해 그의 활동을 승인한다는 조건 아래.'"

계약 바깥에 있는 제3자에 대한 총체적인 양도다. 권리를 부여하는 것은 "[방해물이 되지 않도록-옮긴이] 길에서 벗어나는 것"이다. 따라서 주권자의 자유 앞에서 공간은 비게 되는데, 이는 자연 상태의 자유를 실현하게 될 것이다.

ⓒ 주권자의 절대 권력의 구성

계약에서의 양도는 총체적이다. 이 계약은 유일한 것이며, 주권자의 권력은 절대적이다. 홉스는 법적 모델을 고안하려고 시도한다.(cf. 다비[12], 현대의 민법. "생명에 대한 보증") 이 계약은 상호적이지 않고 비대칭적이며, 유보 없는 총체적 양도로 이루어진다. 주권적 권력은 다수 계약의 결과물이다. 하지만 선행적인 보증이 필요하지 않을까? 여기에서 순환이 생겨나는가? 사실 계약의 "이루어질지어다"를 진지하게 생각해 봐야 한다. 모든 것은 한순간에 이루어진다. 계약의 모든 당사자는 하나의 전체를 형성한다. 계약을 시간성 속에서 사고해서는 안 된다. 계약은 이론적 모습을 띤다. 그 요소들의 관계는 어떠한가? 개인 상호 간의 계약은 제3자에 대한 증여다. 형식적이고 내용적인 의무들은 동일하지만, 이중 우선적인 것은 내용적인 의무다. 계약의 결과는 그 원리[시원]이다. 절대적인 정치권력은, 이것을 생산하는 상호 개인적 계약들의 조건이자 결과다. **이 계약들은 절대 권력에 대한 동**

---

12 조르주 다비Georges Davy는 뒤르켐의 제자이자 협력자로서, 특히 계약법의 발생에 관해 연구했다.

의다. 따라서 정치적 상태에 대한 동의 이론이 자발적 계약이라는 일체의 통념에 대해 가지는 우세가 존재한다. 암묵적 계약.

개인들 상호 간의 계약은 주권자를 생산하는 것도 창조하는 것도 아니며, 그를 재생산한다. 계약은 정치권력을 무로부터 창조하는 원인이 아닌데, 왜냐하면 그와는 정반대로 계약에 대한 절대적 전제, 계약의 보증이 존재하기 때문이다. 이는 주권자 자신이다. 계약은 절대적 정치권력의 효과다. **계약은 법적인 역할을 수행한다. 그것은 주권자의 정치권력을 법에 의해 인정하는 것이다.** 정치는 절대적인 주권적 권력이며, 이 권력은 실행되기 위해 법을 필요로 하는 힘이다. 주권자는 법적 동의를 필요로 하며, 법적 동의란 법에 의해 주권자를 갱신하는 것이다. 법은 힘이 실행되기 위한 조건과 같은 것이다. 홉스에게는 모든 것이 정치적이다. **법은 정치적인 것의 현상이다.** 본질로서의 정치적인 것이 (법적인 것 안에서) 발현되기 위해서는 자신의 현상을 필요로 한다. 정치는 두 개의 다리로 걷는데, 그중 한 다리는 다른 다리보다 더 짧다.

절대 권력의 구성. **모든 권력의 본질은 절대적이라는 것이다.** 개인들의 다수성(원자들)은 주권자의 단일성과 대립한다. *cf.* 다음과 같은 구별.

- 다중 → 군중.
- 인민 → 통치하는 이(*cf.* 『시민론』).[13]

---

13 『시민론』「서론」, p. 69. "다중과 인민 사이에는 차이가 존재한다. 6장을 보라"[이 구

다중은 개별적 의지들의 분산이다. 인민은 단 하나의 인격[의인疑人]personne
으로 결집되어 있다. 이런 인민은 루소와 달리, 그것을 대표하는 의인
과 같다. 이런 의인 이론은 일반의지로 여겨지는 단 한 사람의 의지를
대상으로 한다.

3. 의인 이론

cf. 『리바이어던』 16장.

페르소나persona. 배우[행위자]acteur, 타인의 대표자. 주권자는 배우
이며, 저자들auteurs의 대표자다. 의인의 통일성은 대표되는 이의 통일
성을 창출한다. 주권자는 자유롭다. 그는 자신의 신민들에 대해 자연
상태에 존재한다. 주권적 주체의 자유는 자연 상태에 비해 엄청나게
증대한다. 사회 상태의 불평등은 주권자의 권력을, 자연 상태에서의
그의 자유로서 정초한다. 주권자는 자신의 손아귀에 모든 권력, 곧 전
쟁, 정의, 입법을 거머쥔다. 홉스에게서 주권자의 통일성은 두 단계에
걸쳐 제시된다.

　　－『시민론』: 군중의 분산된 다수성은 인민의 통일성과 대립
　　한다.[14]

절은 영어판 『시민론』이나 국역본 「서론」에는 나오지 않는다. 다중과 인민의 차이에 관
한 논의는 6장 1절과 7장 5절, 12장 8절 등에서 찾아볼 수 있다-옮긴이].

[14] 『시민론』 2부 6장 1절; 115-17쪽.

– 『리바이어던』: 허구적 의인 이론.[15]

이 허구적 의인 이론은 그것이 그 답변을 제시하는 질문 자체에서 새로움을 지니고 있다. 홉스는 정치체의 가능성의 조건이라는 문제, 곧 정치체 안에서 결합union과 통일성unité 사이의 관계라는 문제를 발견한다. 홉스의 해법은 연합 계약도 복종 계약도 아닌데, 왜냐하면 이 두 유형의 계약 속에서 정치체의 결합[통일성] 관계라는 문제는 정립되지 않기 때문이다. 다른 한편으로 법적 주체들은 상호 증여에 의해 이 계약에 서로 참여한다. 이 주체들은 사회체corps civile의 결합의 단계에 머물러 있다. 로크의 연합 계약이 그 사례다. 그런데 홉스에 따르면 문제가 되는 것은 결합이 아니다. 계약은 결합이라는 문제를 해소한다. 홉스에게 문제를 이루는 것은, **통일성이 결합에서 전승된 속성에 불과하다는 점**이다. 이는 통일성이라는 정치적 문제를, 개인적 의지들 사이의 합의를 통한, 결합의 (사적 권리) 법적 영역으로 환원하는 것이다. 권리는 결합을 구성할 수 있지만, 어떻게 이로부터 국가의 정치적 통일성을 이끌어 낼 수 있는가?

홉스의 계약을 재고찰해 보자. 이것은 두 개의 의무를 포함한다.
ⓐ **개인들 사이의 형식적 의무.** 두 개인 사이에는 구체적 대상과 관련된 상호 의무는 엄밀한 의미에서 존재하지 않는다. 이 수준에서

---

15 『리바이어던』 16장은 「인격, 본인 및 인격화된 것에 대하여」라는 제목이 붙어 있다.

나는 주권자에 대해 약속을 맺는 나 자신과 약속을 맺는다. 결합도 존재하지 않고(나는 각각의 개인들 곁에서 주권자에 대해 약속을 맺는 나 자신과 약속을 맺는다), 통일성도 존재하지 않는다(계약들의 반복은 통일성을 구성하지 않는다). 이 단계에서는 통일성 없는 다수성[다중] 상태에 머물러 있다. 이 계약들이 주권자와 이루어진다는 가설에서도 이 계약들은 어떠한 교환에도 의거하지 않는다.

ⓑ **내용적인 의무**: 홉스에게 이는 사라진다. 그런데 상호 개인적인 내용적인 의무는 고전적인 법에서는, 법적 영역, 매개적 영역에서 개인들의 결합의 동력 자체가 된다. 홉스에게서 경악스러운 점은, 그가 상호 개인적인 계약의 내용상의 의무 속에서 개인들의 결합이라는 매개적 영역을 제거한다는 점이다. 사실 홉스에게 내용의 의무는, 별개의 계약들을 통해 각각의 개인이 주권자에게 총체적 권리를 증여하는 것이다. 개인들과 주권자 사이의 계약에서 이루어진 별개의 증여들로 분산된 다중은 단번에 정치적 기능을 지닌다.

각자가 선사하는 증여는 총체적이며, 각자에 대해 동일하다. 이 계약의 고유한 기능은 법droit 내부에서 개인적 재화들이라는 내용 영역을 현시하는 것이 아니라 **주권적 권력을 구성하는 것**이다. 다중이 수행하는 개인적 계약들의 반복은 결합을 통하지 않고서 통일성을 이룰 수 있다. 사실 이 계약은 다중과 주권적 통일성이라는 두 항목을 현존하게 한다. **그러므로 계약은 내용상의 의무라는, 즉 상호 개인적 계약이라는 매개를 비워 냄으로써, 따라서 고전적인 법의 본질인 결합을 비워 냄으로써 주권자의 정치적 통일성을 구성한다.**

『시민론』에서 『리바이어던』으로의 전개는 주권자와 그의 권력이 법을 필요로 하지만, 사적인 법을 필요로 하지는 않다는 것을 표현한다. 정치는 사적 법을 필요로 하지 않는다. **결합을 사고할 수 있어야 하지만, 이는 주권자의 통일성 속에서 그렇게 해야 한다.** 그런데 어떻게 주권자의 통일성을 주권자 안에서 다중의 통일성으로 사고할 수 있는가? 『시민론』의 답변은, 다중은 자연적 의인이 아니라는 것이다. **홉스는 전통적 순서를 뒤집는다. 이전에는 사적 법의 영역**(결합)**이 정치의 영역**(통일성)**을 정초했었다. 그런데 홉스와 더불어 결합은 통일성의 효과가 된다. 주권자는 다중의 통일성이다.** 이로부터 일련의 대립이 나온다. 다중/결합/자연적 의인//인민.

> — 의인. 의인은 자신의 행위 또는 자신의 말에 대한 책임이 귀속될 수 있는 모든 개인이다.
> — 다중. 다중은 무정부주의적 분산이다(전쟁 상태).
> — 인민. 인민은 의지들의 결합이다. 현성용顯聖容, transfiguration. 인민이 주권자다.

결합은 바로 주권자의 통일성이며, 그의 의지는 일반의지로 간주된다. 인민의 결합은 주권자의 의지다. 다중은 배제된다. "주권자의 의지는 일반의지로 간주된다"는 표현에서 "간주된다"tenu pour는 것은 무엇을 뜻하는가? 이것은 허구적 의인 이론이다. 곧 **연합이 아니라 통일성에 입각해 결합을 사고하는 것이 문제가 된다.** 의인은 대표와 재현과 상연représentation◆ 내에서 자신의 말들 내지는 다른 허구적 의인의 말들을 전하는 배우다.

─ 법적 주체에게서 배우와 저자는 상호 합치한다. 나는 나의
의지의 대표자다.

─ 허구적 의인(주권자)에서 역할들은 둘로 나뉜다.

의인은 배우이며 자신과 다른 의지들을 대표하고 재현하고 상연
한다. 의인은 타자의 행위를 대표하며, 배우의 의지는 저자를 대표하
며 저자에게 약속한다. 배우로서 주권자의 의지의 통일성은, 다중을
대표하는 개인들의 분산된 의지들을 대표한다. 다중의 통일성은 주권
자라는 배우에 의한 대표에 의해 사고된다. 연합 계약과 달리 피대표
자의 통일성이 아니라 대표하는 이의 통일성이 의인을 구성하며, 여
기에는 다수의 저자들과 단 하나의 배우만이 존재한다. **여기에서는
배우의 통일성이 자신의 효과로서 정치체 안에서의 저자들의 결합을
창조한다. 정치적인 것의 본질은 대표와 재현과 상연이다.**

대표라는 것은, 유일한 배우의 의지 속에서 각자의 의지를 인정
[재인지]reconnaissance하는 것이다. **대표자의 통일성이 대표의 기능에 선
행한다.** 대표자의 통일성은 대표의 가능성의 조건이다.

♦ 홉스의 representation 개념은 법이론 및 정치 이론만이 아니라 연극론에서도 영감을
얻고 있다. 따라서 그의 representation 개념은 단순히 '대표'만이 아니라, '재현'하고 '상
연'한다는 뜻으로 이해될 수 있다. 번거로움을 피해 그냥 '대표'라고 번역할 경우에도 이
다의성을 염두에 두기 바란다. 또한 알튀세르 자신의 이데올로기론에서도 représenta-
tion 개념은 이런 다의적 의미를 지니고 있다. 이 점에 관해서는 진태원, 「라깡과 알튀쎄
르」, 김상환·홍준기 엮음, 『라깡의 재탄생』, 창비, 2002 참조.

4. 논평

ⓐ 모든 권력의 본질은 절대성이다. 권력은 모든 선행하는 도덕법, 종교법, 시민법과 단절된다. 절대 권력은 계약에 전제되어 있다. **권력은 모든 계약, 모든 법의 선험적 형식이다. 그것은 통일성의 형식이다. 이것은 선험적 형식이지 완성이 아니다.**

ⓑ 절대 권력에는 합리성이 존재한다. 이는 몽테스키외의 경우와 반대인데, 그에게 전제정은 비합리적인 것의 정점이다. 몽테스키외는 홉스를 "폭정의 옹호자"[16]로 간주한다. 하지만 홉스에게 모든 권력은 본질적으로 폭정이다. 절대 권력은, 허구적 의인 및 대표의 통일성 이론에 따르면 필연성과 이성의 정점이다. 절대 권력의 합리성은 대표의 통일성을 구성한다는 점이다. **권력의 본질은, 정치체 안에서 다중의 상위성相違性을 통일시키는 선험적 형식으로서의 대표를 보증한다. 다중의 종합을 구성하는 것은, 나는 생각한다**je pense**의 통일성인데, 이것은 나는 원한다**je veux**이다.** 그리하여 우리는 고립되어 있는 개인들 사이가 아니라 군주의 힘 앞에 놓여 있는 관계들에 관여하게 된다.[17]

주권자는 자연 상태에 있는 것과 같다(『시민론』). 자신의 구조화에 의해 균형이 깨진 자연 상태는 이런 불균형을 통해 보충적인 메커니

---

16 디드로가 작성한 『백과전서』의 「홉스주의」 항목에서 다음과 같은 문장을 발견할 수 있다. "상황이 그의 철학을 만들었다. 그는 일시적인 몇몇 우연 성질들을 자연의 불변적인 규칙들로 간주했으며, 인간성에 대한 공격자이자 폭정에 대한 옹호자가 되었다."

17 이 문장에서는 어떤 문구가 빠진 것으로 보인다.

즘을 생산하는데, 이것이 주권자가 바로 그것인 인공적 나다. 개인적 의인들은 법의 범주들인데, 이는 자연 상태에서는 가능하지 않다. 법적 주체는 자기에 의한 자기의 대표다. 이것이 가능하려면, **모든 법적 의인의 가능성의 조건으로서 대표의 선험적 형식, 곧 허구적 의인이 존재해야 한다.** 이런 형식은 허구적일 수밖에 없다. 그러므로 우리는 초월성에 의지하지 않고서도 자연 상태로부터, 자연권으로부터 벗어나야 한다. 우리는 허구의 이중화에 의해 자연권에서 벗어난다. 그것은 (허구적 의인 속에서) 허구의 절대 권력이다. 인간은 자기 자신이 무엇인지 재인지할 뿐이다.

ⓒ 법에 대한 정치적인 것의 우위의 긍정

사적 법의 법적 형식에 대한 정치적인 것의 우위가 존재하는데, 더욱이 사적 법에서 다른 법적 형식들을 연역하는 것은 불가능하다. 하지만 이는 정치권력이 법 없이 존재할 수 있음을 의미하지는 않는다. 정치권력은 공적 법[공법]과 같은 것을 요구한다. 이로부터 사적인 법에 대한 공적 법의 우위가 나온다.

공적 법은 경제적인 법, 시장의 법, 경험적인 법이 아니다. **그것은 하나의 이성, 구조, 심급이며, 이중의 의인으로서의 주권자처럼, 현존하고 부재하는, 현실적이고 허구적인, 권력의 중심이다.** 왜냐하면 주권자는 자연적 의인이면서 동시에 허구적 의인이며, 모든 의지에 책임을 지는, 그 안에서 허구적 심급을 이루는 것은 허구적 의인이다. "내가 국가다." 이것은 "나"라고 말할 수 있게 해주는 허구적 의인의 표현이다. 허구적 의인은 주권자 안에서는 자연적 의인보다 더 중대한 것이다. 정치의 주권자의 모습은 [허구적 의인과 자연적 의인의 비대칭성으로 인해-옮긴이] 절룩거리는 이의 모습이다.

5. 절대 권력의 일반적 성격

통일성은 결합의 가능성의 조건이다.

ⓐ 권력은 취소 불가능한 것이다. 주권자의 생명을 해치려는 시도는 불가능하다. 주권자는 모든 계약 바깥에 있다. 주권자가 하는 모든 것은 바로 인민이 하는 것이다. 따라서 주권자에 맞서 대립하는 것은 존재할 수 없다.

ⓑ 권력은 분할될 수 없는 것이다. 홉스는 권력들의 분할을 비난한다.

ⓒ 권력은 영구적이며, 시간 속에서 분할될 수 없다. 인공적 영원성을 구축해야 한다. 이로부터 계승 이론이 나온다. 계승의 도식론이 존재한다. 계승자를 지정하는 것은 자연이 아니다. 문제는 결합의 가능성의 조건으로서 통일성을 사고하는 것이다.

– 자연법에 대한 주권자의 위치. **주권자는 자연법을 실행하기 위한 수단이다.** 자연법과 주권자는 동일한 지반에 존재하지 않는다. 자연법의 근거는 가능태의 근거에 불과하다. **자연법은 가능태의 지반에 속한다.** 그것은 초월론적 감성론의 영역과 비견될 수 있는, **가능한 근**

거의 영역이다. 대표 이론은 초월론적 분석론과 같다. 그리고 계승은 도식일 것이다.

- 주권자의 권력의 범위
  - 대내적이고 대외적인 평화 보장
  - 외부 세력과 전쟁을 벌이기
  - 대내적으로는
    - 입법권. 시민법을 확정하기
    - 사법권. 법을 존중하게 만들기
    - 이데올로기적 권력. 참된 교리를 확정하기

입법권은 법을 제정하고, 일반적이고 공적인 법을 통해 분쟁을 예방하는 데 있다. 이 권력은 정의들définitions을 고정시킨다. 보편과 경계의 자리[로서의 정의들]. 모든 것은 정의들에 달려 있다. 이것이 사회 상태와 자연 상태의 차이다. 자연 상태에서 사람들은 정의들에 관해 합의를 이루지 못한다. 정의들은 주관적 유명론에서 객관적 유명론으로 나아간다. **오직 권력만이 정의들을 제공할 수 있다.** 여론은 통치자를 위한 질료다. 법은 군주의 권력에 전적으로 달려 있다. 법은 자신이 관장하는 질료에 의거해 규제되지 않는다. 사람들은 군주의 의지에 따라 법에 복종하는 것이다. 모든 동의는 주권자의 의지를 전제한다. **법은 공포에서 기인하는 의무다.** 이로부터 봉건제의 기본법과의 차이가 나온다. 법은 자연권과 다르다. 법은 의무이고 권리는 자유다.

법은 질료에 토대를 두지 않으며, 동의에도 자연권에도 토대를 두지 않는다. 법은 자연권과는 다른 권리[법]droit이다. 군주는 계약에 묶일 수 없다.

- 세 가지 유형의 법이 가장 중요하다.
  - 소유
  - 안전
  - 가짜 학설을 규제하는 법. 홉스에게 종교는 정치의 일부다. 왕은 정치적이고 종교적인 삶에 대한 주도권을 장악하고 소요와 혼란, 내전 등을 통제한다. 여론을 정의하고 통치하는 일은 군주에게 속한다. 그는 정치체에서 논란의 원인이 될 만한 것을 관리한다. 홉스는 정당한 여론을 정의하는 것으로는 불충분하며, 여론의 교육을 규제해야 한다고 본다.

두 가지 문제

① 주권자의 책무. 어떻게 자의성을 방지할 수 있는가? 절대 권력은 자의적인 것이 아닌데, 왜냐하면 이런 권력이야말로 자의적인 것인 전쟁 상태에서 벗어날 수 있게 해주기 때문이다. 절대 권력은 자연법의 실현이다. 주권자는 만인의 이익을 보호하고 올바른 이성에 귀를 기울이며, 평화를 보증하고 만인의 자연권을 지켜 주며 자유로운 근면의 발전을 위해 자연법에 따르는 데 관심을 기울인다. 이는 자유주의를 위한 절대주의다.

"내전과 대외 전쟁의 참상을 멀리하고 각자가 자신의 자유로운 근면함으로 획득한 재화를 영위할 수 있게 하기."[18]

② 시민법과 자유의 관계. **시민법은 자연법을 발전시킨다. 공포는 다른 기획을 위한 수단이 된다.** 경제적 관점에서 보면 법은 가장 광범위한 영역을 규정되지 않은 것으로 남겨 두어야 한다. 이 때문에 가능한 한 최소의 법만이 존재해야 한다(*cf.* 로크에게서 국가는 가능한 한 적게 개입한다).

결론: 홉스의 정치적 의도

역설적이게도 홉스는 절대주의와 자유주의를 조화시킨다. 자유주의가 절대주의의 목적인 것이다. 절대주의의 기능은 "내전을 방지하는 것"(파당), 권력, 이데올로기적 권력을 집중하는 것, 폭력적 계급투쟁을 종식시키는 것, 경제적 지반 위에서 개인적 자유를 보장하는 것 등이다. 자연 상태에서는 죽음과 경쟁의 이원성만 존재한다. 이제 문제는 죽음을 밀어내고 경쟁을 보증하는 것, 죽음의 위협 아래 경쟁을

---

18 『시민론』 13장 6절. "자유"라는 형용사는 알튀세르가 참고한 소르비에르 번역본에는 나오지 않는다[『시민론』 영어판 원문에도 "their own industry"라고만 나온다. Thomas Hobbes, *De Cive: The English Version*, ed., Howard Warrender, Oxford University Press, 1983, p. 159; 221쪽. 국역본에서도 "자유로운"이라는 형용사는 없고, 그저 자신의 근로라고 옮겼다-옮긴이].

촉진하는 것, 정치적 방패 아래 개인적인 경제적 독립을 발전시키는 것이다. 홉스는 절대주의의 무기를 통해 자유주의의 승리를 보증하려고 한다. 국가는 이중의 기능을 지닌다. 계급투쟁을 제거하기 위한 절대 권력과, 경제적 지반에 가능한 한 최소로 개입하기. 그리하여 절대 권력 이론은 보쉬에 같은 봉건제 권력의 이데올로기와 대립한다.

왜 홉스는 권력의 절대성에 관해 로크와 대립하는가? 그는 정치적 자유주의를 두려워했는가? 그의 이론은 내전의 모순을 해결하는 데 주안점을 두고 있다. 홉스는 발흥하는 계급의 혁명적 독재를 고안하려고 한 첫 번째 인물이다. 그는 (로베스피에르 이전에) 부르주아계급의 안전의 조건을 보증하고자 했다. 그는 모든 사람에게 거부당했다. 부르주아지는 봉건제와 자신을 구별할 수 없었던 것이다.

옮긴이 후기

    루이 알튀세르는 우리에게 한편으로 20세기 후반의 대표적인 마르크스주의 철학자 중 한 사람으로, 또는 정신병으로 고통 받다가 끝내 아내를 살해한 비극적인 철학자로, 또는 미셸 푸코와 자크 데리다, 알랭 바디우와 에티엔 발리바르, 피에르 마슈레 등과 같은 여러 철학자들의 스승으로 잘 알려져 있다. 다른 한편으로 그는 또한 우리나라 인문사회과학계에 깊은 '알튀세르 효과'를 낳았던 철학자였다. 1980년대 후반에서 1990년대 초까지 그는 한국 사회 성격 논쟁에서 이른바 'PD파'의 이론적 준거가 된 바 있다. 세계적인 차원에서 보자면 마르크스주의가 위기에서 파국으로 나아갔던 시기에, 알튀세르는 다소 역설적이게도 한국에서 마르크스주의의 복권과 현실적 실천을 위한 이론적 자원으로 활용되었던 것이다. 1980년 정신착란 상태에서 부인을 목 졸라 살해한 이후 알튀세르는 이론적·정치적으로 존재하지 않는 사람이 되었으며, 어떤 의미에서 그의 사라짐은 마르크스주의의 종말을 상징적으로 예고했던 것이기 때문에, 이는 더 역설적인 (하지만 의미가 없지는 않은) 작업이었다.

작년에 국내에 출간된 알튀세르의 유고 『검은 소』에 부친 한국어판 서문에서 나는 루이 알튀세르가 누구였고, 누구인지, 그리고 앞으로 누구이게 될 것인지 이제는 더 이상 그리 자명하지 않게 되었다고 말한 바 있다.◆ 이는 무엇보다도 지난 1990년 알튀세르가 사망한 이후 오늘날까지 계속 출간되고 있는 방대한 분량의 유고가 그동안 우리에게 알려지지 않았던 그의 사상의 면모들을 보여 주고 있을 뿐만 아니라, 그가 생전에 출간했던 저작들에 남아 있는 공백 및 행간들을 더 정확하게 읽을 수 있게 해주기 때문이다.

일례로 '우발성의 유물론'이나 '마주침의 유물론' 같은 용어들은 오늘날 말년의 알튀세르의 비의적秘義的 사상을 상징하는 용어로 통칭되지만, 최근에 출간된 유고들은 그가 이미 1960년대부터, 곧 그의 구조적 마르크스주의 작업이 본격적으로 진행되던 당시부터 그것에 대한 반反경향으로서 우발성의 유물론 내지 마주침의 유물론에 관한 사유를 전개하고 있었음을 명백히 보여 주고 있다. 또한 개인적으로는 1960년대의 왕성한 저술 작업에 비하면 1970년대 알튀세르의 작업이 매우 단편적이고 간헐적인 특징을 보이고 있어서, 왜 그가 이처럼 급격하게 지적 생산성을 상실하게 되었는지 늘 궁금해 하곤 했다. 하지만 역시 최근 출간되고 있는 유고들은, 비록 당시에 출판되지는 않았지만 알튀세르가 매우 많은 분량의 원고에서 마르크스주의의 위

◆ 진태원, 「필연적이지만 불가능한 것: 『검은 소』 한국어판 출간에 부쳐」, 루이 알튀세르, 『검은 소: 알튀세르의 상상 인터뷰』, 배세진 옮김, 생각의 힘, 2018.

기에서 벗어날 수 있는 길을 집요하게 모색하고 있었음을 알려 주고 있다.

이 유고들 중 일부는 정치철학에 관한 알튀세르의 강의들로 구성되어 있다. 여기 출판하는 이 강의록과 더불어 루소에 관한 또 다른 강의록이 대표적인데,◆ 이 강의록들은 그동안 우리에게 잘 알려지지 않았던 정치사상사에 대한 면밀하고 독창적인 해석가로서의 알튀세르, 그리고 교수로서의 알튀세르의 구체적인 면모들을 보여 준다. 서양 근대 정치철학에 대한 알튀세르의 해석이 국내에 전혀 알려지지 않았던 것은 아니다. 이미 1990년대 초에 알튀세르 사상이 국내에서 짧은 전성기를 누릴 때 근대 정치철학에 관한 알튀세르의 여러 글들을 편역한 책이 출간된 바 있고,◆◆ 마키아벨리에 관한 유고도 번역된 바 있다.◆◆◆ 하지만무엇보다 번역의 문제점으로 인해 이 책들은 근대 정치철학에 관한 알튀세르 해석의 논점과 의의를 충실히 전달해 주지 못했으며, 이에 따라 국내의 논의에도 별로 영향을 미치지 못했다.

이런 측면에서 보면 이 강의록의 특징은 마키아벨리, 홉스, 로크,

◆　Louis Althusser, *Cours sur Rousseau*, Le Temps des Cerises, 2012;『알튀세르의 루소 강의』, 황재민 옮김, 그린비, 근간.

◆◆　루이 알튀세르,『마키아벨리의 고독』, 김석민 옮김, 새길, 1992. 이 책에는 원래 프랑스어로는 단행본으로 출간되었던『몽테스키외: 정치와 역사』(1959)를 비롯해서 루소의『사회계약론』에 관한 논문, 마키아벨리에 관한 강연문 등이 수록되어 있다.

◆◆◆　Louis Althusser, *Machiavel et nous*(1972), Editions Tallandier, 2009;『마키아벨리의 가면』, 김정한·오덕근 옮김, 이후, 2001.

루소를 비롯해 몽테스키외, 콩도르세, 엘베시우스 같은 18세기 프랑스 정치철학자들, 그리고 헤겔과 마르크스의 역사철학과 같이 서양 근대 정치철학의 주요 사상가들에 대한 알튀세르의 흥미롭고 독창적인 해석을 담고 있다는 데서 찾을 수 있다. 그의 제자들이 전하는 바에 따르면 파리 고등사범학교에서 알튀세르의 강의는 내용의 독창성과 아울러 청중을 사로잡는 독특한 매력을 지니고 있었다고 한다. 실제로 알튀세르의 강의록을 읽다 보면 간결하면서도 핵심을 찌르는 개별 사상가들에 대한 강의 내용도 눈길을 끌지만, 정치사상사의 흐름을 포착하는 독창적인 능력도 돋보인다. 특히 1부 2장에서 제시된 몽테스키외에서 콩도르세, 엘베시우스를 거쳐 루소에 이르는 18세기 프랑스 정치사상사에 관한 개관은 알튀세르 강의의 간결함과 깊이, 독창성을 잘 보여 준다.

알튀세르의 근대 정치철학 강의의 특성을 잘 이해하려면, 우선 이 강의의 제도적 배경을 유념할 필요가 있다. 알튀세르가 1948년에서 1980년까지 무려 32년 동안 재직했던 파리 고등사범학교는 고등학교 교사를 양성하는 것을 목표로 설립된 기관이다. 그리고 프랑스에서는 고등학교 교사(사실 프랑스에서는 고등학교 교사와 대학 교수를 모두 '교수'professeur라고 부른다)를 선발하는 시험을 아그레가시옹agrégation이라고 부른다. 따라서 다른 대학들도 마찬가지겠지만 특히 고등사범학교에서는 더 많은 학생들을 이 시험에 합격시키기 위해 학생들을 위한 시험 준비 강의를 진행한다. 아그레가시옹, 곧 교수 자격시험은 필기시험(주제에 대한 논술과 고전에 대한 주해)과 구두시험(강의)으로 이루어지며, 매년 초 올해의 시험 주제가 발표된다. 대개 철학사의 고전적인 몇 가지 텍스트들이 시험 주제가 되는데, 가령 2018년 철학 분야의 필기시험은 "노동, 기술, 생산"이라는 주제 중 한 가지를 고르거나 결합해서 논술하는 것과 스토아학파 및 라이프니츠에 관한 철학사 논술로 이루어져 있고, 구두시험은 프랑스 고전의 경우 콩디약의 『인간 인식 기원론』*Essai sur l'origine des connaissances humaines*과 메를로-퐁티의 『지각의 현상학』, 그리고 그리스·라틴 고전 텍스트 등이 주제였다.

이 책의 내용을 이루는 근대 정치철학 강의 역시 교수 자격시험을 위한 강의용으로 이루어진 것이었다. 따라서 알튀세르 강의의 일차 목적은 시험 주제가 되는 텍스트들에 대해 가능한 한 정확하게 소개하는 것이지, 자신의 시각에 입각해 텍스트를 재해석하거나 변용하는 것이 아니다. 이는 특히 이 책의 2부를 이루는 마키아벨리 강의와 3부의 루소 및 홉스와 로크에 대한 강의, 그리고 4부의 홉스 강의 등에서 잘 드러나는 특징이다. 알튀세르는 마키아벨리의 『군주론』, 홉스의 『시민론』, 로크의 『통치론』, 루소의 『인간 불평등 기원론』 및 『사회계약론』 같은 근대 정치철학 고전들의 내용과 주제를 상세하게 제시하면서, 한편으로 각각의 텍스트의 논리적 구조를 재구성하고 다른 한편으로는 이 텍스트들을 17~18세기 서양 정치철학의 흐름 속에서 조망하고 있다. 이런 관점에서 보면 특히 2~4부의 논의는 서양 근대 정치철학사에 대한 충실한 교과서로 읽을 수 있다.

하지만 이런 강의의 객관적 제약 속에서도 알튀세르는 수동적으로 텍스트를 요약·정리하는 데 만족하지 않고, 자신의 독자적인 이론적 관점을 보여 주고 있다. 일례로 앞서 언급했던, 1부 2장의 18세기 프랑스 정치사상에 대한 개관이 흥미롭다. 이런 개관은 17세기 절대주의의 등장을 배경으로 하는데, 알튀세르는 17세기 이후 서양 정치철학의 전개 과정 및 논쟁은, 귀족의 퇴락과 제3신분의 흥기를 나타내는 절대주의의 등장과 관련이 있다고 주장한다. 곧 한편으로 그 이전의 중세적 질서를 옹호하는 이들로 페넬롱, 불랭빌리에, 보방 같은 이들이 위치하고, 다른 한편으로는 마키아벨리, 홉스, 그로티우스, 푸펜도르프 같은 이들, 곧 서양 근대 정치철학의 대표자들이 절대주의의 옹호자들로 제시된다. 이런 대립은 18세기에도 이어져서 중세적 자유를 옹호하는 몽테스키외의 입장과 그의 반대편에 위치한 백과전서파, 곧 발흥하는 제3신분을 옹호하는 입장으로 나타난다. 그러나 알튀세르는 전통적인 마르크스주의 관점과 달리 이런 대립을 선명히 하면서 후자와 같은 입장을 '진보적인 부르주아'의 입장으로 옹호하는 데 주력하기보다, 그들 각각의 사상을 내재적 논리에 따라 해석하려 애쓰고 있다. 그 결과 한편으로 18세기 프랑스 정치사상의 전개 과정을 해석하는 그의 고유한 입장이 나오게 되며, 다른 한편으로 각 사상가들의 정치적 입장과 무관하게 그들 사상의 독특성에 주목하고 이를 자신의 이론적 관심으로 재전유하려는 노력이 나오게 된다.

　　이미 알튀세르는 1959년에 몽테스키외에 관한 저서인 『몽테스키외. 정치와 역사』를 출판한 적이 있는데(이 작은 책은 몽테스키외 연구의 필독서로 평가받고 있다), 본 강의록에서는 정체政體 또는 사회를 분류하는 몽테스키외의 독특한 이념형적 유형론(카시러가 이미 주목한 바 있는) 이외에 풍토라는 개념이 나타내는 물질적 규정성 이론에 주목한다. 이는 이념적인 역사(또는 헤겔식으로 말하면 이성으로서의 역사)와 더불어 물질적 규정의 전개로서의 역사를 변증법적으로 이해할 수 있는 길을 열어 놓기 때문이다.

또한 콩도르세의 경우 알튀세르는 그가 "오류의 심리학"이라고 이름 붙인 것에 주목한다. 콩도르세의 『인간 정신의 진보에 관한 역사적 개요』는 한편으로 보면 계몽주의에 고유한 이성의 진보의 역사철학을 보여 주며, 따라서 헤겔의 이성의 역사철학을 예비하는 역할을 담당하지만, 다른 한편으로는 주목할 만한 오류에 관한 이론을 제시하고 있다. 이 오류 이론의 출발점은 계급 분할과 그에 따른 두 개의 인간의 분리다. 곧 잉여 생산이 이루어지면서 더 이상 노동에 종사하지 않는 계급이 출현하는데, 이들은 여가 시간에 학문 연구에 몰두해 지식을 획득하고 이를 자신들의 지배에 이용한다. 그러면서 이들은 두 개의 교리를 만들어 내는데, 하나는 자신들의 지식을 소통하기 위한 교리였고, 다른 하나는 민중을 위한 교리였다. 그런데 이 후자의 교리는 전자의 교리와 달리 자신들이 획득한 지식을 있는 그대로 나타내지 않고, 그것을 왜곡하고 단순화한 것이었다. 지식은 권력을 유지하는 데 결정적인 것이었기 때문에 될 수 있는 한 민중에게 감추어야 하는 것이었고, 그들에게는 진리가 아니라 왜곡된 진리를 가르쳐야 했던 것이다. 따라서 "진리를 보존하기 위해서는 오류를 가르쳐야 한다"는 역설적인 테제가 나오게 된다. 오류의 필연성을 표현하는 이 테제가 이후에 알튀세르가 발전시킨 그의 이데올로기론과 공명하는 것임을 쉽게 알 수 있다.

하지만 내가 보기에 더 흥미로운 논의는 엘베시우스의 저작에 대한 강의에서 찾을 수 있다. 우리에게는 프랑스 유물론자 중 한 사람으로 간단하게 알려져 있는 이 사상가의 저작에서 알튀세르는 17세기의 회의주의적이고 비관주의적인 철학, 곧 인간의 이익 추구 및 이기심에 관한 부정적인 비판을 전도시켜서 그것을 인간 행동의 보편적 동력으로 이해하고자 했던 18세기 도덕적 유물론의 가장 급진적인 사상을 발견한다. 따라서 엘베시우스는 공리주의의 시원이라고 할 수 있는데, 알튀세르는 오히려 그의 사상의 흥미로운 점을 인간에 대한 아주 새로운 관점에서 찾는다. 그것은 인간을 절대적 가소성可塑性을 지닌 존재로 이해하는 관점이다. 이는 인간이 유기체 구조에 의해 결정된다고 믿었던 디드로는 물론이거니와 인간에게 원초적인 도덕적 자유의 능력을 부여했던 루소와도 구별되는 엘베시우스 사상의 독창적인 면모다. 그는 인간을 전적으로 우연적인 존재로, 곧 환경에 의해 완전히 규정되는 존재로 이해했으며, 누군가가 바보가 되거나 천재가 되는 일, 또는 미치광이가 되는 일은 모두 환경에 따라 달라진다고 보았다. 특히 인간은 어린 시절 그에게 영향을 미치는 가정환경 및 사회 전체의 환경에 의해 규정되며, 따라서 교육의 문제가 결정적인 중요성을 지닌다. 역으로 말하면 엘베시우스에게 교육은 인간 존재를 생산하고 변형하는 활동 일반으로서 확장된 의미를 얻게 된다.

알튀세르는 엘베시우스의 이런 사상이 인간 생산의 역사로서 인간의 역사를 이해할 수 있는 길을 열어 준다는 점을 강조한다. 만약 인간의 발전이 환경의 영향에 의해 전적으로 규정된다면, 이는 인간이라는 존재가 인간 자신의 역사에 의해 전체적으로 생산되고 재생산되며 변형되는 존재라는 것을 의미한다. 이것은 "이전에는 결코 천명된 적이 없는" 매우 급진적인 사상이다. 내가 알기로 알튀세르는 생전의 다른 저작에서 엘베시우스에 관해 상세하게 언급한 적이 없지만, 이 강의록에서 그가 재구성하고 있는 엘베시우스 사상은 알튀세르 이데올로기론의 어떤 특성과 매우 유사한 면모를 보여 준다. 그것은 인간이라는 존재는 선험적인 본성(또는 천부적 권리로서의 '인권' 같은 것조차도)을 지니고 있지 않으며, 그는 태어날 때부터(또는 그 이전부터) 죽을 때까지 이데올로기에 의해 생산되고 재생산되고 변형되는 존재라는 점 때문이다. 알튀세르는 이를 설명하기 위해 '호명'이라는 개념을 고안해 냈다. 호명 이론은 인간은 그 계급적 정체성(부르주아, 프롤레타리아 등)만이 아니라 그 개인적 실존에서까지도 처음부터 끝까지 이데올로기에 의해 구성되고 재생산되고 변형된다는 것, 따라서 이데올로기 바깥에서의 인간의 삶, 인간의 사회란 존재할 수 없음을 보여 준다. 이런 의미에서 엘베시우스의 反자연주의적 인간학은 알튀세르 이데올로기론의 가능한 또 다른 원천으로 간주될 수 있다. 물론 엘베시우스는 자신의 인간학의 급진적인 함의를, 당대 계몽주의에서 흔히 볼 수 있는 지적·도덕적 개혁주의로 봉합하고 있다는 점에서, 마키아벨리나 스피노자 또는 루소만큼 알튀세르의 사상에 지속적인 영향을 미치지는 못했다.

이 강의록에서 알튀세르가 가장 많은 분량을 할애해서 다루고 있는 사상가는 루소다. 알튀세르는 이미 1967년에 루소의 『사회계약론』에 관한 유명한 논문을 발표한 바 있는데, 이 책에 수록된 알튀세르의 루소 강의는 그의 논문이 오랜 시간 공들여 진행된 강의 작업의 결과였음을 증언해 준다. 또한 1962년에 이루어진 마키아벨리에 관한 강의는 1972년에 작성된 『마키아벨리와 우리』라는 제목의 유고에 집약된 마키아벨리 해석의 기원을 이룬다. 따라서 이 책은 알튀세르의 사상이 서양 근대 정치사상사에 대한 끊임없는 탐구와 조회 위에서 형성되고 변형되었음을 알려 준다. 특히 마키아벨리와 루소에 대한 알튀세르의 독해를 살펴보지 않고서 우발성의 유물론을 이해하는 것은 매우 어렵다는 것을, 이 책을 번역하면서 새삼 깨닫게 되었다.

루소의 경우 『인간 불평등 기원론』이 특히 중요하다. 알튀세르는 1950년대 국가박사학위 논문을 준비하면서 『인간 불평등 기원론』을 부주논문 주제로 택했을 만큼◆ 이 책을 각별히 중요하게 생각했는데, 그것은 이 책이 "18세기 전체를 지배"(150)한 책이었기 때문이다. 이 책이 이처럼 특별한 지위를 갖는 것은 "역사에 대해 그 시대에 속한 가장 심오한 고찰"(같은 곳)을 제시해 주기 때문이며, 특히 "역사의 전개, 사회의 전개를 그 물질적 조건들과 변증법적으로 연결돼 있는 전개로서 체계적으로 인식"(157-58)하기 때문이다.

◆ 지금은 국가박사학위 제도가 사라졌지만, 과거에 이 제도가 있을 경우 국가박사학위를 받기 위해서는 자신의 독창적인 철학을 담은 주主논문과 함께 고전적인 철학 텍스트에 대한 해석을 담은 부논문을 제출해야 했다. 가령 들뢰즈의 경우 『차이와 반복』이 국가박사학위 주논문이었고, 『스피노자와 표현의 문제』가 부논문이었다.

알튀세르의 이런 언급이 뜻하는 바는 루소가 18세기 계몽주의 사상의 대표자 중 한 사람이면서도 동시에 역설적이게도 그 계몽주의 사상의 내부 반대자였다는 점이다. 루소는 다른 계몽 사상가들과 함께 역사를 이성의 관점에서 이해하려고 시도하지만, 다른 사상가들과 달리 이를 이성의 발전 과정 내지 이성의 자기실현 과정이라고 생각하지 않았다. 왜냐하면 루소가 보기에 이는 역사의 실제 전개 과정을 이해하는 것을 어렵게 할 뿐만 아니라, 동시에 계몽주의 시대 자체의 "본질적 모순인 어떤 객관적 모순, 곧 자연적 인간의 탈자연화[변질]"(437)라는 모순을 인식하는 것, 따라서 계몽주의 사상가들을 사로잡고 있던 문제를 사고하는 것을 불가능하게 만들기 때문이다. 루소에게 자연 상태의 상실은 인간 사회의 본질을 구성하는데, 이는 어떤 점에서는 홉스나 로크의 경우도 마찬가지다. 하지만 이들과 달리 루소는 인간 사회의 본질을 사고하기 위해 자연 상태에서 이미 주어져 있는 것, 곧 '자연법'에 기반을 두고 사회의 본질을 사고하지 않는다. 오히려 루소는 다른 계몽주의 사상가들이 사실은 사회적 인간의 모습을 자연 상태 속으로 투사한다고 비난한다. 이는 단지 인식론적 오류나 착각일 뿐만 아니라, 자연 상태(알튀세르가 잘 보여 주고 있듯이, 이는 사실 단순한 자연 상태가 아니라 "순수 자연 상태"다)를 상실한 사회적 인간의 모습을 인간의 본질로 간주함으로써, 자연 상태라는 기원의 상실로 인해 인간이 겪게 되는 소외의 성격을 분석하는 것을 불가능하게 만든다. 이로 인해 계몽주의 사상을 비롯한 인간과학 자체가 소외의 원환에 사로잡혀 있으며, 그 자신도 모르게 당대의 사회에 대한 이데올로기로서 기능하게 된다.

알튀세르는 루소 역시 이런 원환에서 벗어나지 못했다고 주장한다. 루소는 계몽주의의 한계와 역설을 날카롭게 드러냈으며, 『인간 불평등 기원론』에서는 다른 사회계약 이론가들과 달리 사회계약이 부자들의 고안물이라는 점을 강조하고 있다. 이성은 부자들의 이성이며, 사회계약은 만인의 자유를 목표로 하는 합리적 기획이라는 외양 아래 부자들의 지배를 정당화하려는 기획이라는 것이다. 따라서 사회계약의 본질은 이상성에 있는 것이 아니라, 이상성과 현실 사이의 관계, 곧 이상적인 계약이 그 이상성 자체로 인해 계급적 성격을 띠게 만드는 것은 무엇인가라는 문제, 역으로 말하면 (계급 지배의) 현실의 한 요소를 이루는 이상적 합리성의 기능은 무엇인가라는 문제에서 찾아야 한다. 하지만 루소는 이런 문제가 존재한다는 것은 알고 있었지만, 알튀세르에 따르면 그 자신의 고유한 이데올로기, 곧 소생산자의 유토피아라는 이데올로기에 의거하는 것을 넘어서 이 문제를 사고하지는 못했다. 이를 매우 면밀하게 분석하고 있는 것이 루소의 『사회계약론』에 관한 알튀세르의 유명한 논문, 그리고 이 책 3부 5장의 강의 대상이다.

개인적으로는 이 책에 스피노자에 관한 강의가 포함되지 못한 것이 못내 아쉽다. 발리바르를 비롯한 그의 제자들은 알튀세르의 고등사범학교 강의 가운데 가장 뛰어난 것 중 하나가 스피노자에 관한 것이라고 이구동성으로 전하고 있지만, 아직까지 스피노자에 관한 강의록이 발견됐다는 소식을 듣지 못했다. 사실 알튀세르에게 스피노자는 마키아벨리와 더불어 가장 중요한 철학자였으며, 『마르크스를 위하여』와 『자본을 읽자』 또는 「이데올로기와 이데올로기 국가장치들」 같은 그의 대표적인 저작 곳곳에 스피노자의 흔적이 깃들어 있다. 알튀세르는 생전 스피노자에 관한 독자적인 저술을 남긴 적이 없지만, 그의 스피노자 해석과 마르크스주의적 전유는 들뢰즈와 더불어 현대 스피노자 연구에 가장 강력한 영향을 미치고 있다. 알튀세르의 작업 방식의 특성을 볼 때 이는 그가 오랫동안 스피노자에 관해 연구하고 강의했음을 시사해 주는데, 그의 정치철학 강의록들을 묶은 이 책에서 그 강의를 발견할 수 없다는 사실은 상당히 아쉽다.

그렇다고 해도 이 책에 수록된 알튀세르의 정치철학 강의록들은 충분히 독자적인 가치를 지니고 있다고 믿는다. 알튀세르 사상을 좋아하는 독자들에게는 물론이거니와, 서양 근대 정치사상사에 관심을 가진 독자들에게도 이 책은 매우 흥미로운 읽을거리를 제공해 줄 것이다. 마키아벨리나 루소만이 아니라 홉스에 관한 강의를 읽어 보면, 철학자들을 독해하는 알튀세르의 독법이 얼마나 개성적인 것인지 넉넉히 이해할 수 있을 것으로 믿는다.

이 책을 내는 데 특히 많은 도움을 준 황재민 선생과 이찬선 선생에게 깊이 감사를 드린다. 두 사람은 초역된 원고를 꼼꼼히 원서와 대조해 여러 가지 사항을 바로잡아 주었다. 이런 의미에서 두 사람은 이 책의 공역자와 다르지 않다고 할 수 있다. 물론 오역에 대한 책임은 나 자신에게 있다. 번역이 나오기까지 오랫동안 기다려 준 후마니타스 여러분께도 죄송하다는 말씀과 더불어 심심한 감사의 인사를 드린다.

2019년 5월

진태원